本书是2008年度国家社科基金一般项目《建立有利于科学发展的税收制度研究》的最终成果，也是2009年国家社科基金重大项目《深化资源价格和税收体制改革研究》的阶段性成果。

GOUJIAN YOULIYU KEXUE FAZHAN DE
SHUISHOU ZHIDU
YANJIU

构建有利于科学发展的
税收制度研究

马衍伟◎著

人民出版社

目　录

第一章　导　论

征税权是最大的权力，是整个国家建筑之根基。它对一个国家的存在和繁荣的重要性，就像我们人类呼吸的空气一样。它不仅仅是毁灭的力量，也是保持活力的力量。

——〔美〕尼科尔·V. 艾姆斯

我国唐代著名财政改革家杨炎说："财赋者，邦国之本，如生人之喉命，天下治乱轻重系焉"。作为国家进行宏观调控、市场监管、公共服务和社会管理的治理工具，税收是国家昌盛、民族复兴和人民幸福的基石，已经渗透到我们经济社会的每一个毛孔，牵动着千家万户甚至每一位纳税人的神经，事关国家安危、社会治乱和人民祸福。党的十七大报告明确提出，必须以邓小平理论和"三个代表"重要思想为指导，深入贯彻落实科学发展观，把科学发展观贯彻落实到经济社会发展的各个方面；党的十八大报告进一步把科学发展观列入党的指导思想，赋予其全新的历史地位，使之成为指导党和国家全部工作的强大思想武器。税收工作作为党和国家工作的一个重要组成部分，也必须以科学发展观为统领，全面体现科学发展观的核心思想和内在要求，切实把科学发展观贯穿于税收工作的全过程、落实到税收工作的各个环节。问题是如何才能把科学发展观转化为完善的税收体制机制，不断扫除推动科学发展的税收制度障碍，积极构建有利于科学发展的税收制度，这是我国税收理论研究和实际工作所面临的一项重大而紧迫的任务。

本书以党的十七大报告提出的实行有利于科学发展的财税制度为研究目标，以构建有利于科学发展的税收制度为着眼点，围绕贯彻科学发展观与税制改革顶层设计这个中心，既分析了贯彻落实科学发展观给税收制度的制定带来的挑战和使命，也研究了有利于科学发展的税收制度的一系列理论问题，并提出了一些针对性的改革措施和政策建议。这项研究成果有助于正确认识近年来我国税制改革的主要举措，深刻揭示推进税制改革所获得的成功经验，充分认识构建有利于科学发展的税收制度的必要性和可行性，为进一步深化税制改革工作理清了思路、明辨了是非；有助于突破现阶段国内税制改革理论研究的思维定势，拓展中国特色社会主义税收的研究领域和视野，提出有利于科学发展的税收制度的理论判定标准，丰富中国特色社会主义税收的理论体系；有助于倡导和确立科学的思维方式和正确的价值取向，深入贯彻落实科学发展观，建立起与科学发展观要求相适应的税收制度体系、税收政策体系和税收管理体系，为人的自由全面发展提供切实可行的基础性的税收制度保障。

第一节　　选题背景和研究意义

近十年来，在 1994 年税制改革的基础上，我国对税制进行了重大调整和完善，进一步完善了适应社会主义市场经济体制的税收制度框架，初步形成了有利于科学发展的税收环境。但总体来看，现行税收制度同完善中国特色社会主义制度和创新中国特色社会主义理论的使命还有很大距离，与实现全面建成小康社会的目标和加快转变经济发展方式的要求还有很大差距。特别是当前和今后一个时期，我国经济社会发展中长期矛盾与短期问题相互交织、结构性因素与周期性因素相互作用、外部挑战与国内困难相互叠加，改革和完善税制的任务依然十分繁重。在这种背景之下，研究和形成有利于科学发展的税收制度，具有非常重要的理论和现实意义。

一、完善中国特色社会主义制度的新使命

一个国家从人均低收入向人均中等收入阶段迈进通常要靠红利，如人口红利等，但从人均中低收入向人均中高收入阶段迈进时，则要依靠改革和创新形成的"制度红利"。有人说，改革开放 30 年来，第一个 10 年靠"人口红利"，第二个 10 年靠国有企业"改革红利"，第三个 10 年靠开放，特别是靠加入世贸组织 10 年的"开放红利"。今后我国向人均中高收入阶段迈进要靠"制度红利"，这是因为我国从 20 世纪 90 年代开始已经走出商品短缺时

代、基本走出了资本短缺时代，而现在最短缺的是与科学发展观要求相适应的制度安排。税收制度是国家的基本制度，也是我国社会主义大厦的基石和支柱。1994 年的税制改革搭建了适应社会主义市场经济发展要求的税收制度框架，2003 年以来，按照实行有利于科学发展的财税制度的要求，经过不懈努力和探索，进一步健全和完善税收的制度框架和政策体系，这个制度体系与我国基本政治制度和基本经济制度相适应，集中体现了中国特色社会主义的特点和优势，是当代中国发展进步税收制度的保障。然而，任何制度都不是一成不变的，都有一个发展和完善的过程。我国税制总体框架上是好的，但也存在一些需要改革和完善的地方，需要按照中国特色社会主义制度的要求对现行税制进行改革创新，如何与我国经济体制、政治体制、文化体制、社会体制和生态体制建设协调配套，通过税收的表现和实现形式更好地保障国家根本政治制度、基本政治制度和基本经济制度的贯彻落实，更好地推动中国特色社会主义税收制度的自我完善和发展，更好地形成有利于经济发展方式转变的税收体制机制和利益导向，更好地推动中国特色社会主义向前发展，是研究和形成有利于科学发展的税收制度的一个新的历史使命。

二、创新中国特色社会主义理论的新课题

中国的一系列重大税收理论突破与税制改革实践紧密结合，并在社会各界已基本形成一致的看法。改革开放初期，我国重新认识了税收的本质、地位和作用，提出了税利分流的理论，彻底根除了"非税论"和"税收消亡论"的影响，为推动国营企业"利改税"和工商税制全面改革奠定了基础。1992 年以来，在建立和完善社会主义市场经济体制背景下，吸收和借鉴了市场经济国家的税收理论，对于 1994 年税制改革和 2003 年开始的新一轮税制改革有重要的指导意义。然而，时至今日，我国的税收学仍未能真正建构起科学完整的理论体系，有关税收专业学科建设和理论体系建构的文献微乎其微，至于系统研究社会主义税收理论体系之建设、阐述有中国特色的税收理论体系所应具有的内涵构架的文章，就更是凤毛麟角，特别是还没有形成与中国特色主义理论一脉相承的税收理论体系。科学发展观是中国特色社会主义理论体系的最新成果，是十六大以来党的理论创新成果的集中体现，是税收制度建设的强大思想武器。构建有利于科学发展的税收制度必须以科学发

展观为指导，坚持社会主义市场经济的改革方向，正确处理政府与市场的关系，从制度上保证市场在资源配置中的基础性作用，为市场主体和经济发展创造公平和相对宽松的税收环境。在当今时代，思想文化大交流大交融大交锋，意识形态领域多元多样多变，要站在中国特色社会主义理论创新的制高点上，以科学发展观为理论基石和思想武器，认识和解决税制改革发展中的热点和难点问题，厘清社会税收思潮，明辨税收理论是非。在学习借鉴人类文明成果的基础上，不断概括出中国新鲜经验的税收概念和范畴，逐步深化对税收发展和税制改革规律性的认识，用中国的理论研究和话语体系解读中国税收实践，指导中国的税制改革，不断升华中国特色社会主义税收实践成果，在多元中立主导、在多变中把方向、在多样中谋共识，为中国特色社会主义税收事业提供理论指导和智力支撑。

三、实现全面建成小康社会目标的新要求

"小康"一词源出《诗经》，但作为一种社会模式，最早在《礼记》中得到系统阐述，它相对于"大道行也，天下为公"的大同社会，是"大道既隐，天下为家"的理想社会的初级阶段。20 世纪 80 年代，邓小平同志设计了现代化进程"三步走"战略蓝图，到 20 世纪末实现小康。党的十五大提出了建党一百年和新中国成立一百年的奋斗目标，对小康社会做了新的展望。党的十六大明确提出到 2020 年全面建设小康社会的目标和要求，在 20 世纪末基本实现小康的基础上，对更加全面、更高水平的小康社会作出了新的描绘和完善。党的十七大延续十六大主题，根据发展的新形势、取得的新成就，对全面建设小康社会目标做了进一步调整。十八大继往开来，在十六大、十七大全面建设小康社会阶段性目标超越预期的新形势下，顺应人民期盼，准确判断趋势，更加清晰、更高要求提出了到 2020 年全面建成小康社会的目标。这些目标要求，符合中国特色社会主义全面发展的内在要求，符合深化改革开放、加快转变经济发展方式攻坚时期的实践需要，也对做好新时期的税制改革提出了新的要求，必须以更大的政治勇气和智慧，不失时机深化税制，坚决破除一切妨碍科学发展的税收思想观念和税收体制机制弊端，构建系统完备、科学规范、运行有效的税收制度体系，最大限度激发社会活力、最大限度增加和谐因素、最大限度减少不和谐因素，更好地发挥税收在全面

建成小康社会中的职能作用，让公众普遍享有同质均等的发展权利、使经济增长过程更加公平、使经济增长成果能广泛惠及所有人。

四、加快转变经济发展方式的新任务

以科学发展为主题、以加快转变经济发展方式为主线，是关系我国发展全局的战略抉择。我国发展仍然具备难得的机遇和有利条件，经济社会发展基本面长期趋好，国内市场潜力巨大，社会生产力基础雄厚，科技创新能力增强，人力资源丰富，生产要素综合优势明显，社会主义市场经济体制机制不断完善。同时，也要清醒地看到，我国的发展仍面临不少风险和挑战，不平衡、不协调、不可持续问题依然突出，经济增长下行压力和产能相对过剩的矛盾有所加剧，企业生产经营成本上升和创新能力不足的问题并存，金融领域存在潜在风险，经济发展和资源环境的矛盾仍然突出。必须保持清醒头脑，增强忧患意识，深入分析问题背后的原因，采取有效举措加以解决。税收作为国家实施宏观调控的有力杠杆和重要工具，不仅调节经济总量，更能优化经济结构，是加快转变经济发展方式的重要推手，通过改革要形成有利于转变经济发展方式的税制基础，建立有利于加快经济结构调整的税收政策体系，发挥好制度的基础推动作用和政策的边际调节作用，既要促进需求结构优化、增强持续发展能力，也要推进区域协调发展、保障基本公共服务均等化；既要加快推进自主创新、提高经济发展质量和效益，也要促进产业结构调整、加快经济转型升级；既要推进节能减排和环境保护、提高可持续发展能力，也要调整国民收入分配格局，促进社会和谐稳定。但我国目前有利于加快转变经济发展方式的税收制度还没有完全形成，建立有利于科学发展的税收体制机制任重而道远，部分税收刺激消费需求的政策措施需要进一步加强，税收调节分配力度不够强，部分税种功能有待进一步发挥，促进节能减排的税收政策还存在一些不足，促进区域经济协调发展的税收观念有待转变，促进产业结构优化升级的税收政策效力有待提升，促进自主创新的税收支持政策还有待完善。必须适应国内外经济形势新变化，建立健全保障和促进科学发展的税收体制机制、推动科学发展的税收政策法规、体现科学发展要求的税收管理制度，加快形成新的经济发展方式，把推动发展的立足点转到提高质量和效益上来，着力激发各类市场主体发展新活力，着力增强创新

驱动发展新动力，着力构建现代产业发展新体系，着力培育开放型经济发展新优势，使经济发展更多依靠内需特别是消费需求拉动，更多依靠现代服务业和战略性新兴产业带动，更多依靠科技进步、劳动者素质提高、管理创新驱动，更多依靠节约资源和循环经济推动，更多依靠城乡区域发展协调互动，不断增强长期发展后劲。

五、维护我国发展权益的新需要

在经济全球化深入发展的时代，准确把握世界政治经济走势，是我国完善税收制度和制定税收政策的一条重要依据和成功经验。我国改革开放初期的税制改革是以建立涉外税收制度为突破口的。1980 年 9 月 10 日，第五届全国人民代表大会第三次会议通过了《中华人民共和国中外合资经营企业所得税法》和《中华人民共和国个人所得税法》。1981 年 12 月 13 日，第五届全国人民代表大会第四次会议通过了《中华人民共和国外国企业所得税法》。这三部法律解决了所得税方面的涉外课征问题，加上对中外合资企业、外国企业继续征收工商统一税和继续征收城市房地产税和车船使用牌照税，初步建立了一套比较完整、大体适用的涉外税收制度，适应了我国对外开放初期引进外资、技术和人才，开展对外经济技术合作的需要，对更好地吸引外商直接投资、促进外资经济的快速发展、加快改革开放步伐，发挥了重要作用。这三部涉外税收法规得到时任美国国务卿的塞勒斯·万斯先生的高度评价："这几部法律体现了中国的对外开放政策，它们的及时颁布，使外国企业家增加了在华投资利益的可预见性，对投资者作出投资决策有极为重要的作用。"迄今为止，我国涉外税制历经三十多年的逐步合并、统一和改革，在遵循税收国际准则和国际惯例的前提下，探索形成了适应全球价值链分工低端环节的税收制度，正是这个税收制度的有效实施才成功实现了使中国从低收入水平向中等收入水平转型，使我国在经济全球化的进程中获取最大的经济利益，促进了中国的改革开放事业。当今和今后一个时期，随着经济全球化的深入发展，世界政治经济格局发生深刻变化，全球贸易投资环境总体更趋开放，跨国企业及其业务创新层出不穷，国际产业转移从加工制造环节向产业链两端延伸，为我国延伸产业链条、优化要素配置带来机遇的同时，加剧了我国与发展中国家传统劳动密集型产业的竞争，拉开了与发达国家在技术和资本密集型产业的正面竞争。适应国际产业竞争优势由低端向高端转变，如何通过税制结构的转化和提升，全球价值链分工由低端向高端环节转化的包容性税制，不断增强税收引导国际资源合理配置的功能，提高税制国际竞争力，协调各国的税收政策，维护国家税收权益，更好地推动对外开放进程。与此同时，随着国际金融危机的持续发酵，发达国家主权债务陷阱危机四伏，国际金融和商品市场动荡不安，全球投资保护主义急剧升温，国际贸易摩擦及各种技术性壁垒进入高发期，①"走出去"境外投资安全风险日益加剧，发达国家通过所谓的"机票税"、"银行税"、"碳关税"以及"托宾税"等议题对我国税制提出了新的挑战，而以信息技术为支撑的国际避税港、电子商务、外地移民等对我国税制提出了新的课题，税制结构安排在促进扩大对外开放中的作用有待进一步增强，进一步深化税制改革，优化税制结构，加强国际税收协调与合作，对于统筹国内国际两个大局，把握好我国在全球经济分工中的新定位，积极创造参与国际合作和竞争的新优势具有重要意义，主动参与国际经济贸易治理结构的调整，充分考虑不同发展水平贸易伙伴的利益，提升我国对国际市场的影响力和制定国际经贸规则的话语权，努力将外部环境变化的不利影响降至最低限度。

第二节　国内外研究观点综述

一、国外研究观点综述

美国长期经济趋势研究所所长迈克尔·赫德森教授认为，历史上，金融寡头、军阀占领者、盗贼和犯罪家族的目标都是使他们的财富世袭化，取消房产税，同时免除他们的财产税和个人所得税，废除对他们的公共权利，并减少他们的负债。其结果就是通过将他们的经济权利转变为政治权利和特权而成为世袭的贵族，同时将经济紧缩转嫁到雇员和中产阶级头上。而且由于欧洲和美国生活水平的下降，中国也受到了指责。中国为自己最好的辩护是

---

① 中国是贸易保护主义的最大受害者。2008年国际金融危机爆发以来，全球40%的贸易保护主义措施针对中国。随着中国出口产业从劳动密集型产业向新兴产业升级，国外对中国新兴产业出口的限制明显增多。2012年前三季度，中国出口产品遭遇国外贸易救济调查涉案金额达243亿美元，增长7倍多。太阳能光伏电池在多个海外市场遭遇贸易摩擦，出口严重受阻。

要解释西方经济的失误所在，甚或帮助他们解决他们自身的问题。西方国家正在陷入无法使其金融体系、税收理念和财产关系从属于有形资本投资、经济增长和生活水平提高需求的困境。考察其经济走向，可以有助于我们分析评价从13世纪到20世纪中期西方文明的改革尝试为何失败、相反在中国却获得了巨大成功。由于西方国家被债务缩减和经济紧缩所压垮，金融家和食利者阶层都试图通过支持认为经济紧缩是由那些还没有被压垮的国家的债务缩减和实行累退税收政策引起的政治家，来寻求对他们掠夺行为的保护，而被指责的这些国家中首当其冲的是中国。他们的策略是煽动公众对这些外国人持敌对态度，而不是通过投票改革国内的金融和税收体系。中国不仅必须抵御西方国家的金融侵犯，还必须防止国内对新自由主义实行的经济和税收政策的效仿——新近崛起的雄心勃勃的权力阶层试图复制导致西方国家衰落的发展路径。如果中国重蹈西方国家经济体系的金融化经历，那么它将要容忍金融和其他联合的食利阶层的利益战胜国内经济力量，并动摇原有的政治意识形态，使国内的反对力量无力抗争，就像新自由主义在美国和欧洲的做法那样。到目前为止，中国已经取得的举世瞩目的成就反映出它已成功地化解了这一难题。未来30年对中国的挑战是，如何继续解决好随着财富的日益增长（及集中），食利阶层会试图将手中的经济权利转变成政治权利，并将他们应该承担的赋税转嫁到劳动者身上的问题。吸取财富比创造财富容易，更轻易获取财富的做法是通过确立财产权获得经济租金，并使这些收入免于社会责任和税收，以及通过获得银行和其他部门的经济特权来汲取经济剩余，如利息、金融收费和资产价格的上涨，增加比活劳动力大得多的财富拥有权。防止金融分极化和不稳定的金融、保险、房地产业的过度增长，阻止这种债务扩散现象出现的一个手段是不允许通过利息支出进行减税。这将鼓励权益投资而不是负债融资。最重要的是，政府应该对土地价格收入的"免费午餐"征税，它反映在公共投资和整体水平上的繁荣，而不是地主的资本投资。对在私营部门由土地和自然资源垄断产生的经济租金征税。大部分的场地价值是由社区的基础设施支出和总体水平的繁荣程度决定的。财产所有者只进行了建筑和资本的改进，而不是场地投资。而场地的租金价值并未被征税，所以"不需要"向银行提供担保。这就造成只有财产所有者担负了债务，并使政府向劳动者和产业征税。公共部门应该通过租金税获得公共的"外部性费用"，而且政府应该向私营部门收取由污染带来的经济成本和用于环境稳定和更新的费用。中国是资本外逃的主要目的国，它承担着这些资本将循着新自由主义的路径，在获得足够的政治影响后扭曲中国的税收体系和公共开支的内在风险，这是华盛顿共识对第三世界国家和苏联的做法。①

美国华盛顿世界观察研究所所长克里斯多夫·弗拉文认为，为资助再生能源发展，政府应当建立额外的能源效益与再生能源基金，通过利用特别基金作为标志，以增加对节能产业的支持，还有其他手段像能源效益税、再生能源超额费以及化石燃料"特别消费税"（本质上是一种对化石燃料消费的碳排放课税）。同时应该对整个能源工业以及再生能源业进行价格与税收结构的改革，以体现各自的全部环境成本。②

澳大利亚莫纳什大学税法政策研究所瑞克·克瑞沃教授认为，中国目前实行的间接税制度比半个世纪前市场经济国家转向增值税制度之前所实行的制度更加具有扭曲性、效率更低。混合税收制度会导致不同市场地点的严重扭曲，在税收制度中对于"货物"和"服务"所进行的人为区分更加导致了不同经济行为的扭曲。这一区分在旧有的社会主义经济制度下还可以承受，在这种经济制度下，服务在经济中的作用相对较小。但是在现代市场制度或者社会主义市场经济下，这种区分就无法承受了，在这种制度下，货物和服务已经混合在一起，很大比例的销售都是既包括服务，也包括有形的货物。经营者可以很容易地在货物和服务之间转移价格，从而最大限度地减轻自己的税收负担，但是这种转移会导致生产链条的无效率。不仅如此，目前中国的很多税法都采取与一般法律类似的模式来起草和制定，即一般性的关键问题由法律规定，具体问题则留待实施细则和行政规则来规定。尽管这种制度能够保证一般法律运行顺利，例如合同法或者侵权法，但是在税法中却可能导致问题。税法适用于复杂的交易，法律形式的弹性意味着一个经济交易可

---

① ［美］迈克尔·赫德森：《中国未来30年》，载吴敬琏、俞可平等著：《中国未来30年》，中央编译出版社2010年版，第3—30页。
② ［美］克里斯多夫·弗拉文：《清洁能源：中国经济更绿更强大的发动机》，载吴敬琏、俞可平等著：《中国未来30年》，中央编译出版社2010年版，第185—193页。

以采取相当广泛的法律形式。增值税法规就是一个典型的例子，这部法律已经被国家税务总局的超过 2000 个通知所"修改"，但是所有这些政策都不是由制定该法律的主体直接发布的。①

印度安永会计师事务所合伙人萨特亚·波德认为，中国作为世界上发展最快的经济体，一直存在由于产品、服务消费和投资的过度需求所造成的通货膨胀的潜在条件。政府不得不采取宏观政策来控制需求。在这种情况下，中国间接税制的"非中立性"特征的害处可能不像其他经济体那么明显。中国正处在决定未来间接税体制改革的十字路口上。中国间接税体制的改革有三个重要方面：税务体制的设计、税务征收和执行的监管措施，以及中央与省、直辖市、自治区政府的收入分享。他还认为，在采用综合增值税方面没有法律或是宪法上的障碍。在这种情况下，中国可以而且应该考虑一步到位的直接改革，比如设立一种综合性的产品服务税来代替原来的增值税和营业税。②

普华永道会计师事务所全球间接税负责人伊娜·乐芸娜认为，实现政府财政收入目标以及企业和公众税收负担之间的平衡对于在增值税政策设计中合并经济、社会和政治目标提出了挑战。在这些因素之中，来自已经实行增值税的其他国家的成功经验可以带来有效的税收制度，以至于获得政府和纳税人之间的适当平衡。中国不能重复其他国家所犯过的错误，也就是不能"重蹈覆辙"。其他国家的增值税制度如何才能运作良好，如何不能运作良好的经验教训只能作为引导和参照。③

德勤华永会计师事务所有限公司的研究报告指出，无论税法制度本身制定得如何完善，如果没有有效的征管作为保障，都无法实现立法的本意。今

---

① ［澳大利亚］瑞克·克瑞沃：《基于两种增值税模式的比较研究及中国增值税改革的蓝图建议》，载全国人大常委会预算工作委员会法案室编著：《中国增值税改革与立法比较研究文集》，中国时代经济出版社 2010 年版，第 166 页。

② ［印］萨特亚·波德：《基于加拿大和印度的增值税实践的比较研究及对中国的建议》，载全国人大常委会预算工作委员会法案室编著：《中国增值税改革与立法比较研究文集》，中国时代经济出版社 2010 年版，第 285—301 页。

③ ［美］伊娜·乐芸娜：《基于国际上典型增值税做法的比较研究及对中国的建议》，载全国人大常委会预算工作委员会法案室编著：《中国增值税改革与立法比较研究文集》，中国时代经济出版社 2010 年版，第 313—380 页。

天，中国增值税立法改革的时机已经成熟。如何建立一套完善的征收管理制度来保障新增值税法的顺利执行，是税务立法机关面临的一个重要挑战。[1]

2001年诺贝尔经济学奖得主迈克尔·斯宾塞教授和世界银行驻华首席代表林重庚牵头组织30名国际专家团队，提交中央财经领导小组的研究报告提出：在市场经济中，财政体制（即政府征税能力和支出能力）是实现收入和机会再分配的最有效的工具之一。中国为建设和谐社会和促进经济繁荣，中国政府的财政规模需要扩大，因此，财政收入应该在近期提高到GDP的至少30%，这相当于美国目前的水平，低于大多数发达国家。在增加财政总收入的同时，中国还应该尝试调整税负分配。一个应优先考虑的议题是削减对劳动力征收的许多税费。其他有意义的变革还包括将增值税扩展到服务业，征收消费型而非生产型的增值税等。在中国员工的全部收入中，能真正到手的部分平均只占65%，其余属于政府征收的工薪类税收和各类社会保险缴费（医疗、工伤和失业保险等）。有研究估计，私人企业上缴的增值税超过利润的一半，给增长造成了巨大障碍。目前的财政体制对制造业和投资过于有利，消除这一扭曲将有助于经济的重新平衡，这在中国已获得广泛认同。中国还应该考虑对城市的行政层级制度进行改革，使规模不等的各个城市可以在平等的基础上开展竞争，在目前层级较高的城市在决策制定上有更大的自主权，掌握着更多的财政资源，还享有更靠近交通走廊和铁路等优势，为取代这种层级关系，每个城市，不论其规模大小，都应该在明确规定的若干领域内享有完全的自主权，所有的城镇都应该享有相同的税基，承担相同的支出责任。[2]

世界银行的一份研究报告认为，自1994年财税改革和随后进行的一系列改革以来，中国在收入动员方面做得非常成功。但是，中国在提高税收机制的效率方面仍有很大潜力：提高对能源（碳）、水、自然资源和污染的税收，这将鼓励对资源的保护，同时改善环境、增加财政收入；进一步挖掘来自个人所得税的财政收入的潜力，中国来自个人所得税的收入刚刚超过GDP的

---

[1]　德勤华永会计师事务所有限公司：《中国增值税征管执法情况研究》，载全国人大常委会预算工作委员会法案室编著：《中国增值税改革与立法比较研究文集》，中国时代经济出版社2010年版，第64—100页。

[2]　［美］迈克尔·斯宾塞等：《中国经济中长期发展和转型：国际视角的思考和建议》，中信出版社2011年版，第6—115页。

1%，而在高收入国家这个比例平均为5.8%；提高征收机动车和停车位的税费以及拥堵费，这将使城市更宜居、生活效率更高、环境更好；征收房地产税有助于土地的更有效利用，抑制城市的无序扩张，同时降低地方政府对土地出让收入的依赖。另外，还可以赋予地方政府一定税权，增加其自有收入来源，可以考虑征收地方个人所得税，将其附加在中央个税税率之上，不过，现在国家对个税的最高边际税率已经高达45%，进一步提高的空间不大，故改革现有的个税结构、削减最高边际税率可能对提高地方财政收入自主权也是非常重要的。[①]

日本经济研究中心亚洲部主任研究员尾崎春生认为：自1994年实施分税制以后，中国建立了与日本的地方交付税交付金相似的制度，促进对贫困地区的资金转移。但是随着经济的持续高速增长，沿海与内陆地区的财政差异愈加显著，而财政转移只不过起到暂时阻止财政差异进一步扩大的作用，对于振兴地方财政并未发挥出太大作用。经济的高速增长使税收不断增加，现在政府财政环境更加宽松，所以对地方收入再分配制度的改革已经势在必行。与此同时，政府有必要进行税制改革，对低收入者进行减税政策，对高收入人群实施累进课税，并设立遗产税。[②]

新加坡国立大学东亚研究所所长、中国政治社会问题与国际关系专家郑永年研究员认为：中国财富的流失远远超过正常水平，而且连人都走出去了。这个移民规模从世界经济史上看，也超过了正常现象。实际上，中国现行税收制度还是有利于富人的。这些投资移民跑到国外以后，生存环境并不好，不仅面临高额征税，而且看不出其资产有什么发展和扩大，更多的是纯粹消费。1994体制已经实行了很多年，现在有必要进行再改革。1994年分税制改革改变了邓小平南方谈话之后激进分权所造成的国民经济宏观调控失控的情况。改革之后，财力迅速向中央财政集中，而此前中央财政高度依赖地方。实行分税制后，尽管中央政府财政的很大一部分需要返回地方，但依赖的方向改变了，从中央依靠地方变成了地方依赖于中央。尤其重要的是，中央政

----

① 世界银行、国务院发展研究中心联合课题组：《2030年的中国：建设现代、和谐、有创造力的高收入社会》，2012年6月。

② ［日］尾崎春生著：《中国的强国战略——日本人读中国2050》，喻海翔译，东方出版社2012年版，第107页。

府终于首次建立了属于自己的、独立于地方政府之外的收税机构（国税局）。确切地说，分税制的主要考虑是增加中央的财政能力，而不是分配能力。分税制以后，中央财政能力快速增加，但国家的收入差异也不断加速扩大。①

美国北卡罗来纳州立大学经济学教授大卫·N. 海曼认为，中国于1994年将法国创立于20世纪50年代的增值税引入税收体系中。由于这一税收方式体现的是道道征收、税不重征的设计理念，有利于克服传统流转税"重复课税"的弊端，正契合了中国改革开放初期亟待解除各个领域不利于经济发展桎梏的历史机缘，因此适时而生。一经确立，就凸现出了较之以往实行的流转税的优越性，一举成为中国税制结构中的擎天柱。尽管增值税的转型已使中国增值税在实现国际规范化方面迈出了重要一步，但是未来改革的任务依然十分严峻。这是因为，中国目前实行的增值税，从其覆盖范围来看，还只是属于商品增值税。因其只是在生产销售商品的时候征收，不涉及劳务服务。中国目前对服务业征收的仍然是营业税。至于建造房屋、销售不动产等，也都在营业税征收范围。理想的、国际上日益通行的增值税征收范围，应该包括所有创造和实现增值额的领域。从行业领域上看应覆盖农林牧业、采矿业、制造业、建筑业、能源交通运输业、商业和劳务等各行各业；从生产环节上看应涵盖原材料、制造、批发和零售等全部环节。只有这样才能构成完整的增值税抵扣链条，实现广泛的税负公平，形成完整的核查系统，降低企业纳税负担，全面提高税收效率。当然，这样的增值税改革牵涉的范围和影响深度将会是既广泛又深远的，且必将与财政管理体制的变革和税制总体构架的完善形成联动。此外，新中国成立以后也曾设立过遗产税，但是由于条件不具备而没有开征。改革开放以后，随着经济社会的发展，为了调节社会成员的财富分布，缓解贫富悬殊的矛盾，开征遗产税的呼声逐渐高涨。征收遗产税，对于健全国家的税收制度、适当调节社会成员的财富分配、增加政府和社会公益事业的财力、维护国家收益具有积极意义。遗产税通常要和赠与税联系在一起设立、征收。②

美国国际经济研究所高级研究员尼古拉斯·R. 拉迪指出，降低个人所得

---

① ［新］郑永年：《中国改革三步走》，东方出版社2012年版，第50、156页。
② ［美］大卫·N. 海曼：《财政学：理论在当代美国和中国的实践应用》，北京大学出版社2011年版，第470—472页。

税或增加政府的消费支出（也就是政府的非投资性费用）是促进消费的基础。同时，转向消费驱动型增长模式也需要对其汇率政策实行重大改变。在目前形势下，一个更具弹性的汇率机制肯定会导致人民币的增值，同时也有利于减少净出口，并且会增加政府提高利率的灵活性。后者又是降低近年来投资高速增加的先决条件。改变公司税收政策也有助于重新平衡中国经济增长源泉。在许多经济中，政府可以通过财政刺激——比如对家庭收入减税——来增加个人消费。但是，这个方法在中国的适用性有限，因为中国家庭的直接税征收的起点相对较低，而政府的减税政策也不果敢。①

美国麻省理工学院经济学教授奥利弟·布兰查德等认为，应逐步解除对资本流出的管制以及取消对外国直接投资的税收优惠，这将有利于缓解人民币的升值压力。引入污染税将会降低投资于出口部门的动机，同时不会对农民收入产生负面影响；污染税的税率越高，需要人民币升值来重新配置资源的幅度就越小，升值对于城乡差距的负面影响也就越小。他还认为，要扩大对医疗服务的供给，相应增加的政府开支应该通过举债还是通过税收来融资？第一种以公共财政的标准原则为基础，如果支出在未来对人们有益，那么就应该通过举债而非征税来融资；第二种以实现内不平衡的基础为依据，根据环境变化决定到底是主要通过举债还是主要通过税收来融资；第三种以债务机制为基础，如果增长率能够始终高于利率，政府就能降低税收并可以不再考虑重新提高税收；如果增长率最终下降到低于利率，现在更大的赤字只需要有限增加未来的最终税收。②

英国邓迪大学能源、石油与矿产法规研究中心主任菲利普·安德鲁斯－斯皮德教授认为，只有各级政府承诺支持节能、确立相关制度以对竞争和冲突进行协调与合作、构建严格透明的法律和监管框架、设立与不断变革的经济体制相适应的经济激励机制，才有可能在全国范围内制定并不断推行新的节能政策。尽管在一个转型国家里制定适当的财政、经济和税

---

① ［美］尼古拉斯·R. 拉迪:《中国: 走向内需驱动型增长模式》，载周艳辉主编:《增长的迷思: 海外学者论中国经济发展》，中央编译出版社 2011 年版，第 38 页。

② ［美］奥利弟·布兰查德:《重新平衡中国的发展: 一种三管齐下的解决方案》，载周艳辉主编:《增长的迷思: 海外学者论中国经济发展》，中央编译出版社 2011 年版，第 58—73 页。

收措施以促进节能并非易事，但是节能的真正障碍却是各级政府缺少连续性的政治承诺。①

美国海军战争学院中国问题研究专家凯瑟琳·A. 沃尔什提出，中国正在努力建设类似于美国硅谷的地域性高科技创新中心。现在中国各地正在建立创新型的现代化科技发展中心（新科技园），以吸引特色鲜明的、高科技方面的投资者。跨国公司利用现成的高科技工业区、中国松散的监管环境、优惠的税收政策及其他促进投资的有利政策进入市场，全球化促进并强化了各种国际贸易、投资、旅行和通信的发展，因此，中国市场吸引了许多跨国公司资助的研发中心，这并不完全出乎人的预料。②

加拿大多伦多大学教授 C. W. 肯尼思·肯指出，在接下来的 10 年里，中央政府应该向中部核心区域投资，以加快当地的基础设施建设、完善教育和其他公共服务体系以及社会福利体系。政府要特别设计有助于中部核心区域省份发展的政策，比如出口退税、有利于私人资本投资基础设施的税收和信贷政策，这些都被认为会必然加速中部核心区域的经济发展。政府应该继续实施以投资交通运输与环境保护项目为首要关注点的西部大开发政策。中央政府也可以考虑增加一个新的税种（诸如西部大开发附加税）来资助大西部的经济与社会现代化。③

美国著名的中国经济问题研究专家巴瑞·诺顿认为，税收体系在 1994 年进行了彻底的改革，这不仅给中国带来了更加广泛的税收基础，而且还大大增加了中央政府在税收总额中所占的比例。④

法国马恩河谷大学教授让 – 克洛德·德洛奈认为，中国的领导者应该提供集体安全的需要，而不必掌握大量的货币资源，因为中国人对于纳税比较反感，并且中国的税收体制也不完善。从总体上看，个人对于缴纳个人税款

---

① ［英］菲利普·安德鲁斯 – 斯皮德：《中国能源政策的成效与挑战》，载周艳辉主编：《增长的迷思：海外学者论中国经济发展》，中央编译出版社 2011 年版，第 138 页。

② ［美］凯瑟琳·A. 沃尔什：《中国的研发：高科技的梦想》，载周艳辉主编：《增长的迷思：海外学者论中国经济发展》，中央编译出版社 2011 年版，第 258 页。

③ ［加］C. W. 肯尼思·肯：《中国不平衡经济增长及其对经济发展决策的启示》，载周艳辉主编：《增长的迷思：海外学者论中国经济发展》，中央编译出版社 2011 年版，第 308 页。

④ ［美］巴瑞·诺顿：《中国发展经验的奇特性和可复制性》，载王新颖主编：《奇迹的建构：海外学者论中国模式》，中央编译出版社 2011 年版，第 23 页。

仍然持排斥态度。一种"非正式"的思想在普通群众中比较普遍，社会中充斥着大量没有申报的小职业。然而，缴税在西方人权和公民身份的革命性要求中是处于核心地位的。随着中国经济的现代化发展，税收基数正在发生改变。一个新的税收国家必然会出现。①

二、国内研究观点综述

(一) 关于税制改革的目标

有学者指出，中国税制改革的目标是建立市场型税收体系。依照经济体制和财政体制的类型，可以将税收体系划分为计划型税收体系、转轨型税收体系（准市场型税收体系）和市场型税收体系。② 计划型税收体系与计划经济体制及其相应的财政体制相对应，其特征是税种构成简单，税种的选择不符合效率要求，各税种之间配合差，税收、利润、费用界限模糊不清，产权交易税（流转税类）在总体税收规模中比重过大，未立足税收的产权分配和再分配关系本质构筑和配置税种总和。市场型税收体系的特征是立足税收的产权分配和再分配关系构筑和配置各类税种，具备科学完善的中央税体系和地方税体系，依据效率原则选择和配置税种，中央税体系以产权收益税和产权交易税为主体，地方税体系以产权静态税为主体。转轨型税收体系是一种过渡型的税收体系，它是计划型税收体系向市场型税收体系过渡所必需的。转型税收体系实质上是准市场型税收体系。从根本上看，在国际上，综合所得税战略、线性所得税战略、支出税战略以及与支出税战略相关的单一税、储蓄无限减免税、国家零售税方案的提出或实施是对市场型税收体系的完善，而不是建立超市场型税收体系。中国税制改革的方向是确立市场型税收体系。

有学者指出，中国税制改革的目标是建立公共服务型税收制度。税收是执行政府职能的重要手段，政府职能的转变必然要求税收职能的转变，也就是说，要建立公共服务型政府，必然要求建立符合其内在要求的税收制度，即"公共服务型"税收制度。③ 税收既是政府提供公共服务的财力保障，同

---

① ［法］让-克洛德·德洛奈：《对中国特色社会主义的研究》，载王新颖主编：《奇迹的建构：海外学者论中国模式》，中央编译出版社 2011 年版，第 23 页。

② 任寿根：《中国税制改革方向：确立市场型税收体系》，《涉外税务》2004 年第 12 期。

③ 杨春梅：《构建"公共服务型"税制的基本思路》，《税务研究》2006 年第 9 期。

时，税收征收过程也蕴涵着公共产品和服务的提供，包括：为纳税人提供优质高效的纳税服务是政府公共服务的具体体现；贯彻税收的经济公平原则，创造公平的竞争环境是为市场主体提供一视同仁的公共服务；发挥税收调控作用，调节社会成员间收入差距，促进基础设施建设，保护生态环境，促进社会就业以及经济协调稳定发展等，是政府重要的公共服务职责；而强化税收法治建设，保障税收执法，是实现和维护公民权利的重要制度保障，也是公共服务型政府的内在要求。从广义上说，中国税制改革不仅仅是某些税种的变更，它应是整体治税思路在新形势下的调整，必须在以人为本的目标下探讨符合现代市场经济要求的服务型税收的建立。①

有学者指出，中国税制改革的目标是建立民主宪政型的税制模式。民主宪政型的税制模式是中国税制结构性创新的理想模式。② 它始终把"增进全社会和每个纳税人的利益总量"作为税制优劣的终极评价标准；它要把建立以纳税人为主导的税制作为中国税制改革的长远的理想目标；它是以奉行"为己利他"为基本道德原则，以"纯粹为他"为最高道德原则，以"纯粹为己"为最低道德原则的税制。具体说，就是要把自由法治原则贯穿于税制的始终，使一切强制的征税，都符合税法和税德的要求，而且，这些税法和税德都直接和间接地得到了全体纳税人的同意；要把自由平等原则贯穿于税制的始终，在自由面前所有的纳税人平等，所有的纳税人都能够服从税收权力的强制，在税法面前做到所有的征纳税人都是平等的；要把自由限度原则贯穿于税制的始终，税收的强制能够保持在当下社会的存在所必需的限度，而纳税人的自由可以广泛到这个社会的存在所能容许的最大限度；要把政治自由原则贯穿于税制的始终，税制的选择能够直接或间接地得到全体纳税人的同意，体现每个纳税人自己的意志；要把思想自由原则贯穿税制的始终，每个纳税人都享有创造、获得与传达任何关于税收问题见解的权利，可以自由地表达个人关于纳税权利与义务的思想。这实际上就是要建立民主宪政型的税制模式。

有学者指出，中国税制改革的目标是建立和谐导向型税制。所谓"和谐

---

① 邓力平：《科学发展观与新一轮税制改革》，《涉外税务》2004 年第 3 期。
② 赖勤学：《宪政维度的新一轮税制改革研究》，《涉外税务》2004 年第 3 期。

导向型"的税制改革,[①] 顾名思义就是税制改革乃至整个税收关系都要体现社会主义和谐社会构建的要求:一方面,税改的全过程中要能充分体现和谐社会建设的要求;另一方面,改革后的税制和整个税收关系要能为和谐社会建设做贡献。在我国这样一个发展中的体制转型国家里,我们正在进行的税制改革,必须特别强调和谐导向的重要性。转型期内复杂的经济社会矛盾,要求税制改革能尽可能地兼顾到方方面面的利益,要注意发挥税收在调节各类利益分配关系中的作用,必须考虑某类税种改革、增设或取消可能带来的社会效应和冲击,必须选择适当的时间与方式来推进税制改革,既做大增量,又要加强对和谐社会中利益分配的关注。强调"和谐导向型"税制改革的理念,这既是源于对党中央构建和谐社会要求的理解与落实,又是源于对国内外各种类型税制改革的经验之比较与成败之思考。税收在今天要更加注重建立和谐社会,要更加突出工业反哺农业、城市支援农村,所以要有创新型税收、绿色税收、和谐税收,和谐税收是最终目的。社会主义税收"取之于民,用之于民",而不是"取之于民"、"用之于官"。[②]

　　有学者指出,中国税制改革的目标是需突破膨胀型税制。1994 年以来,税收收入急剧增长的局面,不利于建立起政府的财政约束。如果在一定时期内,由于税制安排,政府的税收收入急剧增长,客观上政府就可能习惯于大手大脚花钱,并以税收的这种非正常增长为预期,来安排政府的中长期财政,从而形成一种膨胀型财政模式。一旦进入财政收入低速增长阶段,政府要么痛苦地进行财政调整,但更可能选择另一种反应:拼命地想办法扩大税收。膨胀型财政会让膨胀型税制永久化,最终导致社会整体的税收负担不断加重。之所以会形成这种膨胀型的税制框架,乃是因为现行的税务体系是从计划经济时代延续下来的,它是国家本位的,而不是纳税人本位的。关于税收的种种法规主要规范税收征管的行政管理,旨在提高征管效率,而几乎很少考虑税收的前提性制度:如何限制征税权。因此,中国整个税务法律与政策,始终追求政府税收收入的增长,增加政府对社会财富的控制力量。对于公共利益来说,这种政策是值得质疑的。税是民众对政府进行的一种财富转让,旨

　　① 邓力平:《浅谈"和谐导向型"税制改革》,《涉外税务》2005 年第 6 期。

　　② 张木生:《要创建和谐税收》,《税务研究》2006 年第 2 期。

在便于政府提供民众自己无法提供的公共服务和公共品。因此，政府获得税收收入，应当以民众的同意为前提。我们需要一个可以看得见的民主的税制架构，约束税制的自我膨胀倾向。①

（二）关于税制改革的功能定位

1. 税制改革是促进产业结构升级的重要杠杆

税制改革是一个循序渐进的过程，它受到国内政治、经济、科技、文化、法制、道德水平和国际环境的制约。我国的税制改革应该突出税收政策的调节作用，配合国家产业政策优化产业结构。我们只有结合中国经济和社会发展的现实状况，对比世界税制发展趋势，充分认识到我国税制建设的差距，才能真正把税制建设事业不断推向前进。税收作用于微观经济主体，间接影响中观的产业结构，是发挥市场基础作用的做法，试图以税收直接干预产业结构是计划经济的观念。② 市场经济是价格经济，税制、利率、汇率乃至于商品供求、政府效率等都是影响价格的重要因素，税制只是其中之一。所以，在产业结构调整中，不能寄希望于税制改革包打天下。但是，我们完全可以通过税制改革，进一步促进产业结构优化。从总体上说，产业税收制度的指导思想应该是有利于产业结构调整，促进产业优化升级、突破产业发展瓶颈、建立技术创新体系、形成经济自主增长的内在机制。③

2. 税制改革是增加市场活力的重要工具

从现实来看，我国主体税种（比如增值税、企业所得税）理论税负都相对较高，不能简单地依靠提高税率或者开征新税种来提高宏观税负，而应该实施结构性税制改革，合理调整税负结构，实现税制的公平性，进而促进宏观税负的提高。④ 税制的设计和执行要实现经济良性循环、增加市场活力，尤其要有利于培育经济增长的三个动力：居民家庭的消费能力、厂商的投资能力和厂商的出口能力。中国当前的税制改革应该坚持贯彻休养生息的指导

---

① 秋风：《税收改革需突破膨胀型税制》，《中国新闻周刊》2005 年第 33 期。

② 何莉、刘斌、覃力：《关于产业结构调整和优化升级的税制改革探讨》，《企业经济》2007 年第 3 期。

③ 曾庆宾、何志静：《税制改革与产业结构优化》，《暨南学报（哲学社会科学版）》2005 年第 3 期。

④ 李方旺：《2000—2005 年我国税收收入增长的数量特征与新一轮税制改革》，《税务研究》2006 年第 8 期。

思想，建立休养生息的税收制度。[①] 在已进行了企业所得税改革的基础上，坚决下调流转税税率，逐步减少流转税的课税范围，改革个人所得税，促进经济实现良性循环。建立休养生息的税收制度，其顺序应该是先从流转税税率降低开始，再到个人所得税税率的降低，最后到降低企业所得税税率。其作用机制如下：下调流转税税率时，厂商营业利润增长迅速，配合所得税税率的适当降低，厂商的净利润增加，厂商的资本积累和投资能力上升，投资活跃，投资需求上升，产业增长迅速，市场充满就业机会，居民家庭收入稳定或稳定增长，再配合适当降低个人所得税税率，居民家庭消费能力上升，社会有效消费需求增加，不断促进商品和劳务市场交易繁荣，促进经济实现良性循环，促使经济稳定或快速增长，水涨船高，经济增长，税源扩大，推动税收增长，实现"三赢"局面，即企业、居民家庭和政府三得利：降低流转税率和企业所得税率有利于厂商利润增加，实力增强，资本积累增多，有利于培育市场经济主体自我发展能力，企业得利；降低个人所得税征收幅度有利于刺激居民努力工作的积极性，提高居民家庭的可支配收入，提升居民家庭的生活数量和质量，居民家庭得利；实行轻税政策有利于促进经济实现良性循环，为税收的稳定增长建立一个结实的制度基础，税源增加，税收增长，政府得利。

3. 税制改革是促进劳动就业的可靠途径

目前，我国的劳动就业形势依然十分严峻，需要综合运用多种经济政策来促进劳动就业，其中通过税收政策就是其中一种重要的手段。我国新一轮税制改革已经开始，应该抓住这一时机，在税制改革中充分考虑劳动就业因素，合理安排税收政策来促进我国的劳动就业水平。在一国的经济发展过程中，劳动就业问题越来越成为各国政府和民众关注的热点问题。就业不仅具有经济意义，而且还具有很强的社会意义。各国政府在经济发展过程中都对劳动就业问题给予了高度的重视。一国的税制不可避免地对劳动就业产生重大影响，税种的开征和变革都会使得市场主体在劳动力供给和需求方面的决策产生变化，进而影响一国的总体就业水平。目前，我国的劳动就业形势十

---

① 黄朝晓：《中国现行税制改革应贯彻休养生息的指导思想》，《广西经济管理干部学院学报》2007年第4期。

分严峻，劳动就业问题的解决需要从多方面着手，通过税收制度的改革来促进劳动就业是其中一个重要手段。因此，要解决效率与就业的难题就必须坚持效率优先并兼顾就业的政策。在完善税制的过程中，应该首先树立"效率优先，兼顾就业"的指导思想。[①]

4. 税制改革是建设社会主义生态文明的助推器

生态文明，是指人类遵循人、自然、社会和谐发展这一客观规律而取得的物质与精神成果的总和；是指以人与自然、人与人、人与社会和谐共生、良性循环、全面发展、持续繁荣为基本宗旨的文化伦理形态。建设社会主义生态文明，是站在民族未来发展的高度，在对现代化过程中出现的严重生态问题进行理性反思后所作出的一个对中华民族甚至对全人类未来都具有深远意义的重大决定。我们必须牢固树立生态文明理念，按照科学发展观的要求，坚持市场机制与政府治理相结合的原则，借鉴西方国家的生态税制模式，依托环境经济学的自然成本理论和外部经济性理论，调整现行税种的生态要素比例，[②] 将现有的具有生态税收基础的税种进行改造，使之更加符合生态税收目标要求，建设有中国特色的生态税收体系，在以下三个方面发挥对生态资源的保护作用并形成机制：一是优化资源配置，促进资源永续利用，是要通过税收的经济杠杆作用，优化资源在各个部门的分配，通过各种税收政策促进资源利用，企业进行技术开发，以寻求各种可替代的资源，使替代速率超过不可再生资源的耗竭速率，从而相对减少对不可再生资源的需求量。二是通过征收各种环保税收，让导致环境污染的企业和个人承担其相应污染量的税收或者通过对各种资源利用行为征收资源税，国家财政就可以筹集一笔专门用于生态保护的资金，为生态保护提供稳定持续的资金。三是运用税收通过"看不见的手"的调控机制，[③] 通过制定和实施全方位的优惠政策可以引导企业改进生产技术，发展循环经济，政府应该以税收的形式对造成生态破坏的企业和个人征收生态税，将社会成本合理地内在分摊，以提高生产成本，改变"资源低价，环境无价"的观念。

---

① 张锐、黄盈霏：《浅谈新一轮税制改革与促进劳动就业》，《经济论坛》2005 年第22 期。

② 周文丰：《生态税制改革促进可持续发展理论初探》，《东岳论丛》2004 年第 7 期。

③ 李钢、孙红梅、冯立行：《基于可持续发展理念的我国税制改革探讨》，《陕西科技大学学报》2007 年第 1 期。

5. 税制改革是实现社会分配公平的调控机制

作为国民收入再分配层次的税收分配层次如何实现公平，最为关键的是税制保障。因此，中国需要消除影响社会分配公平的制度因素，税收制度必须坚决地、全面地贯彻国家确定的经济、社会发展的宏观政策和特定政策，税收收入实现增长路径向弹性型转变，使税收的社会职能和财政职能并重，并在经济结构调整和促进社会公平方面发挥更大的作用。[1] 根据政府的财政权利与福利责任相对称的原则，如果政府只能提供低福利，那么，政府就需要将更多的财富保留在民众手中，实行低税率，让民众有能力为自己提供保障。所以，我们既然历史性地选择了市场经济，就应该习惯藏富于民的分配规则：把财富送到民间，把支配财富的自由送给个人，用财富鼓励和支持人们创新。[2] 总之，不管是从经济增长的角度，还是从民意的角度看，政府的税收都不应当长期保持高速增长的态势。相反，政府收入应当与民众收入保持一种平衡，也只有通过减税，才能使民众负担与政府收入之间恢复均衡。目前有两个基本趋势潜在地决定着我国社会分配的表层和税制改革的方向。一是世界性的知识革命过程中呈现的两极分化；二是我国市场转型过程中发生的经济结构与纳税人结构之间错位。我国税制的根本问题是经济结构与纳税人结构错位。[3] 导致这种倒挂的根由，是税制调整的滞后，应是从根本上确立调节收入分配的原则、改变中国目前的这种税收结构与经济结构倒挂的现象。

6. 税制改革是实现科学发展的体制保障

科学发展观蕴涵的发展目标，是人与社会的全面发展，其中人的全面发展是核心，即所有的发展最终都要落脚到人的发展上来。中国的税收制度改革，首先在功能定位上要明确，税收的最终目的也是促进人与社会的全面发展、人的全面发展。无论是税收原则的确定还是税种、各种税收要素的确定，无论是税收的实体内容还是税的程序内容设计，无论是税收的总体框架还是税收具体规模的确定，都必须落脚到最广大的人民群众身上，落脚到推进社会经济全

---

[1]　李伟宁、朱小琼：《论"再分配注重公平"背景下的税制改革目标选择》，《学术论坛》2007 年第 8 期。

[2]　邓聿文：《税制改革应该体现藏富于民》，《中国社会导刊》2007 年第 6 期。

[3]　平新乔：《我国税制改革的目标与方向》，人民网 2002 年 9 月 26 日。

面、协调、可持续发展上。① 要把税收与科学发展观蕴涵的发展目标高度统一与融合。新税制要充分发挥税收的聚财职能，为全面建设小康社会提供稳固、平衡、强大的财政环境；发挥税收的调控职能，为先进生产力的发展提供灵活、高效的政策环境；发挥税收的监督职能，营造良好的税收法治环境，促进经济社会发展。新税制要准确把握科学发展观的基本要求，注重统筹兼顾，注重以人为本，注重改革创新，解决经济社会发展中的突出矛盾，解决关系人民群众切身利益的突出问题，正确处理改革发展稳定的关系，推动经济社会全面、协调、可持续发展，提供可靠的税收制度支持和财力保证。

7. 税制改革是抑制通货膨胀的有效途径

当前，中国经济增长面临着内、外严峻挑战并将通过通货膨胀的形式表现出来，研究物价稳定条件下的经济增长，探讨实现经济增长与物价稳定的经济政策协调问题，税收政策正是其中最为重要的一方面，税收制度改革是抑制通货膨胀的有效途径。② 实际上，通货膨胀最严重的后果，是对于市场机制的破坏，这种破坏不仅造成了对资源配置的错误引导，而且导致了对劳工的错误引导。由此可见，通货膨胀的主要危害不在于物价上涨，而在于对经济体系中供给能力的损伤，甚至会导致经济衰退。表面上看，当前的通胀问题是资本流动性过剩、资产定价不合理的问题，实际上是内部能源、资源、环境损耗以及社会保障问题都没有充分补偿，生产要素价格失真造成的。要想实现可持续增长，资源税、能源税、环境保护税、社会保障税必须得交上去。因此，综合反通货膨胀政策目标，在当前转轨经济条件下，税制改革仍然是我们的必然之选。只不过我们不仅应当考虑到对通货膨胀本身的控制问题，还应当注意到如何消除和减缓各种消极后果，权衡考虑，相机选择。

（三）关于税制改革面临的主要问题

有学者指出，当下中国税制改革面临的主要问题：首先，从税制优劣的终极评价标准看，中国税制改革面临的第一问题是：税制改革的聚财价值取向太重，结果税收 GDP 在财政收入中的比重不断提高，重在促进经济发展和"两个转变"，弱于调节收入分配不公。其次，从税制是征纳税人之间权利与义务

---

① 谭宗宪：《新一轮税制改革应体现科学发展观的要求》，《学习论坛》2005 年 3 月。

② 丁伟国：《税制改革是抑制当前通胀风险的必然选择》，《经济研究导刊》2007 年第 4 期。

的规范看，税制改革面临的核心问题是"税权的合法性"问题。直言之，就是说中国税制改革最大的软肋在于税权的民意基础不广泛不牢靠。再次，从税制是一种征纳税人之间涉税行为应该且必须如何的非权力与权力规范体系看，中国税制改革无疑也面临一个优良"税德"与税法的共创、共融、共享的问题，诸如主体税种与辅助税种、直接税与间接税、单一税与复合税、税率高低等等具体要素的合理搭配问题，特别是直接税与间接税的搭配问题。最后，从税制的基本结构、完整结构与深层结构看，中国税制面临的基本问题在于：一是重形式轻内容，仅仅把税制改革的重点放在了税率的高低，税负的"谁负"与轻重，以及税制的分合，税制的单一与复合等具体要素优化方面，自觉不自觉地忽视了税制形式对税制价值的遵从，也就是对征纳两利税制价值的遵从方面。二是从税制的完善结构看，由于仅仅重视税制的形式要素，也就在忽视税制征纳两利价值的同时，也忽视税制价值判断，把税制改革锁定在税制规范要素方面。三是从税制的深层结构看，中国税制改革面临的主要问题是无视"征纳税行为事实如何的规律"。一方面无视征纳税人之间纳税人的主体地位，以征税人的税收意志为主导，另一方面无视"征纳税人行为事实如何的人性客观规律"，无视"为己利他"的基本规律。①

　　有学者指出，2011 年，间接税收入占税收收入总额的比重超过 70%，而来自所得税和其他税种的收入合计比重不足 30%，能够在再分配领域发挥调节作用的税种，如个人所得税、财产税等整体比重过低。这种以间接税为主体的税制结构容易产生税负转嫁，并且具有极强的累退性。累退性主要是指纳税人的税负随着收入的增加而变小，越是高收入阶层，所承担的税负越轻，中低收入阶层税负却相对偏重，不符合量能纳税原则，其直接后果就是税制、税负的不公平。以间接税为主体的税制结构，表面上看，我国 85% 左右的税收由企业交纳，但在企业交纳的税款中，仅 20% 是不能转嫁的直接税，余下 80% 是可以转嫁的间接税。这种税负转嫁主要通过增值税和营业税这两大主体税种实现。我国增值税和营业税涵盖大多数商品和劳务，商品经过多次加工环节后，最终商品和劳务大多数与居民部门生活息息相关，需求弹性较低。根据税负转嫁理论，在需求弹性较低时，需求方会承担大部分税负。这样，

---

① 姚轩鸽：《税制改革的中国问题与抉择研究》，《玉溪师范学院学报》2012 年第 1 期。

虽然企业交纳的税款较多，但企业可以通过税负转嫁的形式将税负转嫁给居民，大部分税负最终由居民承担，导致居民消费能力下降。①

有学者指出，我国目前税收征收的透明度不高，税收立法工作迟缓，税制设计不利于扩大消费。一是流转税为主的税制结构造成了广大中低收入阶层成为纳税的主体，降低了居民的购买能力。二是税收体系的累退性更大幅度地减少了中低收入阶层的可支配收入。三是财产税体系不健全导致居民贫富差距扩大，通过财富效应减少消费。四是与居民消费相关的税收仍有改革空间。五是社会保障税费改革滞后。②

有学者认为：探讨税制改革的中国问题，目的在于确立未来中国税制改革的基本走向和目标。在全球化的时代大背景下，任何国家的税制改革，尽管可以根据自己国情有所差异，但从其长远发展方向看，在基本结构方面应该是逐渐趋同的。一元并不意味着可以违背税制增进全社会和每个纳税人利益总量的终极目的，也不意味着可以无视征纳税人行为事实如何的规律，优良税制必须经由"征纳税人行为事实如何的规律"，从"税制终极目的"推导出来，优良的税制改革，也应该以此为圭臬逐步抵达。必须始终瞄准税制"增进全社会和每个纳税人利益总量这个终极目的"，任何时候，任何地方的税制改革，都要以此作为税制优劣与税改得失的终极评判标准。就是说，凡是有助于"增进全社会和每个纳税人利益总量这个终极目的"实现的税制或税制改革，都是优良、先进的；凡是无助于"增进全社会和每个纳税人利益总量这个终极目的"实现的税制或税制改革举措，都是落后、恶劣的。换句话说，凡是有助于"增进全社会和每个纳税人利益总量这个终极目的"实现的税制或税制改革，不论其具体细节方面存在多少缺陷，其大方向都是没有问题的，差别仅在于实现终极目的速度的快慢。相反，凡是无助于"增进全社会和每个纳税人利益总量这个终极目的"实现的税制或税制改革举措，不论其在具体要素方面多么完善和精致，都要高度警惕，因为它很可能早已背离了"增进全社会和每个纳税人利益总量这个终极目的"。③

有学者指出，中国税负之重，路人皆知。但减税之困难也是可以想象的，

---

① 马涛：《推进税制改革实现收入再分配公平》，《中国证券报》2012年10月24日。
② 王志刚：《新一轮税制改革的思考：挑战与希望》，《金融发展评论》2012年第2期。
③ 姚轩鸽：《税制改革的中国问题与抉择研究》，《玉溪师范学院学报》2012年第1期。

减去税收就意味着要裁减同额的财政支出。减谁的财政支出呢？这就要协调各吃财政饭的集团之间的平衡关系。正因为如此，敢于减税，本身就表明了政府首脑的勇气。我们现在物价的上涨，在很大程度上也是成本推动的。如果我们运用针对需求拉动型通胀的紧缩货币政策，其结果很可能南辕北辙，不仅降服不了通胀，还会使企业的资金链断裂，影响正常的生产和就业。温州和鄂尔多斯民营企业的困境，已经凸显出这种紧缩货币政策负作用的端倪。政府现在推出的减税政策，可以视作其纠正前期错误政策的一个开端。从目前我国的税收情况看，减税目标还任重道远，这是因为，政府一边在减税一边还在加税。因此目前的这种减税政策，只能说是象征性的。正因为如此，政府还应该进一步加大减税的幅度，并将减税作为一项长期的政策加以坚持。①

（四）关于税制改革的主要内容

有同志就税制改革提出以下几点建议：一是将增加税费的权力集中统一到中央政府，地方政府不得随意开征，但可以将减免税费的权利下放到地方，这样更有利于地方经济的自主发展。二是降低税率，让利于民。建议切实减少税种、降低税率，让利于企业、让利于民，同时要求企业将国家税收让利部分进行合理应用，既可以应用于企业的技术创新，也可以应用于提高职工收入。三是深化个人所得税税制改革。建议进一步适度提高个人所得税的起征点，并考虑家庭成员负担因素，即个人每承担抚养一个无劳动能力或劳动收入的家庭成员，其个税起征点再提高 1500 元，从而提高老百姓实际可支配收入，保障每个家庭生活，真正实现国强民富的目标。四是税制改革的必要措施。政府要少投资甚至不投资，政府要节约开支，特别是三公经费的开支。首先，要推进"三公"经费公开的制度化和规范化。其次，应推进对"三公"经费的审查，包括审查其真实性、合法性与合理性。最后，要建立"三公"经费的监督问责制度。②

有学者指出，关于在国际新形势下国内税制深化改革问题，在涉外层面上应该关注的四个方面。一是要特别研究国际力量对比发生变化后对我国参

---

① 石良平：《打补丁式的税制改革只会越改越乱》，《沪港经济》2012 年第 11 期。
② 宗庆后：《关于税制改革的几点建议》，《消费日报》2012 年 3 月 5 日第 A02 版。

与全球化进程与税制改革可能的影响，尤其要研究世界多极化新特点下我国税收政策运用面对的国际环境问题。二是研究国际治理体系新变化下我国对税收国际协调的参与。十年前，我国的重点在于学习国际规则、顺应国际规则与运用国际规则保护自己；十年后的今天，随着我国世界地位的提高，我国的重点应该转向参与制定更有利于国家利益与共建和谐世界的规则方面，研究参与制定国际税收协调规则的可行性。三是要研究世界经济结构调整的走向及其对国家间税收关系的影响，既运用税收政策促进国内加快转变与调整结构任务的实现，又通过国际税收协调来促进世界经济结构的合理变动。四是要持续关注各种全球性问题对各国税制发展走势的影响，适时制定符合世情与国情要求的我国税收对策并持续推进税制改革。①

有学者认为：税收政策设计者要重视公众对税收的情绪化意见。目前，公众对税收的关注度很高，有关方面尤其要关注在税收方面的社会不满意度。对情绪化的东西应从两个角度来看：一方面，表明纳税人意识在增强，这种公民意识、纳税人意识是促进税收配套改革的一种因素；另一方面，这种关注度和不满意度后面的情绪化东西值得做税收研究、税收政策设计的人们，以及税收管理部门高度重视。与一些情绪化的意见互动，求得更有价值的、更有建设性的看法，这是一个重要任务。②

有学者指出，税制改革以分配公平为方向。一般而言，保证社会基本公共服务支出和社会财富公平分配是税收的两大功能。中国过去的税收实践强调的是前一种功能，也就是说，以保证行政运转费用为主的征税，当然，这与彼时的国家整体经济状况有关。随着中国经济总量的不断攀升，征税总额日益增大，如何充分发挥公平分配功能显得尤为重要。税收制度所涉及的公平是多层面的。其中既有国家与国民间的财富分配公平，也有分税制改革下的中央政府与地方政府之间的合理划分，它包括在不同社会群体之间如何合理调配资源，也包括通过地域之间的恰当配置实现共同发展。③

马海涛（2012 年）指出，下一步税制改革需要关注三个问题：第一要关

---

① 邓力平：《税收发展与税制改革：我国加入 WTO 十年的思考》，《体制改革》2011 年第 8 期。

② 姚长辉：《2012：税制改革走向哪里》，《中国财经报》2012 年 2 月 14 日第 006 版。

③ 付小为：《税制改革以分配公平为方向》，《长江日报》2012 年 3 月 27 日第 008 版。

注社会公众的参与。公众对税收关注程度远远高于以前，从某种意义上说，是公众对公平的一种要求，也是对税制改革提出了一个更高的要求。因此，税制改革不能就税收论税收，而要考虑公众的民意。第二要关注税制结构的优化。从 1978 年利改税、1994 年税制改革、2004 年新一轮税制改革到现在又提出税制改革，我认为改革当中忽视了直接税和间接税的比重问题。这个问题看似是一个税制体系或者直接税、间接税比例的问题，实际上涉及企业创新的问题，甚至涉及企业"走出去"的税收支持问题等。第三要关注税制改革的整体性和协调性。过去的税制改革往往过分关注某一个税种或者某一个税种的某个要素，其实我们关键应该看政府收的税和最终提供的公共产品、公共服务是不是匹配。此外，应考虑税制改革和社会发展中长期目标的协调，而不是静态地看税制。比如营业税改增值税政策的出台，不应仅仅考虑税制改革的问题，还应考虑中央和地方之间的财政体制完善问题。①

　　有学者认为，税制改革是一个漫长和永久的话题。不可能一蹴而就，关键是要适应经济的发展，顺应经济全球化和知识经济的潮流，合乎世界性税制改革，使税制趋同的实际，建立良好的构架，给税制的变通留有空间，以使税收能更好地发挥其职能。应积极借鉴各国经验，认真总结国际上已有的先进成果，加快这一领域的研究步伐，尽快开征与环保相关的税收。同时尽快采取措施，逐步将分散在各地区、各部门的社会保障费统筹起来，统一开征符合国际规范的社会保障税，建立起专税专用的收支体系。面对电子商务带来的税收挑战，应认真研究和借鉴国际经验，结合我国的实际情况，积极探寻解决问题的对策。同时积极参与多边国际税收协调，以减少税制对资源跨国的扭曲和促进国家之间税收利益的公平分配。②

　　有学者指出，税制改革要围绕公共支出展开。一套税收制度的运行是要满足国家政权体系"以政控财，以财行政"的需要。服务于市场经济的税收收入，其主要目的是为政府的整个公共服务体系提供资金。所以税收制度的设计首先要满足政府财政支出，税制改革也要围绕公共支出这个中心展开。明确划分政府与市场的界限。寻找政府的适当角色，包括政府如何能最有效

---

① 马海涛：《税制改革要关注三个问题》，《中国财经报》2012 年 1 月 18 日第 006 版。
② 王荣：《借鉴国际税制改革经验完善我国税制》，《商业现代化》2009 年 5 月（下旬刊）。

地与市场作用，成为国家经济能否持续发展的关键，也是税制改革成功的先决条件。关键是转变政府职能。深化税制改革的关键是转变政府职能。在市场经济条件下，确定政府的恰当作用，首先要明确社会发展的目标，其次在政府、市场经济和其他社会要素之间的合作关系中明确责任和指定责任，以及确定政府如何在合作关系中履行自己的责任。政府和市场的合作不是简单地把某个领域划归政府或划归市场，更恰当的描述是在合作关系里双方都要承担一定的责任。①

（五）关于税制改革的路径依赖

从新制度经济学的角度讲，税制改革可以看作是主体在给定的宪法秩序环境的约束下，谋求对自己最有利的税收制度安排和权利界定的过程。税收制度改革作为一种制度变迁，对改革的制度环境和制度安排有很强的路径依赖，这种依赖不仅决定了税制改革是否发生，也决定了税制改革的方向，还影响到税收制度变迁中能否实现制度创新。一国特定的基本制度构成的制度环境决定了一国税收制度变迁的选择集，而实际税收制度的变迁轨迹必定是此选择集的子集。税制改革对制度环境的路径依赖在所难免。即使是细小的税收制度安排差异，当它叠加在不同的制度环境基础上，也常常会把税收制度发展引入特定的路径，而不同的路径最终会导致完全不同的轨迹。所以，不同国家税制改革的轨迹差异，在很大程度上可以归结于一国税制变迁的路径依赖。制度变迁对制度安排的路径依赖主要表现在原有制度安排的自我强化机制使得提供新制度安排的供给成本提高这一机制上。税收制度改革作为一项制度变迁的内容，不可避免地会受到原有税收制度安排的自我强化机制的约束。现行税收制度安排会强化税制改革对它本身的刺激与依赖。②

由于路径依赖的原因，制度变迁在很大程度上受制于最初的条件和原生环境的制约，所以过去的选择决定着现在可能的选择。路径依赖的特性决定了税收制度可能会带来锁定的风险。从一个国家或地区来看，锁定可分为结构锁定、政治锁定与认知锁定。在制度变迁中，最大的障碍是认知锁定。如

---

① 杨中全：《深化税制改革关键在转变政府职能》，《证券日报》2012 年 3 月 26 日第 A03 版。

② 温海滢：《税制改革对制度环境和制度安排的路径依赖分析》，《税务研究》2005 年第 5 期。

果经济主体由于以前的成功，继续坚持现存的发展路径，就出现了"认知锁定"。现行税制是 1994 年税制改革的产物，但我们不能锁定在这种"共识"上，我们不能沉迷于原有税收制度的"优越性"，而应更多地关注税收制度的创新，以寻求最优的课税路径。[①] 1994 年的税制改革已经为我们建立一套与社会主义市场经济体制相适应的税制体系，新的一轮税制改革就没有必要"先破后立"了，而应该遵照税收制度的自然演进规律，提倡我国目前稳健型的税制改革模式，只能采取渐进式税制改革，有步骤的对税制供给进行调整，进而为税制改革设计一条技术线路，[②]即为如何调整税制供给提供具体政策建议，具体包括实现增值税转型、实现所得税减负以及实现辅助税种的制度均衡，以降低税制变迁成本和路径依赖，减少税制改革中的摩擦成本。[③]

（六）关于中国税收制度改革的约束条件

在我国过去的实践中，更多的是将税收作为一个经济范畴或经济问题，从政府有效地组织收入和调节经济的角度来考虑税制建设和税制改革问题。现在看来，需要全面认识问题，科学把握税制改革，改变这种单纯经济视角的税收观念和税制改革取向。税收不仅仅是个经济问题，从税收的本质属性看，税收首先是一个法律问题；其二，是一个经济问题；其三，税收是一个社会问题；其四，税收是一个技术问题。[④] 把握税收的本质属性，从多个角度重新审视税收制度、政策和管理的现状，统筹考虑各方面因素，使之相互协调，是深化税制改革、规范和健全税收制度、有效发挥税收职能作用的关键。新一轮税制改革涉及面广泛，但全面推进还有很大难度，因为改革还要受到一些条件约束。

1. 社会利益格局约束

税制改革是一种经济利益的变革，必然会涉及利益关系的调整，不管是物质利益损失还是精神方面的损失，绝对的损失还是相对的损失，短期的或是长期的，总会有一些人的利益受损，随之而来的是来自各方利益集团的阻

---

① 龙笔锋：《税制变迁的法经济学视角》，《改革与战略》2007 年第 1 期。

② 李庚寅、胡音：《我国税制改革的制度经济学分析》，《经济体制改革》2004 年第 3 期。

③ 张炜：《税收制度变迁成本分析》，《税务研究》2007 年第 9 期。

④ 岳树民、宋震：《全面认识税收问题科学推进税制改革》，《公共经济评论》2007 年第 7、8 期。

碍与约束。随着经济转轨、社会转型逐步深入，利益主体多元化是大趋势。在这样一个大背景下，利益博弈不仅从经济领域扩展到社会领域，甚至扩展到政治领域。新阶段的全面改革不仅涉及个人利益与集体利益、局部利益与整体利益的协调，还涉及中央与地方利益的协调。因此，税制改革调整利益关系的难度加大。无论税制改革方案的意图多么好，方案设计在经济上是多么合理，其推行必须经过一定的政治过程，而在这个复杂的过程中，各利益集团的相互竞争、精英群体的价值取向都有极大的影响力；在改革措施的具体落实上亦受到各方面的影响，改革效果大打折扣。[①] 例如，增值税的扩大范围、营业税的范围调整、房地产税的费改税、个人所得税征收模式的改革等都不同程度地遇到了税收领域中利益博弈产生的尴尬局面。

2. 税收征管能力约束

税制结构的改革与税收管理的改善相结合就能取得更好的效果，强有力的管理对任何新的税收立法精神的实现都是必要的。[②] 税收征管能力是由征管信息系统、征管制度建设、征管技术水平、征管人员素质等因素决定的一种综合能力。税制改革过程必须充分考虑对这种能力的要求。从逻辑上看，设计什么样的税制，如何进行改革，首先要做的就是对现行的税收征管能力进行全面和科学的评估。在一定的阶段，征管能力是一种客观的存在，不是买进一些先进设备、提高征管人员的学历或进行一些培训就可以改进的，也不是通过主观努力就可以全面奏效的。税收征管能力在一定程度上可以超前整个社会的平均管理能力，但作为一定时期整个社会管理系统的一个子系统，在根本上受制于整个社会的管理能力和管理水平。在一个发展中国家，不可能出现发达国家才具有的征管能力。征管能力受制于国民的平均素质水平、平均的管理技术水平以及社会法律意识和整体的制度框架。从短期来看，征管能力是个常数；从长期看，可以逐步提高，但有一个过程。而任何税制的有效运行是以一定的征管能力为依托的，离开征管能力，税制就会变成纸上谈兵。税制改革只有适应现实税收征管能力，才能提高税收征管效率，真正实现严征管的目标。

---

① 杨荣君：《税制改革的约束条件分析》，《地方财政研究》2007 年第 5 期。

② 世界银行编，张楚楠等译：《世界税制改革的经验》，中国财政经济出版社 1995 年 11 月版，第 61 页。

3. 税收文化软实力约束

在向市场经济体制转轨过程中，作为政治文化一部分的税收文化也随着经济体制的变迁而处于变革之中。由于税收文化是由一系列的正式和非正式制度等要素构成的，当这些不同要素的发展速度不同时，就会出现税收文化的混乱和滞后现象。税收文化的建设完善以至具有中国特色的税收文化的最终形成将是我国税收领域的又一重大变革，并决定着当前我国新一轮税制改革的功败与成效。[①] 追求经济利益只是作为生活的手段而不是目的，讲究面子的传统习惯导致从外在的途径获得价值的表现方式，人情至上、注重关系的传统使法律难以严格实行，内外有别的关系网络秩序导致信用的非普遍化，在上述重人情、讲面子、搞关系的文化氛围文化中，法律显得苍白无力。在这种面子、人情和关系普遍的社会环境中，明智的执法者总是在处理案件时要进行理智的权衡，寻找出法律上过得去、情理也讲得通的中庸办法。这样就形成了违法被处罚的预期成本很低的社会心理。总而言之，西方文化下行之有效的制度在我国文化环境下无法产生同样的作用。我国税制建设和税制改革只有从中国的基本国情出发特别是考虑了文化特点后才能找到合理科学的思路，照抄照搬西方的模式，不可能成功，而只会使税收成本提高。

4. 经济发展质量约束

经济发展的规模与速度决定了税收收入增长的规模与速度，经济是税收收入的源泉，税收改革的经济目标首先是要保持税收收入稳定地增长以满足经济社会发展的需要。在经济全球化背景下和全面建设小康社会的新阶段，中国正处于加快增长方式转变的重要历史关头，中国税制改革面临许多新的变化、机遇和挑战。新发展阶段改善生存环境和加速建设的矛盾日益尖锐；中国经济高速增长的资源环境代价过高，已经难以为继；农业生产方式落后，农村产业结构不合理；区域协调发展格局和良性互动机制尚未形成；劳动力、土地等要素成本快速上升；中国主动参与经济全球化进程，国内经济发展面临新的机遇和挑战；调整经济结构和转变经济增长方式要进行长期不懈的艰苦努力；消费未能有效引导结构调整和增长方式转变；中国经济结构不合理、增长方式粗放的症结在于关键领域的改革滞后，凡此等等都制约着税制改革

---

① 朱云飞、刘军：《税制改革与我国税收文化的完善》，《经济论坛》2004 年第 20 期。

的进程和质量。

5. 税收功能机制约束

从经济学的基本原理来看，任何征税和提高税率都会减少企业和家庭的私人财富，因而一般会通过一系列"内在关联和传导机制"对企业自身的投资和扩张以及家庭的消费支出产生一定的遏制作用，从而对经济增长产生一定的影响。追溯税收产生的历史，收入功能是其基本功能，调节功能是其派生功能。基本功能的实现是派生功能实现的保证。收入功能的实现为调节功能的实现提供了条件，只有在收入功能的实现过程中，调节功能的发挥才有了活动场所，也只有组织到相当规模的税收收入，税收的调节作用才有实现的可能性。从理论上分析，收入功能是首位的，调节功能是派生的；从现实来考察，调节功能的发挥是有条件的，并非任何时候、任何环境都可实施税收调节。强调税收的收入功能，就是要让我们明白，税收对生产、分配、流通和消费的调节作用十分有限，而且"副作用"很大。否则，税制的选择将会无所适从。如果过分强调税收的调节功能，甚至把调节功能摆在首位，不仅在理论上本末倒置，造成人们对税收认识的偏差，也将进一步带来税制设计上的扭曲，最终导致税收功能的弱化。新一轮税制改革必须摆正税收收入功能与调节功能的位置，在税制设计时，应避免追求多目标而导致思路左右摇摆，更要防止那种过分强调税收调节功能而使税制过分复杂化的倾向。要简化税制，就必须把收入功能摆在首位。

6. 改革成本约束

任何改革都是有成本的，税制改革也一样。从理论上讲，当一项改革的成本远远大于其收益时，无论多么必要的改革都将变得不可能。作为上层建筑的税制，其改革的成本包括：新制度设计所付出的大量人力及相关的研究费用；税制变动需要征纳双方重新认识、理解税制所耗费的精力或相关的培训费用以及税制改革带来征纳双方调整征管技术、程序和更改财务核算等变迁成本。这其中既有经济成本，也有政治成本和社会成本。另外，税制改革总是伴随着多方面的不确定性而导致的各种风险，这种风险一旦变成现实，不仅将造成经济、社会损害，还会引起政治损害，降低政府威信。改革收益则是改革预期目标的实现程度，它对社会经济的发展、对政府职能的履行、对税收制度本身完善等方面将带来积极影响。所以，理性地分析改革需要付出的成本、所冒的风险，评估改革可能带来的收益，是实施税制改革所不可或缺的步骤。①

上述研究对我国建立有利于科学发展的税收制度已经做了很多探索，并产生了许多优秀成果，可供本课题在研究中借鉴和参考。但是，纵观这些研究成果，确实存在很多不足之处。第一，对有利于科学发展的税收制度破题不足，没有把科学发展观的精神实质与税收制度设计的核心命题很好地结合起来，只是把五个统筹简单地套用在税制改革方面，照猫画虎地把科学发展观"嫁接"到税收制度，而不能真正解释"有利于科学发展的税收制度"的内涵和外延。第二，盲目把现代西方税制改革理论（包括最优税收理论、税制设计理论和公共选择视角的税制选择理论）看做是指导中国税制改革的理论基石。事实上，西方三种理论存在较大差异，对现实税制选择的影响各不相同，而且并不根植于中国实践，能否完全将其移植中国值得商榷。第三，对税收制度设计的重要问题尚未达成共识，如税收收入高增长、宏观税负究竟高不高、资本市场税收应当怎样调节等，非但缺少较为深入的抽象思考和分析框架，而且目前的研究分歧较大。基于上述不足，本课题以十七大报告关于"实施有利于科学发展的税收制度"和十八大报告关于"形成有利于结构优化、社会公平的税收制度"的战略决策为主攻方向，以邓小平理论、"三个代表"重要思想和科学发展观为指导，紧密联系发展中国特色社会主义税收的实际，深入研究阐释与中国特色社会主义理论体系一脉相承的税收理论体系，研究阐释中国税制改革的主要举措和成功经验，研究实行有利于实现科学发展、促进和谐社会建设的税收制度体系和政策扶持体系，为政府税收决策提供有价值的参考。

第三节　主要内容和结构安排

本书由导论和六章构成，共约 32 万字。导论概述了选题背景和研究意义、国内研究观点综述、主要内容和结构安排、创新之处与应用价值。第二章到第七章分别介绍了十年来我国税制改革的措施、成效与经验，构建有利

---

① 刘尚希、应亚珍：《新一轮税制改革应该如何迈步》，《税务研究》2005 年第 7 期。

于科学发展的税收制度的必要性，有利于科学发展的税收制度需要理论创新，有利于科学发展的税收制度贵在顶层设计，紧扣科学发展主题推进税收政策创新，以科学发展为主题推进税收管理创新。主要内容如下：

一、总结提炼出我国税制改革必须坚持的九条经验

十年来的税制改革适应了我国经济社会发展和管理需要，走出了一条具有中国特色、时代特征、税收特点的改革之路，进一步巩固了1994年税制改革成果，形成了适应完善社会主义市场经济体制需要的税收体系框架，使税收制度更加规范、更加公平、更加科学、更加完善，税收收入快速增长，税收总量不断壮大，税收结构不断优化，税制体系逐步完善，内外税制基本统一，税制体系更加科学，为逐步形成有利于各类市场主体公平竞争的税收环境奠定了重要基础，为税收收入持续平稳较快增长、发挥税收调控职能提供了有力支撑和制度保障。本书全面回顾了近十年我国税制改革的主要内容和实施效果，系统总结了税制改革的成功经验，为今后的税制改革提供了"九个坚持"的宝贵经验财富。这就是，坚持党的领导、科学发展，是税制改革取得成功的根本保障；坚持解放思想、理论创新，是税制改革取得成功的理论支撑；坚持依法治税、统一税法，是税制改革取得成功的灵魂所在；坚持以人为本、为民服务，是税制改革取得成功的力量源泉；坚持实事求是、与时俱进，是税制改革取得成功的重要方法；坚持试点先行、循序渐进，是税制改革取得成功的路径依赖；坚持统筹考虑、协调联动，是税制改革取得成功的推动策略；坚持广聚民智、民主立法，是税制改革取得成功的制胜之道；坚持兼容并蓄、开放包容，是税制改革取得成功的重要途径。

二、构建有利于科学发展的税收制度要着力推进"四个创新"

本书明确提出构建有利于科学发展的税收制度，既是深入贯彻落实科学发展观的内在要求，也是建设社会主义和谐社会的必然选择；既是加快转变经济发展方式的最根本保障，也是破除税收体制机制性弊端的迫切需要。构建有利于科学发展的税收制度，要从中国特色社会主义事业建设"五位一体"的总体布局出发，以科学发展观为指导，推进税收理论创新、税收制度创新、税收政策创新和税收管理创新，用市场效率的经济准则优化税制、用

民主法治的政治精神规范税制、用公平正义的社会价值校正税制、用科学先进的文化元素美化税制、用绿色文明的生态理念绿化税制，彻底清除现行税制中不利于中国特色社会主义政治制度、社会制度、经济制度和生态文明制度建设的部分，逐步形成与中国特色社会主义理论一脉相承的税收理论体系以及与中国特色社会主义制度有机衔接的税收制度体系、税收政策体系和税收管理体系。

三、构建有利于科学发展的税收制度要推进税收理论创新

在对当前比较流行的税收优化论、税收交易论、税收价格论、税收和谐论、税收契约论、税收产权论、税收治理论、税收幸福论和税收中性论等税收理论进行评价的基础上，本书提出科学发展观是指导党和国家全部工作的强大思想武器，也是指导国家税收制度建设和改革的理论基石和行动指南。推进税收理论创新要把税收制度改革和税收政策的设计与科学发展观的内涵有机结合起来，以马克思主义税收思想为指导，从中国传统文化的思想中汲取丰富养分，从中国特色社会主义的税收实践中捕捉创新素材，从当代世界各国创造的优秀税收理论成果学习借鉴规律，广泛汲取人类文明一切有益成果，扬弃当代西方主流经济学的税收理论，不断创造体现时代内涵和实践要求的新的学术观点，不断增强马克思主义税收理论的解释力和实践性，不断创造中国特色税收理论的学术语言和范畴体系，并在考虑自然环境、对外贸易、本国政府、企业和居民家庭五部门因素的基础上，创造性提出了有利于科学发展的税收制度的理论框架，实现了国家税收制度架构理论的创新与突破，为我国税收科学的繁荣和发展提供了理论基础，为今后的税制改革实践提供了极其重要的知识支撑和学术规范。

四、构建有利于科学发展的税收制度要加强顶层设计

税制是中国特色社会主义制度的重要组成部分，是中国特色社会主义市场经济、社会主义民主政治、社会主义和谐社会、社会主义文化强国和社会主义生态文明建设的重要物质基础和制度保障。为了使我国税制的结构设计更为完善、更为科学，使中国特色社会主义税收制度更加成熟、更加定型，要跳出税收看税收，从党和国家发展全局的角度审视税制设计问题，以"十

二五"规划纲要和党的十八大对税制建设的决策部署为主攻方向，从中国特色社会主义总布局出发设计税收制度。"五位一体"的总体布局直接关系人民群众的经济、政治、文化、社会、生态权益，每一种权益的体现和保护与税收制度及其结构安排休戚相关，是我国税制制度改革的最顶层，必须站在全面建成小康社会、实现社会主义现代化和中华民族伟大复兴的战略高度，着力破除妨碍五位一体的税收体制机制弊端，在中国特色社会主义制度的整体框架之内审视现行税收制度，形成一个与"五位一体"中国特色社会主义制度有机衔接、科学合理的税收制度及其结构安排，为加快完善社会主义市场经济体制和加快转变经济发展方式奠定规范的税制基础，为建成富强民主文明和谐的社会主义现代化国家作出积极贡献。

五、构建有利于科学发展的税收制度的总体思路

要按照优化税制结构、公平税收负担、规范分配关系、完善税权配置的原则，推进税制改革，完善税收政策，健全税收法制，强化税政管理，建立一个制度规范、结构优化、社会公平、富有效率的税收制度，稳步形成以商品劳务税、所得薪给税、财产财富税、资源环境税和行为目的税"五位一体"的复合税制体系，减少税收重叠度，提高税种覆盖面，提升税制竞争力，提高税法遵从度，充分发挥税收筹集收入和调节分配、调控经济的职能作用，更大程度、更广范围地发挥市场在资源配置中的基础性作用，为全面建成小康社会和全面深化改革开放奠定更加成熟更加定型的税制基础。应在同步实施"正税清费"、"税负转移"、"税制绿化"、"结构优化"等四大工程的同时，通过营业税改征增值税、将车辆购置税并入消费税并调整消费税、改革进出口关税等措施，构建有利于科学发展的货物劳务税制；通过进一步改革完善企业所得税、健全综合与分类相结合的个人所得税制和开征社会保障税等措施，构建有利于科学发展的所得薪给税制；通过整合相关税种并开征房地产税、取消土地增值税、完善车船税和开征遗产税和赠与税等措施，构建有利于科学发展的财产财富税制；通过改革和完善资源税、推进环境税费改革并开征环境保护税等措施，构建有利于科学发展的资源环境税制；通过改城市建设维护税为城乡维护建设税、改革证券交易印花税并取消其他印花税、统筹教育费附加和文化事业建设费改征文化教育税等措施，构建有利

于科学发展的行为目的税。经过上述改革，到 2020 年我国税制将减少到 15
个，有利于科学发展的税收制度将更加定型和成熟，适应中国特色社会主义
制度的税制结构逐步优化；税收收入稳定持续增长的长效机制基本形成，更
好地为各级政府履行职能提供财力保障，税收宏观调控的功能不断得到改善
和加强，保障社会公平正义的税收机制高效运行，中国特色的社会主义税收
法律日臻完备，税法遵从度将明显提高，全民纳税意识将大为提高。

六、紧扣科学发展主题推进税收政策创新

近年来，按照中央加强和改善宏观调控的总体部署，我国更加注重发挥
税收调节作用，相机优化选择税收工具，合理充实完善政策内容，适时适度
调整作用空间，谋求发挥各种组合效应，大力推进税收政策创新，为构建中
国特色的税收宏观调控机制进行了有益探索，做到了被动应急与主动预警相
结合、基本职能和派生职能相衔接、税收收入和财政支出有机结合、短期目
标与长期效应相平衡、自动稳定与相机抉择有机结合、供给调节与需求管理
有机结合、税收调控与市场机制有机结合、总量调节与结构调整有机结合、
激励支持与约束限制有机结合、理论创新与实践探索有机结合、刺激经济与
保障民生有机结合、优化政策与完善税制有机结合，为促进经济社会长期平
稳健康发展作出了积极贡献。今后在总结近年来税收调控实践经验的基础上，
更要以科学发展为主题，在确保税收筹集财政收入主渠道作用的前提下，积
极探寻税收中性与税收调控作用的平衡点，着力推进税收政策的理论创新、
内容创新、技术创新、目标创新、工具创新和过程创新，不断增强预见性、
把握规律性、注重针对性、掌握灵活性、注意规范性，健全和完善税收宏观
调控的长效机制，为市场主体和经济发展创造一个相对宽松的税收环境，充
分发挥税收在优化资源配置、公平收入分配和促进社会和谐方面的调节机能。

七、以科学发展为主题推进税收管理创新

税收管理是税收制度的重要内容和坚强后盾，构建有利于科学发展的税
收制度需要税收管理的不断创新，要通过不断转变管理职能、改进工作方式、
优化运行机制和改善技术手段而提高税收管理的效率、效益、效果的创造性
活动，涵盖税收管理理论、税收管理体制、税收管理组织、税收征收管理和

税收管理手段等不同层次的创新。加强税收管理理论的创新，既要积极推进宏观层面的税政管理理论创新，也要积极推进微观层面的税收征管理论创新。推进税收管理体制创新，核心是政府间税权配置的问题，从我国的政治体制和经济管理体制来看，应当实行集权为主、适当分权的税收管理体制。应在划分各级政府事权的基础上将税收管理体制正式立法，在确保中央高度集中的前提下赋予省级政府适度的立法权，赋予地方适当的税政管理权，重构中央税、地方税以及中央地方共享税体系。大力推进税收管理组织创新，可考虑成立国家税收政策委员会，统揽税政大局，服务改革发展；顺应大部制改革，完善有利于决策、执行和监督分离的税收管理组织体系；进一步理顺国、地税关系，健全国税与地税的协调配合机制。继续推进税收征收管理创新，要在坚持属地管理的同时，做好税源分类管理，强化纳税评估，突出税务稽查，优化纳税服务。推进税收管理手段创新，就要充分发挥计算机及网络技术实现对税收管理的支撑和优化作用，运用科学的理论方法和技术手段，对一定时期内现实或潜在的财源价值进行估算、预测和规划，以谋求税收收入形式最佳、规模最适、结构最优、效率最高和风险最小，在此基础上有必要建设税收收入筹划智能决策支持系统。

第四节 学术价值与应用价值

一、本书的学术价值

本书的学术价值主要在于：（1）本书探讨科学发展观与税制建设的最佳结合点，提炼并形成以科学发展观为理论基石的中国特色社会主义税收理论体系，有利于丰富中国特色社会主义税收理论与税收管理理论的相关内容；（2）本书采取对学科交叉综合研究的方法，有利于推进政治经济学、税收学、公共管理学、计算机信息管理与税制改革等相关理论的发展；（3）本书创造性提出了有利于科学发展的税收制度的理论框架，实现了国家税收制度架构理论的创新与突破，为我国税收科学的繁荣和发展提供了理论基础，有助于推动税收制度设计理论、税收基本规律的研究；（4）本书提出要从中国特色社会主义总布局出发设计税收制度，以税收制度促进"五位一体"的中国社会主义制度建设，对于研究税制改革顶层设计理论具有重要的推动作用；

（5）本书提出宏观层面的税政管理和微观层面的税收征管都要推进理论创新，有助于丰富我国税收管理理论的研究。

二、本书的应用价值

本书的应用价值主要在于：（1）本书使我们了解了十年来我国税制改革的主要内容，使我们了解了推进税制改革必须要坚持的基本经验；（2）本书有助于我们明确当前及今后一个时期，构建有利于科学发展的税收制度的指导思想、基本原则和主要目标；（3）本书可为实施"正税清费"、"税负转移"、"税制绿化"和"结构优化"四大税改工程提供决策依据；（4）本书有助于我们对构建有利于科学发展的货物劳务税制、所得薪给税制、财产财富税制、资源环境税制和行为目的税等五位一体的税收制度体系的认识，对各项税制改革具体措施的认识；（5）本书提出的有利于科学发展的税收制度的路线图和实施步骤，处理好税制改革与其他配套改革措施之间关系以及改革过程中需要注意的其他问题，可以说提供了新的决策依据；（6）本书提出的推进税收政策的理论创新、内容创新、技术创新、目标创新、工具创新和过程创新，为政府制定和调整国家税收政策提供了参考价值；（7）本书提出的推进税收管理体制创新和组织创新的政策建议，为地方税体系建设和大部制下加强税政管理提供了新的决策参考；（8）本书提出的建设税收收入筹划智能决策支持系统，为发挥计算机及网络技术，实现对税收管理的支撑和优化作用提供了新的决策价值。

第二章 十年来我国税制改革的主要措施、成效与经验

税收是历史的催化剂，影响巨大，有时还是许多重大历史事件发生的直接原因。

——[美]查尔斯·亚当

税收制度是经济体制的重要组成部分，科学合理的税收制度是政府履行职能的物质基础，也是推动科学发展的制度保障。1994年，根据党的十四届三中全会通过的《关于建立社会主义市场经济体制若干问题的决定》对税制改革所做的战略部署，遵循"统一税政、公平税负、简化税制、合理分权、理顺分配关系和保证财政收入"的指导思想，我国对原有的税制进行了结构性的全面改革。1994年税制改革是新中国成立以来规模最大、范围最广泛、内容最深刻的一次税制改革，是我国税制改革进程中的重要转折点，开辟了中国特色税收制度建设史上新的里程碑，经过这次税制改革和此后十多年的不断完善，逐步搭建了适应社会主义市场经济体制的税收制度框架。党的十六届三中全会以来，我国进入完善社会主义市场经济体制的重要时期，为适应完善社会主义市场经济体制的要求我国实施了新一轮税制改革。

第一节 十年来我国税制改革的措施

2002年以来的十年，我国经济体制改革进入了以科学发展观为指导、以完善社会主义市场经济体制为目标的新时期，这不仅是我国经济社会发展进程中极不平凡的十年，也是我国在过去历次税制改革特别是1994年税制改革的基础上对税制进行重大调整和完善的十年。十年来，根据党的十六届三中

全会就进一步完善社会主义市场经济体制要分步实施税收制度改革和党的十七大关于实行有利于科学发展的财税制度的决策部署，按照"简税制、宽税基、低税率、严征管"的原则，大力推进税收制度改革，调整和完善税收政策，进一步完善了社会主义市场经济体制的税收制度框架，为推动科学发展和经济发展方式转变提供了有力支撑和重要保障。

一、流转税改革

（一）增值税：先转型，后扩围

为贯彻落实党中央、国务院关于振兴东北老工业基地的指示精神，自2004年7月1日起，对东北地区的装备制造业等八大行业进行了增值税转型改革试点，允许企业新购进机器设备所含的增值税进项税额予以抵扣。为落实党中央、国务院关于促进中部地区崛起的决定精神，从2007年7月1日起，又将增值税转型改革试点扩大到中部六省26个老工业基地城市的电力业、采掘业等八大行业。自2008年7月1日起，进一步扩大到内蒙古的五个盟市和四川汶川地震受灾严重地区。在总结试点经验的基础上，2009年1月1日，在全国范围内实施了增值税转型改革。实施增值税转型改革不仅有利于增强企业的投资能力和发展后劲、提高我国企业竞争力和抗风险能力，而且也规范和完善了我国增值税制度。在完成增值税转型改革后，为消除目前对货物和劳务分别征收增值税与营业税所产生的重复征税问题，国务院决定从2012年1月1日起，在上海市交通运输业和部分现代服务业开展营业税改征增值税先行试点。2012年7月31日，国务院第212次常务会议决定，将营改增试点分批扩大至北京、天津等8个省（直辖市）以及宁波、厦门和深圳3个计划单列市。

（二）消费税：调整税目税率，提高单位税额

为了进一步完善消费税制度，增强消费税调控功能，促进环境保护和资源节约，更好地引导有关产品的生产和消费，我国适时调整了消费税税目税率，顺利实施了成品油价格和税费改革。2006年，国家对消费税政策进行了重大调整：一是新增加了高尔夫球及球具、高档手表、游艇、木制一次性筷子、实木地板、成品油税目，并将原来的汽油、柴油两个税目和新增加的石脑油、溶剂油、润滑油、燃料油、航空煤油等油品作为成品油的子目，同时，

取消了"护肤护发品"税目，并将原属于护肤护发品征税范围的高档护肤类化妆品列入化妆品税目；对原有税目的税率进行有高有低的调整，经过调整后，消费税的税目由原来的 11 个增至 14 个；为加强消费税的征管，进一步完善了葡萄酒、啤酒以及新牌号、新规格卷烟等消费税征收管理措施。2008 年，为了促进节能减排大幅度提高了大排量乘用车的消费税税率，降低了小排量乘用车的消费税税率。2009 年 1 月 1 日，实施了成品油价格和税费改革，取消了公路养路费、航道养护费、公路运输管理费、公路客货运附加费、水路运输管理费、水运客货运附加费等六项收费，逐步有序取消政府还贷二级公路收费，相应提高了成品油消费税单位税额替代上述各项收费，汽油消费税单位税额每升提高 0.8 元，柴油每升提高 0.7 元，其他成品油税额相应提高。从 2009 年 5 月 1 日起调整烟产品的消费税政策，提高了在生产环节征收的卷烟消费税的计税价格和税率，并在批发环节对卷烟加征一道税率为 5% 的消费税，并将雪茄烟生产环节的税率提高到 36%。消费税制的完善，一方面起到了促进节能减排、资源节约和环境保护的作用；另一方面显著增强了消费税调节收入分和筹集财政收入方面的功能，促进了资源合理配置和经济结构的优化。

（三）营业税：调整税目税率，提高起征点，差额征税试点

营业税是以纳税人从事经营活动的营业额（销售额）为课税对象的税种。新中国成立初期我国就实行过营业税。十年来，调整了部分行业的营业税税目税率，2003 年起将金融保险业的营业税率降回至 5%。2004 年将保龄球、台球的营业税税率调整为 5%。两次提高了营业税起征点，从 2003 年起，将按期纳税营业税起征点幅度由月销售额 200—800 元提高到 1000—5000 元；按次纳税，营业税起征点幅度由每次（日）营业额 50 元提高到 100 元。2011 年进一步提高了营业税的起征点：按期纳税，月营业额 5000 元至 20000 元；按次纳税，每次（日）营业额 300 元至 500 元。为促进现代物流业的发展，对物流企业的营业税进行差额征收改革试点，完善和规范物流企业营业税差额纳税办法。从 2009 年 1 月 1 日起，新的营业税条例和细则重新规定税目注释，调整和优化了征收范围，增加了差额征税项目扣除凭证的管理规定，解决了境内劳务确定原则调整后出现的新问题。

（四）关税：降税负，调方式，优税率

关税是对进出境的货物、物品征收的一种流转税，它既是国家调节进出

口贸易和宏观经济的重要手段，也是中央财政收入的来源之一。十年来，我国为了适应加入 WTO 和对外开放的需要，不断推进关税制度改革，持续降低关税总水平，完善关税税率结构，优化关税征税方式，科学设置税则税目，严格履行并最终完成关税减让义务，取得了重要进展。截至 2010 年 1 月 1 日，在降低鲜草莓等 6 个税目商品进口最惠国税率后，我国加入世界贸易组织承诺的关税减让义务全部履行完毕，关税总水平由入世前的 15.3% 降至 9.8%，达到并超过了世界贸易组织对发展中国家的要求。税目数量由 2007 年的 7646 个增至 2012 年的 8194 个，增长了 7.2%。征税方式除从价征收外，对配额外进出口棉花实施滑准税，对部分化肥及相关产品出口实施季节税，对天然橡胶进口实施选择税，对冻鸡、感光材料等产品进口实施从量税，对部分电子摄录设备进口实施复合税等。2012 年，我国进口关税税率由 0 至 65% 不等，其中，税率水平在 5%—10% 之间的税目数占总税目的比例不到 45%，税率水平低于 5% 和在 10%—20% 之间的税目数分别约占 25%，税率水平高于 20% 的税目只占 6% 左右，基本实现了从"高税率、窄税基"向"低税率、宽税基"的转变，进口关税税率呈现资源性产品、基础原材料、零部件、制成品由低至高的较为合理的梯形结构，并呈现"两头小、中间大"的橄榄型分布，在维护公平贸易环境、促进对外开放、稳定关税收入等方面发挥了重要作用。

（五）车辆购置税：调整税率，服务调控

车辆购置税是对购置汽车、摩托车、电车、挂车、农用运输车的单位和个人征收的一种税。为有效应对国际金融危机，扩大内需，支持汽车产业发展，促进节能减排和改善民生，国家出台了对购置 1.6 升及以下排量乘用车车辆购置税减按 5% 征收政策，2009 年 1 月 20 日至 12 月 31 日实施；2010 年将减按 5% 征收调整为减按 7.5% 征收。2009 年和 2010 年两年累计减征车辆购置税约 358 亿元，其中，2009 年约为 216 亿元，2010 年约为 142 亿元，降低了消费者的购车成本。根据宏观经济走势和汽车市场变化情况，经国务院批准，小排量乘用车减征车辆购置税政策 2010 年年底到期后停止执行，不再延续，统一恢复按 10% 的税率征收车辆购置税。

（六）取消农林特产税，开征烟叶税

烟叶税是以纳税人收购烟叶的收购金额为计税依据征收的一种税。从

2004 年起，除对烟叶暂保留征收农业特产农业税外，取消对其他农业特产品征收的农业特产农业税。2006 年 4 月 28 日，国务院颁布实施了《中华人民共和国烟叶税暂行条例》。为贯彻落实烟叶税条例，财政部、国家税务总局制定下发了《关于烟叶税若干具体问题的规定》，明确了烟叶税的一些具体政策问题，实现了对烟叶农业特产税的替代，既从大局上配合了全面取消农业税的战略决策，同时在税收制度上也保持了烟草税制的完善，既有利于国家取得必要的财政收入，保持地方财政收入的稳定，也有利于通过税收手段有效调控烟叶的种植、收购以及烟草行业的生产、经营，促进其稳定、健康发展。

二、所得税改革

（一）企业所得税：统一税制，降低税率，规范优惠

企业所得税是国家对企业的生产经营所得和其他所得征收的一种税。它是国家参与企业利润分配，处理国家与企业分配关系的一个重要税种。1994 年税制改革统一了内资企业的所得税制，但内资企业与外资企业仍实行两套所得税制，这种内外有别的企业所得税制，在组织财政收入、吸引外资、促进经济发展等方面发挥了重要作用，产生了积极效果。但是，随着我国社会主义市场经济体制的逐步建立和加入世界贸易组织，国内市场对外资进一步开放，继续采取内资、外资企业不同的税收政策，必将使内资企业处于不平等竞争地位，影响统一、规范、公平竞争的市场环境的建立。根据党的十六届三中全会关于“统一各类企业税收制度”的精神，在已开展多年的企业所得税立法准备工作基础上，2007 年 3 月 16 日，十届全国人大五次会议审议通过《中华人民共和国企业所得税法》，同年 12 月 6 日，国务院发布了《中华人民共和国企业所得税法实施条例》，条例与新税法同步于 2008 年 1 月 1 日实施，结束了企业所得税法律制度内外资 20 年分立的局面，为促进内外资企业公平竞争创造了良好的税制环境。主要内容体现为“四统一、一过渡”：内外资企业统一适用一套企业所得税法，实行法人税制；统一并适当降低企业所得税率，将法定税率由 33% 降至 25%；统一和规范税前扣除办法及标准；统一税收优惠政策，建立“产业优惠为主，区域优惠为辅”新的税收优惠体系；对新税法公布前已设立的老企业实行一定期限的税收优惠过渡措施。

新税法的颁布实施，不仅标志着我国统一、规范、公平的企业所得税制的建立，而且是我国对外开放进入新时期社会主义市场经济体制不断完善的重要标志，对进一步完善社会主义市场经济体制、促进经济社会发展和民生改善起到了重要作用。

（二）个人所得税：提高减除费用标准，调整优化税率结构

个人所得税是对个人（即自然人）取得的应税所得征收的一种税，既是筹集税收收入的工具，又是调节个人收入分配的重要手段。1994 年实施的个人所得税法，规定工资薪金所得减除费用标准为 800 元/月。2005 年 10 月，十届全国人大常委会审议通过了《关于修改〈中华人民共和国个人所得税法〉的决定》，将工薪所得减除费用标准由 800 元/月提高至 1600 元/月，从 2006 年 1 月 1 日起施行。2007 年 6 月，为了增加居民收入、缓解物价上涨对储户收益的影响，十届全国人大常委会审议通过了《关于修改〈中华人民共和国个人所得税法〉的决定》，将第十二条"对储蓄存款利息所得征收个人所得税的开征时间和征收办法由国务院规定"修改为"对储蓄存款利息所得开征、减征、停征个人所得税及其具体办法，由国务院规定"，国务院据此作出了自 2007 年 8 月 15 日起对储蓄存款利息所得减按 5% 的比例税率征收个人所得税的决定。2008 年 10 月 9 日，为配合国家宏观调控，国务院又决定暂免征收储蓄存款利息所得个人所得税。2007 年 12 月，十届全国人大常委会通过了《关于修改〈中华人民共和国个人所得税法〉的决定》，将工资、薪金所得减除费用标准由 1600 元/月提高至 2000 元/月，从 2008 年 3 月 1 日起施行。2011 年 6 月，十一届全国人大常委会通过了《关于修改〈中华人民共和国个人所得税法〉的决定》，将工资、薪金所得减除费用标准由2000 元/月提高到 3500 元/月，调整了工薪所得税率结构，相应调整了个体工商户生产经营所得和承包承租经营所得税率级距，将扣缴义务人、纳税人申报缴纳税款的时限由现行的次月 7 日内延长至 15 日内，从 2011 年 9 月 1 日起施行。

（三）农业税：废止条例，全面取消

在农村税费改革取得阶段性成果的基础上，国务院决定分期分批免征农业税。2003 年，在安徽省率先实施免征农业税的改革试点。2004 年，中央着眼于实现粮食稳定增产、农民持续增收的大局，作出了十年内取消农业税的重大决定，并率先在黑龙江、吉林两省进行免征农业税试点，其他省份降低

农业税税率。2005年，全国有28个省份免征了农业税。2005年12月29日，十届全国人大常委会第十九次会议通过了关于废止《中华人民共和国农业税条例》的决定。标志着在我国实行了长达2600年的古老税种从此退出历史舞台，也标志着在我国农民缴纳"种田纳税"历史的终结，这是具有划时代意义的重大变革。既减轻了农民负担，又在统一城乡税制方面迈出了坚实的一步，是党中央、国务院着眼于党和国家发展全局从加快解决"三农"问题出发作出的重大决策，得到了全国人民特别是广大农民的衷心拥护。据统计，2006年农民人均纯收入为3587元，比2002年增加1111元，年均增加278元。农村居民人均纯收入增速由2002年的4.8%，提高到2006年的7.4%，打破了"十五"前三年收入增长缓慢格局，进入新的较快增长期。2004—2006年农民增收连续三年超过300元，这在历史上前所未有。

三、资源税改革

资源税是对在中华人民共和国境内从事资源开采的单位和个人征收的一种税。为了调节级差收入、促进资源的合理开发和节约使用，国家从2005年5月1日起，陆续调高了河南、山东、福建、云南等十五个省（区、市）煤炭资源税税额标准，普遍调高了的全国范围内油气田企业原油、天然气资源税税额标准，提高了锰矿石、钼矿石、铁矿石、有色金属等应税品目资源税税额标准。2006年，取消了对有色金属矿产资源税减征30%的优惠政策，调整了对铁矿石资源税的减征政策，提高了岩金矿资源税税额，明确全国钒矿石（包括石煤钒）资源税的适用税额标准，适当提高了辽宁、江西、江苏、陕西、黑龙江、甘肃、吉林、四川、河北等省的煤炭资源税税额。2007年，将焦煤的资源税税额统一提高到每吨8元并暂减了北方海盐、井矿盐、湖盐和液体盐的资源税税额，较大幅度地提高了铅锌矿石、铜矿石和钨矿石的资源税税额。2008年，将硅藻土、玉石的资源税税额调整为每吨20元，将磷矿石的资源税税额调整为每吨15元，将膨润土、沸石和珍珠岩的资源税税额调整为每吨10元。2009年，将新疆煤炭资源税税额统一提高到每吨3元。2010年，调高了耐火黏土、萤石等矿产品的资源税税额标准。与此同时，从2010年6月1日起，经国务院批准，在新疆率先实施资源税改革试点，将原油、天然气资源税由从量计征改为从价计征，税率为5%，既是对新疆的特殊支持，也是促进全国资源税改革从酝酿走向实施的一个突破口。在新疆油气资源税改革平稳推进、取得积极成效后，自2010年12月1日起，油气资源税改革扩大到我国整个西部地区。在总结试点经验的基础上，国务院发布了《关于修改〈中华人民共和国资源税暂行条例〉的决定》（国务院令第605号），财政部、国家税务总局发布了《中华人民共和国资源税暂行条例实施细则》（财政部、税务总局令第66号），自2011年11月1日，对原油、天然气资源税由从量计征改为从价计征，并相应提高了原油、天然气的税负水平，税率为5%—10%，此次改革暂按5%执行，对稠油、高凝油等油气产品实施税收优惠；统一内外资企业的油气资源税收制度，取消对中外合作油气田和海上自营油气田征收的矿区使用费，统一征收资源税。改革措施出台后，总体运行平稳，各方反应良好，明显增加了当地财力，对促进油气资源节约使用、改善民生发挥了积极作用。

四、财产行为税改革

（一）房产税：统一内外税制，开展试点破冰

从2003年开始开展物业税模拟评税试点，逐步扩大了物业税模拟评税试点地区的范围，通过总结试点经验，对个人自住住房征收物业税问题进行了深入的分析，提出了初步的改革建议，为改革奠定了良好基础。自2009年1月1日起废止《城市房地产税暂行条例》，外商投资企业、外国企业和组织以及外籍个人，依照《中华人民共和国房产税暂行条例》缴纳房产税。这不仅有利于简化税制、公平税负，而且消除了城市房地产税部分税收政策难以操作和执行不一致的问题，增强了税法的权威性。上海、重庆市根据国务院常务会议精神和本地实际，自2011年1月28日起开展对个人住房征收房产税改革试点。上海市试点的征税对象为本市居民家庭新购且属于该家庭第二套及以上的住房和非本市居民新购的住房；重庆市试点的征税对象为个人在重庆主城九区拥有的独栋商品住宅、新购买的高档住房和在重庆市无户籍、无企业、无工作的个人新购买的第二套及以上普通住房，试点初期暂未列入征税范围的高档住房、多套普通住房将适时纳入征税范围。两市试点以新购多套和高档住房为主要征税对象，有利于调节收入分配，促进社会公平；有利于引导居民合理住房消费，促进节约集约用地。

（二）车船税：改革计税依据，调整税负结构，规范税收优惠

车船税是对行驶于我国公共道路，航行于国内河流、湖泊或领海口岸的车船，按其种类、吨位，实行定额征收的一种税。长期以来，我国内资企业适用1986年国务院颁布的《车船使用税暂行条例》，外资企业适用1951年原政务院颁布的《车船使用牌照税暂行条例》。车船使用税、车船使用牌照税存在税制老化、内外有别、税额偏低、收入规模小以及难以征管等问题，2007年1月1日，国务院实施了修订后的《中华人民共和国车船税暂行条例》，修订的内容包括缩小减免税范围，调整现行税目，适当提高税率标准并统一适用于内、外资企业等。2011年2月25日，十一届全国人大常委会第十九次会议通过了《中华人民共和国车船税法》，自2012年1月1日起施行。新税法完善了征税范围，改革了乘用车计税依据，调整了税负结构，规范了税收优惠，强化了征收管理，对于统一税制、公平税负、拓宽税基，贯彻落实国家宏观经济政策，增加地方财政收入起到了积极作用。

（三）城镇土地使用税：提高税额幅度，扩大征税范围

城镇土地使用税是对使用应税土地的单位和个人，以其实际占用的土地面积为计税依据，按照固定税额计算征收的一种税。为了加强对土地的宏观调控，促进房地产市场的健康发展，促进税制的统一和规范，公平内、外资企业在土地保有环节的税负，国务院对1988年颁布实施的《城镇土地使用税暂行条例》进行了修订。主要内容有两项：一是提高城镇土地使用税的税额幅度，将税额标准在原有基础上提高了2倍；二是将外商投资企业和外国企业纳入城镇土地使用税征税范围。通过调整城镇土地使用税，增强了税收调控职能，有利于更好地引导纳税人合理利用和节约使用土地，促进了土地资源的合理配置，一定程度上缓解了建设用地供求矛盾。同时，税额幅度提高和征税范围扩大以后，城镇土地使用税的收入规模不断扩大。

（四）城市维护建设税：对外商投资企业、外国企业及外籍个人征收

城市维护建设税是以纳税人实际缴纳的增值税、消费税和营业税税额为计税依据所征收的一种税。为筹集城乡维护建设资金和扩大地方教育经费来源，国务院于1985年和1986年分别颁布了《中华人民共和国城市维护建设税暂行条例》，仅对我国公民和内资企业征收。这种内外有别的税费制度在改革开放初期，对吸引外资和引进国外先进技术发挥了重要作用。随着我国

改革开放的不断深化，越来越不符合市场经济公平竞争的要求，产生的矛盾日益突出，社会各界要求统一内外资企业税费制度的呼声越来越强烈。2010年10月18日，国务院发布了《国务院关于统一内外资企业和个人城市维护建设税和教育费附加制度的通知》（国发〔2010〕35号），决定对外商投资企业、外国企业及外籍个人征收城市维护建设税和教育费附加。这项改革标志着我国内外资税收制度分设历史的基本结束，有利于促进内外资企业公平竞争，拓宽了地方政府城乡建设和教育事业投入的资金来源，促进了城乡建设和教育事业发展。

（五）耕地占用税：提高税额标准，扩大征税范围，严格减税免税

耕地占用税是国家对单位或个人占用耕地建房或者从事非农业建设的行为征收的一种税。为了实施最严格的耕地保护制度，促进土地的节约集约利用，2007年国务院对1987年颁布实施的《中华人民共和国耕地占用税暂行条例》进行了修订。修订内容主要有四个方面：一是提高了耕地占用税税额标准，在原条例规定的税额标准基础上提高了4倍，而且为重点保护基本农田，还规定占用基本农田的适用税额应当在当地适用税额的基础上再提高50%。二是从严控制耕地占用税的减免税项目，取消对铁路线路、飞机场跑道、停机坪、炸药库等项目的免税优惠政策，同时为尽量减轻对国家重大基础设施建设项目的影响，规定对铁路线路、公路线路、飞机场跑道、停机坪、港口、航道占用耕地减按每平方米2元的税额征收耕地占用税，根据实际需要并报国务院批准后还可以免征或者减征耕地占用税。三是统一了内外资企业的耕地占用税制度，将纳税人范围扩大到外商投资企业和外国企业。四是明确耕地占用税的征收管理适用《中华人民共和国税收征收管理法》。

（六）土地增值税：规范税收优惠

土地增值税是对有偿转让国有土地使用权、地上建筑物及其他附着物，并取得增值收益的单位和个人征收的一种税。2005年，纳税人建造普通标准住宅出售，土地增值额未超过扣除金额20%的，免征土地增值税，对"普通住房标准"的范围内从严掌握。2008年，对个人销售住房暂免征收土地增值税。2010年，对企事业单位、社会团体以及其他组织转让旧房作为廉租房、经济适用住房、城市和国有工矿棚户区改造安置住房、公共租赁住房房源，且增值额未超过扣除项目金额20%的，免征土地增值税。

（七）契税：调整优惠政策

契税是在土地、房屋权属转移时向权属承受人征收的一种税。自 2005 年 3 月 22 日起，对拆迁居民因拆迁重新购置住房的，对购房成交价格中相当于拆迁补偿款的部分免征契税，成交价格超过拆迁补偿款的，对超过部分征收契税。自 2007 年 8 月 1 日起，对廉租住房经营管理单位购买住房作为廉租住房、经济适用住房经营管理单位回购经济适用住房继续作为经济适用住房房源的，免征契税。自 2010 年 1 月 1 日起，对经营管理单位回购已分配的改造安置住房继续作为改造安置房源的，免征契税；个人首次购买 90 平方米以下改造安置住房，可按 1% 的税率计征契税；购买超过 90 平方米，但符合普通住房标准的改造安置住房，按法定税率减半计征契税。自 2010 年 9 月 27 日起（执行期限暂定三年），对公租房经营管理单位购买住房作为公租房，免征契税。自 2010 年 10 月 1 日起，对个人购买普通住房，且该住房属于家庭（成员范围包括购房人、配偶以及未成年子女）唯一住房的，减半征收契税。对个人购买 90 平方米及以下普通住房，且该住房属于家庭唯一住房的，减按 1% 税率征收契税。自 2003 年 10 月 1 日起，对企业改制重组给予一定的优惠政策。自 2010 年 4 月 1 日至 2011 年 12 月 31 日，事业单位按照国家有关规定改制为企业的过程中，投资主体没有发生变化的，对改制后的企业承受原事业单位土地、房屋权属，免征契税。

（八）印花税：更新政策，调整税率

印花税是对经济活动和经济交往中书立、领受凭证征收的一种税。自 1988 年开征以来，我国的经济、社会、法律环境发生了很大变化，尤其是新《合同法》和《税收征收管理法》颁布实施后，印花税条例的一些规定已不适应新形势的需要，国家及时明确了电子合同、土地使用权出让与转让、购售电合同以及房地产转让等合同征收印花税的具体政策。从 2005 年 1 月 1 日起，将买卖、继承、赠与所书立的 A 股、B 股股权转让书据的证券（股票）交易印花税税率由 2‰调整为 1‰；2007 年 5 月 30 日，根据形势的变化，又将证券（股票）交易印花税税率由 1‰调整为 3‰；2008 年 4 月 24 日，再一次将股票交易印花税下调为 1‰。从 2007 年 5 月 30 日起，调整证券（股票）交易印花税税率，由 1‰调整为 3‰。即对买卖、继承、赠与所书立的 A 股、B 股股权转让书据，由立据双方当事人分别按 3‰的税率缴纳证券（股票）

交易印花税。这次证券交易印花税率调整，是证券市场历史上第八次调整。

（九）船舶吨税：提升法律级次，优化税制要素

船舶吨税是对在中国港口行驶的外国籍船舶和特定中国籍船舶征收的一种税。2012年，我国对1952年海关总署颁布的《中华人民共和国海关船舶吨税暂行办法》进行了修订，并颁布了《中华人民共和国船舶吨税暂行条例》。这次船舶吨税税制的修订是船舶吨税开征60年来的一次重大修改。新船舶吨税将"暂行办法"变为了"暂行条例"，提升法律地位；征税对象的规定更加简练，包含的范围也更大；税目设计更加简化，也更符合客观现实；大幅提高了定额税率，免税条款有所增加，而且有了明确和清楚的规定，提高了船舶吨税的征收效率，这有利于提高我国航运的服务水平，并促进我国航运业的健康发展。

（十）固定资产投资方向调节税：先停征后取消

固定资产投资方向调节税是对进行固定资产投资的单位和个人，按照实际完成的投资额和差别税率征收的一种税。为了鼓励社会投资、拉动经济增长、克服金融危机的不利影响，在1999年7月1日减半征收的基础上，国务院决定自2000年1月1日起，暂停征收固定资产投资方向调节税，自2013年1月日起取消此税。

第二节　十年来我国税制改革的成效

十年来，我国税制在一些关键领域和重点环节进行了改革，进一步巩固了1994年税制改革成果，形成了适应完善社会主义市场经济体制需要的税收体系框架，使税收制度更加规范、更加公平、更加科学、更加完善，进一步增强了税收收入能力和税收调控能力，营造了有利于各类市场主体公平竞争的税收环境，为税收收入持续平稳较快增长、发挥税收调控职能、促进经济结构调整和加快转变经济发展方式提供了有力支撑和制度基石，有力地支持和配合了社会主义市场经济体制改革，更好地服务和保障了经济社会发展全局，促进了国民经济持续健康协调发展和社会主义和谐社会的建设。

一、税收收入快速增长，税收总量不断壮大，为政府履行职能提供了财力保障

从 2003 年到 2011 年我国取得的税收收入总额累计达 43.01 万亿元，而同期我国的公共财政支出累计达 51.53 万亿元，这就是说，各级政府履行职能的财政资金中有 83.47% 的部分是由税收提供的，其中 2011 年税收总收入突破 8 万亿元大关，达到 89738.39 亿元，是 2003 年 20017.31 亿元的 4.48 倍；税收增长持续快速，2003 年至 2011 年税收增长速度分别为 15.26%、13.5%、20.72%、19.09%、20.94%、31.08%、18.85%、9.77%、23% 和 22.58%，年均增速为 19.95%；宏观税负稳步提升，2003 年至 2011 年税收收入占 GDP 的比重分别为 14.74%、15.12%、15.56%、16.09%、17.16%、17.27%、17.46%、18.23% 和 18.98%，10 年增加了 4.26 个百分点。这是我国综合国力不断增强的重要体现，较好地发挥了税收筹集财政收入的主渠道作用，有力保障了国家履行公共管理和提供公共产品与服务的财力需要，奠定了国家履行职能的物质基础，对实现全面建成小康社会宏伟目标有重大的现实意义和深远的历史意义。

表 2.1 1994 年至 2011 年的税收占 GDP 和财政支出的比重

	GDP 增长率（可比价,%）	GDP 增长率（现价,%）	税收增长率（现价,%）	税收占 GDP 的比重（%）	税收占财政支出的比重（%）
1994 年	13.1	36.4	20.5	10.64	88.51
1995 年	10.9	26.1	17.8	9.93	88.49
1996 年	10.0	17.1	14.4	9.71	87.05
1997 年	9.3	11.0	19.2	10.43	89.18
1998 年	7.8	6.9	12.5	10.97	85.78
1999 年	7.6	6.2	15.3	11.91	81.00
2000 年	8.4	10.6	17.8	12.68	79.20
2001 年	8.3	10.5	21.6	13.95	80.95
2002 年	9.1	9.7	15.3	14.66	79.97
2003 年	10.0	12.9	13.5	14.74	81.21

	GDP 增长率 （可比价,%）	GDP 增长率 （现价,%）	税收增长率 （现价,%）	税收占 GDP 的比重（%）	税收占财政 支出的比重（%）
2004 年	10. 1	17. 7	20. 6	15. 12	84. 83
2005 年	11. 3	14. 0	19. 1	15. 56	84. 82
2006 年	12. 7	14. 7	20. 9	16. 09	86. 10
2007 年	14. 2	17. 0	33. 7	17. 16	91. 64
2008 年	9. 6	18. 1	18. 85	17. 27	86. 63
2009 年	9. 2	8. 6	9. 8	17. 46	78. 01
2010 年	10. 4	17. 8	23. 0	18. 23	81. 46
2011 年	9. 2	17. 8	22. 6	18. 98	82. 14

二、税收结构不断优化，税制体系逐步完善

从税种结构看，1994 年税制改革后我国税种由原来的 37 个减少到 23 个，经过近十年的税制改革税种数量进一步减少，由 23 个减少到 18 个，在税种数量减少的同时，各个税种在税收收入中的比例发生明显变化，特别是国内增值税占税收收入的比重由 1994 年的 45% 降到 2003 年的 36.2% 后，进一步降至 2011 年的 27%；企业所得税占税收收入的比重由 1994 年的 13.8% 提升到 2003 年的 14.6% 后，进一步提升至 2011 年的 18.7%，国家税收收入单纯依赖增值税局面逐步扭转。从税类结构看，随着税制改革的不断推进，所得税和财产税等直接税占税收收入的比重稳步提升，已由 1994 年的 22.76% 提高到 2011 年的 30.7%，而以增值税、营业税、消费税等为主体的间接税占全部税收收入的比重有所降低，已由 1994 年的 77.24% 降低到 2011 年的 69.3%，这使得我国以流转税和所得税为主体税种的税收收入结构更加合理，拉动税收增长的主力逐渐由流转税向所得税和财产行为税转移，税收增长的内在质量不断提高。从税级结构看，中央税收入占全国税收收入的比重从 2003 年的 58% 下降到 2011 年的 54.3%，地方税收入占全国税收收入的比重从 2003 年的 42% 上升到 2011 年的 45.7%，提高了 3.7 个百分点。

三、各类企业的税收制度基本统一，逐步形成有利于市场主体公平竞争的税收环境

1994 年，为了建立适应社会主义市场经济体制需要的新税制，首先全面统一了货物和劳务税制度、所得税制度中的个人所得税制度。近十年，为进一步适应完善社会主义市场经济体制的要求，统一了内外资企业所得税、车船税、城镇土地使用税、耕地占用税、房产税、城市维护建设税，实现了内、外资企业流转税制度的统一和内资企业所得税制度的统一，不同所有制企业和不同市场主体的税收待遇基本一致，形成了各种市场主体平等参与市场竞争、同等受到税法保护的税收环境，从制度上更好地促进了市场在资源配置中基础性作用的发挥。与此同时，原有的涉外税收优惠也在通过平稳过渡的方式逐步减少或者取消，并对税收优惠政策不断进行清理规范，不再区分企业的所有制形式，实行统一的税收政策，平衡了各类行业和不同产品的税收负担水平，增强了企业活力和竞争力，为我国经济社会走向科学发展奠定了统一规范的税制基础，从制度上更好地促进了市场在资源配置中基础性作用的发挥，有利于简化税制、公平税负和促进竞争，适应了中国改革开放深化和经济全球化的趋势。据世界银行网站发布的全球 183 个国家和地区企业缴纳税款占利润比重的有关数据，对不同国家的企业税负情况进行了对比。我国企业缴纳的税款占利润的比重为 63.5%，在全球 183 个国家和地区中按从高到低排列居第 149 位，我国企业的税负水平不仅低于主要发达国家，也低于亚太地区平均水平。这表明，十年的税制改革营造出了一个让市场主体活力竞相迸发、社会财富源泉充分涌流的税收制度环境，在国家经济税源基础得到夯实和壮大的同时，企业税收负担水平稳步降低，企业利润大幅度增加，拓展了企业发展空间，调动了企业发展积极性，为企业可持续发展奠定了良好的经济基础。

四、统一了城乡税制，初步形成城乡发展一体化的税收机制

长期以来，由于城乡经济管理体制的差异使得我国的城乡税制也不尽相同，城镇的税收以工商企业和个体工商户缴纳的货物和劳务税为主体，农村的税收则以农业生产单位和农民缴纳的农业税为主体。这种城乡二元税制在

一定程度上影响了国家与农民的关系，不利于缩小城乡差别，更不利于协调城乡经济社会发展。因此，统一城乡税制，是促进解决好"三农"问题、实现城乡一体化的必要战略举措，是长时期的重大历史任务。随着中国经济的发展，统一城乡税制的条件逐步成熟。按照党的十六届三中全会提出"创造条件逐步实现城乡税制统一"的目标要求，通过积极推进农村税费改革、全面取消农业税和牧业税、废止《关于对农业特产收入征收农业税的规定》和《屠宰税暂行条例》，中国城乡税制的最大差异随之消除。中国城乡税制初步统一，并且对于农民和农业生产给予大量税收优惠，这是中国经济发展和改革深入的必然结果，有利于简化税制，统筹城乡经济发展，符合完善社会主义市场经济体制的要求，适应了中国经济体制改革深化和城乡经济一体化的趋势。

五、税收地位得到提升，税收宏观调控能力不断加强

税收作为国家进行宏观调控、市场监管、公共服务和社会管理的物质基础和政策工具，在推动科学发展、构建和谐社会中将会扮演着越来越重要的角色。在市场经济条件下，税收的功能和地位得到加强，税收不仅具有组织财政收入的功能，而且在调控宏观经济、调节收入分配方面发挥着越来越重要的作用。尤其是近十年来，税收在支持区域经济协调发展，促进产业结构调整和产业优化，支持教育、文化、就业再就业等社会事业发展方面都发挥着不可替代的重要作用。2003年以来的税制改革配合国家宏观调控的需要，着力服从于国民经济宏观调控的总体要求，服从改革发展稳定大局的现实需要，结合优化税制相机实施增税政策与减税政策，不断调整和完善税收政策，着力减轻企业税收负担，激发市场主体活力和经济内生动力，使现行税制在实现经济增长、充分就业、物价稳定、国际收支平衡等宏观经济目标方面发挥了很好的推进作用和调节机能。在确保税收筹集财政收入主渠道作用的前提下，通过完善投资、消费、进出口、就业、农业、教育、文化、卫生等方面的税收政策，使现行税制在贯彻五个统筹、构建和谐社会等战略决策及实现经济增长、充分就业、物价稳定、国际收支平衡等宏观经济目标方面发挥了很好的推进作用和调节机能，税收自动稳定和相机抉择的功能充分发挥，为市场主体和经济发展创造一个相对宽松的税收环境，逐步建立健全一个与

财政政策一脉相承的税收宏观调控机制。

六、税收法制建设取得长足进展，税收法律体系日臻完善

2003 年以来的税制改革加快了税收法制建设的步伐，按照既积极、又稳妥的方针，对企业所得税、个人所得税、流转税、地方税、车船税、进出口税等法律法规的某些具体规定多次进行修订和完善。顺应经济社会发展变化的实际，颁布实施了《中华人民共和国企业所得税法》及其实施条例和相关配套政策，规范了国家与企业的分配关系；颁布并实施了《中华人民共和国车船税法》及其实施条例；首次全面修订了增值税、营业税和消费税暂行条例及实施细则，从法律上巩固了增值税转型改革成果，在增值税、营业税和消费税的法制化道路上迈出了重要一步；为了完善个人所得税制度，促进经济发展，向全国人大常委会提交《个人所得税法修正案（草案）》的议案，修订《个人所得税法实施条例》；新修改发布了《中华人民共和国资源税暂行条例》、《中华人民共和国对外合作开采陆上石油资源条例》、《中华人民共和国对外合作开采海洋石油资源条例》等行政法规，修改发布《中华人民共和国资源税暂行条例实施细则》；制定并顺利施行新的耕地占用税暂行条例及实施细则；取消了筵席税和城市房地产税，基本形成了一个体现党和人民意志、立足中国国情实际、适应科学发展需要的税收法律体系，从法制建设上巩固了税制改革成果，在一定程度上提升了我国税收法律的层次，提高了全民纳税意识，税法遵从度明显提升。

第三节　十年来我国税制改革的经验

税兴则国兴，国兴则民兴，民兴万事兴。十年来的税制改革适应了我国经济社会发展和管理需要，走出了一条具有中国特色、时代特征、税收特点的改革之路，税制改革取得新的突破，内外税制基本统一，税制体系更加科学，为逐步形成有利于各类市场主体公平竞争的税收环境奠定了重要基础，为税收收入持续平稳较快增长、发挥税收调控职能提供了有力支撑和制度保障。十年的税制改革实践，积累了许多成功经验，为今后的税制改革和完善提供了宝贵的财富。概括起来，就是"九个坚持"：

一、坚持党的领导、科学发展，是税制改革取得成功的根本保障

税制改革是一项庞大的系统工程，是一场伟大的社会试验，是一场广泛而深刻的社会革命。不仅涉及权力的调整，也关系到利益的分配，把这样一个巨大的社会系统工程顺利完成，没有一个强有力的领导核心是根本不可能的。在当代中国，这个领导核心只能是中国共产党。中国共产党对税制改革的领导作用，是任何组织和团体所不能替代的。只有坚持党的领导，全面、准确地理解和贯彻党的路线、方针、政策，才能保证税收制度同社会主义基本制度的有机结合，保证税制改革沿着正确的方向前进，保证广大人民群众共享改革成果。十年来中国税制之所以能够取得很大成绩，最重要的因素就是税制改革必须坚持党的领导，紧紧围绕党和国家的中心工作，在科学发展观的指导下，按照以人为本，全面、协调、可持续发展的要求，把科学发展观的核心内容、基本要求和根本方法，贯穿于各项税制改革的全过程，形成有利于科学发展的税收体制机制，不断解放和发展生产力，促进经济平稳较快发展及和谐社会建设。与此同时也排除改革中遇到的阻力，为建立健全社会主义市场经济体制、实行科学发展、构建和谐社会扫清税收制度方面存在的障碍，使改革始终沿着正确的方向前进，唯其如此，才能始终比较成功地驾驭着改革的进程，使改革在方向上不发生偏离，沿着既定的目标不断前行，这是中国税制改革工作不断取得新成就的最大政治优势。不仅如此，党中央、全国人大和国务院自始至终都在密切关注着税制改革的进展，高瞻远瞩，与时俱进地谋划税制改革的战略设计，从党的十六届三中全会到党的十八大，几乎每一次党的重要会议都涉及税收，每一项影响深远的税收"大动作"背后，党中央的英明决策和战略设计，是税制改革取得成功的根本。

二、坚持解放思想、理论创新，是税制改革取得成功的理论支撑

思想是行动的先导、理论是实践的指南。科学的理论是改革顺利推进的思想保证。改革的进程，就是思想解放的过程，就是理论创新的过程。税收制度改革的推进必须有理论上的突破作为先导。税收作为政府财政收入的主要形式，是政府公权对纳税人私人财产权的一种强制性占有，其征税依据、征税对象、征税标准、税率高低等要素的确定，均需要有理论作为支撑。党

的十一届三中全会重新确立的、党的十六大又进一步丰富了的党的思想路线，为我国税收制度的推陈出新、改革发展提供了强大的思想武器。只要我们把党的思想路线不折不扣地贯彻在我国税制建设、改革和发展中，我们的改革工作就能焕发出无限的生命力。如果背离了它，将寸步难行。十年来的实践证明，税制改革每向前推进一步，无不都是解放思想所取得的丰硕成果。每一次思想解放和理论创新，都带来了税制改革实践的重大突破。每一次重要税制改革实践行动，都以思想理论的不断发展和革新为先导。没有正确的改革理论，就不可能有成功的改革实践。解放思想、创新理论是中国税制改革不断深化的一大法宝，必须紧密联系中国特色社会主义实践中的重大税收经济问题，吸收借鉴当代西方税收学的有益研究成果和分析工具，积极探索社会主义现代化建设的税收规律，着力用马克思主义中国化最新成果武装我国的税收理论，不断赋予税制改革新的理论养分和思想基因，在分清是非、权衡轻重、趋利避害中形成深化税制改革的大智慧、大思路，为税制改革奠定坚实的理论基石。

三、坚持依法治税、统一税法，是税制改革取得成功的灵魂所在

发展市场经济，建设法治国家，依法治税是重中之重。依法治税是税收工作的基本指导原则，也是十年来的税制改革实践经验的总结。改革开放以来，我国在税收法制建设方面取得了重大进展，坚持依法治税、统一税法的原则不动摇，实体税法基本统一，已具备了通则性的税收程序法，税收立法进程已明显加快，税收立法程序逐步健全，税收立法规划也提上日程。经过几代人的艰苦探索和不懈努力，实行市场经济与建设法制化国家已成为当代中国的两大主题。人们可以欣喜地看到，我国税收法制化的进程正在深刻地影响着国家政治生活和整个社会的法制化进程。坚持依法治税、统一税法的原则不动摇。如果税收离开法制而随意变通，那么，税收组织财政收入和宏观调控的功能就会削弱，就会给国民经济的发展带来损害。正因为如此，十年来的税制改革加快了税收法制建设的步伐，不仅对企业所得税等实体法多次进行修订和完善，还对征管法等程序法做了全面修订，在一定程度上提升了我国税收法律的层次。

四、坚持以人为本、为民服务，是税制改革取得成功的力量源泉

"善政在于养民，养民在于宽赋。"人民是建设社会主义的主体也是创造社会财富的主体，是税制改革的主体也是分享税制改革成果的主体。十年来的税制改革坚持把人民利益放在第一位，在改革措施的出台和推进过程中，注重把提高效率同促进社会公平结合起来，通过提高效率来促进发展，同时注重从解决关乎人民群众切身利益的问题入手，努力兼顾好各方面的利益，在经济发展的基础上实现社会公平，倡导充分调动一切积极因素解放和发展生产力的民生税收，努力营造市场主体活力竞相迸发、社会财富源泉充分涌流的税收环境，为人的自由全面发展提供切实的基础性的税收保障，使所有的劳动者和建设者都能够分享经济发展和社会进步的成果。今后更要坚持全心全意为人民服务的根本宗旨，充分尊重人民群众的首创精神，改革过程中一系列改革措施的推出，始终把人民愿不愿意、满不满意、答不答应作为改革措施选择与调整的基准与标尺，充分调动一切积极因素，解放和发展生产力，激发社会发展活力，努力营造出市场主体活力竞相迸发、社会财富源泉充分涌流的发展环境，更好地实现社会公平与正义，使所有的劳动者和建设者都能够分享经济发展和社会进步的成果。唯其如此，税制改革才能深受人民群众的广泛理解和拥护。十年来，我国税制改革的任务一直非常繁重，各项税制改革都步入了快车道，随着国民纳税意识的不断更新，社会各界对税制改革的呼声日益增高，关心和支持税制改革的热情很高；伴随我国公民社会的成熟，税制建设和税收政策调整公开透明步伐的加快，绝大多数人民群众作为中国改革开放的见证人和中国社会主义事业的建设者，能够正确认识税制改革，正面评价税制改革、积极参与税制改革，为税制改革鼓与呼。紧紧依靠人民群众，全心全意为人民群众谋利益，这是税制改革战胜各种困难和挑战、不断开创新局面的群众基础和力量源泉。

五、坚持实事求是、与时俱进，是税制改革取得成功的重要方法

马克思曾经说过：一步实际行动胜过一切纲领。税制改革事关国家、集体和个人的利益，国家与国家之间的税收权益，涉及经济和社会的整体发展，牵一发而动全身，只许成功，不能失败。在中国这样一个拥有十多亿人口的

发展中国家搞税制改革，没有现成的模式照搬，也没有太多的经验可资借鉴。这就决定了我们必须坚持马克思主义的理论和方法，一切从实际出发，理论联系实际，不能脱离我国国情片面追求税制的理想模式，更不能照搬照抄其他国家的具体做法，必须紧密联系中国实际，以我国基本国情和改革开放的总体要求为依据，在提出了改革思路和方案的同时，要明确责任主体、目标要求和完成时限，并加强跟踪督促和检查评估；在提出改革的指导方针和基本原则的同时，要提出具体、实在、具有可操作性的改革措施；在提出具体的改革措施的同时，要提出或建立确保改革措施落实的条件与制度。我国多次重大经济体制改革都是首先从税制改革开始的，税制改革并不是为了改革而改革，也不仅仅是为了筹集更多的财政收入，而是要通过科学合理的税种、税率、税收优惠等制度设计，把各方面的力量都调动起来，聚精会神搞建设，一心一意谋发展，使改革的成果由国家、集体（企业）和个人共同分享。十年来每一次税制改革都站在时代的制高点上，能准确把握时代特征，不断开拓时代精神，审时度势，不断突破陈旧过时思维观念和做法的束缚，切实转变不适应不符合时代发展的税收观念，更加贴近实际、贴近实践、贴近民心，努力解决影响和制约税收发展的突出问题，每一项税制改革完全着眼于解决现代化建设和改革开放的实际问题，贴近实际、贴近实践、贴近民心，实事求是地推进税制改革。

六、坚持试点先行、循序渐进，是税制改革取得成功的路径依赖

税制改革没有明确的步骤，没有实现目标完成任务的时限，从容易解决的问题做起，解决一个问题后解决下一个问题，问题得以逐次解决。如果说1994年税制改革是全方位的革故鼎新，一揽子推出的激进式改革的话，党的十六届三中全会《决定》明确提出了"分步实施"的改革策略，是适应社会主义市场经济体制逐步完善的要求而采取的渐进式改革。所谓渐进式改革，就是对经济社会领域的税收体制问题采取逐步优化的方式，而不是一步到位的方式。所追求的是帕累托最优改进，就是每一步都要求力求使一部分人的境况变好，与此同时，确保不使其他人的情况变坏。五年来税制改革不是对所有税种或主体税种进行的"一揽子"改革，而是根据税制运行的内外条件和适时地选择老百姓要求最强烈、同时又最有条件解决的阶段性目标，对几

个主要税种的改革分步进行、逐渐推进，条件成熟一个出台一个。从农村税费改革和城乡税制一体化的改革到个人所得税扣除标准的提出，企业税收制度的统一与改革到增值税转型的实验或前期尝试，基本上都是先进行试点，在总结经验的基础上再研究推广方案，充分体现了科学、审慎的决策态度，有效地减缓了税制改革的阻力，促进了利益分配关系的逐步规范。这样就使得税制改革步步都能够有明显的社会收益，步步都能够得到广泛的社会支持。十年来，我国税制改革的典型特征是采取了先行试点、总结推广的路径依赖，很多税制改革都是先选择在少数地区进行试点，在对试点进行总结的基础上，对成功经验和做法再逐步在全国推开。先行试点具有探索性，选择一些具有代表性的地方、行业、企业进行相关改革试验，有利于防止改革出现大的曲折和失误。在局部试点的基础上，根据社会经济环境和条件的变化，积极扬弃，灵活调整改革措施，并将试点由局部向全国稳步展开，尽量把税制改革引起的负效应控制在最小的范围之内。边改革边规范，通过经济立法，推进改革措施的制度化建设。在全国推广改革的探索中，顺时应势把一些经过实践证明收效良好、比较成熟的改革措施，尽可能及时以规范的制度或法律的形式确定下来，以防止良好的改革措施变形，为完善有利于科学发展的税收制度提供坚实的基础。这种由点而面、先易后难的改革推进方式，既使改革保持了必要的力度、速度和连续性，又使改革逐步适应社会承受能力，避免了大的社会动荡的发生；既控制了风险，又通过有效的推广机制使成功经验能够迅速普及，成为我国五年税制改革的重要经验，也是今后推进税制改革的最佳途径。

七、坚持统筹考虑、协调联动，是税制改革取得成功的推进策略

古人云："道悬于天，物布于地，智者以衍，愚者以困。"税制改革的重点、对象、动力和要求的变化，改革触及到的权力层次和利益关系愈加深刻和复杂，改革的关联性、综合性、配套性显著增强，对具体操作的要求更加精细严谨，稍有不慎就会偏离正确的方向，导致功亏一篑，付出巨大的代价。每一项改革都会对其他改革产生重要影响，每一项改革都需要其他改革协同配合才能进行。每一项改革措施和具体制度之间的相互制约日益明显，单项突进和齐头并进都增大了难度，相反，有序的、配套的统筹安排越来越重要。

因此，必须不断完善改革的推进方式，加强总体指导，做好统筹协调，统一改革认识、谋划改革思路、制定改革措施、规范改革行为，统筹兼顾，全面部署，综合配套，协调推进，形成工作的整体合力，增强改革的协调性。既要合理安排好改革的优先顺序，紧紧抓住税制改革的关键环节大胆突破，同时又要使各项改革措施有机衔接、综合配套，要统筹好税制改革的各个方面和其他体制方面的改革相互照应、相互衔接，协调好税制改革涉及的各项工作，形成共同推进税制改革的整体合力。既要因时制宜、因地制宜，大胆地破旧，不断消除深层次的税收制度障碍，也要注重把握"破旧"和"立新"的关系，建立健全适应科学发展需要的新体制新机制。只有充分认识改革的复杂性，将原则性与灵活性相结合，认真做好协调工作，该坚持的坚持，该让步的让步，才能保证改革工作的顺利进行。综合考虑每一项税制改革措施对政治经济社会各方面的影响，恰当选择出台的时机和力度，既要讲政治，也要促发展，还要保稳定。税制改革涉及社会经济的各个层面，关系到千家万户，设计税制改革方案、制定税收政策都必须考虑对社会经济的影响，小心论证，谨慎抉择，要避免由多项改革措施同时并进所产生的叠加效应和连锁效应超过社会的可承受能力。改革是一个利益重新分配的过程，在改革尚未创造出新增利益之前，改革的成本只能由财政来负担，必须考虑到财政可承受能力，税制改革不能带来财政收入的大幅度减少。因此，各项税制改革都要从服务党和国家事业发展全局的实际需要出发，把改革的力度、发展的速度、社会的认可度和财政的承受能力有机结合起来，既要做好战略设计，更要抓好落实，明确任务、强化责任、精心组织、精益实施，积极主动地发挥税收加强宏观调控、优化资源配置、调节收入分配和实施监督管理等重要职能作用，保障和促进经济又好又快发展。

八、坚持广聚民智、民主立法，是税制改革取得成功的制胜之道

税制改革涉及面广，政策性强，既关系到国民经济发展和经济体制改革，也关系到调节居民收入和维护社会稳定，既是一项经济工作，也是一项政治工作。拜人民为师，就能汲取到永不枯竭的智慧；与人民同在，就能凝聚起无坚不摧的力量。任何税收都是国家税收，但国家税收立法必须反映社会公众的公共利益需要，必须经人民进行公开、广泛的讨论，能通过一定的渠道

反映自己的意见，立法机关除了听取有关行政部门的报告外，还应广泛听取来自企业界、法律界、民主党派和社会团体、个人代表和有关专家的意见，并对税法的具体内容进行协商。事实证明，现阶段随着世界多极化和经济全球化趋势在曲折中发展，广聚民智、民主立法正在走进百姓的生活，使老百姓成为政府财税部门进行重大税制改革和税收政策调整时不可缺少的参与者，越来越发挥着积极的作用。而且，绝大多数人民群众作为中国改革开放的见证人和中国社会主义事业的建设者，能够正确认识改革、正面评价改革、积极参与改革，为改革鼓与呼。成品油税费改革坚持把充分发扬民主、广泛集中民智作为推进决策民主化的关键环节来抓，努力从各个层次、各个领域扩大公民有序的政治参与，使之成为一次社会参与程度高、民意基础广的税制改革。财政部会同发展改革委、交通部、税务总局对此召开专家、基层运输企业、出租车司机、私家车主等相关人员参加的各类座谈会。从地方政府看，31 个省（区、市）和新疆生产建设兵团均书面反馈了意见，一致赞成和拥护改革，认为这次改革时机难得，意义重大，方案设计比较周密，配套措施可行，改革势在必行，表示将严格按照中央决策部署，认真组织实施，确保改革顺利推行。从社会公众看，截至 2008 年 12 月 13 日零时，通过网络、传真、信件等方式收到社会反馈意见 48643 条。大多数意见认为，燃油税费改革，是合理合法利国利民的好事情，有利于公平负担，有利于资源节约和环境保护，表示支持改革，期盼尽快实施。因此，坚持问计于民、问政于民，坚持开门立法、民主立法，是税制改革不断取得成功的法宝。

九、坚持兼容并蓄、开放包容，是税制改革取得成功的重要途径

改革开放给我国税制改革带来了国际视野，正视我国税制存在的问题，学习、借鉴国外先进合理的税制并为我所用，已然成为可能。中国作为一个发展中国家，在经济发展，尤其是在向市场经济转化的进程中，引进模仿成熟市场经济国家的税收制度是实现税制变迁的必然选择。1994 年增值税的推行可以看作通过制度模仿实现税制变迁的例证。1994 年实施的新税制，其最具代表性的增值税，就是我国经过周密考察、认真研究、精确测算后引进的一个重要税种。开征增值税既体现了税收的中性原则，有利于专业化分工合作，又为国家提供了稳定增长的充足收入来源。党的十六届三中全会提出的

"简税制、宽税基、低税率、严征管"十二字方针，也是充分考虑到国际税改大趋势的结果。实际上，增值税、企业所得税、个人所得税、消费税等都是在借鉴西方成熟市场经济国家有益实践的基础上发展起来的，通过制度模仿实现税制变迁可以减少税制设计的成本，降低变迁的风险。但是以模仿为基础建立的税收制度往往需要根据本国运行环境进行"本土化"改造，要善于用世界眼光不断增加中国税制的包容性。十年来的税制改革高扬和谐世界的改革视野，坚持对外开放的基本国策，把中国税收问题的解决放在和谐世界的大局中来思考，以世界眼光观察全球税制变革，在尊重世界税收文化多样性的同时，坚持与世俱进，博采众长，在制度学习中吸收借鉴，广泛吸收国外税收文化的优秀成分，不断增加中国税制的包容性，不盲目接轨，重实践创新，不照搬模仿，重兼容并蓄，走出了一条有中国特色的良性循环改革之路，努力构建经济全球化条件下参与国际经济合作和竞争新优势的开放型税制体系。

第三章　构建有利于科学发展的税收制度的必要性

盖因天下之力以生天下之财，取天下之财以供天下之费，自古治世未尝以不足为天下之公患也，患在治财无其道耳。

——王安石

第一节　深入贯彻落实科学发展观的内在要求

科学发展观是马克思主义同当代中国实际和时代特征相结合的产物，是马克思主义关于发展的世界观和方法论的集中体现，对新形势下实现什么样的发展、怎样发展等重大问题作出了新的科学回答，把我们对中国特色社会主义规律的认识提高到新的水平，开辟了当代中国马克思主义发展新境界。科学发展观是中国特色社会主义理论体系最新成果，是中国共产党集体智慧的结晶，是指导党和国家全部工作的强大思想武器。党的十八大报告把科学发展观定位为党的指导思想，极大地丰富了中国特色社会主义理论体系；对科学发展观的历史地位和指导意义的科学确定实现了我们党的指导思想的与时俱进，反映了实践的要求、人民的愿望。科学发展观必将对全面建成小康社会、加快推进社会主义现代化、实现中华民族伟大复兴发挥巨大的指导和推动作用。

作为中国特色社会主义理论的重要组成部分，科学发展观是同马列主义、毛泽东思想、邓小平理论和"三个代表"重要思想既一脉相承又与时俱进的科学理论，是我们党最可贵的政治和精神财富，不仅是指导经济建设的理论，而且是指导各方面建设的理论；不仅是指导发展的理论，而且是指导党和国家全部工作的理论；不仅是指导实践推动工作的有力武器，而且是帮助人们认识和把握社会发展规律的世界观方法论;[①] 不仅是建设中国特色社会主义的指导方针，而且是指导国家财税制度建设和改革的理论基石和行动指南。从这个意义上说，推进科学发展是税制改革的动力，也是税制改革必须坚持的第一要务；以人为本是税制改革的灵魂，也是税制改革的价值取向；全面协调可持续是税制改革的准则，也是税制改革的基本要求；统筹兼顾是税制改革的法宝，也是税制改革的根本方略。

一、科学发展观的第一要义要求我们必须更加自觉地把推动经济社会发展作为税制改革的第一要务

发展是硬道理，是党执政兴国的第一要务，是当代中国的实践主题，是解决中国一切问题的"总钥匙"。发展，对于全面建成小康社会、加快推进社会主义现代化，仍然具有决定性意义。发展应当是而且必须是科学的发展。科学发展就是要使发展既合规律又合目的，既要符合人类社会建构和发展的规律，符合客观条件，符合历史趋势和时代要求，更要符合人的生存与发展需要，有利于不断增益广大人民的经济、政治、文化、社会乃至环境与生态利益。实现科学发展的关键取决于发展观念的科学、发展方式的科学、发展内容的科学以及作为发展中介的制度、体制与机制的科学。税制改革肩负着为国家提供税收制度和税收体制的重任，实施有利于科学发展的税收制度，形成更具活力更加开放的税收环境客观上要求我们务必准确把握当今世界的发展大势，准确把握当代中国发展特点，准确把握党的使命任务，准确把握人民的利益诉求，把发展是硬道理和遵循发展规律、用科学的态度促进发展有机结合起来，制定和实行正确的税收制度和政策，服务发展、保障发展、促进发展，通过发展保证人民合法权益，真正体现为国理财、为民服务的工作宗旨，更好地发挥税收作为筹集资金、调控经济和收入分配手段的重要职能，深入实施科教兴国战略、人才强国战略、可持续发展战略，加快形成符合科学发展要求的发展方式和体制机制，不断解放和发展社会生产力，不断实现科学发展、和谐发展、和平发展，为社会和谐发展提供财力保障和税收体制保障，为坚持和发展中国特色社会主义打下牢固基础。

---

① 刘云山：《科学发展观的历史地位和指导意义》，《人民日报》2012 年 11 月 22 日。

二、科学发展观的核心立场要求我们更加自觉地把以人为本作为税制改革的根本出发点和价值导向

古人云"民为邦本，本固邦宁"；"天地之间，莫贵于人"。"夫王霸之所始也，以人为本，本理则国固，本乱则国危。"我们党的根基在人民、血脉在人民、力量在人民，以人为本全心全意为人民服务是衡量党和国家一切工作成败得失的价值标准，科学发展观树立了以人为本的价值体系，这种新的发展理念为我国的税制改革提供了价值导向。离开了科学发展观所坚持的以人为本的价值导向和服务宗旨，税制改革就失去了正确目标、前进方向和动力源泉。因此，我们必须坚持把以人为本作为税制改革的根本出发点，立足于发展为了人民、发展依靠人民、发展成果由人民共享，把实现好、维护好、发展好最广大人民的根本利益作为税收方针政策和税制改革的根本出发点，通过税收制度设计和税收政策调整使一切劳动、知识、技术、管理和资本的活力竞相迸发，形成及时表达社会利益、有效平衡社会利益、科学调整社会利益的机制，力争让改革和发展的成果真正惠及到全体人民，惠及到每一个人。在为谁发展上，要把实现好、维护好、发展好最广大人民的根本利益，作为税制改革的根本落脚点，作为衡量税政决策和工作的标准；在靠谁发展上，税制改革要尊重人民主体地位，发挥人民首创精神，最充分地调动人民群众的积极性、主动性、创造性，最大限度地集中全社会全民族的智慧和力量；在发展成果如何分配上，税制改革要始终把实现好、维护好、发展好最广大人民根本利益作为党和国家一切工作的出发点和落脚点，尊重人民首创精神，保障人民各项权益，坚持维护社会公平正义，坚持走共同富裕道路，保证人民平等参与、平等发展权利，把保障和改善民生放在更加突出的位置，解决好人民最关心最直接最现实的利益问题，使发展成果更多更公平惠及全体人民，在学有所教、劳有所得、病有所医、老有所养、住有所居上持续取得新进展，在实现发展成果由人民共享、促进人的全面发展上不断取得新成效。

三、科学发展观的基本要求要求我们更加自觉地把全面协调可持续发展作为税制改革的基本准则

科学发展观所追求的发展，不是片面的发展、不计代价的发展、竭泽而渔式的发展，而是全面协调可持续发展，是又好又快发展。全面，是指各个方面都要发展，要注重发展的整体性；协调，是指各个方面的发展要相互适应，要注重发展的均衡性；可持续，是指发展进程要有持久性、连续性，要注重当前发展和长远发展的结合。要全面落实经济建设、政治建设、文化建设、社会建设、生态文明建设五位一体总体布局，促进现代化建设各方面相协调，促进生产关系与生产力、上层建筑与经济基础相协调，不断开拓生产发展、生活富裕、生态良好的文明发展道路，努力实现政治、经济、文化、社会的全面发展、协调发展、可持续发展、和谐发展与和平发展相统一的发展。坚持全面协调可持续发展的基本要求就要将税收看作是建设社会主义经济文明、社会文明、政治文明与生态文明的重要治理工具，按照实行有利于科学发展的财税制度要求，积极稳妥地推进税收制度改革。第一，税制改革要服从和服务于全面发展的需要，要按照中国特色社会主义事业总体布局，以经济建设为中心，制定有利于经济发展、政治民主、文化先进、社会和谐的税收制度和税收政策，努力推进中国特色社会主义现代化建设的全面发展和进步。第二，税制改革要服从和服务于协调发展的需要，不断增强税收调控的协调性，以城乡协调和区域协调为突破口，推动全社会内部各领域、各要素之间以及社会系统与自然系统之间和谐一致、相互促进、共同发展。第三，税制改革要服从和服务于可持续发展的需要，把税收看作是社会主义生态文明建设的助推器，通过环境税收制度创新和资源税改革推动资源节约型、环境友好型社会建设，坚持走生产发强、生活富裕、生态良好的文明发展道路。第四，税制改革要服从和服务于和谐发展的需要，提供一个和谐的税收环境、建立一个和谐的税制、强调一种和谐的执法、提倡一种和谐的管理与服务，使税制改革乃至整个税收关系都要体现社会主义和谐社会构建的要求。第五，税制改革要服从和服务于和平发展的需要，坚持对外开放的基本国策，恪守通行的国际经贸规则，制定有利于"引进来"和"走出去"的税收政策，完善内外联动、互利共赢、安全高效的开放型经济体系，并推动和谐世界建设。

四、科学发展观的根本方法要求我们更加自觉地把统筹兼顾作为税制改革的具体方略

毛泽东曾经说"统筹兼顾，各得其所。这是我们历来的方针"。所谓统筹兼顾，就是要总揽全局、兼顾各方，统筹谋划、综合平衡，把立足当前和着眼长远相结合，把全面推进和重点突破相结合，在坚持统筹城乡发展、统筹区域发展、统筹经济社会发展、统筹人与自然和谐发展、统筹国内发展与对外开放的基础上，进一步统筹中央和地方关系，统筹个人利益和集体利益、局部利益和整体利益、当前利益和长远利益，统筹国内国际两个大局。科学发展观坚持以统筹兼顾为发展的根本方法，要求我们在税制改革中坚持科学的思想路线和思想方法，用发展的而不是静止的、联系的而不是孤立的、全面的而不是片面的观点看问题、抓发展，做到总揽全局、科学筹划、协调各方、兼顾全面，抓住中心、突出重点，充分调动一切积极因素，统筹好方方面面的利益，处理好各种利益关系，完成战略任务，实现总体目标。面对改革开放和现代化建设事业的日新月异，我们要用科学发展观来审视和衡量长期以来形成的税收理念、工作思路和政策制度，坚持把统筹兼顾作为税制改革的具体方略，既要统筹中央和地方关系，统筹个人利益和集体利益、局部利益和整体利益、当前利益和长远利益，充分调动各方面的积极性，还要统筹国内国际两个大局，善于从国际形势发展变化中把握发展机遇、应对挑战风险，营造良好的国际环境；既要积极发挥政府作用，适当运用行政手段，又要尊重和遵循市场规律，更大程度地发挥市场在资源配置中的基础作用，增强发展的活力和效率。要坚持一切从实际出发，正确认识和妥善处理中国特色社会主义事业中的重大关系，统筹改革发展稳定、内政外交国防、治党治国治军各方面工作，统筹城乡发展、区域发展、经济社会发展、人与自然和谐发展、国内发展和对外开放，统筹各方面利益关系，充分调动各方面积极性，努力形成全体人民各尽其能、各得其所而又和谐相处的局面。

总之，科学发展观是税制改革的理论基石和行动指南，税制改革是推动科学发展的根本动力和必由之路。必须高举中国特色社会主义伟大旗帜，紧紧围绕科学发展主题和加快转变经济发展方式主线，按照社会主义市场经济条件下税收发展规律的内在要求，坚持解放思想、改革开放、凝聚力量、攻坚克难，以更大的决心和勇气推进税制改革，坚决破除一切妨碍科学发展的思想观念和体制机制弊端，不断强化税收收入稳定增长的长效机制，积极构建有利于转变经济发展方式的税收制度，尽快健全有利于科学发展的税收政策调整机制，稳步完善有利于科学发展的税收管理机制，尽量把科学发展观的科学内涵和精神实质加以制度化、机制化，特别是税制改革的内容措施应充分贯彻和体现科学发展观的第一要义、核心立场、基本要求和根本方法等，把深入贯彻落实科学发展观的新鲜经验和做法固化为制度机制，不断拓展有助于保证科学发展观指导地位落实的税收举措，从而使科学发展观的要求通过税制改革具体渗透到税收体制机制中，推动经济社会又好又快发展。

第二节　建设社会主义和谐社会的必然选择

党的十六届六中全会通过的《中共中央关于构建社会主义和谐社会若干重大问题的决定》提出：社会主义和谐社会是民主法治、公平正义、诚信友爱、充满活力、安定有序、人与自然和谐相处的社会。党的十八大报告进一步指出社会和谐是中国特色社会主义的本质属性。按照民主法治、公平正义、诚信友爱、充满活力、安定有序、人与自然和谐相处的总要求和共同建设、共同享有的原则，以保障和改善民生为重点，解决好人民最关心、最直接、最现实的利益问题，使发展成果更多更公平地惠及全体人民，努力形成全体人民各尽其能、各得其所而又和谐相处的局面。税收不仅是国家的命脉，也是和谐社会的血脉，它涉及社会生产、分配、消费等各个方面，在构建社会主义和谐社会中具有举足轻重的地位和作用，构建有利于科学发展的税收制度是建设社会主义和谐社会的必然选择。这是因为：

一、税收是实现和谐社会民主法治目标的加速器

民主法治就是社会主义民主得到充分发扬，依法治国基本方略得到切实落实，各方面积极因素得到广泛调动，人民的权益得到切实尊重和保障。而税收则是实现和谐社会民主法治目标的加速器。这是因为：从经济学的角度看，税收是公共产品的对价，税收是构成法治文明的物质基础。人类社会生存发展的需要可以分为私人产品和公共产品两类，公共产品的效用只能为社会成员所共享，某人对公共产品的享用并不排斥他人同时享用，也不会减少其享用的数量和质量；而且不论某人是否为公共产品支付费用，都可以从中受益。公共产品的这种特点使其没有办法从私人市场获得，而只能由政府提供。政府为公民提供必要的公共产品，纳税人把税收当作公共产品的对价。

税法学家阿尔伯特·亨泽尔用税收债务关系来描述国家和纳税人之间的税务关系，国家和纳税人之间是法律上的债权人和债务人的关系。这样一种关系在任何政治形态和社会形态里都存在，而在现代法治文明里，国家与纳税人的关系就更加体现得经济化和对价化。这样，法治和税收的关系就显得非同一般，没有税收，国家就不可能也不会提供公共产品，而法治文明的物质载体的很大一部分就是一个国家的公共产品，离开公共产品的存在，法治文明也就没有了依托。因此，从经济学的角度看，税收是公共产品的对价，公共产品是法治文明不可缺少的物质载体，从而，税收就是法治文明得以存在的物质基础，没有税收就没有法治文明。从税收的本质来说，国家为什么有权征税，人民为什么需要纳税，都源于税收是社会公共产品和公共服务的对价。一方面，人民将本属于自己的私人财产的一部分，以税收的形式让渡给了国家，因此，就有权利从国家那里获得能够确保其生存、发展所必需的公共产品和公共服务；另一方面，国家从人民那里取得了税收，确保了其职能的实现，因此，也有义务为人民提供能够确保其生存、发展的公共产品和公共服务。可见，不论税款的征收还是税收的使用，都与人民的权利密切相关，都必须满足人民生存和发展的需要，必须坚持以人为本的价值取向。只有这样，税收在本质上才具有合法性、合理性，才会获得人民的真正认同和自觉遵行。

二、税收是实现和谐社会公平正义目标的调节器

公平正义是贯穿于和谐社会各个层面的核心价值理念。公平正义就是社会各方面的利益得到妥善协调，人民内部矛盾和其他社会矛盾得到正确处理，社会公正和正义得到切实维护和实现。公平正义是构建和谐社会的基石，只有公平得以实现，正义得到伸张，社会才有和谐可言。实现公平正义的关键在于妥善协调各方面的利益关系，必须加强领导，统筹规划，对症下药，综合治理，要在解决实际问题上下真功夫。维护和实现社会的公平正义，需要全社会各个方面与全体人民的共同参与和努力，需要发挥政府的职能作用。税收作为政府的重要职能，在调节收入分配，缓解分配不公，促进社会公平正义等方面具有重要的作用。胡锦涛同志指出："我们看到不和谐的主要问题还是一个经济利益享有差距问题，分配占有不公问题"，"税收因其所具有

的筹集国家财政收入，调节经济和调节分配的职能，在构建社会主义和谐社会中发挥着重要作用"。在税制和税收政策的制定上要体现公平的旨意，在体现效率的同时，注重维护好社会公平。建立科学合理的税收制度，实行规范的税收政策，对于正确有效地调节国民收入分配，促进生产要素流动，引导资源优化配置，扩大社会就业，推进经济持续快速协调发展，促进和谐社会建设，具有重要的意义。当前应抓住有利时机，按照"简税制、宽税基、低税率、严征管"的原则，积极稳妥地推进税制改革，建立更加公平、科学、法制化的税制体系。要通过完善税收政策，消除对内资企业的政策歧视，促进其发展；要通过税收优惠降低科技开发成本和调节风险企业收益，鼓励企业积极应用新成果，引进新技术，鼓励企业技术创新；要进一步完善个人所得税和消费税政策，开征社会保障税，逐步为纳税人创造公平法制的政策环境。

三、税收是实现和谐社会诚信友爱目标的孵化器

诚信友爱就是全社会互帮互助、诚实守信，全体人民平等友爱、融洽相处。相对于自然人之间的诚信对社会信用经济发展的影响而言，国家与公民之间在税收关系上的诚信——诚信征税与诚信纳税居于更基础、更核心的地位，即税收诚信是社会诚信的母体或孵化器。税收促进和谐社会所要求的诚信友爱，可以从支持建立税收信用体系和促进改善税收文化体系这两个方面发挥作用。在建立税收信用制度方面，财税部门可以从个人、企业的纳税记录入手，促进诚信纳税、诚信征税和诚信用税。诚信纳税是要求纳税人合法地进行经济活动，客观、真实地记录经济活动，并保证会计核算的真实性，不做假账，以此为前提真实、全面地履行纳税义务。诚信纳税既要靠内在养成又要靠外在约束，内在养成应借助激励机制，外在约束应借助惩罚机制。诚信征税要求税务部门、税务人员必须诚信于税法，不能随意曲解；必须诚信于工作岗位，遵守职业道德，上对国家负责，下对纳税人负责。在分税制财政管理体制之下，诚信征税还要求地方政府对中央政府的诚信，保证中央税款的及时、足额入库，不得截流、套取中央税款。诚信用税是指政府应将取之于民的税款用之于民。诚信用税要求政府预算编制和执行的公开性与透明度，要求对预算项目进行绩效考核，目前正在进行的以细化部门预算、国

库单一账户、集中支付、政府采购等为内容的综合财政改革就体现了诚信用税的要求。诚信用税是诚信治税的根本，政府做到了诚信用税，才能理直气壮地要求纳税人诚信纳税，税务部门、税务人员只有做到诚信征税，才能要求纳税人诚信纳税，而纳税人也只有做到诚信纳税，才能要求政府诚信用税，才能要求税务部门、税务人员诚信征税。诚信纳税、诚信征税、诚信用税互相约束，共同搭建起诚信治税平台，既加强了政务诚信、商务诚信、社会诚信建设，又增强了全社会诚实守信意识。在税收文化体系建设方面，应从财力上对中国传统税收文化的研究挖掘和社会各界为弘扬中国传统税收文化所做的努力给予支持，并以开阔的思路弘扬一切人类税收文明的成果，以此来培育、增进人们的友爱、友善、友情之心。社会主义核心价值体系是我们党带领全国各族人民团结奋进的精神纽带。没有这一体系的引领，和谐税收文化建设就会迷失方向，失去根本。建设税收文化体系就是要把社会主义核心价值体系要求融入税收征纳和精神文明建设的全过程，融入税制改革的各个领域、各个方面，牢牢把握社会主义先进文化的前进方向，弘扬民族优秀税收文化传统，借鉴人类有益税收文明成果，倡导和谐理念，培育和谐精神，进一步形成中华民族传统税收文化和时代治税理念结合的社会主义和谐税收文化。

四、税收是实现和谐社会充满活力目标的助推器

充满活力就是能够使一切有利于社会进步的创造愿望得到尊重，创造活动得到支持，创造才能得到发挥，创造成果得到肯定。社会主义的本质是解放生产力，发展生产力，消灭剥削，消除两极分化，最终达到共同富裕。这个过程本身就是一个生生不息、永不停顿的过程，一个不断发展、充满活力的过程。构建社会主义和谐社会，必须把增强全社会创造活力作为一项重要任务。税收作为实现和谐社会充满活力目标的助推器，就是要正确运用税收政策工具促进创新型国家基本建成。《国家中长期科学和技术发展规划纲要（2006—2020年）》的总体目标是要在2020年将我国建成创新型国家，为在21世纪中叶成为世界科技强国奠定基础。为确保纲要各项任务的落实，必须制定和完善更加有效的政策与措施。所有政策和措施都必须有利于增强自主创新能力，有利于激发科技人员的积极性和创造性，有利于充分利用国内外

科技资源，有利于科技支撑和引领经济社会的发展。税收作为国家财政收入的最主要来源和政府宏观调控体系中的重要组成部分，在建立和完善我国国家创新体系中的作用是重要和不可替代的。税收作用于国家创新体系的着力点主要在创新资源（人力、财力和信息资源等）、配置和创新制度的建立上。运用税收工具筹集财政资金，为直接支持国家创新体系提供财力基础，作为知识经济中最重要生产要素的知识，具有一定的公共产品的性质，且愈接近于基础科学和理论研究，其公共产品的特性就愈明显。要运用税收手段筹措资金，通过预算拨款的方式对国立科研机构、科研型高校的基础性研究和战略性研究及国家重大科技项目等给予直接的财政资助；要运用税收政策，激励企业逐渐成为国家创新体系中的主力军，确定适当的总体税负，为企业投资技术创新、谋求长远发展留有余力；应制定一系列的税收优惠措施，合理分担企业科技投入的成本和风险，增加科技投入收益率，形成良好的税收激励创新机制。应运用税收政策，鼓励社会对人力资源（本）的培育和开发，鼓励个人对人力资本自我投资以便形成多税种、多层面、多手段协调作用机制。

五、税收是实现和谐社会安定有序目标的稳定器

安定有序就是社会组织机构健全，社会管理完善，社会秩序良好，人民群众安居乐业，社会保持安定团结。安定有序是构建社会主义和谐社会的必要条件和基本标志。一个社会安定有序，本身就是不同利益群体各尽其能、各得其所而又和谐相处的表现。财税部门承担着维护国家财政安全、和谐税收征纳关系、预防惩治偷税漏税的重要职责，在加强和改进社会管理、维护和促进社会稳定和谐中担负着重大政治和社会责任。今后税收政策要以发展社会事业和解决民生问题为重点，优化公共资源配置，注重向公共服务薄弱的农村、基层、欠发达地区倾斜，逐步形成惠及全民的基本公共服务体系，着力解决就业、就学、就医、社会保障、社会治安、安全生产、环境保护等人民群众最关心、最直接、最现实的利益问题，真正从根本上减少和化解各种社会矛盾。因此，要坚持从我国的基本国情和经济社会发展的实际出发，借鉴国外行之有效的经验，完善社会捐赠免税减税政策，加快发展慈善事业，充分发挥慈善事业的重要作用；要扩大近年出台的支持文化产业发展的若干

税收政策的适应范围，从长远扶持文化产业的角度出发，将该政策推广适用于全国范围内所有文化单位；对民营企业资本投资医疗卫生事业、文化体育事业给予一定的鼓励性的税收优惠措施，对民营企业兴办的体育培训单位免征营业税；进一步完善促进就业再就业优惠政策，对新老税收优惠政策进行整合，出台统一的就业再就业税收扶持政策，将增值税纳入优惠扶持范围，可对安置下岗失业人员的企业和个人采取先征后返、即征即退的减免方式；适时开征遗产税和社会保障税，合理确定遗产税的起征点，适时开征遗产税，作为将来实行的房地产税或不动产税的补充，促进社会公平。

六、税收是实现和谐社会人与自然和谐相处目标的矫正器

人与自然和谐相处就是生产发展，生活富裕，生态良好。税收天生就是实现和谐社会人与自然和谐相处目标的矫正器。这就是所谓的矫正性税收，即政府以矫正某些给他人造成损失的不良经济活动，达到以生产资源的有效利用为目的而课征的税收。由于在市场经济中，私人生产者往往从本身支付的成本和获得的利润出发，在生产决策中不充分考虑对其他人造成的损失，因而需要政府采取管理的措施，对私人经济活动加以矫正。这主要是通过税收使外在影响内在化，以达到生产资源的有效利用。采用矫正性税收是为了调整这些产品的价格，促进生产者和购买者考虑外在的成本，从而使市场价格能够反映真实的资源机会成本。理论上，矫正性税收可以达到资源有效配置，能够导致污染减少到帕累托最优状态。污染者权衡保持污染水平所支付的税收和减少污染少交税所获收益，控制成本小于税率，则污染减少，直到二者相等时，达到污染最优水平。根据人与自然和谐相处的要求，我国应借鉴发达国家的经验，运用矫正性税收手段，建立有利于可持续发展的税制体系。首先，要改革资源税，将资源税的计税依据由销售量改为开采限制企业无节制地开采资源，促进企业从自身利益出发，考虑市场需要，合理开发资源。同时，扩大资源税税目，调整资源税税额。应从总体上提高资源税税额，并在合理划分资源等级的基础上，对衰竭期矿山降低资源税标准，从而体现资源税的级差。其次，应改革消费税税目，充分发挥消费税在环境保护中的作用。利用消费税约束高耗能、高污染产业的发展，形成有利于节约资源的生产模式和消费模式，将近年来兴起的污染环境的消费品列入征税范围，制

定各类鼓励清洁生产、节约能源、促进环保的税收优惠政策。对从事节能设备、技术和产品研发、生产的单位，以及购买清洁产品、环保产品的企业予以减免税、加速折旧等形式的税收优惠；对国家批准的环保科技产业园、工业生态园和环保产业基地，给予享受国家级高新技术开发区的税收优惠待遇，促进环保产业集约化发展。

在中国历史上产生过不少有关和谐社会中税收职能定位的思想，一位是晋代的陶渊明，他在其名著《桃花源记并序》中描述了一个人人平等，人人劳作，富足和谐的农村社会，同时提出了"春蚕收长丝，秋熟靡王税"。这就是说人们生活在这样的社会秋收后不用缴纳税收。无独有偶，康有为曾在《大同书》中也提出要建立一个"人人相亲，人人平等，天下为公"的理想社会，但他主张"公中更未尝向一人而收赋税，扫万国亘古重征厚敛之苦"。对和谐社会中税收职能由轻税思想在后期发展为无税论，实际上是超越现实的空想。试想没有税收之根基，和谐社会之大厦何从谈起？因此，税收是构建和谐社会的基石，正如北宋王安石所言"因天下之力，以生天下之财，取天下之财，以供天下之费"。在今天构建社会主义和谐社会新的伟大征程之中，税收不仅是实现民主法治目标的加速器，也是实现公平正义目标的调节器；不仅是实现诚信友爱目标的孵化器，也是实现充满活力目标的助推器；不仅是实现安定有序目标的稳定器，也是实现人与自然和谐相处目标的矫正器。

第三节　加快转变经济发展方式的最根本保障

在当代中国，坚持发展是硬道理的本质要求就是坚持科学发展。以科学发展为主题，以加快转变经济发展方式为主线，是关系我国发展全局的战略抉择。深化改革是加快转变经济发展方式的关键。税收作为国家实施宏观调控的有力杠杆和重要工具，不仅调节经济总量，更能优化经济结构，具有规模大、范围广、影响深等突出特点和优势，在加快转变经济发展方式中具有十分重要的基础地位。然而，随着我国经济社会发展进入新阶段，特别是面对后国际金融危机时代外部经济环境的深刻变化，现行税收制度安排还不能适应加快转变经济发展方式的需要，有些税收制度强化了经济结构中不合理的方面和粗放式的增长方式，因此，对推动经济结构优化升级、加快经济发展方式转变以及保障和改善民生方面造成了很大阻碍，构建有利于科学发展的税收制度是加快转变经济发展方式的关键所在，是税收理论和实际工作面临的一项十分紧迫而又责任重大的任务。一定要坚定信心，打胜全面深化税制改革这场硬仗，着眼于经济社会发展中不平衡、不协调、不可持续的问题，准确把握加快转变经济发展方式的基本要求，逐步健全有利于科学发展的税收制度，重塑能促进加快经济发展方式转变的利益分配机制，以有效转变谋求更好的发展，推动经济社会长期平稳较快发展。

一、税收制度在加快经济发展方式转变中的主要功能

税收制度是各种经济增长因素赖以合理组合与优化配置、有效发挥功能的基本机制，在市场经济活动中税制为人们提供了一套激励、约束和协调机制，影响资源配置的效率，从而最终决定着经济发展的质量和效益。

（一）税收制度的激励功能

制度经济学普遍认为，制度通过提供稳定的奖惩预期，通过减少不确定性和外部性，通过保障人们行动的成果从而激励人们为实现自己的目标而奋斗，激励人们在规则允许的框架内放心大胆地最大限度地去增进自己的福利，从而也有利于社会总体福利的不断增进和改善。"制度是为约束在谋求财富或本人效用最大化中个人行为而制定的一组规章、依循程序和伦理道德行为规则。""制度在很大程度上决定着人们如何实现其个人目标和是否能实现其基本的价值。"[1] "制度形成了一个社会的激励机制。"[2] "制度框架提供了激励，这些激励规定了哪些种类的技能和知识能够带来最大报酬。"[3] 有效的税收制度能够降低交易费用，激励企业等经济主体从事生产性活动，这是经济增长的基础。如果一种税制安排使单个经济主体的收益率不断接近社会收益

---

① 柯武刚、史漫飞：《制度经济学：社会秩序与公共政策》，韩朝华译，商务印书馆 2003年版，第 37 页。

② 道格拉斯·诺思：《经济运行的历史进程》，《诺贝尔奖获得者演说文集：经济学奖（1969～1995）》（下），罗汉主译，上海人民出版社 1999 年版，第 1009 页。

③ 道格拉斯·诺思：《理解经济变迁过程》，钟政生等译，中国人民大学出版社 2008 年版，第 55 页。

率，使经济主体付出的成本与所得的收益呈正相关，每个经济主体就会不断努力、不断创新，在实现个体利益的同时推动经济增长和社会发展，这就是税制的激励功能。低边际税率有利于提高人们工作和创新的积极性，具有正向激励功能，而高边际税率则会降低人们工作和创新的积极性，具有负向激励功能，实践证明，过高或过低税率不一定能够获得相对较高的税收收入，良好的税收制度就一定要在确保税收收入充裕和保持人们工作积极性二者之间找到一个平衡点。

（二）税收制度的约束功能

没有规矩不成方圆。制度是一个社会的行为规则体系，是一个社会最重要的规矩和约束，它规范着人们的权利与义务，约束着人们的行为，保护着人们的自由和权利。制度是稳定的、周期性的行为模式和规范体系，"是一个社会的游戏规则，更规范地说，它们是决定人们的相互关系而人为制定的一些制约"[①]；"制度是人类制订的规范人类相互关系的诸种限制。"[②] 制度"通过向人们提供一个日常生活的结构来减少不确定性"，"它们是为人类发生相互关系所提供的框架"。[③] 约束功能是税制在社会共同认可的前提下对经济主体的经济活动作出规定，对逾越规定的经济活动行为予以禁止和惩罚。按照西方经济学的假设，经济主体的行为是在一系列约束条件下，基于自身利益最大化所作出的理性选择。如果没有约束机制的作用，理性的经济主体可能从自身利益出发，作出不利于他人或社会的行为，即经济学中所说的外部负效应。例如，企业向外排放污染的结果就充分说明了这一点，即个体理性导致集体的非理性。但是，我们可以通过设计一种税制安排，把经济主体对自身利益最大化的追求限制在一定范围内，就可以相应抑制经济主体可能发生的浪费资源、污染环境等机会主义倾向。基于此，可以认为，在解决外部性问题的所有手段和工具中，税制是最重要的。

---

① 道格拉斯·诺思：《制度、制度变迁与经济绩效》，刘守英译，上海三联书店1994年版，第3—4页。

② 道格拉斯·诺思：《经济运行的历史进程》，《诺贝尔奖获得者演说文集：经济学奖（1969~1995）》（下），罗汉主译，上海人民出版社1999年版，第1010页。

③ 道格拉斯·诺思：《制度、制度变迁与经济绩效》，刘守英译，上海三联书店1994年版，第50页。

（三）税收制度的协调功能

制度作为人类行为的活动规则，不但规范各行为主体的行动，而且为各行为主体的行动提供指南，引导着人们的竞争和协作活动，通过提供决策的基本程序和信息集，指导着人们的决策活动，预防人们犯错误，及时纠正人们在犯的错误。"制度是行为规则，并由此而成为一种引导人们行动的手段。"① 在经济学理论中，税收对微观经济主体主要产生收入效应和替代效应，政府可以通过税收在税率、税率、税基和税收优惠等方面的不同制度安排来改变商品的价格，改变纳税人生产、消费、储蓄和投资等经济行为，使社会各行为主体的行为变得可以预见，协调着各行为主体之间的关系，指导着人们在复杂的现实世界中如何追求自己的利益，如何保障社会的利益。税制通过减少经济活动中不确定性和减少信息成本，协调经济主体之间的关系，帮助经济主体形成稳定、可靠的预期，把阻碍交易进行的因素减少到最低，最大限度地为经济主体达成合作、完成交易起到润滑和协调作用，从而提高经济效率。

二、税收要推进经济结构战略性调整，着力解决重大结构性问题

这是加快转变经济发展方式的主攻方向。必须以改善需求结构、优化产业结构、促进区域协调发展、推进城镇化为重点，着力解决制约经济持续健康发展的重大结构性问题。要牢牢把握扩大内需这一战略基点，加快建立扩大消费需求长效机制，在落实支持投资、出口的税收政策的同时，进一步研究扩大消费需求的税收政策，释放居民消费潜力，保持投资合理增长，扩大国内市场规模。要促进经济增长向依靠消费、投资、出口协调拉动转变。要牢牢把握发展实体经济这一坚实基础，实行更加有利于实体经济发展的政策措施，落实完善支持中小企业特别是小微企业的税收政策，减轻小微企业特别是科技型小微企业的税收负担，支持小微企业特别是科技型小微企业发展。落实支持农民专业合作社、农业产业化龙头企业发展和县域经济发展的税收政策，加快发展现代农业。落实支持重点产业调整和振兴的税收政策，改造

---

① 柯武刚、史漫飞：《制度经济学：社会秩序与公共政策》，韩朝华译，商务印书馆 2003年版，第 112—113 页。

提升制造业。落实完善促进新一代信息技术、节能环保、新能源、生物、高端装备制造、新材料、新能源汽车等发展的税收政策，推动战略性新兴产业、先进制造业健康发展。扩大增值税征收范围，相应调减营业税等税收，逐步消除重复征税，营造有利于现代服务业发展的政策和体制环境，促进经济增长向依靠第一、第二、第三产业协同带动转变。要集中政策资源，引导生产要素跨区域合理流动，在保持西部大开发税收优惠政策连续性、稳定性的基础上，根据经济发展和税制改革的需要，适时调整和完善相关政策，进一步增强西部大开发税收优惠政策的灵活性和针对性，完善促进区域发展总体战略、主体功能区战略和推进城镇化发展的税收政策，促进区域经济良性互动、协调发展。

三、税收要加快推进自主创新，提高经济发展质量和效益

加快转变经济发展方式，最根本的是要依靠科技的力量，最关键的是要大幅提高自主创新能力。要实施创新驱动发展战略，坚持走中国特色自主创新道路，以全球视野谋划和推动创新，提高原始创新、集成创新和引进消化吸收再创新能力，更加注重协同创新。目前，世界主要国家都在积极抢占科技创新的制高点，培育经济增长的新动力。但我国经济增长中的科技含量还不高，企业技术研发、产品创新的积极性不强，技术创新的载体数量相对偏少，研发投入强度长期偏弱，高层次人才比例偏低。一些重要产业领域的关键技术和产品主要还依赖进口，在出口技术和产品中具有我国自主知识产权和自主品牌的比重还不足10%，出口商品中90%是贴牌产品。科技创新收益具有非独占性，即科技创新具有正的外部性。这种外部性也可以称为创新行为的"溢出效应"，体现为"知识溢出"和"市场溢出"。不论是"知识溢出"，还是"市场溢出"，都将导致创新者的"利益溢出"，因而是一项高风险的活动，需要创造一个持续的、制度化的税收激励机制。税收制度对于创新的一个重要作用是提供激励机制，税制的功能不仅是要通过降低不确定性来降低创新的成本和风险，而且要保证创新主体的创新收益最大化，由此才能保证创新动力的最大化。有鉴于此，要适应建设创新型国家的战略要求，建立完善有利于技术研发、技术转让、技术培训、技术咨询、技术成果转化、技术人才引进的全方位税收支持体系，通过采取加速折旧、税前扣除等税收

优惠措施，引导和支持创新要素向企业集聚，促进科技成果向现实生产力转化，营造有利于自主创新的良好税制环境，鼓励、引导企业增加研发投入，扶持有条件的企业提高原始创新能力，促进创新资源高效配置和综合集成，大幅度提高科技进步对经济增长的贡献率，推动经济社会尽快走上创新驱动、科学发展的轨道。

四、税收要促进产业结构调整，加快经济转型升级

长期以来我国经济增长主要依靠工业增长带动。第二产业增加值占 GDP 的比重经由 2002 年的 44.8% 攀升到 2009 年的 46.8%，7 年上升 2 个百分点，而同期第三产业占 GDP 的比重则由 41.5% 上升到 42.6%，7 年只上升 1.1 个百分点。近些年，三次产业结构虽有了改善，但总的看来仍以传统产业为主，制造业增加值率、服务业比重还比较低，处于国际产业链低端，产业附加值低，服务业的服务能力和服务半径十分有限。面对后国际金融危机时期世界经济竞争和国际市场变化的新趋势，面对国内资源环境约束加剧和需求结构升级的新形势，必须进一步发挥税收政策的导向作用，加快推进产业结构调整，加快推进传统产业技术改造，加快发展战略性新兴产业，加快发展现代服务业，促进三次产业在更高水平上协同发展，全面提升产业技术水平和国际竞争力。

五、税收要推进节能减排和环境保护，提高可持续发展能力

良好的生态环境已经成为新的竞争优势，体现着科学发展和社会和谐。目前，我国人均能源资源占有量不到世界平均水平的一半，而单位国内生产总值的能耗明显高于发达国家水平和世界平均水平。如果不加快转变经济发展方式，资源能源将难以支撑，生态环境将难以为继，发达国家几百年间分阶段出现的环境问题，在我国较短时间内集中凸显。因此，要加快推进生态文明建设，完善税收体制机制，落实并完善现行鼓励节能环保的各项税收优惠政策，逐步建立健全有利于节能减排的税收激励和约束限制并重的机制，推动整个社会走上生产发展、生活富裕、生态良好的文明发展道路。

六、税收要调整国民收入分配格局，促进社会和谐稳定

国民收入分配格局是经济体系运行的结果，同时又是推动经济发展最基

本的动力结构。当前，我国城乡、区域、阶层之间收入差距过大，贫富发生分化，已对社会和谐稳定产生了不利的影响。1978 年，我国政府、企业和居民最终可支配收入的比例为35.9%、12.9%、51.2%；到2008 年，这一比例变化为31.54%、10.75%、57.71%。整体来看，企业和居民可支配收入比重上升、政府可支配收入比重下降。由于收入分配体制还不完善，初次分配秩序混乱，再分配机制不健全，无论是国家、企业和个人之间的利益分配格局，地区间的经济发展速度、水平和财政收入的差距，还是个人收入、消费水平和财产拥有量的差距，都存在着许多不合理的情况。需要通过税收适当调节，通过正税清费、统筹税费关系着手，提高居民收入在国民收入分配中的比重和劳动报酬在初次分配中的比重，逐步扩大中等收入者比重，努力形成“橄榄型”收入分配结构，努力做到城乡居民收入增长、劳动报酬增长与经济增长相协调。

　　总之，长期以来依靠高能耗、高物耗、高污染、低资源成本、低环境成本、低劳动力成本、低技术含量、低价格竞争的粗放增长方式将难以为继，如何在自主创新、优化结构、提高效益、降低消耗、保护环境的基础上加快经济发展方式转变，是科学发展观对宏观调控提出的新要求。要按照中央统一部署，不断增强主动性、紧迫感、责任感，深化对加快转变经济发展方式基本内涵和精神实质的认识，履行好对经济实行间接管理的职责，明确市场主体的信息和利益导向，从制度上更好地发挥市场在资源配置中的基础性作用，坚持把加快经济发展方式转变作为深入贯彻落实科学发展观的重要目标和战略举措，着眼于建立健全保障和促进科学发展的税收体制机制、推动科学发展的税收政策法规、体现科学发展要求的税收规章制度，争取在重点领域与关键环节实现突破，为加快经济发展方式转变提供制度保障，真正把保持经济平稳较快发展和加快经济发展方式转变有机统一起来，在发展中促转变，在转变中谋发展，推动经济进入创新驱动、内生增长的发展轨道。

　　转变经济发展方式需要改革经济体制。在经济发展过程中，制度创新的形式可能纯粹是参与市场交易的各方自愿选择的，也可能是完全由政府安排的，或者是上述两种方式的结合。美国经济学家诺思等继承了熊彼特的观点和方法，运用“制度创新”来解释美国等国的经济增长。在他们眼里，所谓“制度创新”是指经济的组织形式或经营管理方式的革新，例如股份公司、工会制度、社会保险制度、国营企业的建立等都属于"制度创新"。这种组织和管理上的革新是历史上制度变革的原因，也是现代经济增长的原因。"在任何时代，增长不仅仅是整体上的变动，还应包含结构的转变。即使这种增长的冲动是由重大技术创新带来的，每个社会在采用这种技术时必须调整现有的制度结构。"① 我们从这里可以得到如下启示：制度不仅是激励机制，它还是一种约束机制，它决定了行为人的行为规范，其中最基本的是不能通过损害他人的利益来实现自己的利益，如果必须损害，那么必须通过谈判相应地付费；制度要能鼓励创新、促进发展，使人们自觉地遵守它，它就必须能够使人们形成一种稳定的、长期的预期。人类社会的制度不是一成不变的，而是处于不断发展演变之中，理想的制度形态是纳什均衡，是各经济主体及整个经济体系的创新潜能被充分释放的制度。因此，制度变迁就是制度为了更好地促进创新而不断调整的过程，是一个不断逼近纳什均衡的过程，无论以效益更高的制度代替原有制度，还是降低交易成本，抑或提高经济效率，都是通过创新来实现的。也就是说，高效制度对低效制度的替代、交易成本的下降、经济效率的提高等，都是制度变迁的目的和结果，而制度变迁过程的实质则是创新。"十二五"时期是我国全面建设小康社会的关键时期，是深化改革开放、加快转变经济发展方式的攻坚时期。"十二五"时期税制改革的基本目标应当是以科学发展观为统领，继续坚持"简税制、宽税基、低税率、严征管"的原则，要综合考虑间接税与直接税的比重、税收优惠与开征新税、扩大部分税种税基、提升部分税种税率之间的协调，建立一个能促进产业结构优化、改善收入分配格局、缩小收入差距，体现国家产业政策并适合中国国情、促进国民经济可持续发展和满足国家财政正常性需求的税收制度体系。

第四节　破除税收体制机制性弊端的迫切需要

经过 20 多年以来的税制改革，我国现行税收制度由 18 个税种组成，这 18 个税种相互联系、相互作用共同构成了比较规范的税收制度体系，为各类

---

① 西蒙·库兹涅茨：《现代经济增长》，北京经济学院出版社 1989 年 5 月版，第 5 页。

市场主体营造了规范、统一、公平、透明的税收制度环境。但是，这个税收制度体系在运行中也存在一些问题。

一、非税收入在财政收入中所占比重逐年提高，税收组织财政收入职能地位受到冲击

在市场经济体制下，政府财政收入的主体是税收，非税收入是补充。税收是国家财政收入的主要来源和满足财政支出的主要手段，财政职能是税收最原始、最基本、最重要的职能。税收组织财政收入职能的发挥程度，首先取决于税收在财政收入中的地位。如果税收比重过低，意味着人们把较多的财政收入任务放在其他收入形式上，税收筹集资金功能的发挥不可能充分；而当税收成为最主要的财政收入形式后，意味着税收受到人们的普遍重视，其组织财政收入职能才会有较大程度的发挥。正因为这样，改革开放以来每一次税制改革的一个主要任务就是要确保税收制度有足够的组织财政收入的能力。而且，历来我们把税收收入占财政收入的比重在90%以上作为衡量税收组织财政收入职能的数量标准。遗憾的是，自1994年税制改革以来，税收收入在财政收入中所占比重逐年降低，由1994年的98.25%下降到86.39%，17年降低了11.86个百分点，2006年以来这一比例一直在90%以下。与此相对应，非税收入由1994年的91.22亿元增加到2011年的14136.04亿元，17年翻了153.97倍，非税收入在财政收入中所占比重逐年提高的趋势，由1994年的1.75%提高到13.61%，2006年突破10%以后一路上扬。据初步测算，2010年有19个省地方非税收入占公共财政收入的比例超过20%，其中5个省超过30%，甘肃为37.7%，重庆为34.72%，湖南为32.44%，西藏为31.02%，广西为30.85%。由此可见，我国非税收入规模偏大，税收与非税收入比例关系失范，许多非税收入并且在性质上与税收近似，容易产生费基挤占税基的现象，造成税收相对缺位，税收总量偏小，难免会对规范化的税收造成冲击，动摇税收筹集财政资金的主渠道作用。而且大量非税收入掌握在各级政府部门手中，收费基金项目多、管理分散，一些地方违规收费和设立基金问题仍比较突出，难以统筹调配，造成国家财力分散，削弱了中央政府的宏观调控能力。

表 3.1　1994 年至 2011 年我国税收收入和非税收入占财政收入的比重

	财政收入 （亿元）	税收收入 （亿元）	非税收入 （亿元）	税收占财政 收入比重（%）	非税收入占 财政收入比重（%）
1994 年	5218.10	5126.88	91.22	98.25	1.75
1995 年	6242.20	6038.04	204.16	96.73	3.27
1996 年	7407.99	6909.82	498.17	93.28	6.72
1997 年	8651.14	8234.04	417.1	95.18	4.82
1998 年	9875.95	9262.80	613.15	93.79	6.21
1999 年	11444.08	10682.58	761.5	93.35	6.65
2000 年	13395.23	12581.51	813.72	93.93	6.07
2001 年	16386.04	15301.38	1084.66	93.38	6.62
2002 年	18903.64	17636.45	1267.19	93.30	6.70
2003 年	21715.25	20017.31	1697.94	92.18	7.82
2004 年	26396.47	24165.68	2230.79	91.55	8.45
2005 年	31649.29	28778.54	2870.75	90.93	9.07
2006 年	38760.20	34804.35	3955.85	89.79	10.21
2007 年	51321.78	45621.97	5699.81	88.89	11.11
2008 年	61330.35	54223.79	7106.56	88.41	11.59
2009 年	68518.30	59521.59	8996.71	86.87	13.13
2010 年	83101.51	73210.79	9890.72	88.10	11.90
2011 年	103874.43	89738.39	14136.04	86.39	13.61

二、税收结构还不尽合理，难以适应经济社会发展的客观需要

从税级结构看，1994 年，实行分税制财政体制时，为增强中央财政的宏观调控功能，中央税收占全部税收收入的比重为 55.2%，地方税收占全部税收收入的比重为 44.8%，尽管 2011 年地方税收占全部税收收入的比重上升至 45.81%，但中央税和地方税的结构还不尽理想，特别是现行地方税体系不健全，缺乏主体税种，还不能适应统筹区域协调发展和健全地方财权与事权体制的迫切需要。1994 年的分税制财政体制改革明确了中央税、共享税以及地方税的立法权都要集中在中央，地方税收法规制定权、解释权、税目税率调整权以及减免权都集中在中央，导致地方税权和事权不匹配，也减弱了地方征税的积极性。分税制改革以来大的税制改革都集中在一些共享税上面，对于地方税制则涉及不多。现行地方税种内容没有太多变化，其暂行条例多在 1988 年之前制定，当时制定的计税依据、税率、计税方法等已经不适应现

实所需，需要及时进行修改完善。[①] 地方对车船税、房产税、城镇土地使用税、耕地占用税等税种具有一定的税目税率调整权和减免税权。地方税种的立法权、解释权，大部分地方税种的税目税率调整权、减免税权集中在中央。虽然有助于统一税制，构建全国统一的市场，避免无序竞争，但不利于调动地方政府根据地方实际情况组织收入和调控经济的积极性，也加大了地方实现财权与事权相匹配的难度。由于地方税收在地方财政收入中的主导地位不明显，一些地方政府为缓解资金供求的矛盾，往往采取开征各种基金、增加收费项目和提高收费标准等方式来弥补财政支出的缺口，从而侵蚀了地方税税基，进一步缩减了地方税收收入规模，扰乱了正常的国民经济分配秩序。

表 3.2　1994—2011 年我国税收收入"结构"情况

年份	增长（%）	主体税种占比（%）				中央与地方税占比（%）		税收收入 GDP 增长弹性
		国内增值税	营业税	企业所得税	个人所得税	中央税	地方税	
1994	20.5	45	13.1	13.8		55.2	44.8	0.6
1995	17.8	43.1	14.3	14.5		53.1	46.9	0.7
1996	14.4	42.9	15.2	14.0		50.1	49.9	0.8
1997	19.2	39.9	16.1	11.7		51.4	48.6	1.7
1998	12.5	39.2	17.0	10.0		52.1	47.9	1.8
1999	15.3	36.5	15.6	7.6	3.9	53.8	46.2	2.5
2000	17.8	36.2	14.9	7.9	5.2	54.8	45.2	1.7
2001	21.6	35.0	13.5	17.2	6.5	54.5	45.5	2.1
2002	15.3	35.0	13.9	17.5	6.9	58.0	42.0	1.6
2003	13.5	36.2	14.2	14.6	7.1	58.0	42.0	1.0
2004	20.7	37.3	14.8	16.4	7.2	58.6	41.4	1.2
2005	19.1	37.5	14.7	18.6	7.3	55.8	44.2	1.2
2006	20.9	36.7	14.7	20.2	7.1	56.2	43.8	1.2
2007	31.1	33.9	14.4	19.2	7.0	57.8	42.2	1.4

① 王志刚：《新一轮税制改革的思考：挑战与希望》，《金融发展评论》2012 年第 2 期。

续表

年份	增长（%）	主体税种占比（%）				中央与地方税占比（%）		税收收入GDP增长弹性
		国内增值税	营业税	企业所得税	个人所得税	中央税	地方税	
2008	18.9	33.2	14.1	20.6	6.9	57.1	42.9	1.0
2009	9.8	31.0	15.1	19.4	6.6	56.1	43.9	1.1
2010	23.0	28.8	15.2	17.5	6.6	55.3	44.7	1.3
2011	22.6	27.0	15.2	18.7	6.7	54.3	45.7	1.3

　　从税类结构看，流转税所占比重偏高，所得税和财产税所占比重偏低。2011年，全国税收收入总额达到89720.3亿元，其中，直接税收入为34445.5亿元，占税收收入总额的38.4%；间接税收入为55292.9亿元，占税收总额的61.6%。2011年是近年来直接税比重和间接税比重最为接近的一年，即使这样仍然相差23个百分点。商品税占比最大，为51796.6亿元，占到当年税收收入的57.7%。其次是所得税，2011年所得税收入22823.8亿元，占25.43%。财产税10575.3亿元，占税收收入的11.8%。其他税共4538.5亿元，占5.1%。

　　从直接税和间接税占税收收入的比重看，就是直接税比重偏低，间接税比重过高。1994年我国直接税占税收收入的比重约为23%，低于间接税54个百分点，随着税制改革的不断推进，2011年这一比重已提高到41%，但仍远远低于间接税的比重。间接税比重过高带来的问题是：最终消费者，特别是负担增值税、营业税等普遍征收的间接税的中低收入者负担偏重，税负的累退性比较明显；同时导致一些企业税前利润偏少，在一定程度上影响了投资者的积极性。直接税比重偏低带来的问题是：所得税、财产税筹集财政收入和调节个人收入、财产分配的功能受到很大的限制。出现上述问题的主要原因是目前中国的经济发展水平、社会管理和税收管理水平都还比较低，企业经济效益不高，个体、私营经济成分比较小，个人收入、财产的来源有限而且货币化程度不高，间接税的税基相对宽一些，征收管理比较容易，直接税则反之。

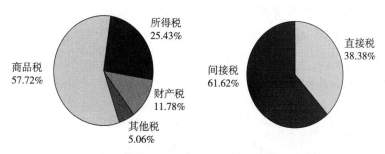

图 3.1　2011 年我国税制结构情况

从税种结构看，现有 18 个税种中筹集资金的税种比较齐全，促进经济结构调整和促进经济增长方式转变的税种不够完善。有些税种功能不到位，如增值税征税范围不完整，重复征税问题还比较严重，不利于社会化大生产的专业化分工和第三产业的发展；有的税种基本没有调节功能，如城建税是对增值税等税种的附征，本身不具有调节作用；有的税种征税对象和税基重叠，以房产、汽车为征税对象的税种偏多；缺乏专门的环境保护类税种，对污染环境、破坏生态的经济活动难以充分有效地发挥制约作用；资源税实行从量定额征收，与资源品价格脱钩，不能建立起税收收入与资源品收益相联系的弹性机制；资源税征税范围过窄，难以体现资源保护的要求；资源税与资源补偿费并存，不利于规范政府对资源品的调节方式。

三、行业整体税负水平在逐步降低的同时，行业税收负担不均衡的现象明显

2003—2010 年，我国工业企业的流转税收负担（以下简称"流转税负"）整体上处于稳中小幅变动态势，平均水平为 4.79%。2003—2009 年我国工业企业的流转税负水平呈先降后升走势，2010 年回落到平均水平附近，较 2003 年降低了 0.42 个百分点。8 年间 39 个大类行业中，均超过全国水平的行业分别为：煤炭开采和洗选业、石油和天然气开采业、黑色金属矿采选业、非金属矿采选业、饮料制造业、烟草制品业、医药制造业、水的生产和供应业。

2003—2010 年，采矿业总体呈跌宕起伏之势，缺乏一定的稳定性。其中，煤炭开采和洗选业的流转税负水平变化呈"N"字形，除 2006 年、2007

年有所下降外，其他年份均呈上升态势，平均水平维持在 9.27% 左右；石油
和天然气开采业流转税负水平呈升降反复交叉趋势，值得关注的是 2010 年较
2009 年提升了 5 个百分点，涨幅高达 50%；黑色金属矿采选业、有色金属矿
采选业流转税负水平变化趋势几乎一致，均是先连续上升再连续下降反复态
势、最后呈下降趋势，近两年均低于行业平均水平；非金属矿采选业流转税
负水平变化呈 "M" 字形，2010 年降至最低水平 6%，较平均水平低了 0.8
个百分点；其他采矿业基本呈下降态势，至 2010 年税负水平仅为 3.87%，
较 2004 年税负水平几乎降低了 100%。就整个采矿业来看，煤炭开采和洗选
业、石油和天然气开采业历年均高于采矿业流转税负的平均水平，石油和天
然气开采流转税负水平最高，均超过 10%，平均保持在 12% 以上。

农副食品加工业流转税负水平整体上处于小幅上涨趋势，近年来保持在
2.5% 左右，远低于全国工业企业平均水平；8 年间，食品制造业流转税负水
平波动幅度较小，总体上呈平稳态势，历年平均水平保持在 4.3% 左右；饮
料制造业流转税负水平呈直线下降趋势，从 2003 年的 11.98% 下降到 2010 年
的 7.93%，降幅超过 4 个百分点，比历年平均税负水平 9.77% 低了接近 2 个
百分点。以上分析也表明了，近些年来我国税收优惠政策不断向农副食品加
工和制造业倾斜，一定程度上减轻了行业税收负担。

烟草制品业流转税负水平呈直线上升趋势，各年增幅保持在 1.5 个百分
点左右，近年来增速有加快的趋势。烟草制品业流转税负水平较高，基本上
都超过了 50%，2010 年税负水平提升至 62%，这也凸显了我国以税控烟的
政策目的。

纺织、服装等制品业流转税负波动反复且整体处于较低水平，平均为
3% 左右，历年最高点不超过 4% 且低于全国平均水平；造纸及纸制品业、印
刷业和记录媒介的复制业流转税负水平变动趋向一致，总体上处于下降趋势，
2010 年较 2003 年的水平均降低了 1.14 个百分点，其中造纸业历年均低于全
国平均税负水平；家具制造业、文教体育用品制造业、木材加工及木、竹、
藤、棕、草制品业基本处于上升趋势，保持了先降后升的反复态势，近两年
均有所回落。

2003—2008 年，石油加工、炼焦及核燃料加工业流转税负趋于回落态
势，2009 年陡然提升至 14.88%，超过同期的 3 倍，2010 年有所降低，但仍

处于13%的高位水平；化学原料及化学制品制造业、医药制造业流转税负水平有所降低且趋势保持一致，分别在6%、4%的平均水平附近波动。

化学纤维制造业、非金属矿物制品业、黑色金属冶炼及压延加工业、橡胶制品业流动税负水平变动趋势一致，均是降中小幅上升，2010年比2003年分别低了0.91、1.02、2.66、1.37个百分点；有色金属冶炼及压延加工业、金属制品业、塑料制品业均呈现升降曲折变化态势，2004年处于最低水平后均小幅上升，至2009年有所下降，回落至3%附近。

通用设备制造业、专用设备制造业流转税负水平变动较为平缓，除2004年，其余各年基本处于平稳态势，2010年回落至平均水平附近且高于历年平均水平；交通运输设备制造业，仪器仪表及文化、办公用机械制造业流转税负水平变动呈拉伸的"W"趋势，2010年均高于历年流转税负水平；通信设备、计算机及其他电子设备制造业流转税负水平呈波浪走势且2010年上升至历年最高水平。

工艺品及其他制造业流转税负变动幅度较小，基本维持在3%的水平；水的生产和供应业，电力、热力的生产和供应业整体上处于下降态势且2010年降至历年最低水平，分别为5.28%、4.47%；废弃资源和废旧材料回收加工业呈波动曲折上升态势，2010年上升至历年最高水平3.49%。

表3.3 2003年至2010年我国工业企业的流转税收负担水平（%）

	2003年	2004年	2005年	2006年	2007年	2008年	2009年	2010年
全国总计	5.26	4.72	4.63	4.61	4.61	4.79	4.88	4.82
煤炭开采和洗选业	8.97	9.18	9.29	9.24	9.13	9.37	9.49	9.56
石油和天然气开采业	11.59	12.21	12.16	13.14	12.19	14.54	10.45	15.45
黑色金属矿采选业	6.98	8.18	8.35	7.88	7.90	7.93	7.14	6.64
有色金属矿采选业	3.85	4.29	4.92	5.85	5.93	5.13	4.47	4.76
非金属矿采选业	6.67	6.79	7.56	6.83	6.84	7.15	6.41	6.00
其他采矿业	4.93	7.65	6.13	5.36	4.80	5.13	3.52	3.87
农副食品加工业	1.92	1.65	2.08	2.19	2.22	2.74	2.53	2.60
食品制造业	4.59	4.06	4.39	4.26	4.33	4.59	4.35	4.11
饮料制造业	11.98	11.39	10.68	9.80	9.04	8.92	8.42	7.93
烟草制品业	49.63	51.07	51.17	52.83	54.05	55.58	58.23	62.00

	2003 年	2004 年	2005 年	2006 年	2007 年	2008 年	2009 年	2010 年
纺织业	3.03	2.75	3.00	2.98	3.03	3.45	3.11	3.04
纺织服装、鞋、帽制造业	3.00	2.63	2.90	3.08	3.28	3.74	3.37	3.42
皮革、毛皮、羽毛（绒）及其制品业	2.61	2.44	2.81	3.12	3.05	3.76	3.37	3.27
木材加工及木、竹、藤、棕、草制品业	3.34	3.24	3.59	3.54	3.79	4.28	4.00	3.59
家具制造业	2.76	2.23	2.55	2.87	2.77	3.57	3.23	3.16
造纸及纸制品业	4.56	3.99	3.98	3.97	4.04	4.07	3.74	3.42
印刷业和记录媒介的复制	5.13	4.54	4.69	4.62	4.44	4.88	4.25	4.00
文教体育用品制造业	1.99	1.84	2.18	2.60	2.48	3.45	2.97	2.71
石油加工、炼焦及核燃料加工业	6.81	6.23	5.01	4.60	5.21	4.68	14.88	13.00
化学原料及化学制品制造业	4.47	4.23	3.98	3.64	3.85	4.11	3.93	3.77
医药制造业	6.81	6.38	6.13	5.73	5.80	6.07	5.76	5.47
化学纤维制造业	3.29	2.54	2.12	1.97	2.27	2.24	2.11	2.38
橡胶制品业	4.52	3.72	3.36	2.93	3.42	3.66	3.52	3.15
塑料制品业	2.98	2.44	2.70	2.78	2.84	3.32	3.18	2.95
非金属矿物制品业	5.61	5.24	4.96	4.93	5.07	5.27	4.85	4.59
黑色金属冶炼及压延加工业	5.46	4.41	4.01	4.02	4.30	3.83	3.23	2.80
有色金属冶炼及压延加工业	3.59	3.39	3.72	3.70	3.95	3.66	2.97	2.81
金属制品业	3.02	2.50	2.86	3.02	3.05	3.60	3.35	3.23
通用设备制造业	4.08	3.53	3.62	3.59	3.62	3.75	3.70	3.67
专用设备制造业	3.49	3.13	3.33	3.34	3.34	3.42	3.49	3.49
交通运输设备制造业	5.05	4.28	4.43	4.55	4.62	4.46	5.05	5.18
电气机械及器材制造业	3.15	2.65	2.67	2.74	2.70	3.32	3.32	3.12
通信设备、计算机及其他电子设备制造业	1.55	1.11	1.26	1.37	1.25	1.62	1.49	1.82

续表

	2003 年	2004 年	2005 年	2006 年	2007 年	2008 年	2009 年	2010 年
仪器仪表及文化、办公用机械制造业	2.84	1.92	2.46	2.73	2.49	2.91	3.18	3.22
工艺品及其他制造业	2.89	2.68	3.06	3.07	3.19	3.52	3.23	3.03
废弃资源和废旧材料回收加工业	1.93	1.99	2.35	3.42	2.86	3.59	2.90	3.49
电力、热力的生产和供应业	7.67	6.96	6.67	6.93	6.88	6.19	4.74	4.47
燃气生产和供应业	3.48	3.53	2.97	3.62	3.90	4.47	3.26	3.05
水的生产和供应业	6.79	6.08	5.93	5.58	5.76	5.46	5.58	5.28

四、税收调节分配力度不够强，尚未形成有利于社会公平的税收制度

一个良好而有效的税收制度不仅是推进生产力发展的关键，也是调节财富分配、协调利益关系、促进社会和谐的关键。但目前，我国税收调节分配力度不够强，企业所得税和个人所得税调节高收入的作用还没有得到充分发挥。①我国调节居民收入的税种主要是个人所得税、消费税、房产税和车船税等税种，无论是在国民收入分配还是居民收入分配方面都起到了一定的调控作用，但部分税种调节的力度和效果有一些不尽如人意。在个人所得税方面，个人所得税覆盖面较窄，所占比重较小，超额累进机制仅覆盖目前工薪阶层中7%左右的成员，很难指望其担负较大的再分配优化作用。而且对工薪所得和各类生产经营所得都是采用超额累进税率，对劳务报酬所得也是实行加成征收，但对利息、股息、红利、中奖等所得则采用20%的比例税率，这样可能造成前几种劳动所得的税负要远高于资本性收入或偶然所得的不合理状况，同时分类税制采取源泉课征、分项扣除，不能根据纳税人的实际负税能力来确定负税水平，容易出现所得来源渠道少、收入相对集中的纳税人多纳税，而来源渠道多、综合收入高的纳税人不用纳税或少纳税的现象，并且不能体现家庭负担情况。从税收征管方面而言，由于个人征信体系尚未健全、储蓄存款实名制不完善以及

---

① 谢旭人：《深化收入分配制度改革努力实现合理有序的收入分配格局》，《中国财政》2008 年第 5 期。

大量现金交易存在等原因，致使征管信息不畅、税源控制不力，造成了偷漏税行为的发生。在消费税方面，由于相对较窄的征税范围和不尽合理的税率结构安排，一些产品范围界定比较困难，群众强烈要求纳入消费税征收范围的一些高档消费品，如高档摄像机、照相机、高档服装和箱包等，还没有纳入消费税的征收范围，导致其调节高消费、缓解社会分配不公的作用受到了一定程度的制约。房产税、城镇土地使用税分别按房产原值或土地面积等不同标准征税，计税依据不合理，且免税范围大，在一定程度上造成不同类型房地产税负畸轻畸重、不公平问题的存在弱化了税制调节财富分配、增进社会公平正义的功能。缺乏遗产税、赠与税、特别消费税等从不同环节对个人收入进行调节的税种，加上现有一些税种的制度缺陷，致使税收调节收入差距的能力有限。正因为这样，我国国民收入初次分配中，劳动者报酬比重偏低且持续下降。从 1993 年至 2006 年中国劳动者报酬占 GDP 的比重从 49.49% 下滑到 40.61%，下降了 8.88 个百分点，营业盈余所占比重从 24.7% 上升到 30.67%，上升幅度达到 5.89 个百分点，固定资产折旧所占比重从 11.68% 上升到 14.56%，上升幅度达到 2.88 个百分点，而生产税净额所占比重从 14.05% 上升到 14.16%，上升了 0.11 个百分点。不仅如此，13 年来劳动者报酬平均增长率为 14.37%，而生产税净额为 16.07%，固定资产折旧为 18.05%，企业盈余为 18.25%，劳动者报酬平均增长率分别低于同期生产税净额、固定资产折旧和企业盈余增长率 1.7、3.68 和 3.88 个百分点。研究发现，从 2000 年到 2006 年，在我国劳动者报酬占国内生产总值比重下降的同时，西方 10 国劳动者报酬占国内生产总值比重由 44.5% 上升到 46.45%。

表 3.4　2000 年至 2006 年收入法 GDP 项目构成的国际比较（%）

项目 国家	劳动者报酬占 GDP 比重		营业盈余占 GDP 比重		生产税净额占 GDP 比重	
	2000 年	2006 年	2000 年	2006 年	2000 年	2006 年
韩国	42.83	44.8	44.91	42.34	12.09	12.26
土耳其	29.21	26.24	57.38	56.3	13.48	17.45
美国	59.27	56.76	35.23	36.39	6.81	6.88
捷克	41.93	42.79	49.53	48.24	8.54	8.97
法国	51.87	51.94	34.45	34.43	13.68	13.64
德国	53.41	49.52	36.06	39.55	10.53	10.92

项目\国家	劳动者报酬占 GDP 比重		营业盈余占 GDP 比重		生产税净额占 GDP 比重	
	2000 年	2006 年	2000 年	2006 年	2000 年	2006 年
意大利	10.53	41.19	47.17	45.02	13.58	13.79
荷兰	50.58	49.25	38.74	38.94	10.73	11.81
西班牙	49.53	46.49	40.54	42.37	9.93	11.14
英国	55.79	55.49	30.78	32.23	30.78	12.24
10 国平均	44.50	46.45	41.48	41.58	13.02	11.91
中国	48.71	40.61	21.92	30.67	14.07	14.16

五、现行税制的宏观调控能力有限，不能完全适应加快转变经济发展方式转变的需要

尽管近年来我国相继推出了一系列扩大内需的税收举措，但由于我国现行税制结构中直接税比重低、间接税比重高，税收的自动稳定器和相机抉择的功能难以得到很好的发挥，流转税为主的税制结构造成了广大中低收入阶层成为纳税的主体，增值税、营业税等流转税多依附于商品价格，进入消费领域，降低了居民的购买能力，已经出台的一些旨在扩大城乡居民消费的政策尚需优化，个人所得税作为调节收入分配的主要税种无法担当起调控职能，自然也不利于扩大居民消费；营业税税负降低有利于发展第三产业，也会扩大就业，从而提高居民收入和消费能力；消费税征收范围中的普通化妆品、汽车轮胎、摩托车等已经成为居民尤其城市居民的日常消费品，需要适当降低消费税率。现行税制对工业环节征收增值税，但对服务业等第三产业征收营业税，将交易全额计入税基，不能抵扣，不利于企业服务外包和生产型服务业的发展，影响国内产品竞争能力的提高，不利于促进扩大投资和企业的技术进步。对国家亟须发展的服务行业特别是科技含量高的高端服务业缺乏激励措施，不利于提高这些行业的市场竞争力。促进自主创新的税收支持政策仍比较零散，手段比较单一，没有形成体系，形不成合力，对经济增长方式转变的激励不足。现行税收优惠政策以直接优惠为主，侧重于调减税率、减免税期等手段，虽然易于操作，但是对于高新技术产业、战略性新兴产业发展缺乏引导性和针对性，容易造成税收优惠滥用，达不到税收政策调控的目的。已经使税制改革成为转变经济发展方式的有力"推手"，但还没有完

全形成有利于经济发展方式转变的税收体制机制，还需要以税制改革推动经济增长从投资主导型向消费主导型转变，把着力扩大消费需求作为当前加快经济发展方式转变的基本政策导向，把鼓励消费和扩大消费需求作为基本的税收政策倾向，综合运用税种、税率、税式支出等多种工具，更好地发挥税收政策在推动消费、投资、出口的协调拉动方面的积极作用。我国进口关税税目总数从 2010 年的 7923 个增加至 2011 年的 7977 个，关税税目过多，对我国产业发展具有一定的保护作用，但不利于我国利用外部力量倒逼国内市场转型，很多国外的优质产品难以进入我国市场，对国内相关产业无法形成竞争效应，促其提高质量和诚信，如我国市场上出现的黑心奶粉事件等，与我国限制国外奶粉进口有很大关系。国内消费者难以享受到世界经济和科技发展的成果。而且关税结构安排应着重体现国家发展战略和促进国内消费者福利提高。目前我国对一些非生活必需品和高档时尚奢侈品征收较高的关税，这类商品一般是进口需求弹性较高的商品，对其征收高关税容易刺激走私活动，同时高关税壁垒形成的高利润可能诱使国内大量资源流入这些行业，导致基础产业投资不足，制约经济发展。此外，由于这类商品的消费人群到境外消费，也不利于拉动国内相关产业发展。

六、税收优惠政策出现了反弹，国家税制的规范性在一定程度上受到挑战

2008 年统一内外资企业所得税改革在很大程度上取消了区域性优惠，强调税收优惠政策的产业导向功能，而且，在税收优惠政策的适用范围的界定和管理方面，主要通过制定相关的行业指导目录和具体的优惠管理办法，使税收优惠政策管理日趋规范。但是，近些年以来，各地对税收政策越来越重视，对税收政策的诉求也越来越多，如，有的地方提出要比照西部大开发享受 15% 的企业所得税优惠政策，也有的地方提出要比照东北老工业基地豁免历史欠税等等，区域性优惠也呈反弹之势。过多过滥的税收优惠不仅会肢解税基，使国家税制的规范性大打折扣，影响财政收入的稳定性，而且会造成更多的经济扭曲，必然破坏资源的有效配置，给市场经济带来破坏和影响。

（一）一些企业偷逃税问题比较严重

2008 年至 2010 年，中国电信集团公司所属浙江电信实业金华市分公司等单位少缴纳企业所得税 1260.56 万元；2009 年至 2010 年，中国电信本部及部分所属二、三级公司本部在成本费用中列支工资性支出 5627.10 万元，未纳入工资总额管理，也未代扣代缴个人所得税。[①] 2008 年至 2010 年，中国第一汽车集团公司所属一汽解放汽车销售公司等 3 家企业列支成本费用的票据中，有不规范发票 3227.92 万元，其中 2010 年列支 1484.55 万元。2010 年，所属一汽马自达汽车销售有限公司少计缴增值税 1096.08 万元。2008 年至 2010 年，所属一汽物流有限公司从职工福利费中列支 856.32 万元，购买购物卡后作为奖金发放，且未代扣代缴个人所得税。2008 年至 2010 年，所属天津一汽夏利汽车股份有限公司在年报中少披露公司高管薪酬 410.73 万元。[②] 2010 年，中国东方电气集团有限公司所属东方电气集团东方锅炉股份有限公司（以下简称"东锅股份"）将收到的客户赔偿款 1.23 亿元在往来科目核算，扣除相关成本后，少计利润 0.59 亿元。2005 年至 2011 年，所属东方电机厂等 6 家企业少缴税费共 573.81 万元。[③] 2010 年，鞍钢集团公司所属攀钢集团成都钢钒有限责任公司未按规定代扣代缴个人所得税 15 万元；2008 年至 2009 年，所属鞍千矿业有限责任公司少缴增值税 1352.64 万元和企业所得税 1989.17 万元。[④] 2008 年至 2010 年，宝钢集团有限公司所属宁波钢铁有限公司等 6 家单位少缴企业所得税、国家重大水利建设基金、排污费、房产税、营业税金及附加等 8289.19 万元，导致多计利润 5740.31 万元，其中 2010 年度多计利润 3859.58 万元。截至 2008 年底，所属上海浦东钢铁有限公司因迁出上海世博会规划园区共取得政府搬迁补偿款 100.27 亿元（含利息），由于未与上海世博局就土地属于"征用"还是"借用"问题达成一致，该公司截至 2010 年底仍未按搬迁或处置收入规定期限进行纳税申报。[⑤] 截至 2010 年底，招商局集团有限公司所属深圳招商华侨城投资有限公司未及时清

---

① 审计署办公厅：《2012 年第 12 号公告：中国电信集团公司 2010 年度财务收支审计结果》，审计署网站 2012 年 6 月 1 日。

② 审计署办公厅：《2012 年第 14 号公告：中国第一汽车集团公司 2010 年度财务收支审计结果》，审计署网站 2012 年 6 月 1 日。

③ 审计署办公厅：《2012 年第 16 号公告：中国东方电气集团有限公司 2010 年度财务收支审计结果》，审计署网站 2012 年 6 月 1 日。

④ 审计署办公厅：《2012 年第 17 号公告：鞍钢集团公司 2010 年度财务收支审计结果》，审计署网站 2012 年 6 月 1 日。

⑤ 审计署办公厅：《2012 年第 18 号公告：宝钢集团有限公司 2010 年度财务收支审计结果》，审计署网站 2012 年 6 月 1 日。

算缴纳预提的土地增值税3.02亿元。2009年至2010年，所属招商证券股份有限公司员工作为报销费用凭证的发票中，有不合规发票涉及金额1464.58万元。2006年至2010年，所属中国南山开发（集团）股份有限公司和招商局工业集团有限公司发放的奖金2462.24万元，未按规定代扣代缴个人所得税。① 截至2010年底，中国中煤能源集团有限公司所属中煤北京煤矿机械有限责任公司累计欠缴增值税滞纳金2752.03万元；截至2011年7月底，所属中煤第五建设有限公司（以下简称"五建公司"）等两家企业欠缴代扣的个人所得税3366.11万元；2011年4月至6月，所属中煤建设集团有限公司（以下简称"中煤建设"，五建公司的上级公司）将中煤集团拨付的战略转型资金1000万元用于缴纳部分职工欠缴的住房公积金。② 2004年至2011年，中国农业发展集团总公司所属中牧集团等3家企业以多列汽车租赁费、物业租赁费等方式取得资金2114.44万元，用于发放部门经理及以上级别人员用车补贴，未纳入工资总额管理，未代扣代缴个人所得税。③ 2007年至2009年，招商局地产控股股份有限公司所属企业未按规定申报缴纳1个项目的土地增值税1.16亿元；未按规定办理3个项目的土地增值税清算手续，按照其预提的土地增值税计算，涉及税款1.68亿元。④ 2004年至2009年，中国交通建设集团有限公司所属3家企业薪酬管理与绩效考核制度不够完善，以赶工奖、过节费等名义发放职工奖金福利2268.30万元未纳入职工薪酬体系，其中套取资金700.06万元账外存放，并少代扣代缴个人所得税。⑤ 2008年至2009年，中国核工业集团公司所属中国核电工程有限公司将4827.21万元技术酬金收入，违规用于弥补工资赤字、发放奖金和代缴个人所得税。⑥ 经对

---

① 审计署办公厅：《2012年第20号公告：招商局集团有限公司2010年度财务收支审计结果》，审计署网站2012年6月1日。

② 审计署办公厅：《2012年第21号公告：中国中煤能源集团有限公司2010年度财务收支审计结果》，审计署网站2012年6月1日。

③ 审计署办公厅：《2012年第22号公告：中国农业发展集团总公司2010年度财务收支审计结果》，审计署网站2012年6月1日。

④ 审计署办公厅：《2011年第28号公告：招商局地产控股股份有限公司2007至2009年度财务收支审计结果》，审计署网站2011年5月20日。

⑤ 审计署办公厅：《2011年第24号公告：中国交通建设集团有限公司2007至2009年度财务收支审计结果》，审计署网站2011年5月20日。

⑥ 审计署办公厅：《2011年第23号公告：中国核工业集团公司2007至2009年度财务收支审计结果》，审计署网站2011年5月20日。

中国联合网络通信集团有限公司所属 4 家企业 2006 年至 2009 年部分发票进行抽查，发现广告商和代理商出具的假发票涉及金额共计 1400.81 万元。[①]截至 2009 年底，中国南方电网有限责任公司及所属公司在 2003 年至 2009 年期间为职工缴纳的 19.52 亿元企业年金未按规定代扣代缴个人所得税 3.3 亿元。[②] 2004 年至 2009 年，中国远洋运输（集团）总公司所属 4 家企业因少计营业收入、未按规定做纳税调整和未及时申报等，造成少缴税款 45259.47 万元。2007 年至 2010 年 7 月，中远集团本部和所属企业使用虚假发票分别套取资金 97.9 万元和 1689.18 万元，用于发放职工奖金、补贴；2003 年至 2010 年 1 月，所属广州远洋等两家企业违规使用福利费和工会经费 1276.93 万元，其中的 1037.06 万元用于发放职工奖金、补贴。[③] 2009 年，中国海洋石油总公司所属中海炼化将用于项目建设的化学三剂等原材料所含增值税作为进项税额予以抵扣，造成少缴增值税 1.54 亿元。[④] 2005 年，中国铝业公司所属中铝洛阳铜业有限公司应缴未缴契税 603.29 万元。[⑤] 2009 年，中建总公司少缴企业所得税 2.52 亿元，所属中国建筑第四工程局有限公司等 3 家单位未代扣代缴个人所得税。[⑥]

（二）税款征收也存在不少问题

根据《中华人民共和国审计法》的有关规定，审计署对国家税务总局和北京市、天津市、山西省、辽宁省、黑龙江省、上海市、浙江省、安徽省、山东省、河南省、湖北省、广东省、重庆市、四川省、云南省、甘肃省、宁夏回族自治区、深圳市 18 个省区市国税系统 2009 年至 2010 年的税收征管情况进行了审计。审计结果表明，两年来，国税系统认真贯彻执行国家的宏观

---

①　审计署办公厅：《2011 年第 20 号公告：中国联合网络通信集团有限公司 2007 至 2009 年度财务收支审计结果》，审计署网站 2011 年 5 月 20 日。

②　审计署办公厅：《2011 年第 19 号公告：中国南方电网有限责任公司 2007 至 2009 年度财务收支审计结果》，审计署网站 2011 年 5 月 20 日。

③　审计署办公厅：《2011 年第 18 号公告：中国远洋运输（集团）总公司 2007 至 2009 年度财务收支审计结果》，审计署网站 2011 年 5 月 20 日。

④　审计署办公厅：《2011 年第 16 号公告：中国海洋石油总公司 2007 至 2009 年度财务收支审计结果》，审计署网站 2011 年 5 月 20 日。

⑤　审计署办公厅：《2011 年第 15 号公告：中国铝业公司 2007 至 2009 年度财务收支审计结果》，审计署网站 2011 年 5 月 20 日。

⑥　审计署办公厅：《2011 年第 14 号公告：中国建筑工程总公司 2007 至 2009 年度财务收支审计结果》，审计署网站 2011 年 5 月 20 日。

调控政策，以税制改革为重点，紧紧围绕依法组织收入和调控经济职能，坚持依法行政、依法治税，税收执法规范化程度和税收征管质量明显提高。但审计也发现，部分国税局人为调节税收进度，影响年度税收真实性的问题比较突出；部分国税局办理涉税审批事项不合规，对企业纳税申报审核不严，一些基层国税局违规代开发票，一些企业虚开增值税专用发票，购买、使用虚假发票，一些不符合条件的企业享受高新技术企业税收优惠政策，还有个别税收管理办法不完善，造成税款流失。审计发现的主要问题是：①

一是有的地方人为调节税收收入进度，提前或延缓征收税款，影响年度税收真实性。受税收计划影响或地方政府干预，2009 年至 2010 年，15 个省区市有 62 家国税局通过违规批准企业缓税、少预征税款、多退税款等方式，少征 287 户企业当期税款，影响年度收入 263 亿元（其中，2009 年 174.82 亿元、2010 年 88.18 亿元）；9 个省区市有 103 家国税局通过违规提前征收、多预征税款等方式，向 397 户企业跨年度提前征税 33.57 亿元（其中，2009 年 30.33 亿元、2010 年 3.24 亿元）。

二是有的涉税审批或涉税意见不合规，对企业不实申报审核不严，造成税款流失 34.05 亿元。国家税务总局个别司 2009 年至 2010 年，以非正式公文、司便函的形式，批准企业对超过认证期限的增值税发票进项税额 17.29 亿元予以抵扣。12 个省区市的 27 家国税局违规为 58 户企业办理减免退税 25.78 亿元。18 个省区市的 73 家国税局对企业少报收入、多报支出等问题审核不严格，少征税款 8.27 亿元。

三是部分国税局违规代开发票，一些企业违法购买使用发票、虚开增值税发票，造成税款流失 14.33 亿元。近几年，国税系统开展了一系列发票专项整治行动，但在发票管理和使用中仍然存在一些突出问题，有 10 个区县级国税局为没有真实贸易背景的小规模纳税人代开发票，造成税款流失 9.11 亿元；15 户企业虚开发票和使用假发票，造成税款流失 5.22 亿元。从审计情况看，违规代开、虚开或接受虚开发票主要发生在买卖煤炭等矿产资源、废旧物资和生产软件的企业。目前，审计署已向有关部门移送涉嫌发票违法犯罪案件线索 11 起。

---

① 审计署办公厅：《2011 年第 34 号公告：国家税务局系统税收征管情况审计结果》，审计署网站 2011 年 6 月 27 日。

　　四是高新技术企业税收优惠政策执行不严的现象仍然存在，造成税款流失 26.66 亿元。审计抽查了 18 个省区市的 148 户高新技术企业，不具备资格和不符合条件的企业违规享受优惠政策的问题与上次审计相比有明显下降，但仍有 9 个省市的认定管理机构将 17 户不符合条件的企业认定为高新技术企业，导致这些企业 2009 年至 2010 年享受高新技术企业减免税优惠 26.65 亿元。其中，5 户企业不拥有核心知识产权，2 户企业产品不属于《国家重点支持的高新技术领域》规定的范围，3 户企业申报的核心技术和主要产品收入没有相关性，3 户企业高新技术产品（服务）收入占企业当年总收入的比例未达到国家规定标准，3 户企业的研发费用占销售收入的比例低于规定比例，1 户企业的科技人员比例不符合规定要求。此外，审计还发现个别国税局对不在高新技术企业名单之内的企业给予了税收优惠 117.59 万元。

　　五是跨地区经营汇总纳税企业所得税管理办法还不够完善，造成税款流失 1.34 亿元。2008 年以来，国家税务总局相继出台了多项汇总纳税的管理制度和办法，要求汇总纳税企业分支机构所在地税务机关依法履行监管职责。审计抽查了 4 家实行跨地区经营汇总纳税企业的部分二级、三级分支机构，有 56 个分支机构存在虚列支出、少计收入、违规税前扣除等问题，流失税款 1.34 亿元。汇总纳税企业税收征管办法不完善，分支机构所在地税务机关缺乏监管动力和压力，导致监管缺失，是造成上述问题的一个重要原因。审计还发现 3 个省市的有关税务机关近两年来对一些汇总纳税企业在本省市的三级分支机构没有开展过税务检查，这些分支机构也未向有关税务机关报送过相关资料。

七、税收法制水平较低，依法治税的局面没有完全形成

　　从税收的法制化程度看，我国现有的 18 个税种立法的只有三部，分别是《个人所得税法》、《企业所得税法》和《车船税法》，其余 15 个税种仍以国务院行政法规的形式出现，税收立法层次低，税收授权过大，影响税法的严肃性和权威性。总体而言，大部分税种绝大多数是以行政法规的形式出现，这不符合依法治税以及法治治国战略的要求。宪法是国家根本大法，是整个法律体系的基础。各类税收法律的制定也必须依据宪法，我国现行宪法中有关税收规定的内容太少，只做了"中华人民共和国公民有依照法律纳税的义

务"的规定，而对税收的开、征、停、减、免、课税依据、征税权归属等却未予以规定。尽管《立法法》第九条有关授权立法的规定，有关税收的基本制度是可以授权国务院来制定行政法规，这种做法具有争议。作为国家根本大法、具有最高法律效力的宪法，其他任何法律都不能与宪法相违背，否则就应当属于违宪。从法理上讲，税收的基本制度是不可以授权国务院制定行政法规的。在实践中，国务院制定了大量的税收暂行条例，出现了诸如授权的范围过于宽泛、暂行时间过长、二次授权的现象十分严重等很多问题。税收立法的最终目标是依宪治税，当然这需要对宪法的治税规定进行详细的科学设计。税收法律法规和政策具有高度的统一性、权威性和严肃性。所谓统一性，就是税收法律法规和政策一经制定，对全国各地方、各部门都适用，必须无条件遵守。所谓权威性，就是税收法律法规和政策的制定权在中央，各地无权随意制定有关税收的地方性法规和政策。所谓严肃性，就是各地方、各部门必须严格执行税法和税收政策，任何不执行或变相违反税法和税收政策，都要承担相应责任。但是目前，有些地方和部门执行税法不严格，裁量权过大，越权或变相减免税现象比较普遍，影响企业公平竞争。一些地方政府为招商引资，越权自行制定了一些减免税政策，包括增值税、营业税和所得税先征后返等等。据国家审计署 2012 年的审计公告报告：审计调查的 54 个县中，有 53 个县 2008 年至 2011 年出台了 221 份与国家政策明显相悖的招商引资优惠政策文件，以财政支出方式变相减免应征缴的财政性收入 70.43 亿元，其中 2011 年变相免征 33.36 亿元，相当于其当年一般预算收入的 5.81%。不仅如此，有的地方随意出台税收优惠政策，侵蚀国家税收；有的以招商引资为名，滥开减免税口子，不仅导致地区间的恶性竞争，而且破坏了税制的统一，破坏公平竞争条件，破坏全国统一市场的形成，造成税收的流失；有的地方仍采取随意性"包税"的做法，严重违反税法要求，不少企业动不动以各种借口要求财税部门给予减免税或缓税；有的地方甚至采取"先征后返"方式，帮助企业逃避税收等等。对这些问题及其危害性不可小视。

第四章　有利于科学发展的税收制度需要理论创新

改革税收的最好办法——是必须考虑到税收理论、经验证明、政治和管理的实际，用当地的知识以及宏观的和国际的形势去调和和正确评价，提出一套对实施具有吸引力的和经得起时间变化充分考验的可行的建议，在合理的范围内产生有利的结果。

——伯德和奥尔德曼（Bied and Oldman）

税制改革是通过税制设计和税制结构的边际改变来增进福利的过程，它是一项系统工程，既要对改革的初始条件进行评估，又要对改革方案的形成与实施以及改革结束后这种税制所要实现的目标作出评价，同时还不能忽视改革的步伐与时机选择，所有这些都依赖于规范的税制改革理论的指导。党的十六届三中全会以来，中国税收制度改革实践风起云涌，统一内外资企业所得税、提高个人所得税起征点、消费型增值税改革试点等一系列既顺应时代潮流又符合党心民心的税改措施此起彼伏，并取得了前所未有的重大突破。在税制改革实践不断取得新成果的同时，我国税收制度改革的理论日益繁荣创新，在充分借鉴世界各国税制改革的理论智慧的同时，积极从改革实践中汲取理论素养，进而为中国税制改革的伟大实践提供了极其重要的理论支撑和理想动力。

第一节　判定税收制度优与劣的理论标准

一国税收制度的变化有税制改良和税制改革之分。所谓税制改良是指对适应当时社会经济环境的既定税收制度的某些不完善之处进行修补；而税制改革是指税收制度的重新构造。税收制度的某些技术性修改普遍认为属于改进或改良，而重大的结构调整会改变税收负担的分配，一般认为这是一种改革。① 税制改革就是通过对税收的设计和结构进行边际调整以增进福利水平的行为，它在很大程度上取决于当时流行的价值体系。不过并不是所有的税收方面的变化都是"税制改革"，我们只把"重要的"变化称为改革。这种改革有两种形式：一是指对适应当时社会经济环境既定税收制度的某些不完善之处进行修补；二是指对税收制度的重新构造。②

在实践中，对一国税制的全部或许多部分同时改革相对较少，更常见的是对税制的某一个部分进行改革，因为多数国家的政治过程更适应对税制的微调。世界银行专家指出：当具有以下两种情况之一或两种情况都具备时，一般就需要进行较大规模的税制改革：一是税收鼓励政策的结构需要改善，并且需要减少现行税制对私营部门经济的扭曲作用时；二是需要增加财政收入，以不产生扭曲、公平和持续的方式对宏观经济进行调整时。③ 当然在整个经济体制发生变革时，一般也需要对税制体系进行根本性改革。就其本质来说，税制改革归根结底是对社会各利益集团的经济利益关系进行的重新调整，是对现行税制不断变革、不断完善的过程，是新税制不断磨合的过程。既如此，判定税收制度改革优劣的理论标准是什么？

这是一个令古今中外的经济学家不懈努力并尝试回答的问题。古典经济学家威廉·配第、亚当·斯密、萨伊等采用税收原则的方式提出了自己的税制改革标准；新古典经济学代表人物马歇尔提出最优的税制是满足公平和效率两个目标的税制，并提出以超额税收负担的大小来衡量税制改革的效率。庇古提出用税收来减少生产企业中的负外部效应；供给学派则认为理想的税收制度是较低税率水平、能够促进有效供给的制度。公共选择学派指出，税收制度是依据民主程序公共选择的结果，只有政治程序保证选民的自由退出，税收制度才有可能是最优的。制度经济学则认为最低交易费用的税制是理想

---

① 拉本德拉·贾：《现代公共经济学》，王浦、方敏等译，中国青年出版社 2004 年 1 月版。

② 许正中、靳万军、时秀红：《面向二十一世纪的中国税收》，国家行政学院出版社 2005 年 10 月版。

③ 世界银行编：《世界税制改革的经验》，张楚楠等译，中国财政经济出版社 1995 年 11 月版，第 57 页。

的税收制度。最优税制理论采取弹性命题阐明其最优商品税理论，提出了现行所得税和非线性所得税主张，给出了理想税收制度确立的原则。由此可见，西方国家不同时代、不同学派对税制改革的判定标准众说纷纭、各有千秋，我国学者在学习借鉴其智慧的同时，不断从本国税制改革实践中汲取养分，逐步形成了独具特色的判定税收制度改革优劣的理论标准。

从亚当·斯密到塞利格曼，以及近代的凯恩斯学派、供应学派的经济学家以及新制度经济学家，都对税收和税制设计有相当多的论述，这给现实中优化税制的实践提供了基本理论线索。斯密在《国富论》中提出，一个良好的税制要求做到四个条件：（1）税收必须与纳税人的纳税能力相一致；（2）税收必须是确定的，不可随意变更或留下讨价还价的余地；（3）税收必须以尽量减少纳税人痛苦的方式来征收；（4）税收成本要低，包括征管成本和税收引起的效率下降。此外，现代经济学者还强调其他两条原则；（5）税收必须随着经济形势的变化而调整，以发挥其自动稳定器的作用；（6）税收归宿必须明确，以使纳税人清楚到底是谁在交纳税收。在这些条件的要求下，寻求最优税收政策看起来令人生畏。20世纪70年代以来，经济学家建立了一系列模型，试图在公平（上述第一条）与效率（第四条）之间取得平衡，以求解决最优税收问题，但结果远不令人满意。新制度经济学家对税制的分析别具特色。诺斯指出："17世纪正兴起的欧洲各民族国家之间出现的不同增长率的原因可以从每个国家建立的产权的性质中找到。所建立的产权类型是各个国家所使用的（实现收入的）特殊方式的结果……正是实现收入的方式对国家的经济至关重要，因为在每种情况下都要变更产权。在两个成功的国家里，所建立的产权激励人们更有效地使用资源，并把资源投入发明和创新活动之中。在不太成功的国家里，税收的绝对量和取得财政收入的具体形式刺激个人做相反的事情"。诺斯进一步指出：理性的政府在本质上追求合法性，即政府追求长治久安。但是，政府在追求这一目标的过程中存在着两难的选择，在历史中经常会出现财政目标偏离社会目标的现象，即为了增加财政收入而不惜采取损害社会经济发展的措施。例如，将税率提高到最佳税率之上，或者为了增加财政收入而增加对经济的管制，这就是"诺斯悖论"。政府之所以会面临两难的选择，关键在于社会目标是长期的，而财政目标是短期的。在存在政治周期的民主社会，或在官员任期制的社会中，要求政治家只追求长期的制度建设而置短期政策操作于不顾是不现实的。因为，如果不能解决短期的财政问题，即期的负面效应便会立刻凸显，便会直接影响到经济的稳定，进而影响到政治的稳定，社会稳态结构便可能被打破。因此，政府往往首先保证财政的安全。但在社会资源既定的约束下，如果政府在短期内获取的公共收入过多，或者说超过了社会最有效率要求的公共产品的范围，市场效率便不可避免地受到削弱，从而根本上动摇了财政的基础。因此，如果能够找到一个能够解决上述悖论的方法，即长期有利并且短期财政收入不会因此下降，那么政府会选择一种有利于长期制度建设的改革之路，因为它不必担心即期的财政困难会影响经济稳定和导致社会矛盾激化。这其实是解除财政危机的一种制度创新思路，即在解决财政危机的同时，通过长期制度建设促进社会财富的增长。在下面的中国绿色税制改革构想中，将具体探讨这种思路的可行性。①

有学者从经济学的角度审视，一次税制改革是否成功，主要可以从以下三个角度进行判断：一是目的性，税制改革在多大程度上实现了政府确立的预期目标。二是可持续性。虽然税制改革从其自身来看是良好的，但如果很快就逆转了，这种改革的意义就不大。这种逆转的原因可能是这项改革所产生的利益不足以抵偿所带来的征管成本和纳税成本。三是风险性，税制改革所带来的合意或不合意的副产品的程度。这些副产品主要是指税制改革所产生的（可能预测到也可能没有预测到的）主要影响。比如，税制改革可能明显加大了收入分配差距，那么，这项改革是否成功，就取决于对这种收入分配状况的价值判断：如果收入分配差距扩大后更加合理，那么这项税制改革的副产品就是合意的，反之就是不合意的副产品。②

也有学者从新制度经济学的层面分析，税收制度变迁由供给和需求两方面因素决定：从制度供给层面看，宪法秩序为税制改革提供了制度保证；现有知识积累增强了政府提供新税收制度供给的能力；随着外部因素变化，行为者已不能从现存税收制度中获得外部利益；上层决策者的利益与大多数社会成员利益高度一致，等等，这些因素累积起来，为中国新的税收制度安排

---

① 武亚军：《转型、绿色税制与可持续发展》，《中国地质大学学报（社会科学版）》2008年第1期。

② 刘蓉：《新一轮税制改革展望及评析》，《广东商学院学报》2005年第3期。

提供了强大的供给意愿和能力，成为制度变迁的决定性因素。从需求层面看，随着制度环境的变化，纳税人在税收制度安排上具备了相当的"讨价还价"能力，有了表达自己偏好和利益的可能；技术发展也增加了对新税收制度安排的需求。这些供求因素综合作用，催生了中国新的税收制度变迁。中国税制改革是一种正在发生的制度安排变化，或者说是一种制度变迁。①

有学者从宪政经济学的视角出发，认为税制改革的演化过程便是财产权得到保护的深化过程。因此，评判新一轮税改成功与否的标准，便是看是否使财产权得到了更大范围的保护。税制改革可以看作是主体在给定的宪法秩序环境的约束下，谋求对自己最有利的税收制度安排和权利界定的过程。税改只是为执行国家现期的具体经济政策服务，不是建立在对市场经济有一个清晰的哲学理念基础上，头痛医头、脚痛医脚，短视特征明显。中国税制改革要有全局观，把财税改革与产权改革联系在一起，与政府职能改革联系在一起，与全面完善社会主义市场经济建设联系在一起，通过建立现代财税制度来完善市场经济，以最终实现国家的宪政转轨。②

有学者认为，税制改革其实就是税制优化的过程。首先，税制优化是个动态过程。税制优化所要求的并不是形成一个无可比拟和替代的标准化税制模式，而是要求税制随着客观环境变化而及时作出调整，使其在其时、其地是"最优"的税制，最大限度地符合当前的环境条件及人们的利益选择。其次，税制优化是个博弈过程，它是在对现行税制的改革调整中实现的，其目标是在探讨政府与纳税人、政府代理人的不同利益取向及要求的基础上，从政府与纳税人、政府代理人三方面提出的。再次，税制优化具有外部效应。税制优化是在一个复杂开放的巨系统中进行的，它影响着整个系统的稳定性。最后，税制评估的两个重要标准：一看这个税制安排是否导致了效率，即接近帕累托最优状态；二看这个税制安排是否满足激励相容机制。③

有学者指出，税收毕竟只是政府有效地履行其职能的一个工具，税制改革要以"工具性思维"来对待每一个税种和改革的每一个步骤，不能从税收自身出发来衡量税制改革的方案。税制改革是税制设计中永恒追求的一个目

---

① 吴毓壮：《中国税制改革的制度供求分析》，《税务与经济》2005 年第 3 期。

② 赖勤学：《宪政维度的新一轮税制改革研究》，《涉外税务》2004 年第 3 期。

③ 刘尚希、应亚珍：《新一轮税制改革应该如何迈步》，《税务研究》2005 年第 7 期。

标，不存在一成不变的最优税制模式。衡量税制优化合理的标准只有一个，即要与一定历史阶段的政治、经济、社会和人文及管理等因素构成的税收环境相适应。从这个意义上看，没有最好的税制，只有最具有适应性的税制。换言之，只有把税制放到一定时期具体的税制环境中，才能评判其优劣。只有符合当时税制环境的税制才是优化的税制，现实中的税制优化过程也只能认为是在向最优税制不断逼近的过程。理性地把握税制设计中的一些基本准则，客观、准确地判断税制改革所处的现实环境，是税制改革走向成功的第一步。一国税制结构的均衡与合理是一国经济协调发展与财政稳定增长的基本因素，税制结构的合理与均衡是最终判断一个国家税制优劣的根本标准，也是税制改革追求的最终目标。

作为一项复杂的系统工程，税制改革更是许多条件共同作用的结果。最理想的税制结构是不存在的，如何设计一个税种以至整个税制并没有一成不变的处方，也没有一个这样的国家，它的所有税种的设计都达到最理想的程度。但是人们也从实践中总结出一整套有参考价值的税制设计准则和税制模式，可以作为评价现存税制和确定税制改革目标的参照标准。因此，实行税制改革之前，首先要在理论上明确判断不同税制优劣的标准，这些标准起码包括以下四个方面：第一，税收制度要求有效率，以最少的成本获得足够的财政资源；第二，中性税收，简单来说就是要让经济资源自由流动到最能发挥其效益的地方，而尽量减少对经济行为的扭曲，减少、甚至消除额外的净损失；第三，税收公平；第四，简单明了，易懂，容易操作。

第二节　国内关于税制改革理论的探索及评价

在研究判定税收制度优劣标准的基础上，国内学者学习借鉴发达市场经济体相对成熟定性的税收理论，并结合我国税制改革的客观实践，撰写了一批能反映中国特定国情并有一定水平和质量的学术文章，从不同的视角提出了有针对性的税制改革理论。从现有研究成果中归纳出以下九种：

一、税收优化论

近年来，税收理论界把研究重心转向了税收优化理论与中国经济、税收的相关性方面，特别是将税收优化理论运用于研究中国的税收政策和税制结构的优化问题。税收优化理论是一个以资源配置的效率和收入分配的公平为准则，对构建经济、合理的税制进行分析的学说。它研究了在信息不对称的情况下，如何实现税制的公平原则与效率原则兼顾的问题。主要内容包括三点：一是直接税与间接税的搭配理论；二是最优商品课税理论；三是最优所得课税理论。西方最优税收理论主要在探索税收的额外负担最小化或抑制性效应最小化，从而使社会福利最大化方面提供了研究思路。有学者专门在一个扩展的最优税收模型中讨论了最优税收理论的一级最优和二级最优分析框架。然后在一个基准的动态最优税收理论模型中考察了二级最优税收政策的时间不一致性，将"财富攀比效应"引入到基准的动态最优税收模型，得出二级最优税收不为零的结论，这同现实经济更为接近。①

二、税收交易论

这种理论认为：税收是政府与纳税人之间的交易过程，税收交易是纳税人效用的交换方式，纳税人牺牲部分个人效用追求公共效用，政府的角色是代表公众实现这种效用的交换。税收交易的特殊交易性决定了其特殊的委托代理关系，由此产生了"道德风险"条件下的交易激励方式。政府解决"道德风险"问题就要设计能够揭示纳税人私人信息的契约，建立一个有效的、低成本的激励机制，这个机制必须满足三方面的条件：能有效地揭示纳税人的税收交易信息；政府与纳税人共同分担风险；是监督成本和机会成本均衡的产物。从交易的角度重新认识税收问题，从税收不完全信息入手重新阐述税收理论，为研究税收提供了新的分析手段和理论基础，开辟了一个新的研究途径。②

三、税收价格论

税收价格论认为：税收是公民为了获得政府提供的公共产品而支付的价

---

①　庄子罐、崔小勇、邹恒甫：《动态最优税收理论的一般分析框架》，《世界经济文汇》2009 年第 3 期。

②　刘明勋、林举冠、张晓丹：《交易还是激励：税收理论评述》，《战略决策研究》2012年第 5 期。

格，税收与政府提供的公共产品是政府与公民之间税收契约的客体。① 税收"价格"体现了纳税人作为购买者的根本利益。因而作为公共产品提供方的政府"给付"行为，包括对已经取得的税收应当如何安排使用，提供何种公共服务，或者说政府支出的具体安排等，其决定权也同样属于作为价格支付者的纳税人，即税收价格的支付者也同样拥有"消费者主权"。税收价格论从本质上讲是一种交换说，是将交换过程中的税收用价格标签来定性，使社会契约论中契约的实质与精神体现得更为明显。② 税收价格论将税收贴上价格的标签，将征税与纳税过程等同于私人产品的购买和支付过程，认为公共产品的提供和税收之间，实质上存在着市场的等价交换关系，对我国具有重大的理论与实践意义：在市场经济条件下它说明了人们必须纳税和政府可以征税，有助于克服人们不愿纳税的抵触心理；它说明了政府必须依法征税，有助于克服政府税费收入的紊乱状态；它还说明了政府支出必须执行法定预算，有助于克服财政支出严重低效浪费等现象。

四、税收和谐论

这种理论认为：公共财政理论说明了纳税人为什么需要公共服务，而公共服务为什么只能由政府来提供；税收价格理论说明了纳税人为什么要拿出自己收入的一部分缴纳税款，而政府（税务机关代表政府）为什么必须要依法征税、合理使用税款；新公共服务理论则说明了为什么政府的职能是提供公共服务，在政府提供公共服务的过程中为什么必须要重视民众民主的参与和公共利益的实现。科学发展观为和谐税收建设提供了指导思想、根本方法、实现手段和根本途径，和谐社会理论所描述的基本原则、总体要求、具体措施以及未来愿景，为我们构建和谐税收提供了基本定位、努力方向、发展目标和实现原则，必须由公正、民主、法治、活力、安定、生态等明确或隐含的原则构成，隐含的原则主要包括人权、宪政、人道、自由等普世的税收原则，其核心是互利，其终极目的是为了增进全社会和每个纳税人的利益总量。③

---

① 张馨：《"税收价格论"：理念更新与现实意义》，《税务研究》2001 年第 6 期。
② 杨益：《税收价格论与税收法定主义》，《中国税务报》2004 年 1 月 16 日。
③ 张亚明：《对和谐税收理论渊源的思考》，《中外企业家》2011 年第 4 期（下）。

五、税收契约论

税收是人民与国家之间的"税收契约"。纳税是公众的一种自愿行为，依据也是自己签订的税收契约，也只有自愿才会产生义务，而强制并不能产生义务。公众并没有放弃这部分财富的所有权，有权要求税收按其约定的方向使用并取得相应效率，有权对税款的使用方向和使用效果加以监督。"税收契约论"约束税收滥用挪用公众让渡财富的标准也应基于国家能提供出多大规模和多高质量的公共产品和公共服务，而这种让渡标准必须要通过代表公众意志的立法机关制定的法律，税收法律条款就是外在的、对公众具有普遍强制力的税收契约。税收契约提出的目的在于对政府与纳税人利益格局的一种澄清，从而弱化取消没有责任的权力和实现制度创新。但是，利益格局的调整是一个长期的过程，政府必须回到为纳税人服务的位置，以高效率的公共支出项目为纳税人提供合意的公共产品和公共服务。[1]

六、税收产权论

这种理论认为：在产权明确存在的地方，税收或税收权力应当介入，否则会导致税收真空；在产权不存在或不明确存在的地方，税收或税收权力就不应当介入，否则就导致税收或税收权力滥用。从税收的产权本质看，可将税收体系划分为产权交易税、产权收益税与产权静态税。三者存在一定程度的重复征税，但这不违背税收的本质。产权税收理论的提出主要是为如何确定税收边界提供理论依据，回答或解释公共部门采取税收形式获取收入的前提条件是什么。产权税收论从产权这一新的视角审视税收存在问题，其核心是认为公共部门以税收形式获取收入的前提条件是完整产权的存在，在产权模糊的情况下，税收失去了其存在的前提条件，税费之间的关系是模糊的。产权税收理论提出的意义在于从产权角度揭示了税收的本质，对如何确定税收边界、如何正确处理税费之间的关系、如何处理税种之间的关系等提供理论依据。[2]

---

[1]　张美中：《用"税收契约论"代替"国家分配论"——税收理论亟待创新》，《中国经济周刊》2009 年第 33 期。

[2]　任寿根：《产权税收理论初探》，《涉外税务》2005 年第 4 期。

七、税收治理论

税制改革必须实现善税之治，善税之治不仅要求正义的税收制度，也要求正义的税收通过正义的途径获得实现，中国的税制改革，既要制定合理、完善、正义的税收制度，也要求每个纳税人积极遵守税收制度与法律，做一个道德的纳税人。西方发达国家的历史表明，税收治理的现代化是国家现代化中社会和政治现代化的起始工程。税收治理首先要体现民主民治，形成人民最广泛参与并最终决定国家事务的机制，人民当家做主；其次要体现公平法治，人人有权、我无特权，税收法律面前人人平等；再次要体现人本善治，人人有责监督政府，让政府成为负有责任的服务提供者，以公民为本，根据公民的需求设立、改善、更新服务。税收治理只有不仅在形式上而且在精神实质上具备上述基本要件时才具有了现代性，真正实现良好的治理目的。①

八、税收幸福论

从国民幸福的角度考虑，税负带来的并不一定都是痛苦，公共税收非但不会降低、反而会大大提升国民的幸福指数。首先，公共支出可能比私人消费支出更有利于提高国民幸福水平，而公共税收作为公共支出资金的主要来源正是这一可能性的物质保障。其次，对富人多征税既可以进行收入再分配，矫正富人带给穷人的负外部性，又可以运用差别税收政策鼓励富人进行利他主义的慈善捐赠，为国民幸福提供了分配保障。再次，公共税收通过抑制人类的非理性行为，为国民幸福提供行为层面的保障。最后，在税收宪政的制度框架下不仅规范了政府公共税收防止税收的滥征，也可规范政府公共支出并根据国民偏好提供公共服务，从而有利于增强国民的社会责任感并提高国民幸福水平。②

九、税收中性论

税收中性是指国家征税应尽可能避免税收对市场机制的干扰或扭曲，不

---

① 杨斌：《论税收治理的现代性》，《税务研究》2010 年第 5 期。
② 漆亮亮：《幸福指数与公共税收》，《中国税务》2008 年第 11 期。

能超越市场而成为影响资源配置和经济决策的力量，尽可能减少税收对经济的干预，以充分发挥市场对资源配置的基础性作用。① 那些不会引起商品价格发生变化从而不改变纳税人行为的税收被认为是中性的。否则，一旦由于征税扭曲了市场价格，就会影响纳税人改变其有效率的经济活动抉择，造成不同程度的效率损失。② 按照中性税收的要求，需严格控制全社会的总体税收负担水平，尽可能地避免多征税而造成对经济发展资源的浪费，让市场机制充分发挥作用，体现国家宏观经济发展方向，将市场经济的负面效应减少到最低程度，从而更好地促进国民经济健康发展。③

应该说，上述九种税收理论，在吸收西方税收理论的合理成分和我国税收实践的发展成果基础上都实现了不同程度的理论创新，对构建有利于科学发展的税收制度和不断深化税收征管改革起到了积极的推动作用。但这些理论创新有一个共同的特征就是以市场经济体制已经成熟的发达经济体的税制运行环境及其理论支撑为主要参照，其思想内核能否植入中国特色社会主义税制建设实践，并对中国的税制改革起指导作用以及能起多大的作用，需要作出权衡和评估。不仅如此，这些理论整体上缺乏宏观体系构架，无法就现实的税收活动预先实施战略研究和目标规划，也难以对整个税制改革的进程与发展方向进行科学的预测和拿捏。比如，税收优化论有严格的假设条件限制，离开这些假定条件，结论就不存在；税收交易论的理论基础比较单薄，针对交易过程中比较重要的交易契约、交易方式等方面的研究不够深入；税收价格论仅是运用一般的公共产品理论对此进行了阐述，与公共服务型政府和公共财政体系建设联系有待深化；税收和谐论所要体现社会主义和谐社会的税制改革设计不足，缺乏建立和谐导向型税制的顶层设计；税收契约论提出的理念与税收价格论基本雷同，对我国税制改革过程中税收契约究竟有多少，如何将确保这些税收契约有效履行没有一个明确的思路；税收产权论对国家征税权与财产私有权如何平衡、征税人收税权与纳税人及用税人的权利关系如何协调都没有给出一个完整的答案；税收治理论提出了中国未来的税

① 石金黄、韩东林：《市场经济下税制改革的理论基础：税收相对中性论》，《特区经济》2007 年 2 月。

② 贾晓琴：《税收中性与现行税制的完善》，《山西财税》2010 年第 3 期。

③ 陈金池：《正确认识税收中性原则》，《现代经济探讨》2006 年第 5 期。

制改革当以税收正义与善税之治为目标，实现税收入宪与法定，将公民同意与税收开征结合起来，但又没有具体的改革措施和实施路线图；税收幸福论只是提出了原则性的理论观点和理想性的考虑，缺少较为深入的抽象思考和分析框架，[①] 无法直接拿来用于指导中国税制建设；税收中性论只是对西方新自由主义理念下市场税收原则的借鉴，实践中无法运用其对税收超额负担或无谓损失作出合理估计，就连高度发达的市场经济体也无法做到，更不用说我国了。更为主要的是，税制改革原则不仅要从理论分析中汲取养分，以便深化对税制公平和效率协调的重点和难点的认识，更要充分考虑税制改革的政治目的、经济发展情况、文化特征和社会机制，从国情中把握主要矛盾和要解决的主要问题，即从中国现阶段实际国情和最大多数人民的最大福利出发进行概括和总结，以推进税制不断完善。[②] 这九种税收理论都是以现代主要经济体主流税收理论为渊源的，现代主流税收理论的分析方法和主流经济理论的分析方法是一致的，都是以新古典分析方法即马歇尔的"均衡价格论"为基础的，但均衡价格论的假设前提是不科学的，由此带来现代主流税收理论中的"税收中性"对于生存的时空条件是考虑不充分的，因此，现代主流税收理论是有问题的，需要我们认真反思。时代呼唤新的理论，需要我们去探索，需要我们去开创。[③]

第三节　科学发展观——中国税制改革的理论基石

当代中国理论自信的坚实基础就是中国特色社会主义伟大实践，就是对中国特色社会主义道路、理论和制度的自信。中国特色社会主义税收理论，既是中国特色社会主义理论体系的重要组成部分，也是指导税制改革实践的思想根基，必须与中国特色社会主义理论体系一脉相承。中国特色社会主义理论体系是马克思主义中国化最新成果，是党和人民最可宝贵的政治和精神财富，是被改革开放伟大实践证明了的科学理论。在新形势下增强理论自觉和理论自信，集中体现为坚持和丰富中国特色社会主义理论体系，并用这一

---

① 杨志勇：《比较财政学》，复旦大学出版社 2005 年 6 月版。
② 杨斌：《不能用西方最优税收理论指导我国的税制改革》，《涉外税务》2005 年第 5 期。
③ 吴俊培：《对现代主流税收理论的反思》，《涉外税务》2006 年第 8 期。

科学理论体系指导中国特色社会主义伟大实践。科学发展观是马克思主义同当代中国实际和时代特征相结合的产物，是马克思主义关于发展的世界观和方法论的集中体现，对新形势下实现什么样的发展、怎样发展等重大问题作出了新的科学回答，把我们对中国特色社会主义规律的认识提高到新的水平，开辟了当代中国马克思主义发展新境界。科学发展观是中国特色社会主义理论体系最新成果，是中国特色社会主义经济建设、政治建设、文化建设、社会建设和生态文明建设必须长期坚持的根本指导方针，也是指导党和国家全部工作的强大思想武器。我们必须全面把握科学发展观的科学内涵和精神实质，坚定不移地贯彻落实好科学发展观，并把其看作是构建有利于科学发展的税收制度的理论基石，着力用马克思主义中国化最新成果武装我国的税收理论，大力推进税收理论创新，不断赋予当代中国税收理论的实践特色、民族特色、时代特色，研究形成中国特色的税收理论体系。

　　科学发展观不仅是时代的要求、人民的呼声，也是指导国家财税制度建设和改革的理论基石和行动指南，也是我们做好财税工作、推进财政工作科学发展的必然要求。从这个意义上说，推进科学发展是税制改革的动力，也是税制改革必须坚持的第一要务；以人为本是税制改革的灵魂，也是税制改革的价值取向；全面协调可持续是税制改革的准则，也是税制改革的基本要求；统筹兼顾是税制改革的法宝，也是税制改革的根本方略。

一、坚持科学发展观第一要义，税制改革的第一要务是推动经济社会发展

　　发展是当代中国的主题，是解决中国一切问题的"总钥匙"。改革开放30多年来，我们创造了发展的"中国奇迹"，但我国仍处于并将长期处于社会主义初级阶段的基本国情没有变，人民日益增长的物质文化需要同落后的社会生产之间的矛盾这一社会主要矛盾没有变，我国是世界最大的发展中国家的国际地位没有变。因此，发展是解决中国所有问题的关键，我们党执政兴国的第一要务是发展，科学发展观的第一要义也是发展；坚持发展是硬道理的本质要求，就是坚持科学发展。税制改革肩负着为国家提供税收制度和税收体制的重任，客观上要求我们务必准确把握当今世界的发展大势，准确把握当代中国发展特点，准确把握人民的利益诉求，把发展是硬道理和遵循发展规律、用科学的态度促进发展有机结合起来，以科学发展为主题，以加

快转变经济发展方式为主线，实施有利于科学发展的税收制度，制定和实行
正确的税收制度和政策，形成更具活力更加开放的税收环境。着力激发各类
市场主体发展新活力、增强创新驱动发展新动力、构建现代产业发展新体系、
培育开放型经济发展新优势，促进工业化、信息化、城镇化、农业现代化同
步发展，加快形成符合科学发展要求的税收体制机制，服务发展、保障发展、
促进发展，不断实现科学发展、和谐发展、和平发展，为坚持和发展中国特
色社会主义打下牢固基础。

二、坚持科学发展观核心立场，税制改革必须把以人为本作为核心价值观

人是万物之灵、五行之秀、天地之心。"天地之间，莫贵于人"。"夫王
霸之所始也，以人为本，本理则国固，本乱则国危。"这种朴素而深邃的人
本思想，是中国传统文化历经岁月变迁而绵延不绝并不断创新的真谛所在。
全心全意为人民服务是党的根本宗旨，党的一切奋斗和工作都是为了造福人
民。以人为本、执政为民是我们党的根本宗旨和执政理念的集中体现，是检
验党一切执政活动的最高标准。科学发展观树立了以人为本的核心立场，为
我国的税制改革提供了价值导向。离开了科学发展观所坚持的以人为本的价
值导向和服务宗旨，税制改革就失去了正确目标、前进方向和动力源泉。必
须坚持把以人为本作为税制改革的根本出发点，立足于发展为了人民、发展
依靠人民、发展成果由人民共享，把实现好、维护好、发展好最广大人民的
根本利益作为税制改革的根本出发点，通过税收制度设计和税收政策调整使
一切劳动、知识、技术、管理和资本的活力竞相迸发，形成及时表达社会利
益、有效平衡社会利益、科学调整社会利益的机制，力争让改革和发展的成
果真正惠及到全体人民，惠及到每一个人。在为谁发展上，要把实现好、维
护好、发展好最广大人民的根本利益，作为税制改革的根本落脚点，作为衡
量税政决策和工作的标准；在靠谁发展上，税制改革要尊重人民主体地位，
发挥人民首创精神，最充分地调动人民群众的积极性、主动性、创造性，最
大限度地集中全社会全民族的智慧和力量，最大限度地为全体公民提供最好
的公共产品和公共服务；在发展成果如何分配上，税制改革要把提高最广大
人民群众的经济、政治和文化利益作为发展的目的性要求、发展的终极目标，
保证人民平等参与、平等发展权利，关注人的生活质量、发展潜能和幸福指

数，最终实现人的全面发展。

三、坚持科学发展观基本要求，税制改革的基本准则是全面协调可持续发展

科学发展观所追求的发展，不是片面的发展、不计代价的发展、竭泽而渔式的发展，而是全面协调可持续发展，是又好又快发展。全面，是指各个方面都要发展，要注重发展的整体性；协调，是指各个方面的发展要相互适应，要注重发展的均衡性；可持续，是指发展进程要有持久性、连续性，要注重当前发展和长远发展的结合。要按照中国特色社会主义事业五位一体总体布局要求，全面推进经济建设、政治建设、文化建设、社会建设、生态文明建设，促进现代化建设各方面相协调，促进生产关系与生产力、上层建筑与经济基础相协调，促进速度和结构质量效益相统一、经济发展与人口资源环境相协调，不断开拓生产发展、生活富裕、生态良好的文明发展道路。坚持全面协调可持续发展的基本要求就要将税收看作是建设社会主义的重要治理工具，税制改革不仅要服从和服务于国家经济建设的需要，也要按照中国特色社会主义事业总体布局，为政治建设、经济建设、文化建设、社会建设、生态建设服好务；不仅要加快建立经济增长质量和效益快速提升的经济运行机制和工作体制，也要建立起有利于经济集约型增长的税收体制机制和政策环境，促进经济结构优化和实现经济发展方式从粗放型到集约型的转变，实现经济社会协调、城乡协调、区域协调、行业协调发展；不仅要完善有利于节约能源资源和保护生态环境的税收法律和政策，通过税收政策促进资源节约和环境保护，加快完善资源有偿使用制度和生态环境补偿机制，也要建立能够反映市场供求、资源稀缺程度、环境损害成本的税收体制机制，促进人与自然的和谐，用可持续发展的新思想、新观点、新知识，改变人们传统的不可持续发展的生产方式、消费方式、思维方式，从整体上转变人们的传统观念和行为规范。

四、坚持科学发展观根本方法，税制改革的具体方略是统筹兼顾

毛泽东曾经说"统筹兼顾，各得其所。这是我们历来的方针"。统筹兼顾是我们党在建设社会主义长期实践中形成的重要历史经验，是我们处理各方

面矛盾和问题必须坚持的重大战略方针。统筹兼顾，就是要总揽全局、兼顾各方，统筹谋划、综合平衡，把立足当前和着眼长远相结合，把全面推进和重点突破相结合。坚持以统筹兼顾为发展的根本方法，要求我们在税制改革中坚持科学的思想路线和思想方法，用发展的而不是静止的、联系的而不是孤立的、全面的而不是片面的观点看问题、抓发展，做到总揽全局、科学筹划、协调各方、兼顾全面，抓住中心、突出重点，充分调动一切积极因素，统筹好方方面面的利益，处理好各种利益关系，完成战略任务，实现总体目标。面对改革开放和现代化建设事业的日新月异，我们要用科学发展观来审视和衡量长期以来形成的税收理念、工作思路和政策制度，坚持把统筹兼顾作为税制改革的具体方略，既要统筹中央和地方关系，统筹个人利益和集体利益、局部利益和整体利益、当前利益和长远利益，充分调动各方面的积极性，还要统筹国内国际两个大局，善于从国际形势发展变化中把握发展机遇、应对挑战风险，营造良好的国际环境；既要积极发挥政府作用，适当运用行政手段，又要尊重和遵循市场规律，更大程度地发挥市场在资源配置中的基础作用，增强发展的活力和效率；还要兼顾经济社会各方面、各领域、各阶层、各群体的发展要求与利益关系，最大限度地激发经济社会发展的活力，最大限度地增加经济社会发展的和谐因素，最大限度地减少和化解经济社会发展的不和谐因素。

　　总之，税收作为国家进行宏观调控、市场监管、公共服务和社会管理的物质基础和政策工具，在推动科学发展、构建和谐社会中将会扮演着越来越重要的角色。今后无论是税制安排还是税收政策设计，都应该把科学发展观作为理论指导，把税收制度改革和税收政策的设计与科学发展观的内涵很好地结合，大力创造统筹城乡发展、统筹区域发展、统筹经济社会发展、统筹人与自然和谐发展、统筹国内发展和对外开放的税收制度环境，建立健全能够充分体现社会公平正义、转变经济发展方式和实现又好又快发展的税收扶持政策体系，尽快形成促进社会主义物质文明、政治文明、精神文明与生态文明共同发展的税收体制机制，是当前和今后一段时期内着力推进税制改革构建有利于科学发展的税收制度的神圣使命和光荣任务。

第四节　以科学发展观为指导推动税收理论创新

不同的社会制度、不同的国家政体之下，税收往往体现着性质迥然有别的分配关系，这就是说具有中国特色的社会主义税收理论体系建设，只能构筑在不断发展和完善着的中国特色社会主义理论基础之上，中国特色社会主义理论是构造社会主义税收理论体系的强大基石，中国特色社会主义税收实践是构造社会主义税收理论体系的主要依据。事实上，税收科学天然具有科学实践性和历史发展性的特征，客观上也要求其理论体系的建设，既要秉承传统、独具特色，又要善于吸收借鉴、发展创新。但是，时至今日，我国的仍未能真正建构起比较完整的税收理论体系，系统研究有中国特色的税收理论体系所应具有的内涵构架的文章是凤毛麟角。科学发展观是中国特色社会主义理论体系的最新成果，是中国共产党集体智慧的结晶，是指导党和国家全部工作的强大思想武器。科学发展观同马克思列宁主义、毛泽东思想、邓小平理论、"三个代表"重要思想一道，是党必须长期坚持的指导思想，具有鲜明的时代性特征，是构建中国特色的社会主义税收理论体系的基本指导思想和理论基石。在这一理论指导下，立足于不断研究和解决税收实践中存在的新情况新问题，立足于马克思主义税收理论的应用性、中国化和具体化，立足于中国特色社会主义的理论自觉与自信，从中国传统文化中的税收思想盛宴汲取丰富养分，从中国特色社会主义的税收实践中捕捉创新素材，从当代世界各国创造的优秀税收理论成果学习借鉴规律，广泛汲取人类文明一切有益成果，从我国古代税收话语体系和西方税收话语体系中去伪存真、赋予新义、兼容并蓄、为我所用，在开阔研究领域的同时拓展研究视野，在注重基础理论研究的同时加强应用理论研究，不断创造体现时代内涵和实践要求的新的学术观点，不断增强马克思主义税收理论的解释力和实践性，不断创造中国特色税收理论的学术语言和范畴体系，为我国税收科学的繁荣和发展提供理论基础，为未来的税制安排和政策制定提供前瞻性的理论指导和知识支撑。

一、汲取中国传统文化中的税收思想养分

立国为政，非财莫举。中国财政税收的历史源远流长，在不同的历史时

期都有与其政治经济社会背景相适应的财税制度，并由此抽象和归纳出与之相对应的传统财税思想，内容丰富，广博精深，不仅是中国传统文化宝库的重要组成部分，也是中华民族繁荣振兴印迹的记录，特别是许多思想家对税收问题的深入思考，总结出的很多税收原则，留下的许多精辟论述，具有很高的历史遗产及理论价值，对其进行梳理和提炼，不仅是对现当代税收理论的丰富，而且在继承前人优秀文化成果的基础上，为构建有利于科学发展的税收制度提供有益的思想资源及方法借鉴。

（一）取之有度

自古以来，人们就认为税收收入应取之有度，反对横征暴敛、竭泽而渔。这差不多是古今中外理财家的共同主张。《管子》一书曾写道："地之生财有时，民之用力有倦，而人君之欲无穷……取于民无度，用之不止，国虽大必危。"明代思想家丘浚也提出："治国者，不能不取之于民，亦不可过取于民。不取乎民，则难乎其为国，过取乎民，则难乎其为民"，"上之取于下，因不可太多，亦不可不及"。唐代文学家柳宗元在《捕蛇者说》一文中就曾揭示出"赋敛之毒胜于蛇毒"。1886 年 12 月 6 日，格罗弗·克利夫兰在第二次致国会的年度咨文中写道："当人民以赋税形式上交生计产品的必要性超过了正当的政府义务和节约的行政开销时，这种索取就成了无情的敲诈，并且违反了自由政府的基本原则。"里根总统经济政策顾问阿瑟·拉弗提出了著名的"拉弗曲线"，用以说明降低税率和增加税收收入之间的关系，实际上也是取之有度的问题。若取之无度，赋税过重，纳税人不堪忍受，必然不遵从，轻则社会秩序混乱，重则激起剧变，甚至引发政权颠覆。古今中外历史上的大国兴衰、王朝更替也或多或少与取之无度有关。

（二）用之有节

荀子曰："足国之道，节用裕民，而善藏其馀。节用以礼，裕民以政。"意思是说，使国家富足的办法，在于节省费用，充裕人民的生活，并且善于收藏所节余的财物，按照礼法节省费用，采取政治措施让老百姓充裕。宋代曾巩说："所谓裕民者，取之有制，使之优厚之谓也；所谓节用者，使之出入有度，足以相掩之谓也。"意思是说，所谓使百姓富裕，就是向老百姓征收时要有节制，使百姓们的生活充裕；所谓节省费用是说使国家的收入支出有计算，足以保持收支平衡。唐代名相陆贽说过："地力之生物有大数，人力之成物有大限，取之有度，用之有节，则常足；取之无度，用之无节，则常不足。"就是说，自然界所创造的资源是有限的，由人来加工成品的资源也有限。而取时有量，用时节约，则常常能满足人类所需。如果相反，取时无量，用时浪费，那地球上公有的资源也会很快消失。《管子》指出"地之生财有时，民之用力有倦，而人君之欲无穷……故取于民有度，用之有止，国虽小必定；取于民无度，用之无止，国虽大必危。"意思是说，要以国家安危为重，不可过度挥霍，君主要节俭以利国事。明代宰相张居正也提出："夫天地生财，止有此数，设法巧取，不能增多，惟加意樽节，则其用自足。"这就是说，自然界生产的财富只有这些数量，设法巧取，不能增多，只有倍加节省，费用才能自然足够。卡尔文·柯立芝于1925年3月4日在美国总统就职演说中讲道："我们拥护节俭政策，不是因为我希望省钱，而是因为我希望拯救人民。在这个国家，辛劳的人民背负着政府的开销。我们随手浪费的每一美元都意味着他们的生活更贫乏。而我们谨慎省下的每一美元都意味着他们的生活更富足。节俭是理想主义最实际的表现形式。"节俭是一个财政伦理范畴，是一种价值取向、一种精神境界，它能使人们获得强大的精神动力和坚忍不拔的意志品质。

（三）管之有效

市场经济从某种意义上讲也属于效率经济，谁的效率高，谁就有可能在竞争中争取主动。政府税收管理如果不注重效率，那么，即使拥有丰富的自然资源、众多的人力、先进的装备等，社会各项事业的发展难免会停滞不前，人民仍然得不到实惠，国家仍可能得不到繁荣和富强。古语云：生财有大道，而这大道的前提便是如何管财，使财取用合法合理、恰到好处，有质量有效益，这是税收治理的艺术所在。管之有效，这是科学发展观对税收管理的基本要求，也是做大财政蛋糕的基本途径。1819年克劳德·昂列·圣西门伯爵在《政治学》中写道："委托于政府的最伟大、最重要的权力是向公民收税的权利，其他权利皆随从本权利而产生。所以，当今政治科学的本质在于能够作出好的预算。现在，做此事的能力就是管理的能力，而管理能力又是政治所需的首要能力。"中国也有特别讲究支出效益的政治家，如墨子提出"凡费财劳力，不加利者，不为也"，意即：凡是增加了支出，让百姓付出了劳动，但却不能为民谋取利益者，贤明的君主都是不会做的。他是我国历史上第一位提出向财政支出要效益的思想家。此后荀子也说："量地而立国，计利而畜民，度人力而授事，使民必胜事，事必出利，利足以生民，皆使衣食百用出入相揜，必时臧馀，谓之称数。"这段话告诉我们：国家所兴办的事业必须要讲究经济效益，而且所产生的效益，必须足够养活百姓。

(四) 理之有法

市场经济本身乃是一种法制经济。理之有法，关键是要把依法治税作为税收工作的灵魂贯穿始终。王安石在《上皇帝万言书》中说："盖因天下之力，以生天下之财，去天下之财，以供天下之费。自古治世，未尝以不足为天下之公患也，患在治财无其道耳。"这就是说，依靠天下的人力财力，生产天下的财富，拿天下的财富，来供给国家的费用。自古政治上上轨道的时代，从来没有用度不足而成了大问题的，问题出在理财没有正确的方针上。这个正确的理财方针究竟是什么?《管子》曰："法者，天下之程式也，万世之表也。"意思是说法度是天下的规章，万世的准则。美国当代著名法学家哈罗德·J. 伯而曼说："真正能够阻止犯罪的乃是守法的传统，这种传统又根植于一种深切而热烈的信念之中，那就是法律不仅是世俗政策的工具，而且是生活终极目的和意义的一部分。"塞缪尔·约翰逊在 1786 年就曾说过："法律是人类智慧在谋取公共利益的实践中所体现的最终结果。"劳伦斯·吉布斯在 1987 年 3 月 3 日的《华尔街日报》上说："不懂法律的纳税人就是不能遵守法律的纳税人。"在整个理财工作中关键是法规制度要科学。拿破仑一世在 1804 年 11 月 15 日的一份决议就说过："如果没有法律依据，一分钱都不能筹集。"

(五) 治之在吏

明代理财家丘浚认为："夫国家之所以最急者财用也。财生于地而成于天，所以致其用者人也。"意思是说，国家最迫切的问题是财用，财用是地上生长而在天时的作用下成就的，用来使它发挥作用的则是人。宋代理财家王安石说："聚天下之众者莫如财，治天下之财者莫如法，守天下之法者莫如吏。"《晋书》中说："为国者以清静为基，而百姓以良吏为本。今海内虚耗，事役众多，诚宜恤养黎元，悦以使人。"柳宗元也曾指出："夫弊政之大，莫若贿赂行而征乱赋。苟然，则贫者无赀以求于吏，所谓有贫之实而不得贫之名；富者操其赢以市于吏，则无富之名而有富之实。"最大的弊政，没有像贿赂横行而且赋税征收混乱那样大。正因为是这样，那么贫穷的人没有财物求助于官吏，所谓有贫穷的实际却不能得到贫穷的名义；富贵的人拿着他的盈余来买通官吏，就没有了富人的名义而却有富裕的实际。"但得官清吏不横，即是村中歌舞时"是爱国诗人陆游在《春日杂坛》一诗中对和谐社会生活强烈向往的描绘，只要使得做官的清正，当吏的不横行霸道，那就可以使人民拥护，就可歌舞升平了。官清和吏不横，是古人对所处社会的一种良好期许，今天也不例外。财政文化建设首在提高人的道德水准，要启发财政干部进行理性思考，注重对道德水准、人格人品、人生境界等进行挖掘和提炼，表达自己对人生、对工作、对生活的深深感悟。

（六）收支匹配

财政无非一收一支，注重收支匹配是古代先贤们在理财过程尤其讲求的原则之一。《礼记·王制》说："冢宰制国用，必于岁之杪，五谷皆入，然后制国用。用地大小，视年之丰耗，以三十年之通制国用，量入以为出。"这一思想成为后来理财者所尊奉的经典原则。管子说："地之生财有时，民之用力有倦，而人君之欲无穷，以有时与有倦，养无穷之君，而度量不生于其间，则上下相疾也……故取于民有度，用之有止，国虽小必安，取于民无度，用之不止，国虽大必危。"这是从自然、百姓和君主三个方面阐述了财政收支匹配的重要性。与管子相似，唐代陆贽从减轻百姓税收负担的直接目的出发，强调国家财政收支应当"量入为出"。他说："夫地力之生物有大数，人力之成物有大限，取之有度，用之有节，则常足；取之无度，用之无节，则常不足。生物之丰败由天，用物之多少由人，是以圣王立呈，量入为出，虽遇灾难，下无困穷。"以后，如王安石、叶适等人都强调从量入为出的角度来做到收支适合。明代的海瑞提出："量入为出，其取给则缓。损益盈缩，权诚悬焉，凡以为天下之人利之而已。"意思是说，估量收入的多少作为支出的基础，那么征收财物以供需用就缓和，亏损与收益、有余与不足，确实像有杆秤在平衡着，都是为全国的人有利而已。唐德宗时宰相杨炎在建议施行"两税法"的同时提出"凡百役之费，一钱之敛，先度其数而赋于人，量出为入"，目的是根据朝廷的需要来确定财政收入，从新视角来达到收支的匹配。这一财税文化可以说影响至今。卡尔文·柯立芝于1925年3月4日在美国总统就职演说中讲道："任何形式的征税，如果不是出于绝对的必需，不是用于公共福利，那只能是一种合法化的盗窃。"

（七）大道为公

这是古代治税思想最核心的价值理念。《礼记·礼运》讲："大道之行也，天下为公、选贤与能，讲信修睦。故人不独亲其亲，不独予其子，使老有所终，壮有所用、幼有所长、矜寡孤独废疾者皆有所养。男有份（职业）、女有归。货恶弃于地也，不必藏于己；力恶不出于己身也，不必为己。是故谋闭而不兴，盗窃乱贼而不作，故外户而不闭，是谓大同。"《吕氏春秋》提出："昔者圣王之治天下，必先公。公则天下平矣。平得于公。"说的就是君主不为私欲而心怀天下，官员们公正廉洁，则天下太平，太平正是源于公正。甚至还宣扬了一种先大家后小家的"为公"理念："天下大乱，无有安国；一国尽乱，无有安家；一家尽乱，无有安身。""大小贵贱，交相为恃，然后皆得其乐。定贱小在于贵大。"只有国家繁荣稳定了，每个人才能得到自己的发展，因此，官无大小、人无贵贱，都应该心怀天下，上下一心，以求得国家更好的发展。大道为公就是说以国家为主体的税收分配活动，不同于个人、家庭、企业部门的收支活动，不同于家庭个人和企业手中的钱，甚至不同于除了财政部门之外的其他政府部门的收支活动和他们手中所操作的钱，是取公众之财办公众之事，取之于民用之于民。明代财税思想家丘浚认为，国家征税应"为民聚财"。凡所用度"必以万民之安"，不能"私用"。清代学者严复提出，赋税收入不应只供少数统治者享受，应"取之于民，还为其民"。倡导"天下为公"的孙中山更看重财税取之于民、用之于民的作用，他在《三民主义》中谈到"像现代的广州市，如果是照地价收税，政府便有一笔很大的收入，政府有了大宗收入，行政经费便有着落，便可整理地方。一切杂税固然可以豁免，就是人民所用的自来水和电灯费用，都由政府负担，不必由人民自己负担"。格罗弗·克利夫兰于 1886 年 12 月 6 日的第二次年度国情咨文中写道："好的政府……目标在于用关怀保护每一个人，赋予他们符合良好社会秩序的最大自由，完全保证他们享有自己的所得，并保证其所得尽可能最少地因公共需求而减少。"

二、发扬马克思主义经典作家的税收理论

构建具有中国特色的社会主义税收理论，必须以马克思主义税收思想为

指导，深入探讨马克思主义关于税收的本质、作用及其相关理论知识，适应
当前经济和社会的发展，提高税收的经济公平和社会公平水平，确立适合我
国国情的税收理论。马克思运用他所创立的社会再生产理论揭示了税收在一
国经济和社会发展中的地位和作用。社会再生产理论指出，社会是由一个个
连续不断的再生产过程推向前进的，社会再生产过程作为连续不断的过程，
表现为生产、分配、交换、消费四个环节的辩证统一。税收本质上就是一种
以国家为主体的分配关系，税收作为分配的特定部分，是社会再生产中的一
种分配形式，税收分配的依据是国家职能与公共权力。马克思曾经指出，资
产阶级把税收看成是"与财产、家庭、秩序和宗教相并列的第五位天神"。
税收是资本主义国家自身主要的经济来源和基础，它是以土地私有制为基础
的社会制度的时代产物，是国家直接占有生产劳动者的产品的一种形式，是
政府机器的经济基础，对现存政权的存亡起着决定作用。历史上的英国革命，
北美独立战争，普鲁士革命，都是从拒绝纳税开始的。马克思主义经典作家
关于税收的理论主要有：

（一）税收是社会再生产中的一种分配形式

马克思主义等经典作家一致认为：税收是对剩余产品或剩余价值的分配，
是社会再生产中的一种分配形式。马克思指出，"税收的来源是国民的劳
动"①。在资本主义社会，捐税是剩余价值分配的一种形式。正是"资本家与
工人间的这种交易创造出随后以地租、商业利润、资本利息、捐税等等形式
在各类亚种资本家及其仆人之间进行分配的全部剩余价值"。② 马克思和恩格
斯认为，税收作为对剩余产品或剩余价值的分配，它与利润、利息、地租等
分配形式是有根本区别的。不仅如此，国家对产品分配拥有两种权力，一种
是财产权力，一种是政治权力。财产权力也就是所有者的权力，政治权力也
就是国家政权的权力。利润、利息、地租等剩余价值或剩余产品的分配都是
以财产权力为依据的，而税收这种分配形式，凭借的则是政治权力，即国家
政权的力量，是与国家所有制联系在一起的。可见，按照马克思和恩格斯的
观点，税收是社会再生产分配体系中，以国家的政治权力为依据，对社会的

---

① 《马克思恩格斯全集》第5卷，人民出版社1958年版，第511页。
② 《马克思恩格斯选集》第三卷，人民出版社1995年版，第153页。

剩余产品或剩余价值的一种特定的分配方式，属于社会的公共的"生产费用"。这些税收思想揭示了税收的本质，揭示了税收分配不同于利润、利息、地租等剩余价值以财产权力为依据的分配，而凭借的是政治权力，且税收是国家提供社会生产过程一般条件的扣除方式，是属于社会的公共的"生产费用"，为我国税收总规模的界定提供了理论依据，即税收总规模应以剩余价值量为最高限量。

（二）税收是维持国家公共权力的经济基础

马克思强调指出税收与国家之间存在着密切联系。他曾经指出："赋税是政府机器的经济基础，而不是其他任何东西。"① "国家存在的经济体现就是捐税。"② "从物质方面说，君主制也和其他一切国家形式一样，直接用捐税来加重工人阶级的负担。捐税体现着表现在经济上的国家存在。官吏和僧侣、士兵和舞蹈女演员、教师和警察、希腊式的博物馆和哥德式的尖塔、王室费用和官阶表这一切童话般的存物于胚胎时期就已安睡在一个共同的种子——捐税之中了。"③ "为了维持特殊的、站在社会之上的公共权力，就需要捐税和国债。"④ 恩格斯在《家庭、私有制和国家的起源》一文中也曾说，雅典民主制的国民军，是一种贵族的、用来对付奴隶的公共权力，它控制奴隶使之服从；为了强化这种公共权力，为了控制公民使之服从，宪兵队也成为必要了。这种公共权力在每一个国家里都存在。但是，随着国内阶级对立的尖锐化，随着彼此相邻的各国的扩大和它们人口的增加，公共权力就日益加强了。为了维持这种公共权力，就需要公民缴纳费用——捐税。捐税是以前的氏族社会完全没有的。但是现在我们却十分熟悉它了。⑤ "实际上捐税正是资产阶级保持统治阶级地位的手段"⑥。"为了维持这种公共权力，就需要公

① 马克思：《哥达纲领批判》，《马克思恩格斯全集》第19卷，人民出版社1963年版，第32页。
② 马克思：《道德化的批评和批评化的道德》，《马克思恩格斯全集》第4卷，人民出版社1958年，第342—343页。
③ 马克思：《道德化的批评和批评化的道德》，《马克思恩格斯全集》第4卷，人民出版社1958年版，第342页。
④ 列宁：《国家与革命》，《列宁全集》第31卷，人民出版社1985年版，第10页。
⑤ 《马克思恩格斯全集》第21卷，人民出版社1965年版，第194—195页。
⑥ 《马克思恩格斯全集》第4卷，人民出版社1958年版，第179页。

民缴纳费用——捐税，捐税是以前的氏族社会完全没有的。"① 列宁也曾经指出："所谓赋税，就是国家不付任何报酬而向居民取得东西。"② 税收能引起国家政权的更迭。在马克思看来，税收问题历来是一个政治问题，税收问题处理不当，就会危及政权的稳定。马克思指出，"捐税问题始终是推翻天赋的国王的第一个原因"③。"废除捐税的背后就是废除国家。共产党人认为，废除国家的意思只能是废除阶级的必然结果，而随着阶级的废除，自然就没有必要用一个阶级的有组织的力量去统治其他阶级了。"④

（三）间接税转向直接税是自由贸易的结果

由于现代分工，由于大工业生产，由于国内贸易直接依赖于对外贸易和世界市场，间接税制度就同社会消费发生了双重的冲突，加上间接税的税负转嫁比较容易，往往加重劳动群众的负担。马克思强烈主张恢复对财产和所得课征的直接税以代替间接税。马克思于1866年写的《临时中央委员会就若干问题给代表的指示》中就指出："如果需要在两种征税制度间进行选择，则建议完全废除间接税而普遍代之以直接税。"它特别指出："直接税，作为一种最简单的征税形式，同时也是一种最原始最古老的形式，是以土地私有制为基础的那个社会制度的时代产物。后来，城市实行了间接税制度；可是，久而久之，由于现代分工，由于大工业生产，由于国内贸易直接依赖于对外贸易和世界市场，间接税制度就同社会消费发生了双重的冲突。在国境上，这种制度体现为保护关税政策，它破坏或阻碍同其他国家进行自由交换。在国内，这种制度就像国库干涉生产一样，破坏各种商品价值的对比关系，损害自由竞争和交换。鉴于上述两种原因，消灭间接税制度就愈来愈有必要了。直接税制度应当恢复。可是，直接税不容许进行任何欺骗，每个阶级都精确地知道它负担着多大一份国家开支。因此，在英国，再没有什么比所得税、财产税和房屋税等直接税更不受人欢迎的了。……综上所述，贸易自由促使

---

① 恩格斯：《家庭、私有制和国家起源》，《马克思恩格斯全集》第21卷，人民出版社1965年版，第195页。

② 列宁：《关于粮食税的报告》，《列宁全集》第32卷，人民出版社1958年版，第275页。

③ 《马克思恩格斯全集》第5卷，人民出版社1958年版，第511页。

④ 马克思、恩格斯：《"新莱茵报。政治经济评论"第4期上发表的书评》，《马克思恩格斯全集》第7卷，人民出版社1959年版，第339页。

转向直接税制度。直接税制度则包含着反对教会、大地主和国家有价证券持有者的革命措施。这些革命措施迫切要求同工人阶级结成联盟，而这种联盟将使英国资产阶段丧失它可以从贸易自由中得到的主要利益，即资本对劳动的无限统治。"① "如果捐税不能通过关税和消费税来征收，那么只好直接按照财产和收入来征收了。但是在税收数量不变的情况下，一种捐税减少，必然会引起另一种捐税相应地增加。这种减少和增加必定成反比例。因此，如果英国公众想取消大部分直接税，那末就得准备让商品和工业原料纳更高的税，总之，就得准备放弃自由贸易制度。……因为自由贸易，从而直接课税，在大不列颠是工业资本家所使用的对付土地贵族的进攻武器，所以工业资本家和土地贵族对所得税的共同征讨，就在经济方面证明了成立联合内阁在政治方面所证明了的东西，也就是说，证明了英国资产阶段软弱无力，他们为了避免向无产阶级让步而力图与寡头政治的执政者妥协。"② "如果美国主要由于极端不合理的国内消费税制而被迫采取一种与其说是真正的、不如说是表面的保护关税政策，那末，废除这些消费税法令就足以让它在自由市场上竞争了。"③ "对每个有产者进行登记，制定富人必须持有劳动纳税收支手册的法律，——这就是我们首先应当解决的任务。应当切实地和具体地研究这个问题。这项措施能把纳税的重担转到富人身上，也只有这样才是公平合理的。"④

（四）社会主义税收是革命和建设的工具

首先，社会主义国家应依靠税收保证必需的资金。列宁强调："我们的财政机关必须竭尽全力在最短期间能通过税收保证工农国家得到一切国家机关进行正常工作所必需的经费。"⑤ "新政府将采取一切措施，实行向有产阶

---

① 马克思：《议会。——11月26日的表决。——迪斯累里的预算案》，《马克思恩格斯全集》第8卷，人民出版社1961年版，第543—544页。

② 马克思：《英国的新预算》，《马克思恩格斯全集》第12卷，人民出版社1962年版，第143—144页。

③ 恩格斯：《棉花和铁》，《马克思恩格斯全集》第19卷，人民出版社1963年版，第314页。

④ 列宁：《在全俄苏维埃财政部门第一次代表大会上的报告》，《列宁全集》第34卷，人民出版社1985年版，第330页。

⑤ 列宁：《致全俄财政工作者代表大会》，《列宁全集》第43卷，人民出版社1987年版，第229页。

级征收和课税的果断政策，以保证供给革命军队一切必需品，并改善士兵家属的生活。"① "我们不恢复资本家和地主所有制，别人是不愿借款给我们的，可是我们不能这样做，也决不这样做。于是就剩下一条异常困难而漫长的道路，这就是一点一滴地积累资金，增加税收，以便逐渐恢复被破坏的铁路、机器、厂房等等。"② "代表会议认为，军费的来源不应当是发行使资本家发财的公债，而应当是向资本家征收特别高的所得税和财产税。"③ 其次，社会主义税收要减轻负担。"在收取农民拖欠国家的税款（农业税、保险费、贷款等方面的尾欠）时，对农村富裕阶层特别是对富农应当继续施加压力，而对贫农，必要时也对力量单薄的中农，则采取减轻或优待的办法。"④ "总的说来，粮食税减轻了全体农民的负担。这是用不着证明的。问题不仅在于拿了农民多少粮食，而且在于实行粮食税以后农民觉得心里更有数了，经营的兴趣提高了。实行了粮食税，勤劳的农民在提高生产力方面是大有可为的。"⑤ 斯大林也明确指出："我们不能同意一些同志的意见，他们时常要求用过多增加税收、提高工业品价格等等办法来加紧压榨农民。我们不能同意他们，因为他们是在不自觉地破坏工人阶级和农民的联盟，动摇无产阶级专政。"⑥再次，完善社会主义税制应当加强税收管理与监督。"一般的征税工作，特别是征收财产税和所得税的工作，我们也非常落后。向资产阶级征收特别税（这是一项在原则上完全可行并且得到无产阶级赞同的措施）表明，我们在这一方面仍然更接近于夺取的方法（为了穷人，从富人手里把俄国夺取回来的方法），而不是管理的方法。可是，我们要想更加强大，要想更稳

① 列宁：《全俄工兵代表苏维埃第二次代表大会文献》，《列宁全集》第33卷，人民出版社1985年版，第6页。

② 列宁：《给全俄工会第五次代表大会的信》，《列宁全集》第43卷，人民出版社1987年版，第211页。

③ 列宁：《俄国社会民主工党（布）彼得格勒市代表会议》，《列宁全集》第24卷，人民出版社1957年版，第137页。

④ 列宁：《俄共（布）第十次代表大会》，《列宁全集》第32卷，人民出版社1958年版，第226页。

⑤ 列宁：《全俄苏维埃第九次代表大会文献》，《列宁全集》第42卷，人民出版社1986年版，第340页。

⑥ 斯大林：《关于苏联经济状况和党的政策》，《斯大林全集》第8卷，人民出版社1954年版，第129页。

固地站住脚，就必须转而采用这后一种方法，就必须用常规的、照章征收的财产税和所得税来代替向资产阶级征收特别税的办法。这能给无产阶级国家更多的好处，但也要求我们有更高的组织程度，有更完善的计算和监督。"①"只有把各个银行合并为一个国家银行，对它的业务进行监督，再采取一系列简单易行的措施，才能真正征收到所得税，才不致发生隐瞒财产和收入的事情，而现在的所得税在极大程度上都落空了。"② 最后，社会主义税收是打击私有财产的一种工具。马克思认为，"在革命时期，可以大量增加捐税，利用捐税作为打击私有财产的一种方式"③；"无产阶级运用自己的政治统治，一步一步地夺取资产阶级所有的全部资本，把一切生产工具集中在国家手里，即集中在已组织成为统治阶级的无产阶级手里，并且尽可能更快地增加生产力的总量。要做到这一点，当然首先必须对所有权和资产阶级生产关系实行暴力的干涉，即采取这样一些措施，它们在经济上似乎是不够充分和没有效力的，但是在运动进程中它却会越出本身，成为变革全部生产方式所不可避免的手段。这些措施在各个不同的国家里当然会是各不相同的。但是，在各个最先进的国家里几乎到处都可以采取下面的办法：1. 剥夺地产，把地租供国家支出之用。2. 征收高额累进税。3. 废除继承权。4. 没收一切流亡分子和叛乱分子的财产。5. 通过拥有国家资本和独享垄断权的国家银行，把信贷集中在国家手里。"④"我们要求立即剥夺大企业——也许通过联邦直接财产税和所得税的形式，对大资产规定特别高的税率，即革命的高税率，使资本家实际上被剥夺。"⑤

（五）资产阶级税制改革带有虚伪性和欺骗性

马克思认为，对消费品征收的间接税，能降低劳动者实际工资的水平；

---

① 列宁：《苏维埃政权的当前任务》，《列宁全集》第 34 卷，人民出版社 1985 年版，第 164—165 页。

② 列宁：《大难临头，出路何在?》，《列宁全集》第 32 卷，人民出版社 1985 年版，第 191 页。

③ 马克思、恩格斯：《"新莱茵报. 政治经济评论"第 4 期上发表的书评》，《马克思恩格斯全集》第 7 卷，人民出版社 1959 年版，第 336 页。

④ 马克思、恩格斯：《共产党宣言》，《马克思恩格斯全集》第 4 卷，人民出版社 1958 年版，第 489—490 页。

⑤ 列宁：《致阿·施米德》，《列宁全集》第 47 卷，人民出版社 1990 年版，第 473 页。

但是，不能反过来说，取消或者减轻赋税，就会在不降低劳动力价值的前提下提高剩余价值量。资本主义经济运行的实际只能是："这些捐税的取消绝不会改变产业资本家直接从工人身上榨取的剩余价值量。它所改变的，只是产业资本家装进自己腰包的剩余价值的比例或要同第三者分享的剩余价值的比例。所以它不会改变劳动力价值和剩余价值的比例。"① 在马克思看来，税收的变动也不可能改变剩余价值的实质，以及由剩余价值与劳动力价值对比所反映的剥削率；税收变动可能改变的只是剩余价值在不同利益集团之间的分配比例。② 尽管资本主义经济史里记载了多次税制改革，但这些税制改革带有很大的虚伪性和欺骗性。马克思指出："税制改革是一切激进资产者的拿手好戏，是一切资产阶级经济改革的特殊要素。从第一批中世纪的城市小资产者起至当代的英国自由贸易论者止，全部斗争都是围绕着捐税进行的。捐税改革的目的不是废除影响工业发展的旧传统税和缩减国家机关的开支，就是更平等地分摊捐税。资产者愈顽强地追求平等分摊捐税的幻想，实际上这种幻想就愈不能实现。""减低捐税，更公平地分配捐税等等，这是庸俗无益的资产阶级改革。"因为第一，捐税最多只能在一些次要方面改变直接以资产阶级生产为基础的分配关系，但是它丝毫动摇不了这些关系的基础，甚至取消捐税也只能加速资产阶级所有制及其内部矛盾的发展。马克思风趣地说："废除捐税，这是资产阶级的社会主义。"第二，税制改革可能从表面上或者临时减轻人民大众的税负，但资产阶级最终会通过各种途径把法律上由他们负担的税负转嫁给人民大众。马克思说："……在我们目前的这种企业主和雇佣工人的社会制度下，资产阶级在碰到加税的时候，总是用降低工资或提高价格的办法来求得补偿的。"任何一次税制改革都是骗人的，资产阶级采取装门面的、毫无价值的治标办法，拐弯抹角地做事，高喊什么"自由、平等、博爱"，但实质上每一次税制改革都必须有利于大资产阶级。

总之，在马克思等经典作家的大量著作中，都科学地阐明了国家税收的学说。这些论述虽主要针对资本主义税收现象，但也揭示了一般社会化大生产条件下税收的重要规律，给我们建立、丰富和发展社会主义税收理论和探

---

① 《马克思恩格斯全集》第23卷，人民出版社1972年版，第570页。
② 顾海良：《马克思经济思想的当代视界》，经济科学出版社2005年版，第196页。

索适合我国国情的税收体制结构是有启发的。处在伟大变革时期的我们这一代人，只有遵循和发扬马克思主义经典作家的税收思想，从中汲取理论智慧和思想养分，为我国社会主义税收理论建设以正确指导。马克思社会再生产理论告诉我们，不论何种税收，从它所代表的社会产品价值看，无疑地是对国民收入的分配，内在于再生产过程之中。因此，应深入研究税收在再生产过程中的分布规律，从课税对象入手总结归纳各种不同的税收和再生产过程各环节的联系。首先，在生产阶段，可以作为课税对象的主要是针对生产过程中生产条件和资源占用，主要表现为资源税或开采税、采掘税，其作用主要是调节级差收益，调节企业利润，促进企业合理占用资金和提高资金使用效果。其次，在流通阶段，可以作为课税对象的主要是交换过程实现的商品销售收入或销售收入扣除物耗部分的增值额，主要通过征收流转课税可以直接调节商品销售利润，流转税可以因不同产品的销售、收入区别对待。再次，在分配阶段，可以作为课税对象的各种所得，主要是个人所得税和企业所得税，所得课税的作用除保证国家收入外，调节国家、企业、个人之间以及各经济成分之间的分配关系是最直接的。在消费阶段，可以作为课税对象的是消费支出，不论是用于个人的生活消费还是用于生产的消费以及用于扩大再生产的投资消费，都可以看作消费支出，消费支出征税的付税人是消费者，属于消费阶段，税额就不能包括在商品价格之中，只是商品价格之外的附加，故对消费支出征税也可能对相应的生产起调节作用。上述分析表明：在社会再生产过程不同阶段征收的各种税收之间，并不存在不可逾越的界限。再生产各个阶段的税收既可以向前推移，也可以向后推移，既可以合，也可以分，还可以相互替代，或同时并存。例如：如果仅从国家取得收入的角度看，流转税可以为所得税所替代，所得税的相对部分也可以转为流转税。其他各阶段的税收的相互关系也如此。如消费支出税，从销售角度看，也可以转化为零售商业的流转税，此其一。其二，在再生产过程的不同阶段征税，其作用的方向是不同的，究竟实行什么样的税制结构则主要取决于各阶段税收的不同作用。由于社会经济生活是复杂的，特别是在商品经济的条件下，需要税收发挥调节作用的方面是多种多样的，因此，在再生产过程各个阶段征税，并构成一个相互协调相互配合的税收体系就成为客观必然。其三，从同一调节目的来看，每一种税的调节作用都有它的局限性，实现最终的调节目的往往需要通过再生产过程各个阶段的一系列税收共同调节。也就是说，同一税收可能达到不同的调节目的，反过来，同一目的也可能需要采取多层次的税收调节。

三、扬弃当代西方主流经济学的税收理论

当代西方主流经济学是西方经济学中占统治地位的经济理论，其演变过程适应了西方经济发展的要求，揭示了西方经济运行的规律并影响着西方经济政策的制定，不仅代表着西方经济学发展的主旋律，而且对理论界和现实经济政策都产生了最为深刻的影响作用。当代西方主流经济学围绕国家干预和自由放任两大思潮，运用相对先进和比较科学的主流经济学范式，研究分析了税收在调节和控制经济波动中的功能和作用，提出了相应的税收思想和理论体系。

（一）哈伯德和奥布赖恩的税收理论①

美国哥伦比亚大学教授R. 格伦·哈伯德和利哈伊大学安东尼P. 奥布赖恩在他们合作的《经济学（宏观）（全新第3版）》中提出了国民收入中税费的循环流动。他认为，企业将产品和服务出售给三个群体：国内家庭、国外企业和家庭以及政府。企业使用生产要素（劳动、资本、自然资源和企业家才能）生产产品和服务。家庭向企业提供生产要素以获取收入，工资、利息、租金和利润的总和就是经济中的总收入。家庭把部分收入用于购买产品和服务，这些支出中有些部分是用于国内生产的产品和服务，有些部分是用于国外生产的产品和服务。对国外产品和服务的支出就是我们所知的进口。家庭还会把部分收入用于对政府的税费支付（注意，企业也会向政府支付税费）。部分家庭收入既不用于产品或服务的支出，也非用于税费，而是以支票或银行账户的方式储蓄或者购买股票和债券。政府的税费既有来自国内家庭和企业的收入，也有来自国内外家庭在本国产品和服务上的支出所形成的收入，但是哈伯德和奥布赖恩的税收理论还是比较宏观，虽然考虑了国际贸易因素，但没有考虑资源环境因素，这不能不说是一大缺憾（见图4.1）。但是，作为新古典经济学的代表人物之一、欧洲工商管理学院罗伯特·艾尔斯教授的最优税收理论则恰恰弥补了这一缺憾。②

---

① ［美］R. 格伦·哈伯德、［美］安东尼·P. 奥布赖恩著：《经济学（宏观）（全新第3版）》，王永钦等译，机械工业出版社2011年2月版，第6页。

② ［美］罗伯特·艾尔斯著：《转折点——增长范式的终结》，戴星翼、黄文芳译，上海译文出版社2001年版，第260—261页。

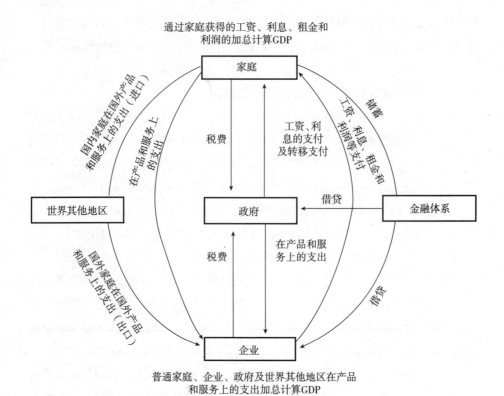

图 4.1   考虑国际贸易因素的国民收入税费流程循环图

（二）罗伯特最优税收理论

罗伯特·艾尔斯提出最优税收制度的特征是：（1）最优税收制度应该是有效的。它会鼓励生产活动中的创业活动、冒险、技术创新、节约（资本积累）和资本投资。相反，它不鼓励非生产性资产的积累（如为了投机而囤积黄金、收藏品和土地）。（2）最优税收制度应鼓励工人出售其劳动力；同时，应该鼓励雇主去购买劳动力，特别应该鼓励雇主去创造新工作。（3）最优税收制度应该不鼓励对社会有害的活动，如武器、酒类、香烟和毒品的滥用，有限和不可替代的自然资源的过早耗尽，以及危险废弃物和有害污染向环境的扩散。（4）最优税收应该是平等的。这意味着同等情况应该同等对待；意味着收入分配方面的累进税率（高收入者比低收入者支付更高的税收）；这也意味着在某种程度上关注代际平等问题。如何确定为了当前增长的消费，牺牲多少未来财富才是合理的？在国际竞争方面，它应该是中性的。（5）最优税收制度应该是透明的，在计算和执行上是相对简单的，从而减轻繁重的会计和记账负担，特别是减轻小企业的负担。应当肯定，罗伯特·艾尔斯提出五个方面的最优税收特征为我国税收制度架构创新提供了思路。

（三）马斯格雷夫的税制设计理论

西方主流经济学的税制设计理论中，最有代表性的是美国财政学者马斯格雷夫，他在《财政理论与实践》一书中论述了经济循环中的公共部门收入与支出流动，并完整地提出了税收制度架构的系统理论。该理论假设在一个封闭的经济社会，整个国民经济只有政府、居民个人（家庭）和厂商（企业）三类主体，同时存在着要素市场、资本市场和产品市场三类市场。在这个三个部门经济的运转体系中，政府可以运用税收手段介入其中，在一定的周转点上向居民个人或厂商课税，从而对国民经济活动产生影响。在产品市场上，如果向作为卖者的厂商征税，课税对象是厂商生产销售的产品货物，税基是其销售产品货物的销售收入流转额，税收的性质应属对商品课税。

在产品市场上向作为买者的家庭征税，纳税人是居民个人，课税对象是消费支出。消费支出就总体而言相当于各种所得扣除银行存款储蓄和库存现金，与所得税有相似之处。因此，有学者主张以消费支出税来代替所得税，理由是消费支出是测度纳税人负税能力的最好尺度，消费支出征税最能鼓励储蓄，但从可行性上看，由于综合消费支出税在征收管理上存在着许多困难，因此，消费支出税的课税对象一般只限于少数特殊性质的消费支出。

在要素市场上向作为买者的厂商征税，一般是对厂商利润征收公司所得税，对厂商支付的薪给征收薪给税或社会保险税，是对个别生产要素的征税，属于特定要素税。要素市场上作为生产要素卖者的家庭，因提供各种生产要素而取得工资、股利、利息和租金等收入，也应征税。对家庭的总收入可以征收个人所得税、工资收入可以征工资薪给税、股利收入可以征股息税。对家庭总收入的征税，是对全部生产要素的征税，故个人所得税属于全部要素税，而由家庭个人缴纳的薪给税、股息税等则属于特定要素税。

图4.2给出了政府、居民和企业收入与支出的循环简图，同时标明各类主要税收在该经济运行体系中的地位与影响点。居民（家庭）所得的收入（图中点1）可以分为：消费支出（点2）与家庭储蓄（点3）两部分。用于购买消费支出，流入商品货物市场并成为出售这些消费品的厂商的收入（点

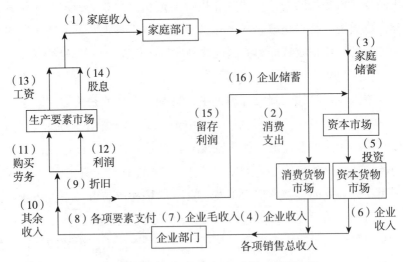

图4.2　政府、居民和企业收入与支出的循环图

4)，储蓄通过资本市场而形成投资（点5），而后又成为在资本货物市场上的
支出，最终则成为生产这些资本货物的企业收入（点6）。企业的毛收入（点
7）为企业所用，支付各项要素（点8），其中的一部分用于补偿折旧（点
9），其余部分（点10）则在生产要素市场上购买劳务（点11），用利润与利
息（点12）购买资本与其他投入要素，这形成了国民收入中的要素份额。这
些份额提供给这些生产要素的供应者，采用工资（点13）、股利（点14）、
利息、租金等形式最终又变为家庭收入（点1）。此外，还有一部分利润作为
保留利润（点15），并没有计入股利之中。而这些保留利润加上折旧补贴，
就构成了企业的储蓄（点16），最后与家庭储蓄（点3）一起形成投资资金，
用于购买资本货物。这就形成了一个完格、封闭的收入与支出运转过程。在
这个运转体系中，政府通过在一定的周转点上向企业课征税收，税收相应就
在这些点上对国民经济活动产生影响。点4是对零售营业收入的征税，点6
是对资本物品包括有形资产、无形资产以及证券交易的征税，点7是对企业
毛收入的征税，点10是对扣除折旧后的净营业收入的征税，点12是对利润
的征税，点14是对股利的征税，点15是对留存利润的征税。这一部分税种
的设置，主要有对财富占有的课税，即财产税；对财产继承或财产赠与的课
税，即遗产和赠与税等。可以看出，政府对企业的课税包括：对产出课征的

税收，对企业使用要素课征的税收，以及对企业利润课征的税收等。这些税收对企业的投资、生产、融资、要素的使用等决策具有重要的影响作用。

三部门模型假定家庭的收入全部用来购买消费品，厂商所生产的消费品全部销给家庭个人，因此无论是对产品、对要素征税，还是向家庭、向厂商征税，只不过是征税形式不同，其负担和影响是相同的，所征的税款应该是等价的。但是，在现实的经济社会中，家庭收入除了购买消费品之外，还有一部分用于储蓄，即将这部分收入存入银行或者购买债券和股票等，由于货币流向不是产品市场而是金融市场，因此，家庭储蓄是货币流中的漏出。此外，厂商在要素市场上用取得的收入购买生产要素后，还有一部分收入作为保留利润，并没有计入股利之中，这些保留利润加上折旧补贴，就构成了厂商的储蓄，最后与家庭储蓄一起形成投资资金，用于购买资本货物。因此，如果存在储蓄的情况下，对买者征税与向卖者征税是不等价的。同样，三部门模型假定国民收入（全社会个人所得）与国民产出（全社会个人产出）之间是等同的。由于收入值与产出值是相等的，如果向家庭收入课征的税收，对收入的所有来源按同一税率征收，与向家庭支出所课征的税收，对支出的所有消费品也按同一税率征收，那么，向家庭对收入征税与对支出征税等价，向厂商，对收入征税与对支出征税等价。上述征税点的分布、税种的设置，处于实物流与货币流之中，从宏观上反映了对国民收入流量（即当年新创造的价值）课税的种类及环节。但是，在现实的税制中，还有处于实物流或货币流之外的一些税种，它们与国民收入的存量相联系，反映了对过去年度财富积累的课税。因此，从课税的客体看，无法在实物流或货币流之中表示出来。更为重要的是，三部门模型的税制架构并没有考虑资源税的因素。可是世界银行认为公司所得税，包括产品出口企业的利润税，特别是采矿和农业产权的经营税，在征收管理方面很少有问题。①

四、税收制度架构理论的创新与突破

在科学发展观指引下我国国家税收制度架构要减少污染的外部成本、保持自然资源存量、激励经济内涵式发展、缩小代内收入差距、重视代际公平，并

---

① 世界银行：《1988 年世界发展报告》，中国财政经济出版社 1988 年版。

通过主体税种的设置和各个税种的相互配合协调实现税制的结构调整和优化布局。传统上，一般可将税收分为商品税和要素税两大类，考虑到资源环境作为经济系统的更大系统，资源环境要素是经济活动所必须考虑的约束条件，那么，资源环境税理应成为税制体系中相对独立的主体税种。资源环境税的功能主要不是为了财政收入，而是为市场参与者提供有关成本的准确信息。这是因为：第一，资源环境税是生态文明建设的公共政策工具，随着国家可持续发展战略的稳步实施，建设资源节约和环境友好型社会必然要提高资源环境税的地位和比重。第二，资源环境税作为主体税种并不是将其只视为一种为实现可持续发展目标而孤立实施的税种，需要与其他税种配合兼顾财政收入目标，资源环境税的真正意义不在于取代原有税制中各税种的职能，而是要将节约资源和保护环境纳入税制基本原则之内，贯彻于税种的设计理念之中，并在各个税种的相互配合中体现出来。第三，构建有利于科学发展的税收制度所涉及的就不仅限于一种税，而是多税种联动，这些税种都需要重新被考虑和塑造，资源环境税占 GDP 的比重会提高，为保证宏观税负的稳定，就需要降低其他税种的税率。第四，从可持续发展视角分析，若对资本课税，有利于节约资源和环境；对劳动课税不利于对清洁资源的使用，所以，劳动课税应该轻于资本课税，最终环保政策得以通过税收手段而实现，减低劳动力成本，必然增加劳动力清洁资源的使用；增加污染资源的使用成本，必然减少污染资源的使用。基于上述考虑，根据政府、家庭和企业收支的循环流程以及在国民收入运转体系的相互关系，参照马斯格雷夫按照货币资金运动设计的税收流程，在对其进行改良的基础上设计了国家税收制度架构创新的理论，具体见图 4.3 政府、居民和企业收入与支出的循环图。图中标明各类主要税收在该资源—环境—经济运行体系中的地位与影响点，显示了国家与企业及其利益相关者的税收契约关系以及税收运动过程。

图 4.3 是一个考虑到自然环境、国内企业、国内家庭、本国政府、外国政府以及世界市场的国民收入和税收循环流程图。这个图可以完全刻画出一个现代国家税收制度设计的理论模型。

首先，自然环境作为企业提供生态系统服务、为居民提供生命支持服务，与两个市场部门（家庭和企业）和两个政府部门（本国政府和外国政府）之间是有机联系的，家庭和企业的经济活动在汲取地球上的自然资源，并使资

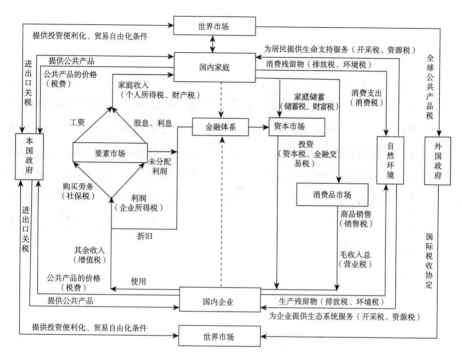

图4.3　政府、居民和企业收入与税收制度设置图

源从自然界向经济活动领域的流动的过程中难免会形成对资源的破坏，为确保避免这种行为的发生以及形成对自然资源能力的修复，企业或家庭在开采和使用自然资源的过程中就有必要缴纳资源税或开采税（也可以称为采掘税），同时，企业或家庭在生产和消费过程中必然会带来生产残留物和消费残留物，其中一些残留物比如工业废水、城市垃圾和某些有害的废弃物，可能对人体和生态环境有潜在的危害，为了矫正企业生产和居民消费的负外部性，使其社会成本内部化，达到保护环境的目的，国家可以对生产残留物和消费残留物征收环境税或排放税，这就使税收成为建设资源节约型社会、环境友好型社会的助推器，也搭建了国家税制建设与生态文明制度建设相衔接的理论支撑。

其次，随着经济全球化和区域经济一体化日益成为世界经济不可逆转的大趋势，公共服务以及公共资源的供给与配置打破了传统的国家或者地区之间的界线，尽管主权国家的国内资金是全球公共产品的主要资金来源，但是全球公共产品的成本与收益是跨越一国领土的，全球公共产品要得到充足、有效的供给，必须通过民族国家之间的协议、契约、选择性激励等手段促进合作，既遵循了国家公共产品融资的基本原则和方式，同时也需要国际层面的合作开拓新的筹资方式，其中开征全球公共产品税一时成为国际财税界的热门话题。比如，对现货外汇交易课征全球统一的托宾税，在全球范围内对含有碳的石油、煤、天然气等征收的碳税，欧洲国家提议征收航空的燃油税和机票税，对全球信息传输的每一数字单位征收的比特税，等等，这些税的提出都是为了最大限度地发挥民族国家为全球公共产品融资的激励，保证全球公共产品得到充足、及时地提供，也是当今国际社会走向多元合作、开放共赢的必然选择，尽管这些税目前只是在理论研究方面，但通过税收为全球公共产品融资的需求将会越来越大。

再次，在经济全球化、市场全球化和贸易全球化的国际环境里，国家之间的经济关系本质上不过是世界市场上的商品（包括服务）交换关系，为了推动对外贸易平衡发展，应当本着出口与进口并重的原则，设计好本国商品或劳务的出口关税以及出口退税制度，同时也要设计好有利于本国引进技术、人才以及产品和劳务的进口关税制度，推动与经贸伙伴在货物贸易、服务贸易与投资等领域的相互开放。与此同时，还要为外国企业和人才提供投资便利化和贸易自由化的税收环境，通过双边或多边国际税收合作与协调，签订国际税收协定，减少和消除贸易投资壁垒，以开放换开放，不断拓展经济发展外部空间和良好国际环境。

最后，对国内企业、家庭和政府之间的收入循环可参照马斯格雷夫的征税点设计相应的税收制度。居民家庭在收入取得阶段可以选择征收个人所得税或财产税，而对家庭消费支出可以选择征收消费税，对家庭的储蓄可以选择征收储蓄税或财富税；在对企业零售阶段可以对其营业收入征营业税，对资本市场的投资品包括有形资产、无形资产以及证券交易可以征收资本税或者金融交易税，企业各项生产要素又区分为工资、租金、利息和股息四个部分可以开征企业所得税和个人所得税，对企业扣除折旧后的净营业收入可以选择征收增值税，对企业及其人力资本的提供者可以选择社会保障税，对企业利润总额可以选择征收企业所得税。

以上分析表明，考虑到自然环境、国内企业、国内家庭、本国政府、外国政府以及世界市场的国民收入和税收循环流程图，形成了政府和企业以及企业的人力资本提供者、财务资本提供者、市场资本提供者、公共环境产品提供者、生态系统服务提供者、生产消费残留物排放者的税收契约关系，构建有利于科学发展的税收制度可以选择从这些税收契约关系出发，综合考虑到资源—环境—经济—家庭—企业—政府—市场诸因素，积极推动国家税收制度架构的理论创新与突破，这就是对现有税收体系进行选优和重塑。通过这种优化和重塑要优化税收结构，合理税权配置，公平税收负担，不断提升税制竞争力，提高税法遵从度，完善以流转税和所得税为主体税种，财产税、资源税、环境税及其他税类相互配合，多税种、多环节、多层次调节的复合税制体系，构建以人为本、充满活力、富有效率、更为公平、更加开放、高度文明的税收体制机制。有鉴于此，国家税收制度架构的理论创新与突破不但要包括对已经或可能形成污染的产品或直接对污染物的征税，而且需要对形成污染源的资源开采和使用征税。这是因为污染的形成应该包括从资源的开采和利用到有可能产生污染的整个循环周期：第一步是资源开采，第二步是原材料生产，第三步是生产过程，第四步是产品，第五步是消费，第六步是消费者处置。在这样一个循环周期中，应该选择不同的环节和不同的行为或产品征收环境税。在第一步即资源开采阶段，应该对开采者征收资源税，目前是通过对资源开采的征收提高资源的价格或开采成本。这样既能减缓资源开采的速率，又能减少对资源的需求，从而为资源的可持续利用提供条件。第二步是生产企业对原料的投入使用及燃料使用的过程。原料的使用有时与污染的联系是直接的，这时对原料投入征税应该比污染排放征税更有效率。第三步是对生产过程的征税。在生产过程中，由于使用不同的生产工艺会有不同的污染效果，此时对污染的排放征税即为生产过程的环境税。第四步是对产成品的征税。对产成品征税实际上是对这些产品的消费征税。即对引起污染的产品征税，促使消费者改变消费习惯，从而减少对引起污染的产品的消费，最终使其生产量减少。第五步与第四步实际很难区分的。如为减少对轿车的使用，在轿车的销售环节征收了消费税，这样可提高价格，以减少对其的购买，此为对产品的征税。当消费者购买了轿车以后每年都要交纳使用税，这就是对其消费轿车所征的税，同时他所消费的汽油、轿车轮胎中均含有消费税。第六步是对消费处置的征税。有些消费品是一次性消费的，而有些则是在物质形态上不能轻易消除的。如对轿车的消费、对电池的消费、对一次性餐盒的消费、企业对有些原料的消费最终形成废渣、家庭对垃圾的处理、医院对废弃物的处理等都涉及处置。对处置的征税是保护环境的一个重要环节。对不同的处置方式应有不同的环境税处理方式。所以说，构建有利于科学发展的税收体制机制，建设环境友好型资源节约型社会，应依次涉及资源开采、生产消耗、废弃物利用和社会消费等环节设计税收制度和选择税收政策，国家税收制度架构是从资源开采到产品生产、消费，到最后处置的全过程的课税理念和税制设计的不断创新与完善。

第五章 构建有利于科学发展的税收制度需加强顶层设计

要深入研究全面深化体制改革的顶层设计和总体规划，明确提出改革总体方案、路线图、时间表。要坚持有效的改革路径，尊重人民首创精神，尊重实践、尊重创造，坚持全局和局部相配套、治本和治标相结合、渐进和突破相促进，鼓励大胆探索、勇于开拓，允许摸着石头过河。

——2012 年 12 月中央经济工作会议

第一节 怎样看待税收制度的顶层设计问题

一、何谓"顶层设计"

"顶层设计"字面含义是自高端开始的总体构想，实际就是对未来改革的整体谋划。① 顶层设计的概念来源于系统工程学，原为完成某一大型工程项目，要实现理论一致、功能协调、结构统一、资源共享、部件标准化。其思想内涵主要是用系统论的方法，以全局视角，对项目建设的各方面、各层次、各种要素进行统筹考虑，和谐各种关系，确定目标，选择实现目标的具体路径，制定正确的战略战术，并适时调整，规避可能导致失败的风险，提高效益，降低成本。作为一种系统理论，顶层设计要求用全局观对系统各个层次、构成，进行协调统筹。这一系统工程概念，后来被西方国家广泛应用于军事和社会学领域，甚至成为政府统筹内政外交制定国家发展战略的重要思维方法。从顶层设计概念渊源看，系统思维是其基础，其主要出发点是围

---

① 汪玉凯：《准确理解"顶层设计"》，《北京日报》2012 年 3 月 26 日。

绕整体理念，厘清系统中的结构关系、功能关系，以求实现局部与整体的协调运行。

顶层设计在社会发展和管理领域的运用，也可以理解为政府"战略管理"。我们知道，战略一词的核心意思就是整体性、全局性、长远性、重大性目标的设定。战略管理这一概念则包含三个内涵：一是战略目标的规划与设计；二是战略过程的组织与控制；三是战略执行与实施。"顶层设计"被引入改革领域，改革的顶层设计就是要从人民的最高利益出发，站在国家战略管理的高度统筹改革与发展的全局，对制约我国未来改革发展的全局性、关键性问题进行顶层判断，提出解决的整体思路和框架，以此作为规范各类具体改革的标杆，作为制定具体改革政策的依据，从而最大限度地化解改革的阻力，降低改革的风险，确保改革发展朝着预期目标稳步迈进。改革顶层设计是顶层设计的形式意喻，引入、运用顶层设计的理念、原理和方法。这里有三个关键点：一是设计出自高端，党和政府是改革顶层设计的"总工程师"；二是设计范围，既可为国家未来发展谋划设计新的蓝图，全面整体推进改革，也可就某一事关全局的经济社会领域或重大的经济社会问题引进顶层设计理念；三是出自高层的经济社会发展的战略布局，具有全局性、系统性、包容性、前瞻性、战略性和权威性。

改革顶层设计本质上是改革理念、改革方法的突破，既要有"全局"观念，又要有"重点"突破；既要有"长远"谋划，又要有"现实"考量，这就需要政府为未来中国经济的巨轮当好"舵手"，当好"总设计师"。改革时机、环节、节奏、力度的选择是一个高度策略与技巧的问题，这犹如一个已被打乱的制度魔方，要回归到制度净面，不同的制度切面就得在时空方位的连锁互动下才能得以实现。这是因为整个社会的各项制度不可能是十全十美的，制度间的闭合链条关系更为重要。每一项制度都与其相关制度发生联系，具有相互制约性和互补性。其中某一项或几项制度发生变革，其他制度要么进行相应的调适、创新，要么处在原有状态，难以与新制度配合，与新制度发生碰撞，成为新制度实施的障碍，使新制度处境尴尬，产生摩擦内耗，加大运行成本。所以，要围绕改革在总体层面需要"设计"的特征，要加强改革设计内容上的"顶层"特征，研究改革内容和结构关系上的系统性和战略性，提高改革决策的科学性和改革执行的协调性，通过科学总结经验教训，深入研究特点规律，不断完善制度体系，尽量使制度更加完整完备、具体周密、系统配套，形成与新形势新任务新要求相适应的制度规范，充分发挥制度的整体功能和实际效能，使制度能够做得到规范、发挥好作用、经得起检验。

二、我国改革的顶层设计

事实上，改革开放以来中央历届重大会议都体现了"顶层设计"思想。1978 年，党的十一届三中全会拉开改革开放帷幕，作出了经济体制改革和以经济建设为中心的伟大决策；1982 年，邓小平同志在党的十二大上提出要建设有中国特色的社会主义，这为社会主义市场经济体制的建立奠定了基础；1984 年，党的十二届三中全会作出《中共中央关于经济体制改革的决定》；1993 年，党的十四届三中全会通过了《中共中央关于建立社会主义市场经济体制若干问题的决定》；2003 年，党的十六届三中全会通过了《中共中央关于完善社会主义市场经济体制若干问题的决定》，并提出科学发展观；2006 年，党的十六届六中全会通过了《中共中央关于构建社会主义和谐社会若干重大问题的决定》等。这些决定和文件都是对国家长远发展进行的根本性规划，使中华民族的复兴之路逐渐清晰，均体现了"设计"思想。

我国首次正式提出改革顶层设计的概念，是在 2010 年 10 月召开的党的十七届五中全会。在这次全会通过的《中共中央关于制定国民经济和社会发展第十二个五年规划的建议》中第一次使用"改革顶层设计"这一概念，明确提出"重视改革顶层设计和总体规划"。党中央提出重视改革的顶层设计，就是要求以战略思维和全局视野，对改革进行统筹考虑，明确改革的整体思路、重点任务、关键领域和先后顺序等，从而全面系统、积极稳妥地推进改革，反映了我国最高决策层面对的新变化、新特点，以更大的决心和勇气推进改革的新思路。这既是历史经验的总结，也是科学发展观的必然要求。

2010 年的中央经济工作会议提出加大改革攻坚力度，强调必须以更大决心和勇气全面推进各领域改革，同时要加强改革顶层设计。①

---

①　新华社：《中央经济工作会议在京举行　胡锦涛、温家宝作重要讲话》，新华网 2010 年 12 月 12 日。

　　2010 年 12 月 29 日，胡锦涛同志在中共中央政治局第二十五次集体学习时强调要坚持锐意进取、改革创新，围绕"十二五"时期经济社会发展的目标任务和工作要求，加强改革顶层设计和总体规划，坚持社会主义市场经济的改革方向，抓住制约科学发展的体制障碍和深层次矛盾，全面协调推进经济、政治、文化、社会等体制改革创新，切实在一些重要领域和关键环节改革取得新突破，不断推进社会主义制度自我完善和发展，加快形成有利于科学发展的体制机制。① 这次会议对"顶层设计"有一个全面的表述，概括起来有三层含义：一是指导方针，明确指出，"着力提高发展的全面性、协调性、可持续性，在实践中不断开拓科学发展之路"。二是基本内容，主要强调要坚持统筹兼顾、突出重点，从党和国家全局出发，提高辩证思维水平、增强驾驭全局能力，把经济社会发展各领域各环节协调好，同时要抓住和解决牵动全局的主要工作、事关长远的重大问题、关系民生的紧迫任务……加强改革顶层设计和总体规划。三是实现路径，重点解决"体制性障碍和深层次矛盾、全面协调推进经济、政治、文化、社会等体制创新"。

　　第十一届全国人民代表大会四次会议通过的国家"十二五"规划纲要第十一篇"改革攻坚　完善社会主义市场经济体制"提出"以更大决心和勇气全面推进各领域改革，更加重视改革顶层设计和总体规划，明确改革优先顺序和重点任务，深化综合配套改革试验，进一步调动各方面积极性，尊重群众首创精神，大力推进经济体制改革，积极稳妥推进政治体制改革，加快推进文化体制、社会体制改革，在重要领域和关键环节取得突破性进展"②。并继续沿用党的十七届五中全会以及"十二五"规划中引人注目的最新表述，"要加强改革顶层设计，在重点领域和关键环节取得突破。要研究制定收入分配改革方案，努力扭转收入差距扩大趋势。"将深化改革冠以语出系统工程专有名词的"顶层设计"，标志着党中央、国务院对改革走向全面深化与协调配套的系统性的决心与勇气。

_____

① 新华社：《胡锦涛在中共中央政治局第二十五次集体学习时强调抓住主题把握主线统筹兼顾改革创新把党的十七届五中全会精神贯彻落实好》，中央人民政府网站 2010 年 12 月 29 日，见 www. gov. cn。

② 新华社：《中华人民共和国国民经济和社会发展第十二个五年规划纲要》，新华网 2011 年 3 月 16 日。

2012年12月12日,习近平同志在广东考察时强调,现在我国改革已经进入攻坚期和深水区,我们必须以更大的政治勇气和智慧,不失时机深化重要领域改革。深化改革开放,要坚定信心、凝聚共识、统筹谋划、协同推进。改革开放是决定当代中国命运的关键一招,也是决定实现"两个100年"奋斗目标、实现中华民族伟大复兴的关键一招。实践发展永无止境,解放思想永无止境,改革开放也永无止境,停顿和倒退没有出路。我们要坚持改革开放正确方向,敢于啃硬骨头,敢于涉险滩,既勇于冲破思想观念的障碍,又勇于突破利益固化的樊篱。我们要尊重人民首创精神,在深入调查研究的基础上提出全面深化改革的顶层设计和总体规划,尊重实践、尊重创造,鼓励大胆探索、勇于开拓,聚合各项相关改革协调推进的正能量。[①]

党中央、国务院全面深刻论述了改革顶层设计的指导思想、基本内容和实现途径,同时对改革顶层设计提出明确要求,指明了方向。这是党和政府对经济社会发展战略机遇期和矛盾凸显期作出的积极回应,是对基层和社会要求改革的呼声、期望的积极回应,表明党对中国社会矛盾和问题认识的进一步深化,对改革发展规律认识的进一步深化,是对科学发展观内涵的进一步丰富和成熟运用,得到了社会各界的普遍认同和积极响应。

全国政协经济委员会副主任、北京大学教授厉以宁认为:"改革需要顶层设计。必须要看得远些。务实太多,容易'近视'。务虚看得多些,眼光才会看得远些。"[②] "顶层设计,要统筹安排,要通盘考虑,要有战略家的眼光。"[③]

著名经济学家吴敬琏认为:现代市场经济是一个非常巨大而复杂的精巧的系统。不是简单地提出目标,甚至简单地说一个口号,就能够把它到底应该做什么弄清楚的,是要做许多研究的工作,才能够把各方面改革的方案设计出来,把它们之间的配套关系确定下来,然后根据这个施工图进行施工。那么我们现在需要做的事情就是环绕一个中心,这个中心就是完善竞争性的市场体制。环绕这个中心对财税体制、金融体制、国有经济、市场监管、社

①　兰红光:《习近平在广东考察时强调增强改革的系统性整体性协同性做到改革不停顿开放不止步》,《人民日报》2012年12月12日。

②　厉以宁:《改革需要顶层设计》,《中国经济导报》2012年3月15日。

③　厉以宁:《顶层设计关乎改革成败》,2013网易经济学家年会,2012年12月14日。

会保障体系还有我们会议纲要提出来的政府职能等方面，都要作出一个改革的方案设计。顶层设计是很好的概念，这就意味着我们准备在未来的五年中重启 20 世纪八九十年代那样的改革议程。我是对今后五年寄予很大希望。①中共中央财经领导小组办公室副主任刘鹤认为，"顶层设计"指的是主体结构和主要模式。有了这个设计之后，才谈得上其他。提出这个问题，最主要的原因就是中国改革 30 多年，现在到了一个新阶段。我们积累了丰富的经验，在过去的发展模式不可持续和面临各种各样新的重大改革议题条件下，转变经济发展方式，就要经济、社会、政治体制改革稳步协调推进，在这种情况下，必须有一个顶层设计，包括主要目标以及先后顺序。具体的顺序是一个复杂的问题，需要根据实际情况作出安排。②

中国（海南）改革发展研究院院长迟福林认为，所谓顶层设计是改革由中央统筹规划统筹协调。结构性矛盾和体制性矛盾并存凸显了在明年乃至"十二五"期间，鉴于现在改革中结构性特点很突出，需要中央的顶层设计，才能使得改革在一些方面有重要的突破，比如收入分配，这个涉及全社会的利益关系调整，关注度很高，具有深刻性、复杂性、长远性，就需要中央的顶层设计。③

中国社科院数量经济与技术经济研究所所长汪同三认为，我们的改革都是从一件一件具体的项目上来开始进行的，单项改革取得了很好的效果，现在需要继续深化改革，更要注意从全局的角度综合来看，怎么样能使"单项改革的合力要大于两项改革"。我们需要做的改革，包括国有经济改革的继续，财政、税收、金融等方面的体制改革，以及资源性产品的税收、环境税。这些改革有必要有一个更高的框架来统一指导发挥更大的效果。④

中央财经大学改革发展研究院院长、教授邹东涛认为："顶层设计"是源于系统科学的一个概念，指用系统、全面的视角，审视系统建设中涉及的各个

---

① 吴敬琏：《改革在回潮　寄望新顶层设计重整》，搜狐财经 2011 年 11 月 11 日。
② 李泓冰：《中央提加强改革"顶层设计"的台前幕后》，《人民日报》2010 年 12 月 15 日。
③ 张静：《改革攻坚：加强改革顶层设计》，《新京报》2012 年 12 月 13 日。
④ 贾玥、罗旭：《汪同三谈加强改革顶层设计：应从全局角度深化改革》，人民网 2010 年 12 月 13 日。

方面、各个层次和要素之间的关系，实现统筹、协调发展的目的。可以从两个维度来理解，其一，指设计机构的最高层，即中央政府。"顶层设计"便涉及由中央政府出发进行的、自上而下的系统化设计。既要解决中央政府、地方政府、各利益团体与人民群众的关系，又要解决好政府与市场、国内与国外的关系问题。"顶层设计"就是强调这一切工作都是由最高层的中央政府开始的系统工程，而非"头疼医头，脚疼医脚"的零敲碎打。其二，指设计水平的最高层。"顶层设计"的对象是一切工作的总体性、根本性、长期性依据，是从最高层次进行的全面设计，立足长远，不同于某个地区、某级政府或是自下而上式的改革思路。强调的是最关键、最根本、最基础、最重要的制度性变革，是其他改革工作的指导和前提。①

中央党校研究室副主任、教授周天勇认为：改革攻坚，是一个错综复杂的系统工程，需要总揽全局、统筹把握、合理规划，才能保证体制改革的顺利和成功，这就是"顶层设计"。体制改革是一个循序渐进、逐步发展的过程，所以，"十二五"期间应当有一个渐进性的改革规划，对于近期的任务、中长期的目标、具体的方法和步骤等等，都需要在深入研究的基础上进行科学思考。

中国社会科学院学部委员张卓元认为：目前，中国经济体制改革已进入"深水区"，一些改革攻坚任务由于久拖不决逐渐成为老大难问题，这些改革都涉及比较重大的利益调整，困难和阻力比较大，不是一朝一夕、一年两年就能完成的。这首先就需要顶层设计，做好总体规划，然后自上而下进行强有力地推动，才能取得实质性进展。做好顶层设计和总体规划，要体现全局的整体的利益，要充分吸收基层和广大群众的经验和诉求，特别是要排除既得利益群体的干扰。不仅要提出改革的目标，还要提出改革的路线图。②

古语云："不谋万世者，不足谋一时；不谋全局者，不足谋一域。"我们固然不能再用计划经济的观点来看现在的经济问题，但也不能简单套用西方经济学理论，以成熟的市场经济体制下企业和政府行为的一般规律来看待我们当前面临的问题。在当代中国的发展进程中，面对经济社会发展中的短期

---

① 邹东涛：《顶层设计：改革方略的一个重大发展》，《北京日报》2011 年 3 月 29 日。

② 张卓元：《以顶层设计给力改革深水区》，《人民论坛·学术前沿》2012 年 3 月。

问题和长期问题交织、结构性问题和体制性问题并存、国内问题和国际问题互联，都必须把顶层设计作为改革的主体性工程，对改革的理论支撑、战略目标、战略重点、优先顺序、主攻方向等进行整体设计。具体来说包括如下要素：

——改革的理论基石。从中国基本国情出发，以邓小平理论、"三个代表"重要思想、科学发展观为指导，以中国特色社会主义理论体系为行动指南，全面把握经济社会发展的一般规律和基本要求，更多地借鉴和吸取各国经济、社会和政治发展中创造的文明成果，更好地反映最广大人民群众的根本利益和基本要求，推动科学发展、促进社会和谐。

——改革的战略目标。从党的十八大报告对推进中国特色社会主义事业作出"五位一体"的总体布局出发，着眼于全面建成小康社会、实现社会主义现代化和中华民族伟大复兴，以经济建设为中心，以科学发展为主题，全面推进经济建设、政治建设、文化建设、社会建设、生态文明建设，健全完善中国特色社会主义制度，降低改革成本，协调多方利益，保证人民安居乐业。

——改革的战略重点。根据改革中长期目标实现所需要的条件，确定完成改革战略目标的关键领域和重大举措，作为确定改革战略步骤的基本依据。顶层设计不仅涉及经济体制改革，还涉及社会、政治、文化和生态文明领域的改革设计，应在坚持中国特色社会主义基本经济制度的基础之上，进一步明确经济体制、政治体制、文化体制、社会体制和生态文明等各项制度改革的重点，形成明确的战略目标和根本的动力机制。

——改革的优先顺序。根据实现全面建成小康社会宏伟目标、完善社会主义市场经济体制和加快转变经济发展方式的内在要求，在确定改革战略重点之后，按照轻重缓急，对不同领域的改革进行排序，给出时间表，使得改革能够按照一定的进度安排有条不紊地推进。

——改革的主攻方向。要立足全球政治经济格局的新变化，统筹考虑国际国内的各种条件和因素，在对改革优先顺序确定的基础上，在每一个时期都要把握改革进程中的主要矛盾，选择最有条件突破并能够带动全局的环节集中突破。

——改革的推进方式。推进政治、经济、社会、文化和生态文明等各领域的改革，必须整体配套、协调推进，制定总体规划，对改革的目标、方式和步骤进行顶层设计，要把握改革的具体特点，选择有效的策略、方法和途径推进改革，充分估计各种因素对改革实施的影响，切实加强对改革的进程进行科学的预测和统筹。

三、有利于科学发展的税收制度离不开顶层设计

税收制度是经由立法部门的法定政治程序产生并实施的。在这个政治过程中，税收制度的机制设计提供了最基本的实体要素，并围绕税制设计原则进行税基的设计、税率的设计、税收负担的设计以及税务行政程序的设计，是税收制度产生运行的基础。[①] 从税收制度的设计看，它是在国家政治和经济的大环境下，政府意欲达到某种政策目标的情况下，对市场主体经济行为设计出来的约束规则，试图设计出既满足自利的个人偏好又满足政府特定目标的经济机制。作为整体经济体制的子系统，税收制度涉及公众、企业和政府各自的利益格局划分，税制改革是一个利益枢纽，会对企业和公众行为产生相当大的影响，对产业布局、区域发展、社会事业发展、经济结构、经济增长和政府收入等等都会产生深远影响，不能不慎重。因此，要跳出税收看税收，从党和国家工作全局的角度审视税制设计问题，综合考虑国内外政治经济形势，设计出合适的税制。对此，不同的人们提出了不同的看法。

中国的税收制度是在原来公有制基础上设计的。从国有企业改革开始的利改税，第一次把上缴利润，慢慢改为税。但是对于民营和私有经济这一块的税收，却缺乏总体的设计和考虑。随着中国经济的多元化，特别是多年来中国财富的迅速积累，简单的税收制度与我们的经济现状已经极不适应，需要从总体上设计一套适合中国经济特点、服务于中国长期稳定经济发展，并适当调节社会经济分配的税收体系。[②]

全国人大常委会委员朱永新在分组审议个人所得税法修正案草案时提出，希望能够对税收制度做一些顶层设计，不要把眼睛只盯住提高起征点，真正要调节我们的收入分配，今后奢侈品税、遗产税、物业税等税收还应进一步

---

①　温海涝：《税收制度可设计性的研究》，《改革与战略》2007 年第 12 期。
②　未名：《中国需要一个完整的税收体系》，《价值中国》2012 年 10 月 9 日。

出台，综合考虑调整整个社会收入分配差距问题，目前力度还是不够的，让大部分人能够直接纳税，这是今后的方向。[1]

全国政协委员、财政部财政科学研究所所长贾康认为，中国今后一个时期在做好顶层设计、统筹协调的前提下重点实施结构性减税，具备现实可行性，需要以低收入端、小微企业端、实体经济端等为重点的结构性减税，配之以其他优化收入分配的举措，降低恩格尔系数较高的社会群体的税收痛苦，优化分配再分配，促进社会和谐。[2]

发改委交通运输研究所副所长汪鸣认为，营业税改增值税后，中央和地方的税负分成关系如何调整，需要做更大的改革设计，但这显然不是目前的试点改革能做的。[3] 有人认为，对于中国下一步的税收改革，我们尚缺乏整体考虑和顶层设计。历史与现实一再告诉我们，缺乏顶层设计的任何改革，都难免头痛医头、脚痛医脚，甚至支离破碎、不成体系。[4]

有人认为，个税起征点的提高是解决贫富差距和分配不公的第一步，公众别被起征点蒙蔽了双眼，真正的改革"重头戏"还在后头。仅仅把提高起征点作为个税改革的抓手，无益于个人所得税乃至中国整体税制的根本性进步。现在已到了进行税制改革"顶层设计"的时候了，因为我们的目标是缩小贫富差距、收入分配合理、物价上涨时不再捉襟见肘。让公众真正感受到"税负"减轻，这是所有人的愿望。[5]

有人指出，近些年来，对税制"不科学、不合理、不公平"的问题只是修修补补，不但没有解决问题，反而使"三不"愈演愈烈。总之，中国的税制改革修修补补已无济于事，必须按照市场经济规律，借鉴成熟市场经济国家的财税经验，进行彻底改革。税制改革总的框架应该是：个税按家庭年收入计征，增加直接税，减少间接税，废除增值税。[6]

---

[1]　朱永新：《对税收制度做顶层设计综合调整收入分配》，中国人大网 2011 年 4 月 22 日。

[2]　贾康：《结构性减税：必须做好"顶层设计"》，人民网 2012 年 3 月 06 日。

[3]　定军：《媒体称营改增后需更大税制改革设计　期待税改顶层设计》，《21 世纪经济报道》2012 年 6 月 1 日。

[4]　高培勇：《税收改革须有顶层设计》，《中国财经报》2011 年 3 月 15 日。

[5]　至善若水：《讨论个税起征点不如讨论税制改革"顶层设计"》，中国经济网 2011 年 4 月 28 日。

[6]　《税制改革应减少间接税　增加直接税》，2012 年 3 月 5 日。

　　时至今日，国际和国内各方面情况发生许多变化，形成中国对新一轮财税体制改革的客观要求。现在应对财税改革进行深入全面的评价，针对现实中的突出问题，提出新一轮财税体制改革的大思路，制订总体方案，争取在新政府换届之后的一到两年内推出，大约应该在 2014 年。[①] 既然是顶层设计，就需要站在战略的高度重新审视现有税制的不足，思考未来中国发展的前景，对现有税制作出根本性的改变，为中国下一个十年的可持续增长和经济社会和谐发展提供有力的制度保障。[②]

　　回顾中国的改革历程，税制改革是宏观经济体制改革中最系统、最成功的。1993—1994 年进行的税制改革是全面的、深刻的，它建立了适应中国特色社会主义市场经济的税收制度框架，对于中国的经济发展、改革开放发挥了重要的、积极的、全面的促进作用。就中国当前的情势而言，构建有利于科学发展的税收制度，至少要包括如下几个方面：

　　第一，构建有利于科学发展的税收制度要坚持中国特色社会主义道路和理论体系。应以中国特色社会主义理论体系为指导，把科学发展观看作是税制改革的理论基石和行动指南，并坚持把科学发展观贯穿于税收事业发展的全过程，落实到税制改革的各个方面，深深植根税制改革的伟大实践，不断深化对税收制度发展改革规律的认识，努力打造具有中国特色、中国风格、中国气派的税收理论话语体系，不断创造既体现时代要求又富有自身特色的税收理论成果，积极推进中国特色社会主义税收理论创新和制度创新。

　　第二，构建有利于科学发展的税收制度要服从服务中国特色社会主义制度建设的需要。中国特色社会主义制度，就是人民代表大会制度的根本政治制度、中国共产党领导的多党合作和政治协商制度、民族区域自治制度以及基层群众自治制度等基本政治制度，中国特色社会主义法律体系，公有制为主体、多种所有制经济共同发展的基本经济制度，以及建立在这些制度基础上的经济体制、政治体制、文化体制、社会体制和生态体制等各项具体制度，这是在经济、政治、文化、社会和生态文明等各个领域形成的一整套相互衔接、相互联系的制度体系。税收制度是中国特色社会主体制度的重要组成部

---

　　① 刘克崮：《将财税改革作为行政改革突破口》，中国改革论坛网 2012 年 9 月 19 日。
　　② 王志刚：《新一轮税制改革的思考：挑战与希望》，《金融发展评论》2012 年第 2 期。

分，必须符合坚持和完善中国特色社会主义制度的要求。

第三，构建有利于科学发展的税收制度要以"十二五"规划纲要和党的十八大对税制建设的决策部署为主攻方向。要按照优化税制结构、公平税收负担、规范分配关系、完善税权设置的原则，坚持把促进经济发展方式转变作为税收发展的着力点，构建有利于科学发展和加快转变经济发展方式的税收体制机制，充分发挥税收筹集收入和调控经济、调节分配的职能作用，为经济社会发展提供可靠的财力保障和有效的政策支持。

第四，构建有利于科学发展的税收制度要把人民利益放在第一位，不断解放和发展生产力。要始终把实现好、维护好最广大人民的根本利益作为一切税收工作的出发点和落脚点，充分调动一切积极因素，解决和发展生产力，建立各种所有制经济平等竞争的环境，创设技术、管理等要素参与分配的税收激励机制，推动形成科学化、民主化、规范化的税收决策机制，完善符合社会主义市场经济的税收法律制度体系，逐步营造出市场主体活力竞相迸发、社会财富源泉充分涌流的税收环境，更好地实现社会公平与正义，使所有的劳动者和建设者都能够分享经济发展和社会进步的成果。

第二节　从中国特色社会主义总布局出发设计税收制度

党的十八大明确指出：全面建成小康社会，加快推进社会主义现代化，实现中华民族伟大复兴，必须坚定不移走中国特色社会主义道路。并强调建设中国特色社会主义的总体布局是"五位一体"，对社会主义市场经济、民主政治、先进文化、和谐社会和生态文明等五大建设全面协调推进作出了一系列重大战略部署。"五位一体"总体布局作为一个相互联系、相互促进的有机整体，既要从宏观层面进行统筹，又必须以局部与全局特定关联的整体性结构思维，实现关键环节重点推进和突破。"五位一体"的总体布局直接关系人民群众的经济、政治、文化、社会和生态权益，每一种权益的体现和保护与税收制度及其结构安排休戚相关，是我国税制制度改革的最顶层。统筹"五位一体"战略布局必须站在全面建成小康社会、实现社会主义现代化和中华民族伟大复兴的战略高度加快推进税制改革，积极构建有利于科学发展的税收制度，着力破除妨碍五位一体的税收体制机制弊端，以税收制度促进"五位一体"的中国社会主义制度建设。

为了使我国税制设计更为完善、更为科学，使中国特色社会主义税收制度更加成熟、更加定型，要紧紧围绕中国特色社会主义事业总布局的要求，根据经济建设、政治建设、文化建设、社会建设和生态文明建设的部署，在中国特色社会主义制度的整体框架之内审视现行税收制度，在保持其符合中国特色社会主义制度优势的基础上，彻底清除现行税制中不利于中国特色社会主义政治制度、社会制度、文化制度、经济制度和生态文明制度建设的部分，用市场效率的经济准则优化税制、用民主法治的政治精神规范税制、用公平正义的社会价值校正税制、用科学先进的文化元素美化税制、用绿色文明的生态理念绿化税制，使得主体税和辅助税协调配合、中央税和地方税关系规范、直接税和间接税比例合理、资源税和环境税地位凸显，通过全方位多环节深层次的税收作用，形成一个与"五位一体"中国特色社会主义制度有机衔接、科学合理的税收制度及其结构安排，为加快完善社会主义市场经济体制和加快转变经济发展方式奠定规范的税制基础，为建成富强民主文明和谐的社会主义现代化国家作出积极贡献。

一、与经济体制改革相适应，实现税收制度与经济体制的有机统一，为建设社会主义市场经济服务

要客观看待税收的经济职能，合理设置税种、税目，科学确定税基、税率，有效实施税收优惠，平衡税收负担水平，有效发挥税收参数的经济调节作用，充分考虑每一个税种的内在性质和功能边界，考虑每一个税种内部税制要素的各自特点和作用方式，考虑各个税制所需要的技术条件和配套措施，考虑各个税制所需要的法定原则和有关规定，进一步理顺税收与市场的关系，更加尊重市场规律，更好发挥税收作用，为各类市场经济主体提供一个统一、规范、透明的税收制度平台，促进自由竞争，激发市场活力，推动经济更有效率、更加公平、更可持续发展。一是完善与现代企业制度相适应的税收制度，完善以流转税为主体的生产税调节机制，建立各种所有制经济依法平等使用生产要素、公平参与市场竞争、同等受到法律保护的税收制度，营造各类市场主体活力竞相迸发、社会财富源泉充分涌流的税收发展环境，更大程度更广范围发挥市场配置资源的基础性作用，着力激发企业发展新活力。二是加强税收政策手段机制化建设，通过税制结构与市场结构的无缝对接，实现税收调节对现代市场体系的全覆盖，停征和取消有碍经济结构调整的税种，调整和归并性质相近且交叉设置的税种，适时开征一些必要的新税种，优化税种在社会再生产各环节的合理布局，既调节商品市场也调节要素市场，既干预实体经济也干预虚拟经济，既涉及国内市场也涉及国际市场，既避免重复征税又杜绝课税真空，既保证财政收入也改善宏观调控。三是从实施创新驱动发展战略的高度出发，完善科技创新的税收激励机制，完善落实国家中长期科技发展规划纲要配套政策，总结推广相关试点税收政策，积极研究制定加快国家创新体系建设有关政策措施，不断形成税收激励创新的正确导向，着力增强创新驱动发展新动力。四是形成有利于经济结构调整的税收制度，加快建立税收扩大消费需求的长效机制，推进营业税改征增值税以发展壮大现代服务业，落实完善结构性减税政策以支持小微企业特别是科技型小微企业发展，实行更加有利于实体经济发展的税收措施，继续实施区域发展总体战略的税收优惠政策，发挥税收对经济结构调整和经济增长方式转变的边际调节作用，引导社会资源朝着改善需求动力结构、优化产业结构、促进区域协调发展的方面合理配置。五是加快完善城乡发展一体化的税收体制机制。深化农村税费体制改革，改革城市维护建设税，加大税收强农惠农富农政策力度，完善土地使用权流转的税收政策，提高农民在土地增值收益中的分配比例，统筹实施城乡基础设施和公共服务的税收政策，加快消除城乡区域协调发展的税收障碍，促进城乡要素平等交换和公共资源均衡配置，形成城乡经济社会发展一体化新格局。六是着力培育开放型经济发展新优势，制定科学的关税政策导向，继续适度调降关税水平，降低高档时尚奢侈品关税，关税结构安排应着重体现国家发展战略和促进国内消费者福利提高，改变原有的单一关税结构，广泛使用从价税、从量税、混合税等，促使税制多样化，建立包括季节税、复合关税、紧急关税等在内的特殊关税制度；整合优化综合保税区税收政策，促进加工贸易向产业链高端延伸，延长国内增值链条；完善"走出去"的税收政策，实行更加积极主动的开放战略，全面提高开放型经济水平，不断完善互利共赢、多元平衡、安全高效的开放型经济体系。

二、与政治体制改革相适应，实现税收制度与政治体制的有机衔接，为建设社会主义民主政治服务

要坚持把筹集财政资金作为税收最原始、最基本的职能，通过税制顶层设计对税制中不适应政治体制的部分进行改革创新，进一步优化税权配置，健全地方税体系，合理划分中央税、地方税以及共享税的税种，规范理顺中央和地方的税收分配关系，既足额稳定，又适度合理，为中央政府有效治理国家奠定坚实的物质基础，为各级政府履行职责提供相应的财力保障。一是积极推进地方税改革，确立各级政府的主体税种，着力构建一个税种适量、结构合理、制度严密、征管高效、调控力强的地方税收体系，不断增加地方税收收入，切实提高各级财政特别是县级财政提供基本公共服务的保障能力。二是按照事权与税权有机结合的原则，将宏观调控功能强、税基流动性弱、收入比重较高、税负分布广泛的税种划归中央；将宏观调控功能弱、税基流动性强、税源比较分散、受益特征明显的税种全部划归地方；将某些与经济发展直接相关的主要税种作为中央与地方的共享税收入，尽量减少共享税的数量和比例，并采用税率分享制理清共享税的配置边界。三是在统一税政的前提下，赋予省级政府适当税政管理权限，培育地方支柱税源。中央集中管理中央税、共享税的立法权、税种开征停征权、税目税率调整权、减免税权等，以维护国家的整体利益。对于一般地方税税种，在中央统一立法的基础上，赋予省级人民政府税目税率调整权、减免税权，并允许省级人民政府制定实施细则或具体实施办法。四是按照依法治国的总体要求，积极借鉴国际上的通行做法，积极研究制定《税收基本法》，逐步完善税收实体法和程序法，将相对比较成熟的税收条例、暂行条例和细则规定及时纳入国家立法规划，提高税法的法律层级，不断提升税收立法级次，最大限度地压缩行政法规、部门规章和规范性文件的数量，逐步建立起门类齐全、结构严谨、阶位明晰、效能显著、体例科学的税收法律体系。五是从维护国家税收法制统一、尊严、权威的视角出发，充分考虑各税种的内在属性和主要功能，统筹研究各种税收优惠工具的各自特点和具体作用，建立起以产业为主导全国统一、规范的税收优惠政策体系，确保中央政令畅通，确保税收秩序向好，坚决杜绝肢解和破坏税制统一性和严肃性行为的发生，彻底消除因税收优惠政策"遍地开花"而产生的地方恶性竞争。

三、与社会结构转型相适应，实现税收制度与社会体制的全面接轨，为建设社会主义和谐社会服务

目前，我国的经济结构已经进入工业化中期阶段，而社会结构尚处于工业化早期阶段，要在进行经济体制改革的同时加快推进社会体制改革，重新认识税收的社会属性，通过税制改革的顶层设计协调政府、市场和社会三者的合作互补关系，理顺税收和社会的关系，把税收看作是政府社会治理创新的重要工具，把深化税制改革看作是加快社会管理体制改革的重要步骤，实现税制结构与社会结构的合拍一致，税收制度与社会体制的平衡协调，更好地推动我国从农业社会向工业社会、从乡村社会向城市社会、从生存型社会向发展型社会的历史转轨。一是完善以税收为主要手段的再分配调节机制，改革个人所得税，开征遗产税与赠与税，完善房产税，改革土地税，让收入和财富多者多交税，收入和财富少者少交税，均衡社会各阶层的税收负担水平，充分发挥税收对社会财富分配的调控作用，调整各利益集团或不同阶层之间的利益关系，调整、缩小人们之间的利益差距。二是借鉴成品油税费改革经验，以增强公平性、适应流动性、保证可持续性为重点，积极推进社会保障费改税，研究开征社会保障税，完善社会保障筹资机制，形成有利于社会体制建设的主打税种，推动全面建成覆盖城乡居民的社会保障体系。三是以"扶老、助残、救孤、济困"为宗旨，不断增加保障老年人、残疾人和孤残孩子等特殊群体基本生活权益而提供普惠性社会福利的税制安排。四是积极研究鼓励企业、社会团体和公民个人捐赠公益事业的税收优惠政策，扩大公益慈善类社会组织享受税收优惠的种类和范围，大力倡导和支持发展志愿服务。五是适应建立政社分开、权责明确、依法自治的现代社会组织体制的需要，统一和规范各类社会组织特别是非盈利组织的税收待遇，引导社会组织健康有序发展。六是进一步优化支持教育、医疗、就业、住房和社会保障的税收政策，办好人民满意的教育、人人享有基本医疗卫生服务、社会保障全民覆盖、住房保障体系基本形成，社会和谐稳定。

四、与文化体制改革相适应，实现税收制度与文化体制的有机结合，为建设社会主义先进文化服务

要正确认识税收对社会主义文化建设的推动作用，遵循社会主义精神文明建设的特点和规律，进一步理顺税收与文化的关系，用科学先进的文化元素全面改造和优化税制，把核心价值观的内在要求体现到税收制度安排和税收政策制定中，形成尊重差异性、包容多样性的税制结构，加强税

制与文化体制的有机衔接，为建设社会主义文化强国提供财力保障，为满足人民群众日益增长的多样化精神文化需求提供最好的税收制度和政策机制。一是统筹考虑文化领域的税费关系，在文化领域实施费改税，择机将文化事业建设费等各种政府收费改为税收，逐步构造文化建设的骨干税种，建立文化事业建设资金筹措的长效机制，为单位和居民提供公共文化服务而直接向受益者收取的费用。二是根据文化再生产的规律和特点进行税收制度安排和税收政策设计，对文化消费阶段的不同档次的文化产品和服务应分类制定差别税收政策，合理引导文化消费。三是在文化行业扩大增值税征收范围，将营业税改征增值税改革试点率先扩大到文化产业，促进文化产业大发展。四是根据建设社会主义文化强国的总体要求，继续实施支持文化体制改革试点的税收优惠政策，认真研究解决经营性文化企业改制过程中遇到的相关税收政策问题。五是在弘扬中华优秀传统税收文化和吸收借鉴国外优秀税收文化成果的基础上，把社会主义核心价值观的内在要求实实在在地体现在税制的构成要素中，用民主、法治、公正、平等、诚信、文明的伦理价值塑造税制，在全社会弘扬和践行自觉纳税最光荣、偷逃税款最可耻的思想观念，着力构建健康和谐的征纳关系，推进征税诚信、纳税诚信和用税诚信建设，更好地保障人民基本文化权益和全面提高全社会的纳税意识。

五、与生态文明制度相适应，实现税收制度与生态文明制度的有机结合，为建设社会主义生态文明服务

全面把握党的十八大关于大力推进生态文明建设的总体要求，高度重视税收在社会主义生态文明建设中的"助推器"作用。通过税制改革顶层设计进一步理顺税收与生态文明的关系，寻求税制结构与生态文明制度的最佳结合点，以人与自然和谐共生为宗旨，用生态文明的发展理念绿化税制，统筹兼顾污染者负担、使用者负担和受益者负担的原则，把生态文明建设的理念、原则、目标深刻融入到每一项税制改革的全过程。要完善税目税率设计，健全税收激励机制，强化税收约束手段，建立反映市场供求和资源稀缺程度、体现生态价值和代际补偿的资源税制，促进资源节约型社会建设；要通过环境税费改革，让税收介入资源环境产品价格实现外部成本的内在化，阻止有害环境的消费或生产行为，建立能够反映环境损害成本的税收价格机制，促进环境友好型社会建设；要根据国家主体功能区战略的需要实施差别化分类税收政策，建立健全主体功能区利益补偿机制，推动各地区严格按照主体功能定位发展，构建科学合理的城市化格局、农业发展格局、生态安全格局。通过绿化税制的顶层设计与生态文明建设的互动，实现税收制度与生态文明制度的有机结合，形成以资源税、环境税和消费税为主体税种、其他税种有机配合的绿色税收制度，使绿色税收占税收总收入的比重达到25%左右，占GDP的比重提高到5%左右，为促进生态文明建设创造最理想的税制条件和政策环境，推动形成人与自然和谐发展现代化建设新格局，让人民群众享受山清水秀、天蓝地绿的美好生态环境。

第三节　有利于科学发展的税收制度的总体思路

一、构建有利于科学发展的税收制度的指导思想

党的十七大提出要实行有利于科学发展的财税制度，要求我们在充分发挥市场对资源配置基础性调节作用的同时，进一步改革税收制度，健全税收政策，发挥税收对增强财政保障能力、推进资源优化配置、调节收入分配和实现经济社会可持续发展的功能和作用。党的十八大把科学发展观确立为必须长期坚持的指导思想，描绘了全面建成小康社会、加快推进社会主义现代化、实现中华民族伟大复兴的宏伟蓝图，明确提出了全面建成小康社会和全面深化改革开放的目标任务，进一步提出要形成有利于结构优化、社会公平的税收制度，为加快完善社会主义市场经济体制和加快转变经济发展方式作出了新部署。可以预见，未来税收在促进科学发展和构建和谐社会中扮演的角色将会越来越重要，税收将成为加快转变经济发展方式、实现国民经济又好又快发展的重要杠杆，成为建设社会主义法治国家、发展社会主义政治文明的强有力武器，成为提高国家文化软实力、解放和发展文化生产力的主要手段，成为实现社会公平正义、维护社会稳定的核心工具，成为建设社会主义生态文明、增强可持续发展能力的重要手段。应该说，构建有利于科学发展的税收制度完全符合党的十七大和十八大所确定的我国税制改革的基本方

向，要真正把科学发展观转化为推动税制改革的实际行动，切实把科学发展观贯穿于税制改革的全过程、落实到税制改革的各个环节、各个方面，使税制改革服从和服务于中国特色社会主义的经济建设、政治建设、文化建设、社会建设和生态文明建设的总体目标要求，为全面建成小康社会、开创中国特色社会主义事业新局面作出新贡献。

按照党的十七大提出"实行有利于科学发展的财税制度"、《中华人民共和国国民经济和社会发展第十二个五年规划纲要》提出"积极构建有利于转变经济发展方式的财税体制"以及党的十八大提出"形成有利于结构优化、社会公平的税收制度"的要求，当前及今后一个时期，构建有利于科学发展的税收制度的指导思想是：高举中国特色社会主义伟大旗帜，以邓小平理论、"三个代表"重要思想、科学发展观为指导，优化税制结构、公平税收负担、规范分配关系、完善税权配置，推进税制改革，完善税收政策，健全税收法制，强化税政管理，建立一个制度规范、结构优化、社会公平、富有效率的税收制度，稳步形成以商品劳务税、所得薪给税、财产财富税、资源环境税和行为目的税"五位一体"的复合税制体系，减少税收重叠度，提高税种覆盖面，提高税法遵从度，提升税制竞争力，坚决破除一切妨碍科学发展的税收思想观念和体制机制弊端，充分发挥税收筹集收入和调节分配、调控经济的职能作用，更大程度更广范围发挥市场在资源配置中的基础性作用，为全面建成小康社会和全面深化改革开放奠定更加成熟更加定型的税制基础。

二、构建有利于科学发展的税收制度的主要目标

良好的制度是一个国家持续发展的源泉和动力，税制优劣关系到国家的兴衰存亡。税制改革涉及国家、企业、个人利益调整及中央与地方利益分配，既要继承现行税制的规范做法，又要及时总结税收政策实践的成功经验，是一个复杂的系统工程。要把握改革的科学性，努力构建一个决策科学、透明度高的税收制度；把握改革的协调性，努力构建一个税种协调、结构优化的税收制度；把握改革的时效性，努力构建一个政策有效、调控有力的税收制度；把握改革的合意性，努力构建一个社会满意、激发活力的税收制度；把握改革的合法性，努力构建一个税法健全、遵从度高的税收制度；把握改革的权威性，努力构建一个税政统一、税权明晰的税收制度；把握改革的稳固

性，努力构建一个税基稳固、税负适度的税收制度。

（一）税收收入稳定持续增长的长效机制基本形成

为达到 2020 年实现全面建成小康社会的宏伟目标，顺应国内生产总值和城乡居民人均收入比 2010 年翻一番的新要求，要在准确掌握税费实际负担的基础上，按照强化税收、规范收费的原则，通过正税清费，统筹税费关系，规范财政收入形式，确立税收在政府参与国民收入分配中的主导地位，形成税收收入稳定持续增长的长效机制，提高税收占国内生产总值的比率到 25%左右，提高税收收入占财政收入的比重到 90% 以上，提高地方税收收入占税收收入的比重与地方事权相匹配，确保税收收入增长与经济税源发展壮大相协调、与减轻企业和居民总体负担相同步、与公共服务支出需求相适应，充分发挥税收在筹集国家财政收入中的主渠道作用，增强政府提高低收入者收入水平的能力，牢筑国家繁荣富强、人民幸福安康、社会和谐稳定的物质基础。

（二）适应中国特色社会主义制度的税制结构逐步优化

构建有利于科学发展的税收制度站在中国特色社会主义事业"五位一体"总体布局的战略高度，必须破除妨碍"五位一体"的税收体制机制弊端，从税收制度及其结构上对推动"五位一体"作出明确规定，才能使税收制度更加成熟更加定型，与中国特色社会主义制度相适应。因此，要按照经济建设、政治建设、文化建设、社会建设以及生态文明建设的要求，完善制度安排，并根据各税种的内在特征和合理的功能定位，确立经济建设、政治建设、文化建设、社会建设以及生态文明建设"五位"各自的主打税种；要从"五位"到"一体"的战略层面上优化税制结构，形成各种税收工具和税收要素布局合理、科学规范、功能完善、协调配合，不断增强税制的整体运行效率。通过重塑主体税种、整合辅助税种，使得主体税种和辅助税种搭配合理，全面覆盖税源，消除重复征税，税收的覆盖面和调控度得到不断提升；通过合理调整直接税和间接税比例，适当降低间接税，相应增加直接税，使得直接税和间接税的比例关系更加科学合理；通过健全地方税体系，改革中央税，规范中央地方共享税，使得中央税和地方税的分配关系更加规范有序；继续降低流转税收入比重，不断巩固所得税收入比重，大幅提高财产税收入比重，力争到 2020 年所得税和财产税收入占税收收入比重提高到 40% 以上，将流转税税收收入的比重降低到50%左右。

（三）税收宏观调控的功能不断得到改善和加强

按照国民经济宏观调控的总体要求，服从改革发展稳定大局的客观需要，推进税收政策创新，完善税收调控机制，坚持总量调节与结构调整双驱动、自动稳定和相机抉择相结合，积极探寻税收中性与发挥税收调控作用的平衡点，通过增税政策与减税政策的协调配合，逐步建立健全税收宏观调控机制。既要坚持市场化的改革取向，努力营造统一、公平、高效、规范的税收制度平台，在税收待遇上对市场主体一视同仁，促进公平税负，鼓励市场竞争，为市场主体提供一个稳定而明确的税收预期，激发市场主体活力和经济内生动力，为市场规律发挥作用建立良好的制度环境，在更大程度更广范围发挥市场在资源配置中的基础性作用，推动经济更有效率、更加公平、更可持续发展；也要不断调整和完善税收政策，建立一个能适应经济波动并进行有效调节、体现产业政策、促进创新激励和绿色发展的税收政策体系，发挥好税收在经济增长、充分就业、物价稳定、国际收支平衡等方面的推进作用和调节机能，形成有利于资源节约型和环境友好型社会建设的税收导向，强化税收推动经济结构调整和技术创新的功能作用；还能强化税收杠杆的约束功能，建立健全促进落后产能退出的税收政策体系，从而使税收与市场的关系更加明晰，税收优惠政策更加规范，税收收入效应和替代效应更加充分，积极发挥税收的杠杆和政策导向作用。

（四）保障社会公平正义的税收机制高效运行

公平正义是中国特色社会主义的内在要求。税收机制是对保障社会公平正义具有重大作用的制度，税收参与初次分配要兼顾效率和公平，参与再分配要注重公平。在初次分配环节应进一步完善以增值税、消费税为主体的流转税机制，建立有利于各种所有制经济平等竞争、各种生产要素参与分配的税收制度，逐步消除不同市场主体的税收差别待遇，营造有利于各类市场主体活力竞相迸发、社会财富源泉充分涌流的税收环境；在再分配环节应进一步健全以个人所得税和房地产税为主要手段的再分配调节机制，着力提高低收入者的收入水平，逐步扩大中等收入者比重，有效调节过高收入，充分发挥税收调节收入分配的职能作用；在第三次分配环节进一步调整优化以慈善税式支出为主要内容的税收优惠政策，通过鼓励和引导企业和个人自觉自愿捐赠来实现对社会财富的再分配；最终要建立一个多税种、多环节、全方位、复合式的社会公平税收保障体系，逐步形成以权利公平、机会公平、规则公平为主要内容的税收调节机制，充分发挥不同税种协调配合调节分配的整体优势，以最经济的税收手段确保国民收入初次分配的效率和公平，以最公正的税收措施谋求国民收入再分配的公平和正义，以最有效的税收优惠取得国民收入三次分配的和谐和稳定，在提高居民收入在国民收入分配中的比重和提高劳动报酬在初次分配中的比重的同时，更好地解决收入分配差距较大问题，使发展成果更多更公平地惠及全体人民，朝着共同富裕方向稳步前进。

（五）中国特色社会主义税收法律体系日臻完备

税法不仅是所有纳税人解决各种涉税矛盾和纠纷的重要手段，也是各级政府筹集财政资金和调节经济、调节分配的重要依据。建设社会主义法治国家必须形成中国特色社会主义税收法律体系，这既是全面落实依法治国基本方略的前提和基础，也是构建有利于科学发展的税收制度的法制根基。要弘扬社会主义法治精神，树立税收法定理念，逐步形成以宪法为统帅，以税收基本法为主导，税收实体法、税收程序法、税收处罚法和税收救济法门类齐全、和谐统一的社会主义税收法律体系。特别要加快税收实体法的立法进程，争取在"十二五"期间把比较成熟的一些暂行条例上升为法律，到2020年将所有的暂行条例上升为法律，并以完善税收征收管理法为重点，建立健全税收程序法律体系，使得法律的触角遍及税收分配关系的各个方面，确立起社会主义市场经济的税收基本规范，为国家对市场经济进行适度干预和宏观调控提供税法手段和制度框架。与此同时，要从维护国家整体利益和财税正常秩序出发，维护国家税收法制统一，更加有效地发挥法律在国家税收治理中的作用，确保依法治税局面完全形成，保证税收有法可依，税法面前人人平等，纳税人依法纳税，征税人依法征税，税法尊严得到维护，全社会学税法、尊税法、守税法、用税法的意识和能力不断提高。

三、构建有利于科学发展的税收制度的基本原则

党的十六届三中全会确立的"简税制、宽税基、低税率"的税收原则，对我国近年来的税制改革实践的确起到过积极作用。但是实事求是地讲，"简税制、宽税基、低税率"也是近年来世界各国税制改革的努力方向，这

个原则过于笼统，与中国特色社会主义事业总体布局还有很大差距，继续沿用这样的原则对构建有利于科学发展的税收制度并无太多的指导意义。国家"十二五"规划纲要提出的"优化税制结构、公平税收负担、规范分配关系、完善税权配置"原则，也仅仅是从现在开始到 2015 年期间改革和完善税收制度的基本原则，这个原则同样与社会主义事业"五位一体"的总体布局尚有距离。有鉴于此，本书提出构建有利于科学发展的税收制度的基本原则是：

（一）法治民主的原则

构建有利于科学发展的税收制度首先要与建设民主法治的社会主义国家相适应，全面贯彻落实依法治国的基本方略，切实尊重和保障人权。一方面，要加强依法治税，要把法治原则贯穿于税制的始终，使一切强制的征税，都符合法律的规范和要求，实现国家税收工作法治化，不断提升税法级次，提高税法的遵从度。要以法的形式明确各部门的权利、义务和法律责任，通过法律规范提高纳税人的法律地位，健全完善中国特色社会主义税收法律体系，任何组织或者个人都不得有超越宪法和税收法律的特权，绝不允许以言代法、以权压法、徇私枉法。另一方面，税收民主原则要求在税收活动全过程中始终贯穿税收民主的精神，使税法不再被认为是国家单方面的意志表示，而是建立在征纳双方平等的行政法律关系的基础之上。它要求将纳税人在税收活动中的民主权利具体化、系统化和法律化，并建立起一整套相应的配套制度以切实保障纳税人的权利在实践中被真正地重视和保护，从而使得税收成为尊重和保障人权的一种制度安排，税款的征收能够保持在当下社会的存在所必需的限度，税制的选择能够直接或间接地得到全体纳税人的同意，体现每个纳税人自己的意志，每个纳税人都享有创造、获得与传达任何关于税收问题见解的权利，可以自由地表达个人关于纳税权利与义务的思想，发展更加广泛、更加充分、更加健全的税收民主，提高税收法制化、科学化和民主化水平。正如著名财政学家马斯格雷夫指出，"尽管税收在公共预算中属于消极的，如我以前论述过的，好的税收却是民主和一类主要的社会资本的试金石。"①

① ［美］詹姆斯·M. 布坎南等：《公共财政与公共选择：两种不同截然不同的国家观》，中国财政经济出版社 2000 年版，第 58 页。

（二）公平正义的原则

公平正义是中国特色社会主义的内在要求，通常被认为是税制设计和实施的首要原则，也是有利于科学发展的税收制度所要体现的核心价值。公平正义原则是设计和实施税收制度的最重要的原则，它要求在税收结构中各税种的征收必须做到纳税人的负担与其经济状况相适应，并使各个纳税人之间的负担水平保持均衡，经济能力或纳税能力相同的人应当缴纳数额相同的税收，亦即应以同等的课税标准对待经济条件相同的人；经济能力或纳税能力不同的人应当缴纳不同的税收，亦即应以不同的课税标准对待经济条件不同的人。税收公平正义意味着所有的纳税人必须且应该绝对平等地分配纳税的基本权利和义务，比例平等地分配纳税的非基本权利和义务，每个纳税人都可以完全平等地共同决定中国税制的现实与未来的命运，每个纳税人都可以完全平等地享有社会所提供的一切发展壮大自己、作出贡献、竞争非基本权利的机会，在公平正义面前所有的纳税人一律平等，所有的纳税人都能够服从税收权力的强制。因此，要努力营造公开、公平、公正的税收制度环境，消除不公平的税收待遇，坚持一视同仁、同等对待，建立公平竞争的税收秩序，创造更多活力激发财富创造；对于客观上存在不公平的因素通过差别征税进行有效调节，以创造大体同等或者说大体公平的竞争环境；对于国民收入初次分配形成的结果有必要作出适当"抽肥"以"补瘦"的再分配调节，以求促进社会公平。通过税收实施程序的公平正义、税收实现结果的公平正义和税收保障的制度公平正义，逐步建立以权利公平、机会公平、规则公平为主要内容的税收公平正义机制，努力营造有利于社会公平的税收环境。

（三）经济效率的原则

有利于科学发展的税收制度应当是富有效率的税收制度，要科学把握好税收中性与税收调控的关系，充分发挥市场机制对资源配置的基础性作用，尽量避免税收对市场机制的扭曲，以税收中性为税制设计的核心理念；但同时又不排斥税收调控，在市场机制无法有效配置资源、不能正常运行等情况下，合理利用税收对经济的调控作用。也就是说，在现有条件下要尽可能地达成以最小扭曲性为约束条件的税收能力最大化，市场信号不因征税而扭曲，市场资源配置作用不为征税所干扰，特别是税收不能超越市场而成为左右经济市场主体经济决策的力量，让经济资源自由流动到最能发挥其效益的地方，而尽量减少对经济行为的扭曲，减少甚至消除额外的净损失。这就要在税制总体设计上，严格控制全社会的总体税收负担水平，尽可能地避免多征税而造成对经济发展资源的浪费，让市场机制充分发挥基础性作用，使社会资源进行有效配置，促进经济社会稳定健康快速发展；在具体税种、税目、税率的设计上，要注重税收调控功能的发挥，灵活地运用税收政策，通过多征税、少征税甚至不征税等手段，将市场经济的负面效应减少到最低程度，从而激发各类市场主体发展新活力，增强创新驱动发展新动力，构建现代产业发展新体系，培育开放型经济发展新优势，使经济发展更多依靠内需特别是消费需求拉动，更多依靠现代服务业和战略性新兴产业带动，更多依靠科技进步、劳动者素质提高、管理创新驱动，更多依靠节约资源和循环经济推动，更多依靠城乡区域发展协调互动，不断增强长期发展后劲。

（四）简化透明的原则

"道不远人，远人非道。"任何税收制度，只有适应其所附着的社会与经济环境时，才是有效的。只有适应社会发展规律，符合国情民意的税收制度，才能最终适应并促进社会的进步与繁荣，而脱离社会经济发展实际，藐视税收征纳关系调整规律的变革，不论其主观愿望多么美好，不论其制度设计多么完备，其结果必然是与社会发展和税收活动的规律相悖，难以达到制度设计的初衷。在中国特色社会主义市场经济发展的初级阶段，在公民守法纳税意识尚待规范和提高的法制建设起步时期，在政府行政职能逐渐向现代服务型转轨的过程之中，简化透明是构建有利于科学发展的税收制度的必然选择。这是因为，过于复杂的税制设置了过高的投资与创业门槛，不仅容易给人造成税负沉重的感觉，而且容易出现税种设置重叠、税制体系混乱、计税依据或税率复杂等问题，不利于激发经济活力，不利于刺激投资和就业。而税制愈简化，遵守税法所需的资源愈少，释放出的资源就可以用在更具效益的方面，促进经济成长和社会发展。所谓简化透明并不是单纯地对税制进行删减，而是要使现行税制更加科学化，符合税收发展的客观规律，也就是要奉行更加优良的税制，对现行税种从数目上进行简并控制在适当的范围之内，从内容上进行规范，对某些税种或税收规定，该充实的也应该进一步充实，对一些以规范性文件形式颁布的税收政策规定予以清理，尽量避免和减少不同税种在同一领域或同一税基上的重叠设置，力求使改革后的税制简便易行，具有较强的可操作性，降低征纳双方税收成本。简化后的税制及其负担能够为公众较为清楚地察觉和了解，无论是课税对象及范围还是纳税主体，无论是税率税目还是课征方式及税收优惠政策都要做到透明可见，让纳税人明白是在向谁征税、对什么征税、征多少税以及如何征缴等基本问题。[①]

（五）和谐包容的原则

和谐是人类社会活动的前提，没有和谐，人类将进入一种混沌无序的状态，每个人都无法对明天的生活作出一种确定性的安排，就会陷入一种人人自危的状态，即步入了霍布斯所言的"丛林时代"。社会的和谐对人类的重要性不言而喻，而且在这一点存在广泛的共识。和谐，就是要坚持促进社会和谐，努力建设社会主义和谐税收。社会和谐是中国特色社会主义的本质属性。建设社会主义和谐税收既是构建和谐社会的重要组成部分，也是构建有利于科学发展的税收制度的本质要求。要从我国社会经济生活的实际出发，要把保障和改善民生放在更加突出的位置，把经济的发展、社会和谐以及文明进步等因素考虑进去，建立一个相互补充、相互衔接并具有预见性和超前性的税制总体框架，并使税制融入国家的社会经济制度之中，降低税制改革的社会经济成本，使税制在较长时期内对社会经济环境保持相当的适应性，在社会经济环境没有发生根本性变化时，通过税收的内在稳定能力，最大限度增加和谐因素，增强社会创造活力，确保人民安居乐业、社会安定有序、国家长治久安。同时，也顺应全面提高开放型经济水平的新要求，大胆吸收和借鉴世界上能反映现代税收理念的税制设计技术，并结合我国实际加以消化、吸收、充实、丰富、创新，用更加宽广的视野推进税制改革，着眼于包容性税制建设，着力增强税制国际竞争力，建立更好的国际税收利益协调机制，不断增强我国在全球治理平台上对国际税收规则的制定和国际税收事务决策的影响力和发言权。

四、构建有利于科学发展的税收制度的五大工程

（一）实施"正税清费"工程

在市场经济条件下，税收和收费体现不同的权利关系，税收是国家或

[①]　朱为群：《税收制度设计中的简单透明原则分析》，《现代财经》2004 年第 9 期。

政府凭借政治权力课征的，直接具有强制性和无偿性的形式特征，在税款的缴纳与政府活动之间，没有直接的对应关系。不管税款缴纳者愿意与否，只要发生了税法规定的应税行为，他就必须纳税。而政府收费尽管也有政治权力介于其中，根本上也凭借政治权力开展活动，但其形式特征则是自愿性和有偿性，在费用的缴纳与政府活动之间，存在着直接的对应关系，付费人直接获得了政府提供的服务，或使用了政府提供的设施，并且往往是自己主动选择的结果。正因如此，税收似乎更多的是"公"权力的体现，而政府收费则保留了一定的"私"权力。这样，如果说乱收税体现的是公权力运用中的紊乱和失控，那么，乱收费则意味着私权利维护中的旁落和凋零。前者是公权力没有受到私权利应有的约束与规范的表现，而后者则是公权力不仅未受到约束，反而还践踏和危害了私权利的结果。不仅如此，税收和收费有着不同的公共性外表，税收是政府为全社会提供公共产品所收取的价格，从而有着鲜明的公共性；相反，收费则是政府直接为个人或单位提供服务所收取的费用，直观地表现较强的私人性，尽管其背后有着根本的公共性。税收鲜明的公共性，较好地适应了市场经济对财政收入的根本要求，决定了税收成为市场经济下财政收入最主要的基本形式，承担起了取得绝大部分财政收入的任务。至于政府收费，不管它们曾经起过什么作用，有过多么辉煌的历史，最终都退居次要的补充地位。① 因此，要按照"正税清费"和"分类规范"的原则，推进税费制度改革，在对现有收费基金进行清理整合并将部分收费转为经营性收费并对其依法征税的基础上，大力实施"费改税"工程，对体现政府职能、收入数额较大、来源相对稳定、具有税收特征的收费基金，用相应税收取代。主要内容包括：一是适应社会主义生态文明建设的需要，推进环境税费改革，将目前的排污费改为环境税；二是适应社会主义和谐社会建设的需要，将社会保险费改征社会保障税；三是从实行最严格的水资源管理制度出发，与我国现行税制体系相衔接，根据水资源费的调控目标和特点，把水资源费改成水资源税，在现行资源税条例中增加水资源税的内容；四是我国现行征收的教育费附加税具备税收强制性、无偿性、固定性等特点，是与一般行政性收费

---

① 张馨：《税收公共化：费改税成功的基点》，《涉外税务》2005年第9期。

不同的特定税种，有必要改为名副其实的税收；五是适应建设社会主义文化强国提供有力的需要，统筹考虑文化领域的税费关系，将目前由地税部门代征的文化事业建设费改为税收。

（二）实施"税负转移"工程

"税负转移"是指改变税收的组成但不改变税收的水平。它是指减少收入税，同时对有害环境的活动征税，用以补偿收入税的减少。① 主要是指在不改变税收收入总量的前提下，通过税制设计的技术处理使税款的实际承担者发生转移变化，从而更好地推动科学发展、促进社会和谐、改善人民生活、增进人民福祉。从构建有利于科学发展的税收制度出发，实施"税负转移"工程主要体现在以下几个方面：

一是通过对"好东西"征税向"坏东西"征税来实现税负转移。要重新改造现行的税收体制，逐步减少社会生态有益的货物和行为的征税，减少的部分由向有害社会环境活动的征税来弥补，通过改变课税对象的组成实现税负的转移。比如，中国是烟酒消费大国，随着成年人口的不断增长和收入水平的逐步提高，烟酒消费数量还将持续增加。酒类是有致醉性和成瘾性的饮料，为防止未成年人饮酒以及酒后驾车等所带来的损害健康和公共交通安全等社会问题，有必要上调酒税税率，增大酒税税负，抑制人们对酒类的过度消费。吸烟具有成瘾性，并且大量证据显示，烟草确实明显损害人类健康。因此，控制吸烟、保护国民健康不仅成为全球共识，也成为各国政府应该履行的义务。2003年，世界卫生组织（WHO）192个成员国通过的《烟草控制框架公约》要求各国采取的措施之一，就是提高烟草消费税，抑制烟草消费和吸烟群体的扩大。目前，中国在烟叶和卷烟生产、卷烟消费量和吸烟人口以及啤酒等酒类的生产和消费几个方面皆居世界首位，有必要上调烟税税率，增大烟税税负。

二是通过对中低收入者减税以及对高收入者增税来实现税负转移。实现发展成果由人民共享，必须深化收入分配制度改革，努力实现居民收入增长和经济发展同步、劳动报酬增长和劳动生产率提高同步，提高居民收入在国

---

① ［美］莱斯特·R.布朗著：《生态经济：有利于地球的经济构想》，林自新等译，东方出版社2002年5月版。

民收入分配中的比重，提高劳动报酬在初次分配中的比重。初次分配和再分配都要兼顾效率和公平，再分配更加注重公平。完善劳动、资本、技术、管理等要素按贡献参与分配的初次分配机制，加快健全以税收、社会保障、转移支付为主要手段的再分配调节机制。通过税制改革要多渠道增加居民财产性收入，规范收入分配秩序，保护合法收入，增加低收入者收入，调节过高收入，取缔非法收入。

三是通过由对实体经济征税转向对虚拟经济征税来实现税负转移。我国目前的税制主要是针对实体经济设立的，国家的税收收入主要依靠实体经济。可是，近年来，随着互联网技术的进步、人们消费观念的转变、银行网上业务的普及和结算方式的更新等，以电子商务为特征的虚拟经济获得了空前发展，在虚拟世界里玩家通过用真实货币去兑换游戏开发商或是门户网站服务商所发行的虚拟货币后，在网上购买他们所提供的物品或服务，这给建立在传统经济贸易方式基础上的税收制度带来了前所未有的冲击。在虚拟经济所创造的社会财富逐步赶上并超越实体经济的今天，我们应从我国改革和长远经济发展的角度考虑，正确处理虚拟经济和实体经济的关系，一方面实行有利于实体经济发展的税收政策，适当减轻实体经济特别是中小实体型企业的税负；另一方面也要积极稳妥地加快明确电子商务应税行为的适应政策，完善虚拟经济税收管理的框架安排。

四是通过税款由企业主要负担向个人主要负担来实现税负转移。企业是国民经济的重要支柱，是国家税收收入的主要来源，在我国经济社会生活中起着十分重要的作用。我国目前有 18 个税种，个人所得税规定只对个人征收，这样企业有可能涉及的税种有 17 个。国家税务总局统计显示，"十一五"期间，全纳税人数量平均每年增长 10% 左右，达 2600 多万。与此同时，企业向国家缴纳的税收也不断增长，占当年全国税收收入的 90% 左右。这就是说，目前我国的税收收入主要由企业负担。可是，随着我国人均国民收入进一步提高，到 2020 年实现国内生产总值和城乡居民人均收入比 2010 年翻一番，人民生活水平全面提高，人们的纳税能力和纳税意识也会相应提高，与之相对应，个人负担税款的比例也应有所提高。

五是通过对劳动课税转向资本和消费课税实现税负转移。劳动、资本和消费作为税基交叉地分布在社会再生产的各个环节，无论是对劳动课税，还是对资本或消费支出课税，税收所代表的都是国民收入的分配。① 因此，设置合理的劳动、资本和消费课税结构，均衡劳动、资本和消费的税负，是构建有利于科学发展的税收制度的必然选择。我国目前对劳动的课税相对较重、对资本税负和消费的课税相对较轻，必须围绕加快转变经济发展方式的主线，对我国的税基结构给予重新定位，要立足于理顺劳动、资本和消费支出的关系，降低劳动税负，特别是中低收入者群体的劳动税负，提高资本税负主要是个人的资本收益税负和资本利的税负，适当提高消费支出税负，调整对消费的课税力度，把税收制度建立在在坚持社会主义基本经济制度和分配制度的基础上，完善劳动、资本、技术、管理等要素按贡献参与分配的初次分配机制，更好地规范国家和纳税人之间税收分配关系，推动经济社会发展更多依靠科技进步、劳动者素质提高、管理创新驱动。

（三）实施"税制绿化"工程

人类正迎来前所未有的第三次工业革命，创新绿色经济，实现绿色发展。中国走绿色发展之路的基本途径，是大力推动绿色创新和绿色改革，在经济、社会和生态治理的各个方面建立绿色制度、实现良好的治理。绿色发展要求政府使用包括税收政策在内的各种手段使经济的发展与环境资源社会发展相协调。实践证明，我国现有税制体系中绿色税收的相关税种，如增值税、企业所得税、资源税、消费税、车船税等，在推动环境保护、促进自然资源的合理开发利用方面发挥了重要作用。但是，我国现行税制绿色化程度不高，税收对资源环境的保护作用分散。因此，实施"税制绿化"工程，是构建有利于科学发展的税收制度的迫切需要。要将环境保护、可持续发展的理念融入到新的税收制度中，利用加快推进税制改革的有利时机，借鉴发达国家的经验，根据我国实际情况，开征独立的环境税，以绿色税收安排作支撑，以激励性和约束性政策的"组合拳"为手段，不断提高税制的"绿色化"程度。

一是按照价、税、费联动的原则深化资源税改革，理顺资源性产品价格与税收之间的关系，对资源税征税范围、计税依据、税率（税额）及相关政策进行合理调整，逐步建立反映市场供求和资源稀缺程度、体现生态价值和

---

① 国家税务总局政策法规司：《税基结构优化研究》，中国税务出版社 2012 年 8 月版。

代际补偿的资源税制。

二是对消费税政策实施结构化调整,一方面将那些用难以降解和无法再回收利用的材料制造的、在使用中预期会对环境造成严重污染而又有相关的"绿色产品"可以替代的各类包装物、一次性使用的电池、塑料袋、含磷洗涤剂、餐饮用品以及氟利昂等产品纳入征税范围;另一方面对使用"绿色"燃料的应税消费品进行适当减税免税,以鼓励广大消费者进行绿色消费、清洁消费。

三是对目前属于环境污染的排污收费、水资源污染防护费、大气污染防护费以及环境噪声污染防护费等实施费改税,选择防治任务繁重、技术标准成熟的税目开征环境保护税,让税收介入资源环境产品价格实现外部成本的内在化,阻止有害环境的消费或生产行为,建立能够反映环境损害成本的税收价格机制,促进环境友好型社会建设。

四是积极探索绿色关税制度,调整现行关税的税率结构,提高紧缺型资源的出口税税率和污染型产品的进口税税率,从而使关税能够体现节能环保意图,发挥关税的"绿色"作用;同时,对我国国内目前尚不能生产的污染治理设备、环境监测以及研究仪器、环境无害化技术等设备进口产品,减征或者免征相关进口关税。

五是完善节约能源资源和保护生态环境的税收政策,完善税目税率设计,健全税收激励机制,强化税收约束手段,完善促进污染净化、废物回收、能源替代、环保设备以及绿色农业的增值税、企业所得税优惠政策,取消所有"两高一资"产品的出口退税,继续对节约能源、使用新能源的车船给予减免税优惠,推动形成人与自然和谐发展现代化建设新格局,让人民群众享受山清水秀、天蓝地绿的美好生态环境。

六是根据国家主体功能区战略的需要实施差别化分类税收政策,对优化开发区实施创新型税收政策,对重点开发区实施激励型税收政策,对限制开发区实施补偿型税收政策,对禁止开发区实施惩罚型税收政策,建立健全主体功能区利益补偿机制,推动各地区严格按照主体功能定位发展,构建科学合理的城市化格局、农业发展格局、生态安全格局。

(四)实施"结构优化"工程

经过1994年建立以流转税和所得税为主体、其他税种相互配合、多税种、多层次、多环节调节的复合税制模式，经过 2003 年以来的税制改革，进一步巩固了 1994 年税制改革成果，形成并完善了适应社会主义市场经济体制需要的税制基本框架，使得所得税和流转税并重的双主体税制模式更加巩固，但是，由于种种原因，我国税制长期存在的结构型问题一直没有得到很好解决，因此，实施"结构优化"工程势在必行。特别是继"十二五"规划纲要把优化税制结构作为改革和完善税收制度的首要原则之后，党的十八大明确把形成有利于结构优化、社会公平的税收制度作为加快改革财税体制的重要任务和全面深化经济体制改革的关键环节，这是当前和今后一个时期税收理论研究和实际工作必须认真思考的重大课题，更是为到 2020 年如期实现全面建成小康社会目标提供税收保障的必然选择。

从世界税制结构改革的趋势看，人均国民生产总值达到 2000 美元的水平时，税制结构的转变会相对平稳，"双主体"税制结构模式是符合我国的实际国情。但是，目前我国人均国民生产总值已经超过 5000 美元，正处于向 10000 美元冲刺的发展阶段，加之，可持续发展战略和生态文明建设的战略部署对我国资源环境税制改革提出了更高的要求，考虑到我国当前经济发展水平和税收征管水平，在未来 10 年或更长一段时间内，逐步降低货物劳务税比重，稳步提高所得薪给税比重，加快提升资源环境税比重，以确立所得薪给税和资源环境税的主体地位，使货物劳务税、所得薪给税、资源环境税共同成为我国的主体税种。因此，实施"结构优化"工程主要是完善各税种制度安排，着力货物劳务税、所得薪给税、财产财富税、资源环境税和行为目的税进行优化重构，形成以货物劳务税、所得薪给税、资源环境税为主体，以财产财富税和行为目的税为补充的更加科学合理的税制体系，实现以流转税和所得税双主体税制模式向货物劳务税、所得薪给税、资源环境税"三位一体"的税制模式转换。主要内容包括：

一是货物劳务税主要通过营业税改征增值税、将车辆购置税并入消费税并完善消费税、优化关税结构，确立普遍征收为主与特殊调节为辅，以实现增值税扩围和完善消费税为重点。

二是所得薪给税主要通过优化企业所得税、改革个人所得税和实施社会保障费改税、开征社会保障税，促进社会公平与提升收入比重。

三是资源环境税主要通过将现行的耕地占用税并入资源税并全面改革资

源税、加快环境保护税费改革。

四是财产财富税主要通过将房产税、城镇土地使用税和土地增值税合并，开征全新的房地产税，2020 年将车船税并入房地产税，开征遗产税与赠与税，合理配置税权与壮大地方财力。

五是行为目的税主要通过将现行城市维护建设税改为城乡维护建设税，取消印花税并在现行证券交易印花税的基础上开征金融交易税，将现行由税务部门代征的教育费附加和文化事业建设费合并为文化教育税。

通过实施"结构优化"工程，中国的税种数量由现行的 19 个变为 15 个，增值税、城乡维护建设税、金融交易税是经济建设的主打税种；消费税、关税、个人所得税是政治建设的主打税种；文化教育税是文化建设的主打税种；房地产税、社会保障税、遗产税和赠与税是社会建设的主打税种；消费税、资源税、环境保护税是生态文明建设的主打税种，与生态文明制度相衔接。

第四节 有利于科学发展的税收制度的具体措施

一、构建有利于科学发展的货物劳务税制

（一）加快推进增值税改革

1. 扩大征收范围

加快增值税扩围改革步伐，最大限度地将最终消费品纳入征税范围，涵盖原材料、制造、批发、零售等各个商品流转环节，将增值税制建设成为覆盖所有货物和劳务，消除重复征税，缩短试点时间，并尽早结束试点，最终实现在"十二五"期间将改革推广到全国的目标。这主要基于任何一项改革都有利弊也会有不完善之处，任何时候都没有一个尽善尽美的改革方案。虽然分步实施的改革容易减少矛盾的集中爆发，做到循序渐进，更容易为利益相关方所接受，营业税改征增值税改革的最终目标就是要在货物劳务领域统一税制，逐步推开虽能避免过大的变动，但依然不能彻底解决营业税增值税并列征收带来的重复征税和抵扣链条割裂的根本性问题，会诱导产业间资源的非正常流动，造成新的资源配置扭曲，加之两税并行容易造成管理真空和漏洞，加大税务机关征收管理的难度。此外，如果逐步推开的时间拖得太久，

在原有问题尚未完全解决的同时又会衍生出新的利益诉求及矛盾，容易固化过渡期，进一步加大实施全面改革的难度，当前我国极具过渡色彩不完善的分税制改革就是很好的佐证。①

　　2. 适当降低税率、减少税率档次

　　目前世界上实行单一税率的国家占多数，其次是采用双税率的国家，采用三个以上税率的国家较少，而且税率的档次呈减少趋势。但我国采用的是多档税率，有 17%、13%、11%、6% 以及 3% 的征收率，抵扣税率有 3%、7%、10%、13%、17%。据统计，2011 年世界 166 个国家和地区的增值税税率具有如下几个特点：一是税率档次少。实行单一税率（不包括零税率，下同）和实行多档税率的国家和地区各占一半，都是 83 个，其中实行 2 档税率的 38 个，3 档税率的 34 个，4 档以上税率的只有 11 个，而且多数属于增值税制度不很规范的国家。二是标准税率幅度：在 3.5%—25.5% 之间。截至 2011 年底，实行增值税标准税率最低的是马尔代夫（3.5%）和伊朗（2.2% 并加征 1.8% 合计为 4%）；最高的原来是丹麦、挪威和瑞典等，为 25%；但 2010 年遭受国际金融危机重创后的冰岛为增加财政收入将增值税税率从 24.5% 提高到 25.5%，成为标准税率最高的国家。三是标准税率分布：15%—20% 税率段集中度最高。在 3.5%—25.5% 幅度内，各国标准税率的分布以 15%—20% 税率段集中度最高，即标准税率在 15%—20% 之间的国家和地区有 95 个，占 57.2%；低于15% 和高于 20% 的分别只有 52 个和 19 个，分别占 31.3% 和 11.5%。其中，标准税率为 17% 的国家有 8 个，低于 17% 的国家和地区有 88 个，高于 17% 的有70 个。四是标准税率世界平均值约为 15.72%。2011 年 166 个国家和地区增值税标准税率的平均值约为 15.72%。其中，经济合作与发展组织（OECD）34个成员，除美国没有实施增值税以外，其余 33 个国家增值税标准税率的平均值为 18.58%；欧盟 27 个成员增值税标准税率的平均值为 20.76%；但是，中国和俄罗斯（18%）、印度（12.5%）、巴西（17%）和南非（14%）金砖国家的标准税率平均值为 15.7%。不仅如此，我国周边国家和地区的增值税税率普遍较低，而且税率结构单一。东盟十国除文莱、马来西亚和缅甸尚未开征增值税以外，其余的都实行单一税率，新加坡、泰国为 7%，柬埔寨、印度尼西亚、

----

　　① 包健：《对营业税改革的几点思考》，《中央财经大学学报》2012 年第 6 期。

老挝和越南为10%，菲律宾最高为12%，东盟7国平均为9.43%。亚太周边的其他国家和地区情况也基本类似。如日本和中国台湾为5%，韩国、澳大利亚为10%，新西兰相对较高，为15%。为了进一步提高我国增值税的税制竞争力，建议将17%的增值税税率降低2个百分点，实施15%的标准税率，并减少税率档次。比较理想的是设置两档税率，包括一档基本税率和一档零税率，基本税率适用所有的应税商品和劳务，当商品和劳务出口时适用零税率。同时将优惠税率降为11%，缩小小规模纳税人的比重，降低一般纳税人认定的数量标准，规范中小型企业的会计核算，使中小企业与大型企业、个体私营企业与国有企业平等地享受一般纳税人的公平待遇。

3. 调整现行优惠政策

尽量避免对中间环节商品给予增值税减免等优惠政策，只在最终消费环节给予免税，缩小优惠范围或严格控制优惠对象的方式给予政策上的扶持。对以农产品为原料属于增值税一般纳税人的全部生产企业实行核定扣除进项税额的政策或超税负免征和超税负即征即退相结合的增值税政策，解决购进农业产品取消抵扣进项税额功能后，进项税额抵扣不足的问题，最大限度杜绝虚开收购业务普通发票现象。考虑地方税收收入下降的因素可以采取增值税适当提高地方分配比例，或将扩围行业所征的增值税先全额划归地方，逐步过渡。

4. 完善抵扣链条

我国当前的增值税不是完全的消费型增值税，只就购进的机器设备抵扣进项税，不动产和无形资产不在扣税范围。营业税改征增值税以后，就必须允许不动产及无形资产在增值税进项中抵扣，既能减轻企业负担又可促进我国企业进行技术研发和创新增强企业竞争力。在整体考虑货物及包括服务业等劳务行业特点的基础上，坚持低税率少优惠的中性原则，逐步取消先征后返、即征即退、免税抵扣等减免税方式，保证增值税抵扣链条机制的完整性和规范性。为保证改革的顺利推进，应配套实施收入分享体制改革，合理调整增值税中央与地方分享比例。

5. 加快增值税立法

积极推进增值税立法，探索形成以增值税法及其实施条例为核心、相关政策和征管措施为补充的、科学、合理的增值税法律体系。

（二）加快推进消费税改革

消费税担负着筹集财政收入、调整消费结构、均衡收入分配以及促进节能环保的重大任务，应该将消费税的改革放在一个更为长期、更加宽泛的视角加以考虑，正确认识消费税改革在整个税制中长期改革中的地位与作用，构造一个在增值税普遍性调节基础上的选择性特殊调节的消费税。主要内容包括：

1. 将车辆购置税和烟叶税并入消费税

适时取消车辆购置税，相应调整不同排量小汽车消费税税率水平并适度提高成品油消费税税额标准。取消烟叶税，将其纳入消费税税目。

2. 根据消费升级和资源节约要求，逐步扩大征税范围

从开征消费税的各国实践看，消费税的征税范围主要分为有限型、中间型和延伸型三种类型：有限型消费税的征税范围仅限于传统的货物项目；中间型消费税应税货物的品目约在15—30种左右；延伸型消费税的应税项目最广，除了中间型课征范围包括的应税项目外，还包括更多的消费品。适应一些高端消费品向普通消费品转变以及节约资源能源的要求，我国应由现在的有限型过渡到中间型，将消费税征收范围由特殊商品消费领域向高端服务消费领域延伸，征税项目可以增加到20—30个。可以考虑将奢侈性活动场所和娱乐器材纳入征税范围，奢侈性活动场所主要包括赛马场、滑雪场、蒸汽浴室、夜总会等；娱乐器材包括桌球、高尔夫球、猎枪等；将危害环境的物品（如垃圾、"三废"排放、电池、塑料薄膜）、奢侈品（如高级裘皮制品、高档住宅、豪华轿车、高档时装）、资源稀缺商品（如红木家具）、高档消费娱乐（如高尔夫球场、温泉浴）纳入消费税的课征范围。

3. 进一步优化税率结构，合理引导消费

开征消费税的一个重要目的是引导消费方向，对于高税率的商品，可以有效抑制消费者的消费水平。根据消费税的课税原理，不同课税对象的差别税率设置应与其造成的负外部性大小相匹配，即对能源资源消耗越大、对环境和健康危害越大的产品和服务，其消费税率应越高。从征收消费税的国家来看，在税率高低的选择上有一些共同特点：基本消费品税率低，非必需品税率高；奢侈品，危害身体健康、污染环境、违反社会公德的消费品税率高。我国应借鉴这些做法，实行消费税的多档次税率。消费品的档次有差别，消费者的消费能

力也有差别。因此,进一步优化税率结构,按照"窄税基、高税率"的原则提高消费税整体税率水平。对烟草和石油垄断行业的消费品以及劣值品、奢侈品、高档的娱乐消费行为课以重税,对电子类和数字化类这些与科技发展密切相关的高科技含量的消费品实行低税,拉大不同应税消费品的税率档次,拉大同类消费品不同等级之间的税率档次,增进消费税的累进性。这样既可以保护普通消费者对生活必需品的消费,又可以抑制过多的奢侈品的消费;既可以从超级富豪处获取消费税收入,又可以调节社会贫富差距,引导正确的消费方向,促进社会公平和谐。

4. 改进消费税征收环节

将消费税的征收环节从生产等源头环节逐步移向最终的消费环节,不仅可以实现消费税的调节功能,而且有利于解决我国经济发展过程中存在的诸多问题。现行消费税制除珠宝玉石在零售环节一次性征收、卷烟在生产环节征收及在批发环节加征了一道消费税之外,其他税目仍在生产、加工、进口等源头征税,虽然便于征管,但也为企业避税提供了便利。因此,在下一步改革中,应按照"鼓励购买,抑制使用"的原则,考虑将酒、小汽车、摩托车等消费品由生产环节改为购买环节征税,对成品油可考虑将征税环节改为批发环节,对高档娱乐、高档餐饮等消费行为可考虑在行为发生时征税,真正体现消费税的调节功能,增强反避税效果,同时考虑到最终消费环节数量之多,不便于征管,还可采用源泉扣缴的方法,由销售单位代扣代缴。

(三)积极推进营业税改革

1. 根据最新的《国民经济行业分类》国家标准和第三产业发展壮大的实际情况对营业税税目进行调整

我国现行营业税税目主要有交通运输业、建筑业、金融保险业、邮电通信业、文化体育业、娱乐业以及服务业等七大行业以及转让无形资产与销售不动产。1994 年税制改革确定这些税目的主要依据是 1994 年我国第三产业发展的实施情况和 1994 年第一次修订的《国民经济行业分类与代码》(GB/T4754)国家标准,迄今为止营业税的税目依然没有发生改变。而与此同时,随着社会主义市场经济的不断发展和产业结构调整的逐步深入,一些新兴行业大量涌现,特别是服务业发展较快,信息技术、商务经济、中介代理、资源与环境保护、知识产权等活动迅速发展，为了准确反映近年来我国经济发展中新兴的产业活动，我国于 2002 年对《国民经济行业分类与代码》（GB/T4754－94）国家标准进行了第二次修订，从 2002 年 10 月 1 日起正式实施《国民经济行业分类》国家标准（GB/T4754—2002），重点加强了第三产业的分类，新增了大量服务业方面的活动类别从大类来看，新标准的服务业部分增加了"60 电信和其他信息传输服务业"、"61 计算机服务业"、"62 软件业"、"69 证券业"、"74 商务服务业"、"77 科技交流和推广服务业"、"80 环境管理业"等大类类别。遗憾的是 2003 年推出的新一轮税制改革并没有根据新修订的《国民经济行业分类》国家标准和第三产业发展壮大的实际情况对营业税税目进行调整。2011 年国家有关部门联合制定颁布的《国民经济行业分类》（GB/T4754－2011），将国民经济行业分为 20 个门类，96 个大类，432 个中类，1094 个小类，重点突出对服务业的分类。如新增"T 家庭服务"行业门类和"市场货摊零售"、"酒吧服务"、"咖啡厅服务"、"茶馆服务"、"就业技能培训"、"体育培训"、"文化艺术培训"等小类，可基本反映出我国目前行业结构状况。与 1994 年相比较，2011 年我国国民经济行业门类增加了 4 个，大类增加了 4 个，中类增加了 64 个，小类增加了 248 个，在这些增加的行业中第三产业增加的种类最多，而截至目前我国的营业税税目依然是 1994 年确定的 9 个税目，体现不出营业税对行业的调节作用。因此，对现有部分行业的分类进行细化，重新梳理征收范围，增设、分设相关税目，切实做到税目细化，进一步明确营业税税目划分标准，除实行营业税改征增值税的行业税目之外，将营业税的税目范围拓宽到了整个现代服务业领域，与最新的《国民经济行业分类》国家标准和第三产业发展壮大的实际情况对应。

表 5.1　1994 年至 2011 年我国《国民经济行业分类》国家标准变化

分类	门类	大类	中类	小类
《国民经济行业分类》（GB/T4754－1994）	16	92	368	846
《国民经济行业分类》（GB/T4754－2002）	20	95	396	913
《国民经济行业分类》（GB/T4754－2011）	20	96	432	1094
2011 年新行业比 1994 年增加	4	4	64	248

2. 根据不同行业数目实行差别税率

由于各个行业之间差异性较大，行业间的营利水平不同，对它们实行统一税率，不利于个别行业的发展，会造成行业内的税负不公。在设计营业税税率上，应根据最新的《国民经济行业分类》国家标准和第三产业发展情况，并结合营业税改征增值税后调整的营业税税目，实行差别比例税率。可考虑按其营利水平分为"高营利行业"与"低营利行业"，分别适用不同的税率进行调节，对于高利润服务业适当调高税率，对前期投入大、收益慢但关系经济运行效率的行业适当降低税率，不仅可以平衡各行业税负，还可以比增值税更能体现国家产业导向，积极配合产业政策，促进产业结构优化升级。

3. 依据行业特点增强优惠政策的针对性

根据各类服务业的不同特点，有针对性地制定税收优惠政策，对于技术密集型服务业应从促进其技术研发的角度制定税收优惠政策；对于劳动密集型服务业应从鼓励吸纳失业人员的角度制定税收优惠政策；对于经营风险较高的服务业应从提高其抗风险能力的角度制定税收优惠政策。比如，规定对工业生产服务的"高端服务业"给予开业后免征营业税1—2年，免征期满再减半征收营业税2—4年；对节能减排服务业可以延长减免税期限，比如免征3年后在减半征收5年等之外，可参照各省的实际情况给予优惠支持；对特别需要扶持发展的新兴服务业等统一规定"差额计税"等间接优惠办法，比如专利代理服务以专利代理总收入减去付给国家知识产权局专利局的专利规费后的余额为营业额。

4. 实行境外税款抵扣政策，解决境外劳务双重征税的问题

新修订的营业税暂行条例于2009年实施，为保持法律的连续性和严肃性而不便于对其作相应调整时，可借用所得税对境外已纳税款实行抵扣的政策，即中国企业在境外提供应税劳务已纳的税款，在向境内申报缴纳营业税时亦允许扣除。另外，新条例对营业税应税劳务的境内外判定原则，从以劳务发生地作为判定主原则变为以提供方或接收方是否在境内作为判定原则。但是，财政部和国家税务总局后续的文件都没有对提供方或接受方在境内究竟应该如何判定作出详细解释。比如单位，究竟是以注册地在境内还是以实际经营场所在境内来判定，还是两者兼有。对于个人，是以居民身份判定在境内，还是以实际所处的实际地点进行境内外判定，这些都没有明确规定。但是，从其他税收法律规范文件来看，我国对企业往往倾向于是以注册地和实际提供劳务地（或实际经营管理地）双重标准来进行境内判定的，也即是我们通常所说的属人与属地相结合的原则，这样更易产生对同一事项双重征税的问题，而解决这一问题更有效的方法是实行境外已纳税款抵扣政策。因此，应完善增值税立法，将建筑业、交通运输业纳入增值税范围，并按劳务发生地原则判断境内应税劳务，对境外劳务实行已纳税款允许扣除的政策，从而有效地提高营业税的征管效率。①

5. 营业税改革要考虑地方财力

营业税在地方税收收入中有举足轻重的地位，营业税的改革对地方财政收支影响较大，牵动各方利益。因此，营业税改革不能单兵突进必须与财政体制改革相结合才能顺利进行。营业税改革后我国共享税比重会进一步加大，地方税收收入会减少，在地方事权并没有相应减少的同时，必须按中央占大头、地方占小头的原则，重新调整共享税在中央地方之间的分成比例，扩大地方在共享税中的收入，保证地方财力的充裕。应该明确划分中央与地方政府的事权，根据事权的大小来划分财权。逐步建立合理的转移支付制度，转移支付制度要多考虑自然、社会、经济因素对各地方财政需要的影响，确保各地政府行政能力有必要的财力保证。以对营业税改为增值税部分收入的测算为依据，科学调整增值税收入在中央与地方间的分享比例，并规范转移支付体制，辅之横向转移支付的配套改革。目前营业税是地方的主体税种，如果增值税取代了营业税，地方税将陷入群龙无首的处境，为此需重构地方税体系，重新确定地方税体系的主体税种。

（四）继续推进关税改革

关税是重要的政策工具和经济杠杆，应加大调整力度，完善相关政策，配合推进落实我国的进口战略，为支持经济发展方式转变创造良好的条件与环境。要高度重视关税的调节作用，逐步减弱关税在增加财政收入和外汇储备方面的作用，着重发挥其在促进国际贸易、增加优质产品进口、提高国内

---

① 顾立霞：《对营业税应税劳务征收范围的探讨》，《盐城师范学院学报（人文社会科学版）》2012 年第 2 期。

产品质量、促进国内经济发展转型和提高国内消费者福利方面的作用。制定科学的关税政策导向，关税调整要努力做到有利于促进产业结构调整和经济发展方式转变，提高消费者福利。鼓励进口国内不能生产或性能不能满足要求的先进技术设备、关键零部件以及国内紧缺的重要能源、资源、原材料等产品，促进与百姓生活质量和食品安全密切相关的产品的进口；继续适度调降关税水平。尽管我国目前关税已远低于发展中国家水平，但在当前大宗商品价格上涨的背景下，关税调降仍有空间，关税税率下降会增加进口，也有利于促进国际收支平衡，改善国民福利，有利于我国充分利用全球资源来缓解国内资源压力，拓展发展空间；降低高档时尚奢侈品关税。由于对进口高档时尚奢侈品实行高额关税，导致相当一部分奢侈品购买力流向了境外。降低高档奢侈品关税，如金银首饰、名牌箱包、红酒、化妆品、珠宝、服装、高档手表等，不仅可以使奢侈品消费潜力在国内释放，还可以带动周边产业和配套商业的发展，增加国内劳动力就业；改革完善关税制度，在与 WTO 规则相符的条件下，大力改变原有的单一关税结构，广泛使用从价税、从量税、混合税等，促使税制多样化，建立包括季节税、符合关税、紧急关税等在内的特殊关税制度。对鼓励出口产品实行零税率，对"两高一资"等限制出口产品不退税或设定低退税率；建立完善服务贸易出口退（免）税制度，积极改进加工贸易税制，逐步完善外国游客购物离境的退税制度。

二、构建有利于科学发展的所得薪给税制

（一）进一步改革完善企业所得税

2008 年实行的新《企业所得税法》，实现了内外两套企业所得税制的合并，降低了税率，调整了优惠政策，基本建立了符合市场经济发展要求的现代企业所得税制度，获得国内外的普遍认同。但从推进科学发展的长远发展来看，还需要进一步完善，主要内容有：

1. 进一步调低税率，提高税制竞争力

我国企业所得税实行 25% 的基本税率，在当时和目前看是合适的。但近年来，世界范围内公司所得税率仍有进一步下调的趋势，从 2006 年到 2011 年全球企业所得税平均税率由 25.28% 降至 22.96%，平均每年降 0.39 个百分点；而亚洲地区企业所得税平均税率由 27.12% 降至 22.78%，平均每年降 0.73 个百分点。

为了提高我国企业的国际竞争力，有必要进一步调低我国的税率。建议将现行25%的税率进一步降至22%，将小型微利企业实行的20%的税率调低到15%。

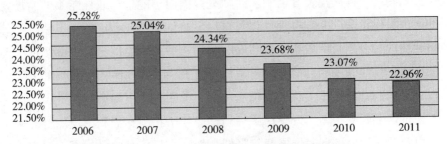

图5.1 2006—2011年全球企业税平均税率

资料来源：毕马威会计师事务所：《企业税率与间接税率调查报告》，2011年。

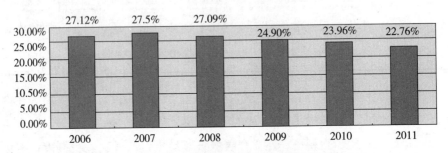

图5.2 2006—2011年亚洲地区企业税平均税率

资料来源：毕马威会计师事务所：《企业税率与间接税率调查报告》，2011年。

2. 恢复并完善企业所得税合并纳税制度

我国于1994年制定了大型企业集团合并纳税制度，到2007年底，经国务院批准或按国务院规定条件批准实行合并缴纳企业所得税的企业集团共约106家。后来，出于财政收入方面的考虑，从2009年1月1日起，上述企业集团一律停止执行合并缴纳企业所得税政策。目前，只剩下铁道部所属铁路管理机构一家仍实行合并纳税制度。合并纳税制度的实质是一种税收优惠制度，是"看不见的税收补贴"。发达国家普遍实施合并纳税制度，而中国绝大多数企业集团未实行这种制度，致使这些企业在国际经贸市场上面临国际税收不公平问题，影响企业的国际竞争能力。为了贯彻落实十八大提出要"加快走出去步伐，增强企业国际化经营能力，培育一批世界水平的跨国公司"的决策部署，建议恢复并逐步扩大适用合并纳税制度的企业集团范围，有利于提升我国企业的国际竞争力，以完善互利共赢、多元平衡、安全高效的开放型经济体系。

3. 进一步完善对外投资企业所得税制

与鼓励和支持引进外资的非中性税收政策相比，目前我国对境外投资企业的税收支持力度不够。建议将目前"分国不分项"的限额抵免法改为综合限额抵免法，从而有利于减轻对外投资企业税负、提高税收抵免合理性、减少税务部门征管成本。美国是最早实行"分国不分项"限额抵免法的国家，目前也已实行不分国别、区分9种所得类别的综合限额抵免法。综合限额抵免法好处在于可以使对外投资企业在不同投资目标国的盈亏相抵，抵免除限额互相抵补，同时也简化计算，有利于征管。同时也应进一步细化对外投资企业所得税政策，对贷款投资的利息支出、境外减免税优惠、成本开支、境外税款本外币折算、建立一定比例的抗风险准备金等作出详细规定，进一步提高境外投资所得税政策的可操作性。

4. 完善企业所得税优惠政策

在现有对企业从事符合条件的环境保护、节能、节水项目的所得免征或减征企业所得税的规定基础上，进一步调整和完善符合条件的相关项目的范围。针对现行企业所得税对于企业生产和销售有关环境保护、节能、节水等相关设备缺乏优惠政策的情况，应根据绿色经济的发展状况和企业的实际需要，适时修改和调整现有优惠政策所涉及的相关优惠目录。对企业有关环境保护、节能、节水等方面的技术研究和开发费用可以在计算应纳税所得额时进行加计扣除。对有关环境保护、节能、节水等方面的专用设备，如防治污染的设备和设施、无公害生产设备、特定基础材料、废弃物再生处理用设备等，允许其加速折旧。可考虑进一步降低小型微利企业的优惠税率、允许小型微利企业亏损向前弥补等。考虑年应纳税所得额低于6万元的"小微企业"予以免税，并将优惠的范围扩大到年纳税额为10万元以下的小微企业。允许科技型小型微型企业对购入的实验研究用机械设备采用缩短折旧年限的方法，加快其设备更新和技术改造，实现技术进步；准予企业投资的净资产损失从应税所得中抵扣。通过税收减免、费用扣除、投资抵免、延期纳税等多重方式，鼓励小型微型企业从事研发活动。对在研发过程中用于研发实验的投资，应允许从应税所得额中作为费用扣除；对研发后的成果收益，应予以税收的减免，从而鼓励小型微型企业进行科技转化、使用科技成果，提升产品的科技含量。

5. 完善税收协定，完善反避税法律法规

税收协定的签订应保护资本输入和资本输出者的税收权益。在我国早期签订的一些税收协定中，多以资本输入国的角度考虑问题，较少站在资本输出国的角度考虑问题，对此可通过协定的修订来不断完善。如在对待税收饶让问题上，对国家鼓励企业投资的一些国家和地区，不仅可以要求对方承担税收饶让义务，中国也应该主动承担一些税收饶让义务，使中国的海外投资企业能享受税收饶让待遇，既增强跨国投资企业的海外竞争力，又能解决海外投资企业布局不合理的问题，但同时也要针对"避税地"制定必要的反避税措施，防止跨国投资企业利用避税地逃避缴税。现行反避税条款的对象为关联交易方和符合一般避税条款规定的企业所得税纳税人，这样，对非关联交易企业和不适用企业所得税的企业就不能实施现行的反避税条款。针对现行反避税法规体系，建议一般避税行为可以扩展到包括关联交易和非关联交易在内的所有交易。对于我国居民公司股东取得的中国来源和外国来源的股息，统一采用相同的间接抵免方法并按控股比例或持股期限，给予间接抵免。

（二）改革完善个人所得税制

个人所得税是调节收入差距的一个良性税种，"十二五"规划纲要提出"逐步建立健全综合与分类相结合的个人所得税制度，完善个人所得税征管机制"。建立综合与分类相结合的个人所得税制，不论是税制安排还是征管方式都将发生根本性变革。

1. 采用混合所得税制模式

根据我国目前的基本国情，借鉴国际有效做法和成功经验，逐步实现由现行分类税制向综合与分类相结合的税制转变，可以细化不同分类所得，进而将这些细化的分类所得按照劳动所得、营业所得、投资所得和其他所得四种所得类型分类汇总，然后对那些投资性、没有费用扣除的应税所得，如投资所得、其他所得等实行分项征税。

2. 科学合理设计税率

目前对劳动所得实行超额累进税率，而对资本财产所得采取比例税率，资本财产类税负偏轻，尤其对高收入者更为明显，违背了纳税能力原则。应借鉴国际经验，应该调节税率结构，对劳动所得适用相对较低税率，对资本财产所得适用相对较高的税率。同时，应该降低个人所得税的最高边际税率，以便增强税率的实用性，避免过度调节。此外，还应该改变现行复杂的税率结构，避免项目之间相互转化产生税收上的漏洞。性质相同的所得按同一税率征税，避免对相同性质的所得实行税率上的税收歧视。对改革后的综合所得部分可按统一的超额累进税率计征，以平衡税负。

3. 扩大个人所得税课征范围

通过扩大税基来有效地达到增加收入、实现效率和公平的税制改革目标，是许多国家所期望的。目前，我国对于资本利得没有开征资本利得税为个税税基开拓提供了空间。而且，借鉴国外凡是增加纳税能力的所得都应纳税的原则，将一些目前不在征税范围的所得纳入应税所得，对一些普遍存在的灰色收入和非法收入，也应该纳入个税的征收范围，避免其侵蚀税基。

4. 实施生计费用扣除和单项扣除相结合的基本费用扣除制度

要注重个人基本免税扣除、成本费用扣除和家庭生计扣除的考虑，尤其是后者，要具体考虑中国纳税人的家庭结构、婚姻状况、子女抚养和教育、家庭被赡养人以及医疗支出特别是大病住院治疗等特殊情况，有效确定纳税人的真实纳税能力，真正做到量能负担。

5. 建立费用扣除指数化动态调整机制

可以借鉴发达国家的做法，形成每年根据通货膨胀指数和居民消费支出结构变化定期调整费用扣除额的制度，每年按照物价变动情况对扣除额进行调整，以适应不断变化的经济形势，满足国家发展和纳税人生活的共同需要。但是这种调整不能再仅仅局限于修正工资薪金部分的费用扣除上，而是要充分发挥个人基本免税扣除、成本费用扣除和家庭生计扣除三个方面的作用。

6. 完善配套条件

建设全国统一的个人所得税征收管理信息系统，逐步实现税务机关与第三方的信息联网，建立严密的税源监控机制。推进居民信用卡或支票结算制度，限制和减少现金支付的范围；尽快实现不同银行之间的计算机联网，以个人身份证号码为唯一标识，建立各金融机构统一的纳税人账户信息共享和查询平台；健全个人及其家庭房地产、汽车以及金融资产等重要财产的实名登记制度。

（三）实行社会保险费改税，开征社会保障税

党的十八大报告提出要坚持全覆盖、保基本、多层次、可持续方针，以增强公平性、适应流动性、保证可持续性为重点，全面建成覆盖城乡居民的社会保障体系，为此要扩大社会保障基金筹资渠道。充足的社会保障资金是社会保障制度存在、发展和不断完善的基础。改革现行以社会保障基金收费为主的社会保险筹资模式，加快实施社会保险费改税，建立全国统一的社会保障税制，以法律手段替代行政手段，为社会保障资金的筹措提供强有力的保证，也是优化社会保障筹资模式的最佳选择。

从实践看，我国现在实行的是社会统筹和个人账户相结合的社保制度，其中社会统筹部分具有税收性质。如果在税制安排上对社会统筹部分征收社会保险税，将个人账户部分改为社会保险附加费，与税一并征收，税务部门将个人缴纳社会保险附加费的明细传递给社保经办机构，由其记入个人账户，既能够与现行社保制度相衔接，又有助于实现社保基金规范管理。近些年来一些地方税务部门的征管实践证明，开征社会保障税不会对现行社保制度产生不利影响，个人账户的存在与社会保障税的征收可以并行不悖。

1. 税目设置

考虑到中国的经济发展水平和客观条件，税目设计不宜过宽，职工基本养老、医疗和失业保险费的征收国务院已经颁布了规范性文件，对社会经济的影响最大，其改革在各地进行得也最为广泛和深入，因此，宜将这三项暂先定为基本税目，待将来条件成熟时，再将其他项目纳入其中（也可将工伤保险、生育补贴和遗属抚恤划分为医疗费用和生活补贴费用，分别归入医疗保险和养老保险）。

2. 纳税人

纳税人为雇主和雇员双方。对各类企事业单位、社会团体、个体工商户、其他经济组织及其职工征税，暂不对农民征收。社会保障税以纳税人的工资薪金或生产经营利润为课税对象，其中，行政机关和各类企事业单位应以其向个人支付的工资薪金总额为课税对象，雇员应以其从单位领取的工资薪金为课税对象。

3. 税率设计

对不同的税目应适用不同的税率，具体税率的确定可参照目前的社会保

险费缴纳标准。但不宜与目前各项费率相差过多，更不能高于目前费率，而应适度调低税率，按不同的保险分设不同的差别比例税率，不同险种有不同的风险，将税率与风险联系起来，高风险的险种，税率相应提高，以满足不同险种对保险资金的需求。

4.征收管理

按照国际通行做法，应该交由税务机关负责征收，这有利于充分降低社会保障资金的征收成本，提高社会保障资金的筹资效率。现阶段可先确定为共享税，由地方税务局征收，随着社会保障全国统筹的逐步实现，再作为中央税管理。通过实施社会保险费变"费"为"税"改革，从而实现社会保障资金筹集和使用的法制化、规范化和高效化，也有利于税制结构的优化。

三、构建有利于科学发展的财产财富税制

（一）整合相关税种，开征房地产税

房地税是世界各国普遍征收的一种财产税，在保障地方财政收入、调节贫富差距和抑制房价暴涨等方面有重要作用。目前，中国房地产税主要包括：开发流通环节的土地增值税、耕地占用税、契税；在房地产保有环节的房产税和城镇土地使用税。这些税种存在着重复设置、重交易轻保有、计税依据不合理、税率设计滞后等问题。应整合现有税种，适时开征房地产税，既有利于调节居民收入和财富分配，引导个人合理住房消费，也有利于健全地方税体系。

按照"十二五"规划纲要关于"研究推进房地产税改革"的要求，下一步将稳步推进房产税改革试点，及时总结上海、重庆市个人住房房产税改革试点经验，研究在全国推开的改革方案，逐步扩大试点范围，并在总结试点经验的基础上，整合房产税和城镇土地使用税为统一的房地产税。具体设计如下：

1.纳税人

纳税人应确定为在中国境内拥有建筑物所有权及土地使用权的单位和个人，即房地产业主。

2.征税范围

应积极创造条件尽快在全国范围内恢复对个人住房征收房地产税，应将

单位、个人拥有或使用的房地产纳入征税范围，与原有不动产税的各个税种相比，要求在三个方面扩大范围：由城镇扩大到农村；由非住宅类不动产扩大到住宅类不动产；由企业扩大到个人或家庭。显然，根据但考虑到民生需求，可以设计较宽的减免范围，将包括农村在内的大部分基本居住用房排除在外，只对高档住房或多套住房征收，以达到对高收入者进行调节的目的。

3. 计税依据

在房地产市场价值的基础上，以房地产的评估价值作为计税依据。这样既能反映税基和纳税人的负担能力，又能体现公平税负、合理负担的原则。建议中国由土地部门、物价部门和税务部门等有关单位联合设立专门的不动产评估机构，以房地产税开征第一年为基准年度，合理确定房地产的估价基数，以后不动产可每3—5年重估一次，估价以不动产前3年平均市价为基础，加上该年评估升降价值。

4. 税率

可考虑制定幅度税率，赋予地方政府在幅度税率范围内具体确定适用税率的税政管理权限。

5. 税收优惠

优惠政策应当重点体现在保证福利性、保障性用房的建造与分配和惠及中等收入群体买得起房及低收入群体有房住两个层面上。国家提出"十二五"时期要建造3600万套保障性用房，所需的资金难以如期落实。因此，要运用税收优惠激励建造保障性用房，让中等收入群体"有住房"、让低收入群体"有房住"。

6. 征收管理

在目前中国税收法制尚不十分健全的情况下，房地产税设计宜实行以代扣代缴、代收代缴方式为主，自主申报方式为辅的制度。完善房地产产权登记制度，加快政府部门之间房地产信息共享平台建设，健全房地产价格申报及评估制度，建立全国联网的房地产税管理信息系统。

结合房地产税制改革，按照房地合一、商住合一、城乡合一、税费归并的思路，取消土地增值税、契税等，有效解决目前在交易环节有多个税种对同一课征对象多次征收等问题。同时，清理房地产开发、流转、保有环节的各类收费。

（二）开征遗产税和赠与税

我国在 1994 年税制改革时曾经列入开征计划，学术界对此也多有争论。但由于遗产税是国际上公认的复杂税种，征管技术要求高，加之富裕阶层不多，税源基础有限，所以，一直没有开征。随着经济社会的快速发展，中国已经形成一个富裕阶层，私有财产的拥有量和遗产继承规模明显增加，税源基础和技术已经不成问题。加之婚姻法、继承法等民事法律的颁布和实施，为我国遗产税制的建立提供了基本法律环境。

1. 按总遗产税制进行征税

遗产税有三种类型，即总遗产税制、分遗产税制和混合遗产税制。总遗产税制是对分割前的遗产进行课税，特点是税源较易控制，操作比较简便，但不考虑继承人与被继承人的亲疏关系，有失公平。分遗产税制是对分割后的遗产进行课税，税负高低因继承人与被继承人的亲疏关系不同而有所区别，特点是能体现公平原则，但征管复杂。混合遗产税制是先对总遗产征税，遗产分割完毕后再对各继承人继承的遗产征一次税，由于两次征收，征管繁琐，成本更高。我国宜采用总遗产税制，不但税收环节少，成本较低，而且容易控制税源，防止偷税漏税行为。赠与税与遗产税相配套，目的是为了防止纳税人通过生前赠与财产来逃避死后遗产税的征收而设置的，起到保证遗产税的顺利征收的作用。

2. 纳税人

纳税人采用国际通行的属人和属地相结合原则，分居民纳税人和非居民纳税人。居民纳税人是指凡在我国境内有住所或无住所但居住满一年的纳税人。非居民纳税人是指在我国无住所或居住时间不满一年的纳税人。总遗产税制下的具体纳税人是遗嘱执行人、遗产管理人；总赠与税制的纳税人是赠与人，无法查定赠与人时，由受赠人纳税。

3. 课税对象

可考虑采用宽税基，尽可能包括纳税人的各类财产和遗产。包括：动产、不动产和有价证券、无形财产权、各种债权等其他具有财产价值的权利。需要解释的是，具有财产价值的权利，是指能够使财产收益增加的权利，如保险权益、土地占用权等。为了防止被继承人死前通过赠与转让财产，一般还规定被继承人死亡前若干时间（一般为 3 年）内所为之赠与，列入遗产税课税对象范围之内。当然，若该赠与财产已纳赠与税，则可从遗产税总额中扣除已纳税额。至于被继承人生前应纳的税收、所欠债务以及丧葬费、遗产管理费等，均不列入遗产范围。但有些财产，虽不是直接基于继承或受遗赠而取得的，但由于是以被继承人或遗赠人死亡为条件而产生的，与遗产实有相同的性质，也应纳入征税对象之中。

4. 征税范围

遗产税的征税范围可按属人与属地相结合的原则确定：对在我国境内有住所的中国公民，死亡时遗有财产者，就其境内外全部应纳税遗产征税；对在我国境内无住所的中国公民及非中国公民，死亡时遗有财产者，只就其在中国境内的遗产征税。

5. 采用五级超额累进税率

可考虑将最高边际税率降低到50%以下，但在同样税率起止范围内，级次可以相对多一些，这样能够使税负变化更加平滑，建议采用10%、20%、30%、40%、50%的五级超额累进税率。这样既能促进社会公平进一步的实现，又可帮助财产所有人树立正确的财产观，保证和谐社会的建设与发展。赠与税与遗产税的税率相等，可以防止人为的税收漏洞的出现，因为如果赠与税与遗产税使用不同的税率，纳税人都会通过低税率的那一种方式进行避税。

6. 起征点

根据我国国情和纳税人的具体情况，考虑到我国居民近年来的经济收入情况和社会平均消费水平，建议遗产税和赠与税的起征点定在200万元为宜，对200万元以内的不征税，只对超过200万元以上的全额征税，以后随着经济的增长应相应提高，这样才能真正体现遗产税调节财富的作用。

7. 扣除项目

遗产税的扣除项目有：丧葬费、遗产管理费、债务、税收、公益捐赠、基础扣除等；赠与税的扣除项目有：公益捐赠、税收扣除、法定扣除等。各国税法多就遗产总额规定一个基本扣除额，即免征额。此外，对配偶、未成年子女、有抚养关系的亲属等规定一定数额的扣除。对于继承人用于居住的住宅等不动产，可考虑参照各地区的平均生活水平，规定扣除额。

8. 完善财产申报制度

征收遗产税的基础在于完善财产申报制度，而完善财产申报制度的关键又在于确立有效的申报奖惩制度。对于应当申报的遗产隐瞒或设法逃脱，应当给予较重的惩罚，以保证遗产税的顺利征收。

鉴于我国的国情、民情和个人财产法律制度不太健全，公民财产的赠与情况难以掌握，对赠与财产征税征管难度大，所以，拟先开征遗产税。待实行一段时间有关制度建立健全后，再考虑增设赠与税。为防止以赠与行为避税，可比照国际通行做法，对被继承人死亡前五年的赠与财产并入遗产总额中征税。

（三）完善车船税

1. 以车船价值作为计税依据

车船税本质上是一种财产税，具有保有征税的性质。即无论其是否经常用车，都要缴纳车船税。作为向财产拥有者定期征收的税收，车船税应属于财产税范畴，既然是财产税就要按照价值征税。现行的车船税规定不符合财产税的性质，不能真实反映纳税人财产多少和负担能力。因此建议以价值作为车船税的计税依据，可以考虑对车辆按照购买价格征收车船税，同时将折旧因素考虑进来，使每年征收的车船税税额有所减少。

2. 重新设计税负结构

在测算车辆价格分布区间的基础上，可采用比例累进税率，比如根据价格划分为高档车（30万元以上）、中等车（10万元—30万元）、低档车（10万元以下）三档（或者按价格区间划分更多档），可分别适用2%、1%、0.5%的税率。使高价车辆适用高税率，让有负担能力的人多负担税收。同时加大对符合汽车行业发展方向的电动汽车、混合性动力等清洁能源汽车的税收优惠力度。通过有增有减的车船税制度安排，总体上车船税收入规模可以略有上升。

3. 扩大征税范围

现行车船税以依法应当在车船管理部门登记的车船为征税对象，但没有对火车、飞机、地铁、磁悬浮列车等交通工具征税。并且随着新的制造技术的研发，将不断有新的交通工具出现，但车船税没有将这些车辆纳入征税范围。因此，要逐步扩大征税范围。

4. 税额适度合理

按排量征收车船税有悖于税收的量能负担和公平原则，发动机排放量相同的一辆奇瑞汽车和一辆奔驰车价值差距很大，但需要缴纳的车船税值却是相同的。在这种情况下，与很少使用的大排量汽车相比，经常使用的小排量汽车的碳排放量可能更多，其车主却只需缴纳较少的车船税。因此，要真正发挥"抑大扬小"的作用，使小排量的税负更低，大排量的税负更高。考虑到我国排量1.0升至2.0升为主打车型的实际情况，应在这一区间减税或者保持平稳，而作为区分度，2.0升以上的车税额适度从高计征。

5. 建立统一的信息共享平台

信息不对等、税源基数难以比对、漏征现象的存在，反映出车船税征管工作信息化建设的滞后。搭建信息共享平台可以有效地解决这些问题，通过信息共享平台，可以实现税务、公安、保险机构之间的涉税信息共享，保证税务机关能够及时掌握辖区车辆的增减变动情况以及车船税缴纳情况，查找漏征漏管车船，防止监管缺位的情况发生。

我国现行的税法规定，对车不仅要征收车船税，还包括消费税和车辆购置税，确实存在重复征税问题，加重车主负担，不符合设定合理税负水平的原则。由于《中华人民共和国车船税法》将车船税定位为财产税，但同时又将其政策目标定位在"发挥车船税应有的调节功能，体现鼓励使用低能耗、低排放的小排量汽车的政策"。于是有人建议将车船税整合到成品油消费税中。对此，不敢完全苟同。将车辆购置税并入消费税是在乘用车取得环节针对应税消费品来说的，而车船税是乘用车在保有环节课征的财产税，不能并入消费税。

(四) 取消土地增值税

从长远看，建议取消土地增值税，对房地产转让实现的收益（不动产利得）分别纳入企业所得税和个人所得税中征收。土地增值税在性质上属于不动产利得税，属于所得税征收范畴，纳入所得税征收名正言顺，也使税制更加简化。在具体政策的设计上，可以考虑区分长短期利得，对短期利得按普通所得征税，对短期投机的暴利所得可以考虑征高税，而对长期利得从低征税，特别是对居民的主要住宅置换实现的利得给予减免优惠或递延纳税。

四、构建有利于科学发展的资源环境税制

(一) 改革和完善资源税

1. 加快煤炭资源税改革

在石油天然气资源税从价计征改革的基础上，尽快推出煤炭资源税改

"从量计征"为"从价计征"，并考虑原煤、精煤等不同品种，结合各个资源行业的资源税负水平，合理确定煤炭资源税率空间。同时，赋予地方政府根据资源禀赋、开采阶段、煤炭回采率等进行合理调整的权利。

2. 扩大资源税征税范围

将土地列为一个税目并入资源税，相应取消耕地占用税，并在现行土地开发利用税费负担的基础上，改革现行水资源费，将所有开采或取用各种天然水（包括地表水、地下水、矿泉水、地热水等）均纳入征税范围；适时开征森林资源税和草场资源税，抑制生态破坏行为，待条件成熟后，再对煤层气等其他资源课征资源税。

3. 调整计税依据

实行从价与从量征收相结合，对适宜从价征收的原油、天然气、煤炭等资源品逐步纳入从价定率征收范围，建立资源税收入与资源价格挂钩的弹性机制；对其他应税资源品仍从量征收，并适当提高单位税额标准。

4. 灵活设计税率

资源税税率的设计应该考虑到筹集财政收入、调节负外部性作用和促进可持续发展等，并综合考虑我国的稀缺资源类型和现行的税收征管水平。对于需求量不断扩大、价格不断攀升的资源品实行比例税率，包括石油、天然气、煤炭、非金属矿原矿、黑色金属矿原矿、有色金属矿原矿、水资源等；对于需求量比较稳定、价格波动不大、主要用于居民消费的资源产品实行定额税率，包括盐、海洋资源、森林资源等。比如，水资源税可确定较大的税率幅度，在幅度范围内由省级人民政府确定具体税率，同时，改革一些地方随水费征收附加费等办法，将水资源分为生产性用水和生活性用水，分别设计税率，生产性用水的税率应高于生活性用水税率，通过税收真正起到保护水资源、提高水资源利用效率的作用。

5. 资税改革要取消相应的收费

逐步取消目前正在收取的煤炭基金、水资源费、林业补偿费、育林基金、林政保护费、矿山专向维护费、更新改造基金、电力基金、无线电管理费、渔业资源费等资源性收费。

（二）推进环境税费改革，开征环境保护税

环境保护税是对在污染排放行为、不利于环境的产品消费行为和生态破坏行为等为课税对象征收的一种税。"十二五"规划纲要明确指出，要"积极推进环境税费改革，选择防治任务繁重、技术标准成熟的税目开征环境保护税，逐步扩大征收范围"。目前，开征独立的环境税的基础和时机日渐成熟。

鉴于中国目前严峻的生态环境状况和能源使用状况，环境保护税不仅仅是为了筹集财政收入，更主要的是运用税收手段调控环境污染。因此，可选择污染排放税和能源税。由于水污染控制、大气污染防治、固体废物污染防治等一方面将是中国未来一段时期环境保护工作中的重点，另一方面具有征收对象稳定、征收比较容易的特点，可以将现行排污费改为征税形式。

1. 征税范围

通过对我国重大环境问题的梳理以及未来发展趋势的预测，水污染控制、大气污染防治、固体废物污染防治等将是我国未来环境保护工作的重点。我国环境税的征收范围应包括废水、废气、固体废弃物和噪音等在内的污染物排放和二氧化碳排放，并依此设定税目和子税目。

2. 税率设计

税率的制定要适中，过高会抑制生产活动，导致社会为"过分"清洁而付出太高的代价；过低会妨碍其调控功能的有效发挥。因此，税负水平的设计应考虑到污染治理成本、经济技术条件、排污者的承受能力、不同地区环境现状以及环保目标差异。具体可结合参考中国在征收排污费方面积累的数据经验，可根据不同的征税对象，分别采用定额税率从量计征或比例税率征收。

3. 税基选择

环境保护税税基的选择需要考虑税收与环境损害行为和程度之间的关联性、税收征管成本的大小。对污染物排放量按实际监测值征收还是按产品生产过程中使用原材料含硫、氮等主要排放量折算征收，不仅涉及环境税计税依据，还直接关系到税种征管的有效性问题，需要精心研究，审慎决策。

4. 税收优惠

总体来讲，应对采取措施削减污染排放的行为给予一定的税收优惠。借鉴发达国家所采用的环境保护税收返还制度的经验，中国应采取一定的环境保护税税收返还制度。这样一方面可以提高企业以及消费者主动保护环境的意识，另一方面还可以鼓励积极采取措施削减污染的企业和消费者，另外还能节约政府治理环境的成本。

5. 征收管理

环境保护税的征收管理比较复杂，需要相关技术支持。应由税务部门和环保部门相互配合进行，可以由环保部门负责定期测定污染排放量，税务部门负责具体的税款征收；在征收方法上，可以采用源泉扣缴法、定额征收法和自行申报等方法进行征收。应作为中央与地方共享税，由地税部门征收。在收入分成方面，地方可拿大头，中央拿小头。这样做有利于清除地方保护主义对环境保护造成障碍，解决跨地区、大面积污染问题以及全流域污染问题无人治理的问题。中央财政可以集中财力治理跨地区、跨流域的污染，从整体上控制全国环境的质量。地方的收入可以用于治理区域性的污染，有利于增强地方政府治理区域性污染的能力和调动地方进行环境保护的积极性。

6. 相应取消排污费

开征环境保护税必须取消排污费，因为环境保护税的征税对象，都是排污费的征收对象。在实行排污费改征环境保护税的过程中要彻底解决相关问题，一旦开征后，地方政府干预和养人收费、收费养人的恶性循环等方面的问题一律令行禁止。

五、构建有利于科学发展的行为目的税制

（一）改城市建设维护税为城乡维护建设税

城市维护建设税自开征以来，为我国的城市建设和维护起到了积极的作用，但是在城乡一体化发展的今天，它的存在对农村建设来说具有一定的歧视性。因此，要将"城市维护建设税"改名为"城乡维护建设说"，更能确切地反映设立此税的目的。

1. 重新界定纳税人

建议在中华人民共和国境内从事生产、经营活动并取得销售（营业）收入的单位和个人，包括所有享用城乡公用设施而又有负担税收的单位和个人，都应是城乡维护建设税的纳税义务人。

2. 改变计税依据

目前的城市维护建设税以"三税"为计税依据，使得一部分不纳"三

税"而同样使用市政公用设施的单位和个人，没有相应负担城市维护建设税，致使税收的负担与受益在很多方面相脱节。修改后的城乡维护建设税根据受益与负担相一致的原则以纳税人的经济活动总量，即销售（营业）收入为计税依据。

3. 合理设计税率

综合考虑各种因素，建议城乡维护建设税税率实行 3%—5% 的幅度税率，在此范围内各地区可以根据情况选择适用税率。

4. 明确税收优惠

城乡维护建设税属于地方税，其收入归地方所有，应赋予地方政府一定的减免税审批权限，以利于地方政府实事求是地解决一些企业实际困难。可考虑对农业、牧业经营收入及学校、幼儿园、托儿所、医院等社会福利事业单位的收入应给予适当的减免税，具体由各省、自治区、直辖市或计划单列市人民政府确定。

（二）借鉴国外金融交易税，改革证券交易印花税，取消其他印花税

金融交易税是基于特定目的对特定金融交易行为征收的一种行为税。对金融交易征税以抑制投机交易的思想可以追溯到凯恩斯 1936 年出版的《就业、利息和货币通论》，凯恩斯认为征收金融交易税增加股票投机成本可以控制金融交易者过度投机行为所增加的波动性，并将投资引向生产部门。实践中金融交易税可以分为货币交易税与证券交易税。历史上，美国、印度、比利时、瑞士、新加坡、希腊、我国台湾地区等都在不同时期以不同方式开征过货币交易税。1694 年伦敦证券交易所开征的印花税是最早的证券交易税。最常见的证券交易税是对二级市场股票购买或销售行为征收的股票交易税，印度、印度尼西亚、意大利、南非、韩国和英国等国家曾经或者正在征收这种类型的金融交易税。征收此税不仅可以增加财政收入化解债务危机，还可以增加交易成本抑制投机交易；不仅可以控制资本流动实现短期资本长期化，还可以抑制国际热钱的投机活动，引导国际资本流入实体经济。

2009 年，美国俄勒冈州议员彼得·安东尼·德法兹奥提出对股票及衍生品交易征收 0.02%—0.25% 的税，用于减少财政赤字以及增加就业。次贷危机后，"二十国集团"曾特别委托国际货币基金组织对在全球范围内征收金融交易税以抑制金融投机行为，进行可行性研究。2011 年 9 月，欧盟委员会

首次正式提出欧盟国家统一征收金融交易税的提议，对股票与债券交易征收0.1%的税，对金融衍生品征收的税率为0.01%。随后，法国成为欧盟率先实践金融交易税的国家。2012年1月29日，时任法国总统萨科奇宣布了一揽子经济改革措施，其中便包括对所有涉及法国最大公司的股票交易征收0.1%的交易税。2012年7月19日，法国参众两院最终通过了2012年《财政法案修正案》涉及一系列税收改革措施，其中包括对股票等交易开征0.01%—0.2%的金融交易税。从目前看，虽然国际社会对金融机构如何加强征税意见仍很不统一，但对金融机构的资产按风险级别征收"银行税"已日益受到关注。我国作为一个刚刚步入中等偏上收入国家行列的发展中大国，正在以党的十八大精神为指导，深化金融体制改革，健全促进宏观经济稳定、支持实体经济发展的现代金融体系。应肯定国际金融交易税，积极参与国际讨论，协同推进金融交易税，毕竟它有利于抑制一些不必要的、过度的投机行为，加重投机交易的成本。

与此同时，要借鉴国际经验，在取消印花税的同时对调整证券交易印花税，逐步降低税率，为活跃金融市场提供支持。各国金融交易税的实践虽然多倾向于减税，但很少完全取消这一税种，而且，随着金融产品的多样化，为了防范税收导致的交易转移或避税行为，金融交易税的征税范围还在扩大。股票、债券、基金、期权、期货等都是常见的证券交易品种，按照税收的普遍性和公平性原则，对这些证券的交易行为的税收调节不应该有太大的差异。同时在我国对印花税的改进中需要考虑到不同证券产品间的税收平等问题，要具有前瞻性，尽量考虑到未来金融工具的发展，限制纳税人利用金融产品规避税收，维护金融稳定。

（三）统筹教育费附加和文化事业建设费改征文化教育税

党的十八大报告将"教育事业迅速发展，城乡免费义务教育全面实现"和"文化软实力显著增强，社会主义文化强国建设基础更加坚实"作为全面建成小康社会的奋斗目标，对我国公共财政支持教育优先发展和文化强国建设提出了新的要求和考验。但是，教育优先发展和文化强国建设最需要的就是资金，钱从哪来来？目前我国政府教育筹资的重要手段是具有"准税收"性质的教育费附加，文化筹资的重要手段主要有文化事业建设费，这两项收费都由税务部门代征。由于种种原因，两项收费的数量有限，无法满足未来教育优先发展和文化强国建设的资金需求。加之两项收费虽名为"费",但实际上更像"税",并由税务机关征收,征收具有普遍性,与一般根据受益原则征收的"费"不同。因此,有必要将其转变为税收,以符合其本来的面目,做到名实相符。而且国外也有类似的做法,如韩国1980年通过的《教育税法》,采取多种形式不同比例向纳税者征收教育税。尼日利亚1993年《第7号教育法》规定,所有在尼日利亚注册的企业和公司要缴纳应税利润2%的教育税。法国要求各企业交纳"成人职业培训税"与"学徒税"。印度《财政法》规定对征收消费税的商品、进口商品以及应税服务征收教育税,用于实现政府承诺,为基础教育提供财政支持。加拿大的阿尔伯达省向居民和非居民的财产征收教育财产税然后将其分配给学区;诺瓦斯克舍省开征市政教育税,税率由省每年确定;安大略省的教育税税率由省确定,由市政当局负责征收,然后将教育税收入直接分配给各学区。美国阿拉巴马州经地方公民投票决定,允许征收地方(县)教育税(学校财产税);密歇根州和印第安纳州也开征州教育财产税。

　　基于上述考虑,有必要在对现行的教育费附加和地方教育发展费等种种教育性收费以及文化事业建设费、国家电影基金等文化性收费进行整合的基础上,开征文化教育税,其税基同城乡维护建设税税基,实行0.1%—0.3%的幅度税率。税收收入可根据替代教育性收费和文化性收费的比例以及公共财政教育性支出和文化性支出需求进行分配,以此来满足《中华人民共和国教育法》第七章第五十四条规定的"国家财政性教育经费支出占国民生产总值的比例应当随着国民经济的发展和财政收入的增长逐步提高。具体比例和实施步骤由国务院规定。全国各级财政支出总额中教育经费所占比例应当随着国民经济的发展逐步提高"和财政部下发的《关于贯彻落实十七届六中全会精神做好财政支持文化改革发展工作的通知》(财教〔2012〕33号)规定的"各级财政年初预算安排公共财政文化体育与传媒支出(不含基本建设支出)的增长幅度应高于同级财政经常性收入的增长幅度。按照政府性基金管理规定,继续做好文化事业建设费和国家电影事业发展专项资金的征收、上缴、预算分配和使用管理等工作,完善相关管理办法"。

第五节 有利于科学发展的税收制度的配套设计

构建有利于科学发展的税收制度涉及政治、经济和社会等诸多方面，需要相关部门的协同配合，更需要相关配套措施的制度供给。应该说，税制和各项改革的目标是适应全面建成小康社会的要求，通过经济体制、政治体制、社会体制、文化体制和生态文明制度的整体改革，加快形成符合科学发展要求的发展方式和体制机制，不断解放和发展社会生产力，不断实现科学发展、和谐发展、和平发展，为坚持和发展中国特色社会主义打下牢固基础。倘若各项改革没有达到上述目标，税制改革就失去了赖以配套的基础。因此，税制改革只有同其他改革协调发展才有出路，必须与其他各项改革同步推进，协调发展，只有这样，才能发挥出中国特色社会主义制度的综合优势和高度自信。

一、税制改革要与资源性产品价格改革相配套

价格是税制实现的基础，价格制度是否合理，直接影响着税收作用的发挥。党的十八大报告指出，深化资源性产品价格和税费改革，建立反映市场供求和资源稀缺程度、体现生态价值和代际补偿的资源有偿使用制度和生态补偿制度。资源性产品价格是资源被开采或出售的产品价格，主要受其天然属性、禀赋差异、生产成本、补偿成本和环境成本等多种因素的复合影响。全成本资源性产品价格较好地反映了资源性产品价格的真实成本，包括开发成本、税收、利润、矿业权有偿取得成本、安全投入成本、代际补偿成本、外部补偿成本、环境补偿成本等。实行全成本覆盖，完善价格构成要素，就是要将资源的开发成本、资源开采后为保证持续开发的补偿成本以及资源消耗过程中环境污染的治理成本，都列入企业成本核算范围，彻底还原资源性产品价格当中的完全成本，真正落实污染者和使用者付费的原则。资源性产品价格改革是一个系统工程，涉及生产、流通、消费各个方面，关系到全国统一大市场的建立和完善，既要保持放松价格管制与转换价格形成机制的协同进行，严格限制垄断行业的高福利、高成本、高价格，严厉打击各种乱涨价、乱收费行为，维护群众合法价格权益；也要建立上下游资源产品的价格

联动机制、国内外相关行业的价格联动机制、对部分弱势行业和弱势群体适当补贴的机制，解决能源价格改革可能给低收入群体带来冲击以及可能给高耗能产业带来冲击进而影响经济增长的问题；还要在资源价格市场化的大前提下，总结新一轮成品油价格和税费改革的成功经验，即价格改革要与财税改革相配套，逐步实现不再直接干预价格，而以财税政策作为主要手段进行资源价格宏观调控的目标。

二、税制改革要与财政体制相配套

税制改革必须和财政体制改革同步进行，方能充分发挥税收的作用。其中，最重要的是解决中央和地方事权和财权划分问题，这就涉及政府职能、财政层级、税种划分、转移支付、预算等。应进一步推进财政省直管县、乡财县管和乡镇综合改革等改革措施，逐步将政府财政层级从五级简化为中央、省、市县三级，进而在此基础上积极推进税收划分制度改革，构建起合意的税收划分制度。同时，还要积极推进行政体制改革，最终实现政府层级的"扁平化"，因为没有行政体制的改革，财政层级"扁平化"的改革缺乏稳固的基础。从调动地方政府管理税收的积极性出发，中央政府应在总的税制结构框架下，在保证中央财政收入稳定增长的基础上，根据中央集权、合理分权的原则，考虑地方经济发展需求和地方政府运用地方税收调控地方经济的能力，适度放权，使地方在所辖区域内有一定的税政管理权。地方税种的设立权应保留在中央，但对其立法权可采用以下三种模式：一是对国民经济影响较大的地方主体税种，如企业所得税、个人所得税等，其立法权应在中央。二是对税基比较固定的地方税种，如房地产税、资源税等应由中央立法，地方负责在中央规定的总原则和税率、税额幅度内制定实施细则。三是具有特定用途的地方税种，如城乡建设税等，其立法权可下放给地方，由省、自治区、直辖市政府制定单行条例，并报中央备案。

三、税制改革要与社会体制改革相配套

社会体制改革是中国特色社会主义事业总体布局中社会建设的重要组成部分，事关党的执政地位的巩固，事关国家长治久安，事关社会安定有序，事关人民安居乐业。保障和改善民生，在学有所教、劳有所得、病有所医、

老有所养、住有所居上持续取得新进展，是社会体制改革的出发点和落脚点，也是税制改革的出发点和落脚点。要实现政府与市场"两条腿"走路，动员社会组织提供公共服务，并通过政府购买服务等方式激发社会活力，构建多层次、多样化的公共服务供给体系。要坚持城乡统筹而不是城乡有别，坚持区域协调而不是区域分割，建立流动人口基本公共服务制度，加大对农村、老少边穷等困难地区和城乡困难群体的转移支付、公共财政投入、援助帮扶力度，促进公共服务资源在城乡、区域间均衡配置，争取到 2015 年覆盖城乡的基本公共服务体系逐步完善，到 2020 年城乡区域间基本服务差距明显缩小，使发展成果更多更公平地惠及城乡群众。要按照政事分开、事企分开、管办分离的要求，加强总体设计、分类指导，因地制宜、积极稳妥地推进事业单位改革，加快事业单位转型。对于从事生产经营活动的，逐步将其转为企业，并依法自觉纳税；对于从事公益服务的，要强化公益属性，减少政府的微观管理和直接管理，进一步落实法人自主权，通过税收激励真正激发其生机与活力，不断提高公益服务水平和效率。要根据经济社会发展的客观需要，尤其要加快培育经济类、慈善类、公益类、服务类社会组织。要坚持政社分开、管办分离，进一步转变政府职能，把能够由社会组织做的事情，通过政府委托、公助民办、购买服务等方式，交给社会组织，提高社会资源利用效率和公共服务质量。要制定和完善对社会组织服务管理的法规政策，确保其既发展得好又管理得好。

四、税制改革要与征管制度变革相配套

税制改革和税收征管的改革是不可分的，即使是设计再完美的税收制度，征税的效果也要通过科学、严密的征管制度来实现。一方面，税制的选择必须适应税收征管能力和水平；另一方面，税收征管必须适应税制改革的需要。离开税收征管改革，税制改革也难以取得理想成效。从实践看，每次重大的税制改革和税收调整都伴随着征管改革，促进税收管理方式、管理模式和管理体制的改革和创新，突出加强税源管理体系建设、信息化建设和优化纳税服务，从而保证税制改革目标的实现。其中，1994 年税制改革以后的征管改革对增强税务管理能力起到了巨大作用。一是加强税务信息化建设，优化税务管理流程。由于计算机管理系统在税务管理活动中的普遍应用和升级改造，

重点优化了税款流程和税务信息流程，大大降低了税收流失率，提高了税收征收效率。二是改善税收征管，提升税务管理活动的质量。随着税收征管改革的深化，税务管理部门不断加强内部改革，包括管理方式、征管机构和干部人事制度的改革，使税收管理日趋科学化、法制化、专业化、信息化和社会化。三是优化纳税服务，提高纳税人的税收遵从度。通过不断充实纳税服务内容，改进服务方式，探索个性化服务，构建和谐的税收征纳关系。中国在税制改革的同时，积极推进了税收征管体制的改革和现代信息化建设，才使得税收收入持续高速地增长。

五、税制改革要与相关支持制度建设相配套

一是金融实名制，是指公民须使用实名方能在金融机构开设任一账户，且必须使用真实姓名进行金融交易并记录在案，这是查明公民已有财产的一项重要基础制度，应结合储蓄实名制的实施，对个人的金融资产、房地产，以及汽车等重要消费品实行实名制度。这不仅可以在一定程度上界定个人财产来源的合法性与合理性，将纳税人的财产显性化，而且可以为税务机关加强财产税、遗产税、赠与税等税源的控制提供管理基础。二是家庭财产申报制，应从以下几方面着手：申报主体、申报范围、申报操作性设计、申报受理机构、违反申报的追究制度。家庭财产申报制度是查明公民隐性收入的重要途径，同时家庭财产申报制度是"终端治腐"的一项重要措施，所谓终端治腐就是指实行官员财产透明化，使其非法所得无存藏之处。家庭财产申报制度作为与金融实名制类似的财产监管制度，可以说两者有着相似的功用。三是建立各部门信息资源共享制度。该制度应主要依靠政府部门、公安部门、银行机构，以及房地产、煤气、水、电等管理部门的共同努力，通过政府搭建信息公共管理网络平台，以实现全社会公共信息的资源共享。也只有这样，才能为税收管理奠定坚实的信息基础。

第六节　有利于科学发展的税收制度的实施战略

一、有利于科学发展的税收制度的路线图

按照构建有利于科学发展的税收制度的指导思想和目标取向，为了更好

的勾画出未来改革的图景，以"十二五"规划期为分界点，我们对未来税制改革实施战略大致划分为两个阶段：

（一）近期推进税制改革的路线图（"十二五"后期）

2013—2015 年，这一阶段属于中国的"十二五"规划期的后两年。这一阶段的税制改革要根据"十二五"规划中的要求，按照优化税制结构、公平税收负担、规范分配关系、完善税权配置的原则，健全税制体系，加强税收法制建设。完成"十二五"规划提出的改革任务，主要的改革路线建议如下：

1. 扩大增值税征收范围，相应调减营业税等税收。在不断总结试点经验的基础上，将增值税"扩围"改革在全国推行，基本取消营业税，平衡一般纳税人与小规模纳税人的税收负担，完善增值税抵扣链条，健全增值税管理机制。

2. 合理调整消费税征收范围、税率结构和征税环节。将车辆购置税和烟叶税并入消费税，相应取消车辆购置税和烟叶税，统筹调整消费税；考虑将当前社会上一些高档娱乐消费行为以及一些容易产生环境污染、大量消耗资源的产品，纳入消费税征税范围；对成品油可考虑将征税环节改为批发环节。

3. 在营业税没有完全取消之前，根据最新的《国民经济行业分类》国家标准和第三产业发展壮大的实际情况对营业税税目进行调整，实行境外税款抵扣政策，解决境外劳务双重征税的问题。

4. 恢复并完善企业所得税合并纳税制度，完善企业所得税优惠政策，进一步完善对外投资企业所得税制，完善反避税法律法规。

5. 逐步建立健全综合与分类相结合的个人所得税制度，完善个人所得税征管机制。继续优化和调整税率和级次，建设全国统一的个人所得税征收管理信息系统，推进居民信用卡或支票结算制度，健全个人及其家庭房地产、汽车以及金融资产等重要财产的实名登记制度。

6. 研究推进房地产税改革。总结上海、重庆试点以及"物业税空转模拟评税"试点等经验，研究在全国推开的改革方案，逐步扩大试点范围，并在总结试点经验的基础上，整合房产税和城镇土地使用税为统一的房地产税。

7. 全面推进资源税和耕地占用税改革。按照价、税、费、租联动机制，适当提高资源税税负，完善计征方式，将煤炭资源产品由从量定额征收改为从价定率征收，实行水资源费改征税。

8. 开征环境保护税。选择防治任务繁重、技术标准成熟的税目开征环境保护税（包括针对二氧化碳排放征收的"碳税"），逐步扩大征收范围，并做好相关配套方案的研究。

9. 研究和推出社会保险费改税，开征社会保障税的方案。

10. 研究遗产税和赠与税方案。

11. 进一步完善车船税。

12. 改城市建设维护税为城乡维护建设税，出台城乡维护建设税条例。

13. 改革证券交易印花税，取消其他印花税。

14. 统筹教育费附加和文化事业建设费改征文化教育税，取消相应收费。

15. 逐步健全地方税体系，赋予省级政府适当税政管理权限。

（二）中长期推进税制改革的路线图（"十三五"时期）

"十三五"时期，税制改革的目标是：完善以流转税和所得税为主体税种，财产税、环境税及特定目的的税类相互配合，多税种、多环节、多层次调节的复合税制体系。具体改革内容建议如下：

1. 进一步完善增值税，适当降低税率、减少税率档次，取消先征后返、即征即退、免税抵扣等减免税方式，建立现代增值税。

2. 继续调整和完善消费税制度，进一步扩大征税范围、优化税率结构，制定消费税法及其实施细则。

3. 进一步降低企业所得税税率，推进企业所得税和个人所得税一体化改革。完善个人费用扣除项目的扣除方式，逐步建立健全综合与分类相结合的个人所得税制度。适时建立费用扣除标准的动态调整机制，充实完善综合与分类相结合的个人所得税改革方案，修订个人所得税法。

4. 将耕地占用税并入资源税，同时考虑开征森林资源税和草地资源税，进一步扩大征收范围，根据资源条件和市场情况的变化适时调整资源税税额标准，完成资源税立法，争取出台中华人民共和国资源税法及其实施细则。

5. 继续推进房地产税的改革，取消土地增值税，启动房地产税立法程序，通过房地产税立法，健全相应的征管保障机制。

6. 完善环境税，制定环境税法及其实施细则。

7. 开征社会保障税，出台社会保障税法及其实施细则。

8. 开征遗产税和赠与税，出台社会保障税法及其实施细则。

9. 修订车船税法，制定金融交易印花税法和文化教育税法及其实施细则。

经过上述改革，到 2020 年我国税制将减少到 15 个，有利于科学发展的税收制度将更加完善、定型和成熟，更加适应全面建成小康社会的需要；税收收入将随着经济发展继续实现平稳较快增长，更好地为各级政府履行职能提供财力保障；税收调节经济和调节分配的职能作用将充分发挥；中国特色的社会主义税收法律将更加规范，税法遵从度将明显提高，全民纳税意识将大为提高。

表5.2 2002 年至 2020 年我国的税制改革路线图

	2002 年	2012 年	2020 年	
1	增值税	增值税	增值税	货物劳务税
2	消费税	消费税	消费税	
3	营业税	营业税	关税	
4	企业所得税	企业所得税	企业所得税	所得薪给税
5	外商投资企业所得税	个人所得税	个人所得税	
6	个人所得税	资源税	社会保障税	
7	资源税	城镇土地使用税	房地产税	财产财富税
8	城镇土地使用税	土地增值税	车船税	
9	土地增值税	房产税	遗产税与赠与税	
10	房产税	城市维护建设税	资源税	资源环境税
11	城市维护建设税	车船使用税	环境保护税	
12	车船使用税	烟叶税	城乡维护建设税	行为目的税
13	车船牌照税	印花税	金融交易税	
14	印花税	契税	文化教育税	
15	契税	车辆购置税	船舶吨税	
16	城市房地产税	耕地占用税		
17	耕地占用税	关税		
18	关税	船舶吨税		

续表

	2002 年	2012 年	2020 年	
19	船舶吨税	固定资产投资方向调节税		
20	固定资产投资方向调节税			
21	农业税			
22	牧业税			
23	农林特产税			
24	屠宰税			
25	筵席税			

二、构建有利于科学发展税收制度应注意的问题

构建有利于科学发展税收制度是一项复杂的系统工程，具有牵一发而动全身的特点。因此，在全面推进过程中一定要预防、及时协调处理好改革过程中出现的一些新问题，确保税制改革进程的顺利推进。

（一）全面推进税制改革中一些新税种的推进次序问题

在税制改革中，一些新税种的开征或一些税种原有征收方式的改革会面临很多困难。因此，需要考虑推进次序，要遵循先易后难、步步推进的原则。如个人所得税由分类向综合过渡是一个长期过程，因为综合课税需具备个人收入完全货币化、具备有效的个人收入汇总工具和便利的个人收入核查手段三个条件。此外，纳税人的意识也是影响征税成本和效率的重要因素，这些都需较长时间才能完善，因此，目前应以分类制为主。又如遗产和赠与税，由于社会环境还不太成熟，一齐推出可能遭遇较大的阻力和变相阻力。因此，可考虑先开征遗产税，择机推出赠与税。再如社会保障税，长期目标是为所有城乡劳动者提供养老、医疗、失业、工伤、生育等基本保障所需资金，但近期可能不能覆盖到农民，征税对象范围宜逐渐扩大，保障范围和力度随之逐渐扩大。

（二）税种间的衔接与协调配合问题

税制体系应该包括全部税收法律、规章、条例、税收协定等以及每一税收法律法规具体规定的征税主体、纳税人、税率、纳税环节、期限和地点、减免税和法律责任等要素。各类法律规范之间应相互协调，避免"打架"，

尤其是下位法不能与上位法相抵触。科学测算、精确界定各种要素，各种要素之间应相互衔接，避免要素模糊、缺失或相互矛盾的问题。保证税制体系协调的关键是严格遵循立法权限和程序，非有法定权限，非经法定程序，不得对已有的税种及税收要素作出任何变更，这是原则问题，也是一个根本性的技术问题。众所周知，税收制度中各个税种的作用点不同，课征的领域和环节不同，在经济运行中所起到的作用也是不同的。"一揽子"的税制改革可以根据现实的需要有效地协调各个税种的作用点，协调各个税种的作用。在分步实施的税制改革中，各个税种出台的时间不一致，先后出台的税种之间如何有效地协调，就是在税制改革中需要考虑的问题。具体来看，主要是在组织收入方面各税种如何协调配合，在调节经济方面各税种如何协调配合，如何才能形成有效的收入体系和调控体系，构建起相互补充、相互衔接的税收体系，各税种各有侧重形成合力。既要避免重复征税，也要避免出现课税的空白点；既要保证收入，也要强化税收调控；既要避免不同环节、不同领域税负畸轻畸重的不公平现象，更要避免产生错误的税收诱导机制。

（三）税收制度与税收征管的协调

税收制度与税收征管是互为前提、相互支持、相互制约的。高质量的税收征管可以保证税制目标的实现，同样，科学的税收制度可以为税收征管扫除技术上的障碍。一种税制的设计理论上再好，如果现实的征管技术、征管水平和征管条件跟不上，也不能达到预期效果和既定的政策目标，也就不能成为税制改革的现实选择。不仅如此，税制改革中还应从有利于实施税收征管的角度进行税制设计，税制规定复杂、含糊、明显的不公平等都不利于税收征管的有效实施。从征管的角度来看，我国的税制改革中应当把握：第一，设计的税制应在现行征管技术和征管手段可以有所作为的范围内，不能超出征管可能，也不能使税制的有效实施必须通过征管技术或手段进行重大的、长期的改革和完善才能达到；第二，税制设计也应"抓大放小"，将那些税源规模过小、不宜管理或管理成本过高的征税对象排除在课税范围之外；第三，避免将那些税源不可控，客观性差、主观性强，税源信息难以获取的客体作为征税对象；第四，税制设计应简化、明确、公平，便于理解，具有确定性和明确性，便于税收征管的具体操作；第五，税制设计还要考虑纳税人纳税的便利，不应增加其额外工作量，纳税成本尽可能的低。

（四）税制改革中的国情原则与借鉴国际经验的关系协调

建立起科学规范的税制体系，西方发达国家的税制建设及其改革，为我国的税制改革提供了学习和借鉴的经验。但是一定要处理好学习国外经验与我国国情的关系，国情原则应当成为我国税制改革的第一原则，不应片面强调税制的先进性，片面强调与西方国家的税制接轨，应当强调在我国的适应性。由于国情不同，我国的税制环境及税制运行的条件与西方国家存在很大差异，在西方国家成功的做法、有效的经验，在我国未必一定取得成功。在明确税制改革的方向和目标的前提下，根据我国现实的经济环境、制度环境、人文环境和技术条件等的允许程度来设计税制，不能超越现实条件去追求过分理想化的目标。任何国家的税制建设都具有阶段性，税制的完善不可能毕其功于一役。税制的改革和完善就是不断地使现行税制向理想税制靠拢的过程，符合当前实际，符合本国国情，符合当前人们利益选择的税制就是好的税制。

第六章 紧扣科学发展主题推进税收政策创新

> 由于税收政策是通过政治决策过程来设计的，如果我们没有将政治决策过程融合到奠定基础的经济学理念中去，那将无法理解税收政策是如何制定的。
>
> ——［美］林德尔·G. 霍尔库姆

党的十六届三中全会以来，按照中央关于加强和改善宏观调控的总体部署，我国在建立健全有利于科学发展的税收制度的同时，坚持把科学发展观作为行动指南，更加注重发挥税收调节作用，认真落实各项税收决策，相机优化选择政策工具，合理充实完善政策内容，适时适度调整作用空间，谋求发挥各种组合效应，大力推进税收政策创新，为构建中国特色的税收宏观调控机制进行了有益探索，为推动财政政策由积极到稳健再到积极的成功转型提供了重要保障，为充分发挥市场配置资源基础性作用创造了良好环境，为促进经济社会长期平稳健康发展作出了积极贡献。

第一节 十年来我国推进税收政策创新的探索实践

十年来，针对国内外经济社会的发展变化和国家宏观调控的实际需要，我国相继选择了不同的税收政策，在推动财政政策转型中功不可没。调控力度之大、影响范围之广、发挥作用之深前所未有，是我国宏观调控历史上的成功实践，健全和丰富了我国运用税收手段加强和改善宏观调控的经验。

一、2003—2004 年的税收政策创新

为应对亚洲金融危机的冲击和国内有效需求的不足，我国于 1998 年开始

实行积极的财政政策和稳健的货币政策，到了 2003 年，我国经济已经摆脱亚洲金融危机的影响，通货紧缩的趋势得到了有效遏制，开始进入新一轮周期性增速上升阶段，信贷投资和顺差增长加快，煤电油运等资源供给趋于紧张，钢铁、水泥、电解铝等部分行业出现局部过热。为防止局部过热转为全面过热，避免出现大起大落，作出了进一步加强和改善宏观调控的重大决策，开始调整宏观经济的政策取向，逐步降低财政政策的"积极度"。为了支持配合积极财政政策的转型，税收政策创新主要体现在：一是在全国范围内推开农村税费改革试点，试点后农民的平均负担减轻 30% 以上，有力地扶持了农业，扶助了农民，促进了粮食增产、农民增收和农村发展，得到亿万农民的衷心拥护。二是自 2004 年 7 月 1 日起，在东北老工业基地部分行业先行开展增值税转型改革试点，既考虑了宏观调控防止"过热"的阶段性要求，又考虑了国家财政的承受能力，不仅有利于解决生产型增值税重复征税的弊端，还有利于促进企业技术进步，提高自主发展能力。三是全面改革出口退税机制，全部清偿了历年欠企业和地方政府的出口退税，合理解决积累多年积存的欠退税问题，在推动外贸体制改革的同时，缓解了人民币升值压力，有力地促进了企业出口增长，助推了外贸的强劲增长。四是实行抗击"非典"的税收优惠政策，体现了公共政策上的相机应急处理，增强了税收对"非典"、禽流感等突发性公共卫生事件的调控功能，最大限度地减轻了疫情对经济社会发展的影响，为夺取抗击"非典"全面胜利和扶持困难行业加快恢复发展以及保障人民的生命财产安全，发挥了重要作用。五是为履行加入世贸组织承诺连续降低关税税率，从 2004 年起，进口税则税目总数调整为 7475 个；降低 2414 个进口税则税目的关税税率，降低税率的税目占进口税则税目总数的 32.3%；进口关税的算术平均税率从 11.3% 降低到 10.4%，下降 0.9 个百分点，降幅为 8.0%。在降低关税税率的同时，为扩大对外开放调整了部分进出口税收政策。六是落实和完善再就业的税收扶持政策，鼓励企业吸纳下岗失业人员再就业以及下岗失业人员自主创业、自谋职业合伙经营，将劳动就业服务企业中的加工型企业和街道社区具有加工性质的小型企业实体纳入再就业税收优惠政策的适用范围，同时放宽了再就业税收政策的适用条件和实施期限，明确了自主择业的军队转业干部和城镇退役士兵的税收政策问题。七是在实行重点支持西部大开发的税收优惠政策的基础上，出台了对部分企业历史形成、确实难以归还的历史欠税予以豁免等支持东北等老工业基地振兴的税收优惠政策。八是出台了企业改制重组若干契税政策，规范了股权转让中涉及的无形资产、不动产转让的营业税问题，调整农村信用社税收政策等优惠政策，支持企业改革和产业发展。九是进一步完善公益性捐赠的企业所得税和个人所得税前全额扣除，落实有关鼓励科普事业发展的税收优惠政策，明确转制科研机构的税收政策问题，对供热企业在一定时期向居民收取的采暖费暂免征收增值税，规范了基本社会保障、经济补偿、残疾用品及艾滋病防治等的税收政策大力促进社会事业协调发展。

二、2005—2008 年的税收政策创新

2004 年下半年以后，我国经济社会开始呈现较快发展的态势，但经济运行中出现了投资需求膨胀、贷款规模偏大、电煤及运输紧张、通货膨胀压力加大、部分行业增长偏快、结构失调问题凸显以及社会发展相对滞后等新问题，原来实行七年之久的积极财政政策已不能适应新形势的需要。为了在总体上既不盲目放松调控力度，也不轻易紧缩调控力度，以保持宏观经济总量平衡，中央决定在货币政策继续保持“稳健”姿态的同时，从 2005 年实施具有中性特征的稳健财政政策，这是中国政府针对长期以来困扰中国经济持续、健康发展的机制性及结构性问题而作出的正确抉择；这是中国政府根据经济形势的新情况、新变化，审时度势、相机抉择而再次作出的重大决策；这是中国政府加强和改善宏观调控，熟练驾驭社会主义市场经济的又一个范例。稳健财政政策的实施推进了一系列税制改革和税收政策创新，主要体现在以下几个方面：

（一）加大税收支农惠农力度

在全国范围内取消了农业税和农业特产税，每年减轻农民负担 1335 亿元，终结了延续 2600 多年的农民种田交税历史，对减轻农民负担和增加其收入起了重要作用。连续出台了系列支农惠农税收优惠政策，政策覆盖面涉及农产品连锁经营试点、尿素产品和有机肥产品、家禽加工企业和冷藏冷冻企业加工销售禽肉产品、通过中华农业科教基金会用于公益救济性捐赠、拖拉机和捕捞养殖渔船、农民专业合作社、饲料产品、农村水利项目投资经营、农业滴灌带和滴灌管产品、引进优良种畜禽和牧草种子、农村建设以及蔬菜、

谷物、薯类、油料、豆类、棉花、麻类、糖料、水果和坚果的种植，农作物新品种的选育，中药材的种植，林木的培育和种植，牲畜、家禽的饲养，林产品的采集，灌溉、农产品初加工、兽医、农技推广、农机作业和维修等农、林、牧、渔服务业项目等，有力地推动了社会主义新农村建设，促进了农业、农村和农民的发展。

（二）促进外贸发展方式转变

先后 16 次调整出口退税政策，适时取消和降低了部分高能耗、高污染和资源性产品的出口退税率；从 2008 年起，进口税则税目总数调整为 7758 个，降低进口税则税目中 45 个税目的关税税率，进口关税的算术平均税率同上年；取消或降低部分钢材、化工品、粮食、化肥进口关税，下调部分能源资源性产品、工业原材料、关键零部件、百姓生活用品等产品的进口关税，优化进口商品结构；利用出口关税调节手段，对部分不鼓励出口的原材料等产品加征出口关税，降低部分资源性产品进口关税，适时调节部分重点产品的进出口，有效发挥关税调控经济的职能，促进了外贸增长。

（三）促进节能减排和环境保护

自 2005 年起调高了部分省、自治区和直辖市煤炭、天然气、锰矿石、钼矿石、焦煤、岩金矿、钒矿石、铅锌矿石、铜矿石、钨矿石、玉石、硅藻土、磷矿石、膨润土、沸石和珍珠岩等资源税的税额标准；同时，减征有色金属矿、铁矿石、液体盐、海盐、湖盐和井矿盐的资源税暂。企业从事《公共基础设施项目企业所得税优惠目录》规定的电力项目投资经营的所得实施"三免两减半"。企业以《资源综合利用企业所得税优惠目录》规定的资源作为主要原材料取得的收入可以减按 90% 计入收入总额。企业购置并使用《环境保护专用设备企业所得税优惠目录》和《节能节水专用设备企业所得税优惠目录》规定的环境保护和节能节水等专用设备的。降低小排量乘用车消费税税率，提高大排量消费税税率。出台了资源综合利用及其他产品以及再生资源增值税政策。

（四）支持企业发展改革

继续执行企业改制重组若干契税政策，明确了债转股企业有关税收政策：从国务院批准债转股企业债转股实施方案之日起，按照债转股企业与金融资产管理公司签订的债转股协议，债转股原企业将货物资产作为投资提供给债转股新公司的，免征增值税；债转股原企业将应税消费品作为投资提供给债转股新公司的，免征消费税；从 2004 年到 2008 年，债转股新公司由于停息增加利润计算的企业所得税，按照现行企业所得税分享体制，分别由中央、地方财政返还债转股原企业，专项用于购买金融资产管理公司持有的债转股新公司股权，并相应增加债转股原企业的国家资本金。

（五）支持技术进步和自主创新

企业为开发新技术、新产品和新工艺发生的研究开发费用，未形成无形资产计入当期损益的，按照研究开发费用发生额的 50% 加计扣除；形成无形资产的，可以按照无形资产成本的 150% 摊销。允许企业按照当年实际发生的技术开发费用的 150% 抵扣当年的应纳税所得额。实际发生的技术开发费用当年抵扣不足的部分，可以在 5 年以内结转抵扣。企业提取的职工教育经费在计税工资总额 2.5% 以内的，可以在企业所得税前扣除。继续免征关税和进口环节增值税。实施激励企业技术创新的财税政策。加快实施消费型增值税。加大企业研究开发投入的税前扣除等激励政策的力度。实施促进高新技术企业发展的税收优惠政策。结合企业所得税和企业财务制度改革，鼓励企业建立技术研究开发专项资金制度。允许企业加速研究开发仪器和设备的折旧。对购买先进科研仪器和设备给予必要的税收扶持政策。鼓励数字电视产业发展的若干政策，颁布了嵌入式软件增值税政策，出台了促进自主创新成果产业化的税收扶持政策，高等院校和科研机构技术转让所得按照规定享受企业所得税优惠。

（六）支持教育文化和卫生事业发展

通过政府部门或者非营利组织向职业教育的资助和捐赠按照规定享受税收优惠。实行支持公益性未成年人校外活动场所发展的税收优惠政策，社会力量通过非营利的社会团体和国家机关对此类场所的捐赠，可以在缴纳企业所得税、个人所得税前全额扣除。县级以上人民政府教育行政部门批准成立的大学、中学、小学、学历性职业教育学校和特殊教育学校，在县级以上人民政府教育行政部门登记或者备案的幼儿园用于幼儿保育、教育的场所占用耕地，可以免征耕地占用税。出台经营性文化事业单位转制为企业的税收支持政策，将音像制品和电子出版物的增值税税率从 17% 降低到 13%。经营有线电视网络的单位从农村居民用户取得的有线电视收视费收入和安装费收入可以免征营业税，经营上述业务的事业单位取得的上述收入不计征企业所得税，经营上述业务的企业取得的上述收入扣除相关成本费用以后的所得可以免征企业所得税。出台了宣传文化企事业单位的税收优惠政策。对企业和个人向艾滋病防治事业的捐赠依法给予税收优惠。县级以上人民政府卫生行政部门批准设立的医院用于提供医护服务的场所及其配套设施，可以免征耕地占用税。生育妇女按照县级以上人民政府根据国家有关规定制定的生育保险办法，取得的生育津贴、生育医疗费和其他生育保险性质的津贴、补贴，可以免征个人所得税。

（七）支持就业和社会保障

2005 年到 2007 年，先后三次修改个人所得税法，将个人所得税工薪所得费用扣除额由每月 800 元提高到 2000 元，相应提高了企业、事业单位的承包经营、承租经营所得的必要费用减除额；单位为个人缴付和个人缴付的基本养老保险费、基本医疗保险费、失业保险费和住房公积金可以从纳税人的应纳税所得额中扣除。对储蓄存款利息所得减按 5% 的税率征收个人所得税。出台了一系列鼓励企业增加就业岗位和扶持失业人员和残疾人就业的税收优惠政策。将全国社会保障基金理事会、社会保障基金投资管理人管理的社会保障基金银行存款利息收入和社会保障基金从证券市场取得的收入等作为企业所得税不征税收入。调整完善福利企业税收优惠政策试点。对安置残疾人就业达到规定比例或者集中安排残疾人就业的用人单位和从事个体经营的残疾人，依法给予税收优惠。专项用于抗震救灾和灾后恢复重建、能够提供抗震救灾证明的新购特种车辆，可以免征车辆购置税。

（八）支持金融经济发展

保险公司按照规定缴纳的保险保障基金可以在企业所得税前据实扣除。企业购买国债取得的利息所得，外国政府向中国政府提供贷款取得的利息所得，国际金融组织向中国政府、居民企业提供优惠贷款取得的利息所得免征企业所得税。延长农村信用社的企业所得税优惠政策执行期限。符合条件的中小企业信用担保机构免征营业税。下调证券（股票）交易印花税的税率。合格境外机构投资者委托境内公司在中国从事证券买卖业务取得的价差收入可以免征营业税。出台证券投资者保护基金的相关税收优惠政策。证券市场个人投资者取得的证券交易结算资金利息所得可以暂免征收个人所得税。

（九）促进房地产市场健康发展

对被拆迁人按照规定标准取得的拆迁补偿款免征个人所得税、契税；对个人购买普通住房 2 年以上转手交易的免征营业税；大幅提高了城镇土地使用税和耕地占用税的税额标准；出台国家机关、企业、事业单位和其他组织向职工出售公有住房的税收政策；出台并完善了廉租住房的个人所得税和企业所得税政策；出台了个人出租、承租住房的个人所得税、印花税、收营业税、房产税和城镇土地使用税政策。这些政策体现了国家宏观调控的政策精神，对促进普通住房投资、合理引导住房消费、抑制炒作行为、稳定住房价格和房地产业健康发展起到了积极作用。

（十）支持区域经济协调发展

从 2007 年 7 月 1 日起，在中部省份的 26 个老工业基地城市的 8 个行业，试行扩大进项税额抵扣范围。从 2008 年 7 月 1 日起，将试点范围扩大至内蒙古东部地区和汶川地震受灾严重地区。对天津滨海新区内符合条件的高新技术企业实施减按 15% 的税率征收企业所得税；对经济特区和上海浦东新区在企业所得税改革中实行过渡性措施。

三、2008 年下半年以来的税收政策创新

2008 年下半年全球金融海啸爆发后，中国经济增长明显减速，经济下行压力加大，经济社会发展中的短期问题和长期问题交织，结构性问题和体制性问题并存，国内问题和国际问题互联，为应对国际金融危机和特大自然灾害的冲击和影响，党中央、国务院审时度势，果断实施了积极的财政政策和适度宽松的货币政策。在此背景下，国家相继出台了一系列结构性减税政策，这也是 1994 年税制改革以来规模最大、范围最广、力度最强的税收政策调整。2008 年中央经济工作会议首次提出实行结构性减税，2010 年 1 月 8 日，胡锦涛同志在主持中共中央政治局第十八次集体学习时再次强调，要落实结构性减税政策，加大国民收入分配调整力度，增加城乡劳动者劳动报酬，增强居民特别是低收入群众消费能力，切实保障困难群众基本生活，增强消费对经济增长的拉动力。按照党中央、国务院的决策部署，国家制定并连续实施了一系列以结构性减税为主基调的税收政策创新，通过优化税收政策、减轻企业税收负担，扩大消费需求，增强投入能力，促进了我国经济的平稳较

快发展、经济结构的调整和物价稳定。

（一）扩大消费需求的税收政策

消费需求是最终需求，扩大消费需求是扩大内需的战略重点，是拉动增长的根本动力，也是税收政策创新并发挥作用的主要阵地。修订个人所得税法，大幅度提高了工薪所得费用减除标准，调整了工薪所得和个体工商户生产、经营所得税率，延长了申报纳税时间，直接减轻了中低收入者的税收负担，也对提升居民消费能力起到了非常积极的推动作用。对购置1.6升以下排量乘用车暂减按5%或7.5%的税率征收车辆购置税和降低中小排气量乘用车车船税税额标准的优惠政策，实实在在地降低了消费者的购车成本，调动了消费者的购车积极性，有力地促进了节能汽车消费的增长，是中国汽车产销量突破1000万辆的重要推手。实行差别化税收措施，先后对廉租房、经济适用房、公租房建设和运营以及二手房交易实施房产税、土地增值税、契税、个人所得税、印花税等税收优惠政策，并对个人住房征收房产税改革试点，既鼓励了普通商品住房消费，促进了住房租赁市场的健康发展，也通过增加住房持有成本，可以引导购房者理性地选择居住面积适当的住房，有利于引导居民合理住房消费，遏制投机投资性需求，抑制高端住房消费，促进房地产市场健康发展。对家政服务企业由员工制家政服务员提供的家政服务取得的收入免征营业税，引导和鼓励家政服务公司向员工制转换，增加居民对家政服务的购买和消费。继续落实促进红色旅游发展的各项税收政策，在海南开展境外旅客购物离境退税政策试点，对符合税法规定的用于公共博物馆、纪念馆和爱国主义教育基地等的捐赠支出准予在计算应纳税所得额时扣除，积极培育文化娱乐、旅游休闲、通信网络、养生健身、家庭服务等消费热点，改善居民消费预期，促进消费结构升级。落实完善黄金市场的相关税收政策，研究推动完善投资性黄金和商业银行黄金业务税收政策；对上海期货交易所的会员和客户通过该交易所交易的期货保税交割标的物按照保税货物暂免征收增值税，降低部分奢侈品进口关税，在一定程度上释放高端消费需求，有序引导奢华消费的回流，逐步扩大国内消费总量。民族贸易企业和供销社企业销售货物（石油、烟草除外）和边销茶免征增值税，对农产品批发市场和农贸市场使用的房产、土地按其他产品与农产品交易场地面积的比例确定征免房产税和城镇土地使用税，有利于减轻农产品批发市场、农贸市场经营负担，有利于保障城乡人民生活基本消费品如主要农产品、基本生活必需品、重要生产资料的生产和供应。多次提高出口退税率，减轻了出口企业的成本，增加了企业的收入，增强了居民的消费能力。

（二）优化投资结构的税收政策

投资需求是扩大内需的战略重点，也是经济增长的重要引擎。为遏制经济增速下滑趋势，中央出台了包括大幅度增加投资在内的一揽子计划，在扩大投资规模的同时着力优化投资结构。税收在一揽子计划中所起的作用更加突出。从 2009 年 1 月 1 日起，在东北老工业基地等地先后进行增值税由生产型转为消费型改革试点的基础上，在全国全面实施增值税转型改革，将企业新购进的机器设备所含进项税额纳入抵扣范围，2009 年当年减税规模超过 1500 亿元，降低了企业设备投资税负，促进了企业投资和技术改造，达到了预期的政策目标。免征国家重大水利工程建设基金的城市维护建设税和教育费附加。为更好地实施经济结构战略调整，2012 年 1 月 1 日，在上海市交通运输业和部分现代服务业开展营业税改征增值税试点，从 2012 年 8 月 1 日起又将试点分批扩大至北京、天津、广东等 10 个省（直辖市、计划单列市），据国家税务总局测算，营业税改增值税以后可以带动 GDP 增长 0.5 个百分点，拉动出口增长 0.7 个百分点，带来新增就业岗位约 70 万个，全国税收净减收将超过 1000 亿元。统一内外资企业和个人城市维护建设税和教育费附加制度，对外资企业征收城市维护建设税和教育费附加，拓宽了地方政府城乡建设和教育事业投入的资金来源，有利于提高财政性教育经费占 GDP 的比重，促进城乡建设和教育事业发展。对企业和个人取得的 2009 年至 2011 年期间发行的地方政府债券利息所得，分别免征企业所得税和个人所得税，有利于鼓励社会各界购买地方政府债券，缓解地方政府当期财政压力，进而引导地方政府进行公益性投资。对中华人民共和国境内单位提供的标的物在境外的建设工程监理、外派海员劳务和以对外劳务合作方式向境外单位提供的完全发生在境外的人员管理劳务免征营业税，降低企业外派劳务成本和境外管理服务的税负，以切实减轻民营企业海外投资经营活动的税收负担，有利于"走出去"企业开拓国际市场、提高境外投资效率。对企业和个人取得的 2009 年发行的地方政府债券利息所得特案免征企业所得税和个人所得税，促进中央投资地方配套的公益性建设项目及其他难以吸引社会投资的公益性建设项目建设。对铁路运输企业自用的房产、土地暂免征收房产税、城镇土地使用税以及对企业持有 2011 年至 2013 年发行的中国铁路建设债券取得的利息收入减半征收企业所得税政策，引导社会资金参与铁路基础设施建设。社会资本举办的非营利性医疗机构按照国家规定享受税收优惠政策，营利性医疗机构按照国家规定缴纳企业所得税，提供的医疗服务实行自主定价免征营业税，支持民间资本兴办各类医院、社区卫生服务机构、疗养院、门诊部、诊所、卫生所（室）等医疗机构，参与公立医院转制改组，加强公共医疗卫生服务设施建设。以企业所得税和关税为切入点实施西部大开发税收优惠政策，更有利于全国经济结构的优化。国有工矿企业、国有林区企业和国有垦区棚户区的企业所得税前扣除政策以及城市和国有工矿棚户区改造项目的有关城镇土地使用税、印花税、土地增值税和契税优惠政策，加大了保障性安居工程投入的税收支持力度，有力地支持了城市和国有工矿棚户区改造规划的建设项目的实施。农村信用社、村镇银行、农村资金互助社、由银行业机构全资发起设立的贷款公司、法人机构所在地在县以下地区的农村合作银行和农村商业银行的金融、保险业收入减按 3% 的税率征收营业税延期执行到 2015 年底，鼓励和引导民间资本进入金融服务领域，发起或参与设立村镇银行、贷款公司、农村资金互助社等金融机构。给予农村饮水安全工程建设、运营一揽子税收优惠政策，支持农村饮水安全工程建设，降低建设成本，提高资金使用效益，改善农村人居环境，提高农村生活质量。对符合条件的中小企业信用担保机构允许在企业所得税税前扣除的优惠措施，支持发展多层次中小企业信用担保体系，拓宽中小企业融资渠道，切实解决中小企业特别是小企业融资难问题。出台税收优惠政策，支持玉树地震灾区和舟曲特大泥石流灾区的基础设施、房屋建筑物等恢复重建，鼓励社会各界支持抗震救灾和灾后恢复重建，鼓励和引导民间资本向中西部地区薄弱环节、基础产业和基础设施、市政公用事业和政策性住房建设、社会事业、金融服务、商贸流通、自主创新等领域倾斜，鼓励和引导民间投资健康发展。

（三）稳定物价水平的税收政策

免征进口种子（苗）、种畜（禽）、鱼种（苗）和种用野生动植物种源进口环节增值税以及对符合条件的"育繁推一体化"种子企业的种子生产、经营所得免征企业所得税，通过对生产企业的减税让利实现了稳定农业生产资料价格的调控作用；对从事蔬菜批发、零售的纳税人销售的蔬菜免征增值税，免征范围包括根菜类、薯芋类、葱蒜类、白菜类、叶菜类等 14 个类别 219 个品种的蔬菜，减轻了从事农产品流通的企业的税收负担，促使企业让利于民，为平抑物价发挥了积极作用。大幅度提高了工薪所得费用减除标准，并调整了工薪所得和个体工商户生产、经营所得税率，大幅度上调了增值税、营业税的起征点，小型微利企业减半征收企业所得税，按照国家规定收费标准向学生收取的高校学生公寓住宿费以及高校学生食堂为高校师生提供餐饮服务取得的收入免征营业税，降低中低收入者的税收负担，避免中低收入群体的消费水平因食品价格的提高而有所降低，营造良好发展环境，维护人民群众切身利益。对生产国家支持发展的新型、大马力农机装备和产品、符合规定条件的国内企业为生产国家支持发展的大型环保和资源综合利用设备、应急柴油发电机组、机场行李自动分拣系统、重型模锻液压机确有必要进口部分关键零部件、原材料以及确有必要进口的关键零部件和原材料，免征关税和进口环节增值税，有力地保证了这些产品的国内市场供应和价格稳定，有效地防范了国际大宗商品价格高位运行对我国的不利影响。为保证国内成品油市场的正常供应，自 2011 年 7 月 1 日起大幅下调汽油、柴油、航空煤油和燃料油的进口关税，其中柴油、航空煤油以零关税进口，同时下调帐篷、充气褥垫、救生衣、防毒面具、雷达生命探测仪等救灾物品，混纺布、亚麻纱线等纺织原料，锌锭、镍废料等有色金属原料，变色镜等日用品的进口关税，在一定程度上遏制了国内能源类产品价格上扬。符合规定条件的国内企业为生产国家支持发展的千万吨炼油设备、天然气管道运输设备、大型船舶装备和成套棉纺设备确有必要进口的部分关键零部件、原材料，免征关税和进口环节增值税。薄膜晶体管液晶显示器件、等离子显示面板和有机发光二极管显示面板的生产企业进口国内不能生产的净化室专用建筑材料、配套系统和国内不能生产的生产设备零配件免征关税和进口环节增值税，免征进口国内不能生产的自用生产性（含研发用）原材料和消耗品的关税。符合规定条件的国内企业为生产国家支持发展的三代核电机组确有必要进口的部分关键零部件、原材料，免征关税和进口环节增值税。为缓解国内煤炭供应的紧张形势，对进口动力煤实施较低的进口暂定税率。2011 年 1 月 27 日起，将计算机、视频摄录一体机等信息技术产品和照相机的税率从 20% 降低到

10%。针对国内市场粮食供应偏紧、价格波动较大的情况，将农产品进口平均税率从18.8%降低到15.2%，制定了进口小麦、大米的免税政策，配合其他宏观调控措施的实施，对稳定市场粮价、保障充足的粮源供应发挥了重要作用。对600多种资源性、基础原材料和关键零部件产品实施较低的年度暂定税率，进口关税税率呈现资源性产品、基础原材料、零部件、制成品由低至高的较为合理的梯形结构，在维护公平贸易环境、促进对外开放、稳定市场价格等方面发挥了重要作用。与此同时，在国际市场大宗初级产品价格高位运行时，国内外市场价差扩大，国内市场价格上涨，通过开征出口关税、提高出口关税税率甚至开征特别出口关税，控制国内紧缺商品出口，增加国内市场供应，缓解了部分地区、部分商品供应紧张状况，保证了国内市场物价稳定。

（四）保持出口增长的税收政策

出口作为拉动中国经济的三驾马车之一，是我国经济长期的主要拉动力。但自国际金融危机以后，我国出口可谓一蹶不振，对经济拉动力始终处于负值区间，并成为拖累经济下滑的重要因素。为应对全球金融危机对我国出口贸易的冲击，我国综合运用出口退税和出口关税两种税收政策工具，先后制定了多项税收刺激政策，不断加大税收稳定出口增长的力度，促进出口贸易的发展。一是不断调高出口退税税率，保证部分出口商品以不含税价格或低含税价格进入国际市场，增强商品竞争能力，在一定程度上保护了中国出口企业，缓解了外部环境变化对中国外贸行业的打击。我国2009年提高部分机电产品出口退税率，将纺织品、服装出口退税率提高到15%，将电视用发送设备、缝纫机等商品的增值税出口退税率提高到17%，将部分农业深加工产品、机电产品、仪器仪表和部分商品的增值税出口退税率提高到15%，提高部分塑料、陶瓷、玻璃制品和部分水产品以及车削工具等商品的增值税出口退税率到13%，将合金钢异性材等钢材、钢铁结构体等钢铁制品、剪刀等商品的增值税出口退税率提高到9%，将玉米淀粉、酒精的增值税出口退税率提高到5%。二是取消部分商品的出口退税，优化出口产品结构，提高出口商品竞争力。突出限制"两高一资"产品的出口，促进劳动和技术密集型产品提高技术含量，完成改造升级，推动高新技术产品形成核心竞争力。自2010年7月取消部分钢材，部分有色金属加工材，银粉，酒精、玉米淀粉，部分农药、医药、化工产品，部分塑料及制品、橡胶及制品、玻璃及制品共406 种货物的出口退税。三是完善出口退税管理制度，为外贸企业应对当前出口面临的严峻形势创造了更加宽松的环境。为稳定外贸出口、减轻企业负担，2012 年 7 月开始实施的《关于出口货物劳务增值税和消费税政策的通知》和《出口货物劳务增值税和消费税管理办法》两项新政策，全面整合了以往的规定，进一步明确了出口退税货物的条件、范围、计税依据、退税率等内容，并简化了工作程序、提高了工作效率，延长出口退（免）税申报期限为企业退税"松绑"，扩大出口免税范围为出口企业"减负"，生产企业外购货物出口退（免）税范围扩大为企业退税"扩容"，大型企业退税审核条件放宽，为企业退税"提速"。四是在出口形势不利、出口呈现下降趋势时，取消或降低出口关税，有利于鼓励出口，防范经济下滑风险，保持国内经济平稳发展。为应对受全球金融危机影响出口急剧下滑的局面，在继续严格限制"两高一资"产品出口的同时，先后多次取消或降低了部分商品的出口关税，涉及部分粮食、钢材、有色金属等上百种商品。自 2008 年 12 月 1 日起，再次调整部分产品的出口关税税率，取消部分钢材、化工以及粮食等 102 项产品的出口关税，降低部分化肥、铝材以及粮食等共计 23 项产品的出口关税，并降低氮肥、磷肥等共计 31 项产品的特别出口关税。自 2009 年 7 月 1日起，取消部分产品的出口暂定关税，取消部分化肥和化肥原料的特别出口关税，调整尿素、磷酸一铵、磷酸二铵 3 项化肥产品征收出口关税的淡季、旺季时段，将尿素的淡季出口税率适用时间延长 1 个月，将磷酸一铵、磷酸二铵的淡季出口税率适用时间延长 1 个半月。2011 年继续以暂定税率的形式对煤炭、原油、化肥、有色金属等产品征收出口关税，对部分化肥等产品继续征收特别出口关税。截至 2011 年底，我国共对 200 多项产品征收出口关税，主要为煤炭、原油、化肥、有色金属等"两高一资"产品。有关政策有效控制了高耗能、高污染和产能过剩行业的盲目发展，并起到了引导产业结构优化的作用。2012 年对各类金属非金属矿砂、煤炭、焦炭、钢坯、稀土金属及氧化物、化肥、纸浆等资源、能源和高耗能产品征收 5%—40% 的出口关税；为保障国内农业生产用肥继续对氮肥、磷肥、复合肥征收季节性出口关税，用肥淡季适用低税率，旺季加征 75% 的特别出口关税；对氯化铵、氮磷二元复合肥、重钙、其他氮肥、其他磷肥等小品种化肥也征收季节性出口关税；对鳗鱼苗恢复征收 20% 的税则税率，加强对鳗鱼苗的出口调控；对钕铁硼速凝永磁片征收 20% 的出口关税，完善对稀土的出口管理。出口关税政策已成为国家实施宏观经济调控促进国际收支平衡的重要手段，优化出口贸易结构，转变外贸增长方式，最终推动出口规模的增长。五是开展边贸人民币结算退（免）税政策扩大试点。自 2012 年 3 月 1 日起，将现行云南边境小额贸易出口货物以人民币结算准予退（免）税政策扩大到边境省份、自治区与接壤毗邻国家的一般贸易，并进行试点。实行边贸出口以人民币结算退（免）税政策后，企业不必再把收到的人民币换成美元办理退税，降低了企业的换汇风险和成本，从而扩大了企业的利润空间，增强了企业的竞争能力。试点政策还促使边贸进出口商品结构发生了较大变化。边贸进口商品结构由原来以国内市场急需的农、林、水产品、畜产品等为主逐步转变为以木材、各种金属矿、橡胶及制品等资源性产品为主。对中国境内的单位和个人提供的国际运输劳务免征营业税。

（五）支持科技创新的税收政策

为推动科技进步和自主创新，支持创新型国家建设，在认真贯彻落实新企业所得税法对企业研发费用实行加计扣除和对国家重点扶持的高新技术企业减按 15% 税率征收企业所得税优惠政策的基础上，进一步制定出台了一系列促进科技发展的税收政策，形成了比较完整的鼓励技术开发和自主创新税收优惠体系，产生了良好的政策效应，激发了全社会创造活力，推动真正实现创新驱动发展。这些措施主要包括：自 2009 年至 2010 年，科普单位（指科技馆，自然博物馆，对公众开放的天文馆［站、台］，气象台［站］，地震台［站］，高等院校、科研机构对公众开放的科普基地）的门票收入；县级以上党政部门和科协开展的科普活动的门票收入；中国境外单位向中国境内科普单位转让科普影视作品播映权取得的收入，免征营业税。自 2010 年 7 月 1 日至 2013 年 12 月 31 日，在北京、天津、上海等 21 个中国服务外包示范城市，经认定的技术先进型服务企业减按 15% 的税率征收企业所得税；上述企业发生的职工教育经费支出，不超过工资、薪金总额 8% 的部分可以在计算应纳税所得额时扣除，超过部分可以在以后纳税年度结转扣除。增值税一般纳税人销售其自行开发生产的软件产品和本地化改造以后的进口软件产品，按照 17% 的税率征收增值税以后，对其增值税实际税负超过 3% 的部分实行即征即退。纳税人受托开发软件产品，著作权属于受托方的征收增值税，著作权属于委托方或者双方共同拥有的不征收增值税；经过国家版权局登记，纳税人在销售时一并转让著作权、所有权的，不征收增值税。外资研发中心进口科技开发用品，可以继续免征关税和进口环节增值税、消费税；内资研发机构和外资研发中心采购国产设备，可以继续全额退还已经征收的增值税。符合条件的国家中小企业公共服务示范平台中的技术类服务平台纳入现行科技开发用品进口税收优惠政策范围，在2015年底以前，其在合理数量范围以内进口国内不能生产或者国内产品性能不能满足需要的科技开发用品，免征关税和进口环节增值税、消费税。将《关于国家大学科技园有关税收政策问题的通知》和《关于科技企业孵化器有关税收政策问题的通知》规定的2010年底到期的税收优惠政策继续执行到2012年底。民口科技重大专项项目（课题）的企业和大专院校、科研院所等事业单位使用中央财政拨款、地方财政资金、单位自筹资金以及其他渠道获得的资金进口项目（课题）所需国内不能生产的关键设备（包括软件工具和技术）、零部件、原材料，免征关税和进口环节增值税。自2009年至2011年，对公众开放的科技馆，自然博物馆，天文馆（站、台），气象台（站），地震台（站），高等学校和科研机构对外开放的科普基地，从中国境外购买自用科普影视作品播映权进口的拷贝、工作带，免征关税，不征进口环节增值税。上述科普单位以其他形式进口的自用科普影视作品，免征关税和进口环节增值税。自2011年至2020年，设在西部地区的属于国家重点扶持高新技术企业中的农机制造企业，依法减按15%的税率征收企业所得税。科普单位的门票收入，县以上党政部门、科协开展的科普活动的门票收入，中国境外单位向中国境内科普单位转让科普影视作品播映权取得的收入，免征营业税。

（六）推动结构调整的税收政策

1. 发展现代农业，实施惠农强农税收优惠政策

主要包括免征农机机耕和排灌服务营业税、农机作业和维修服务项目的企业所得税；保险公司经营财政给予保费补贴的种植业险种的按不超过补贴险种当年保费收入25%的比例计提的巨灾风险准备金，准予在企业所得税前据实扣除，以促进保险公司拓展农业保险业务，提高农业巨灾发生后恢复生产能力。金融机构农户小额贷款的利息收入可以免征营业税，并在计算应纳

税所得额的时候可以按照90%计入收入总额；农村信用社、村镇银行、农村资金互助社、由银行业机构全资发起设立的贷款公司、法人机构所在地在县（市、区、旗）以下地区的农村合作银行和农村商业银行的金融保险业收入减按3%的税率征收营业税；保险公司为种植业、养殖业提供保险业务取得的保费收入在计算应纳税所得额的时候可以按照90%减计收入。在部分行业开展增值税进项税额核定扣除试点，调整和完善农产品增值税抵扣机制。自2012年7月1日起，以购进农产品为原料生产销售液体乳及乳制品、酒及酒精、植物油的增值税一般纳税人，纳入农产品增值税进项税额核定扣除试点范围，其购进农产品无论是否用于生产上述产品，增值税进项税额均按照《农产品增值税进项税额核定扣除试点实施办法》的规定抵扣。

2. 服务实体经济发展，振兴装备制造业和工业升级的税收扶持政策

为装备制造业振兴规划和加快振兴装备制造业，国内企业为生产国家支持发展的重大技术装备和产品确有必要进口的关键零部件和原材料，免征关税和进口环节增值税。为进一步鼓励软件产业和集成电路产业发展，经过认定的软件企业进口所需的自用设备，按照合同随设备进口的技术和配套件、备件，不需要出具确认书，不占用投资总额，除了国家另有规定者以外，免征关税；经过认定的线宽小于0.25微米或者投资额超过80亿元人民币的集成电路生产企业和经过认定的线宽不超过0.8微米的集成电路生产企业，其进口自用生产性原材料、消耗品，净化室专用建筑材料、配套系统，集成电路生产设备零、配件，可以继续按照有关部门的规定向企业所在地海关申请免征关税和进口环节增值税；经过认定的集成电路设计企业和符合条件的软件企业的进口料件，符合有关法律、法规和政策规定的，可以享受保税政策。为加快新型工业化发展道路，集成电路线宽小于0.8微米（含）的集成电路生产企业，在2017年12月31日前自获利年度起计算优惠期，第一年至第二年免征企业所得税，第三年至第五年按照25%的法定税率减半征收企业所得税，并享受至期满为止。集成电路线宽小于0.25微米或投资额超过80亿元的集成电路生产企业减按15%的税率征收企业所得税，其中经营期在15年以上的，在2017年12月31日前自获利年度起计算优惠期，第一年至第五年免征企业所得税，第六年至第十年按照25%的法定税率减半征收企业所得税，并享受至期满为止。我国境内新办的集成电路设计企业和符合条件的软

件企业经认定后，在 2017 年 12 月 31 日前自获利年度起计算优惠期，第一年至第二年免征企业所得税，第三年至第五年按照 25% 的法定税率减半征收企业所得税，并享受至期满为止。国家规划布局内的重点软件企业和集成电路设计企业，如当年未享受免税优惠的，可减按 10% 的税率征收企业所得税。符合条件的软件企业按照《财政部国家税务总局关于软件产品增值税政策的通知》规定取得的即征即退增值税款，由企业专项用于软件产品研发和扩大再生产并单独进行核算，可以作为不征税收入，在计算应纳税所得额时从收入总额中减除。集成电路设计企业和符合条件软件企业的职工培训费用，应单独进行核算并按实际发生额在计算应纳税所得额时扣除。企业外购的软件，凡符合固定资产或无形资产确认条件的，可以按照固定资产或无形资产进行核算，其折旧或摊销年限可以适当缩短，最短可为 2 年（含）。集成电路生产企业的生产设备，其折旧年限可以适当缩短，最短可为 3 年（含）。

　　3. 加快发展第三产业特别是服务业的税收优惠政策

　　为支持航空产业发展，对重庆江北等 5 家机场民航国际航班使用进口保税航空燃油取得的收入免征增值税，国内航空公司用于支线航线飞机、发动机维修的进口航空器材（包括送往境外维修的零部件）免征进口关税和进口环节增值税。为支持金融服务业发展，进一步明确了政策性银行、商业银行、财务公司、保险公司、城乡信用社和金融租赁公司等金融企业提取的贷款损失准备金税前扣除政策和证券行业准备金支出企业所得税税前扣除有关政策，延长金融企业涉农贷款和中小企业贷款损失准备金税前扣除政策的执行期限。金融机构与小型、微型企业签订的借款合同免征印花税；延长农村金融机构营业税政策和期货投资者保障基金有关税收政策执行期限；明确了证券行业准备金支出、保险公司准备金支出、金融企业贷款损失准备金和中小企业信用担保机构有关准备金企业所得税税前扣除政策。为大力支持邮政服务业发展，对速递物流类业务取得的代理速递物流业务收入自 2010 年 6 月至 2013 年 5 月免征营业税，邮政代办金融业务取得的代理金融业务收入自 2011 年至 2012 年免征营业税。为扶持动漫产业发展，动漫企业销售其自主开发生产的动漫软件按照 17% 的税率征收增值税以后其增值税实际税负超过 3% 的部分实行即征即退，动漫软件出口免征增值税，动漫企业为开发动漫产品在中国境内转让动漫版权交易收入减按 3% 的税率征收营业税。为促进物流业健康发展，自 2012 年 1 月 1 日起至 2014 年 12 月 31 日止，对物流企业自有的（包括自用和出租）大宗商品仓储设施用地，减按所属土地等级适用税额标准的 50% 计征城镇土地使用税。完善和规范物流企业营业税差额纳税办法。生物企业为开发新技术、新工艺、新产品发生的研发费用未形成无形资产计入当期损益的在按照规定据实扣除的基础上再按照研发费用的 50% 加计扣除，形成无形资产的按照无形资产成本的 150% 摊销，对被认定为高新技术企业的生物企业按照税法规定减按 15% 的税率征收企业所得税，促进生物产业快速发展。为加快发展体育产业，符合条件的体育类非营利组织的收入，可以按照税法规定享受企业所得税相关优惠政策；企业、个人和其他社会力量向公益性体育事业的捐赠，符合税法有关规定的部分，可以在计算企业所得税应纳税所得额时扣除。为支持文化产业大发展大繁荣，对于符合条件的出版物在出版环节实行增值税 100% 先征后退；其他图书、期刊和音像制品，规定的报纸，在出版环节实行增值税先征后退 50%；对于少数民族文字出版物的印刷、制作业务，规定的新疆维吾尔自治区印刷企业的印刷业务，实行增值税 100% 先征后退；县以下新华书店和农村供销社在本地销售的出版物，新华书店组建的发行集团、原新华书店改制而成的连锁经营企业县以下网点在本地销售的出版物，免征增值税；对于新疆维吾尔自治区新华书店、乌鲁木齐市新华书店和克拉玛依市新华书店销售的出版物，实行增值税 100% 先征后退。文化体制改革中经营性文化事业单位转制为企业的若干税收优惠政策，经营性文化事业单位转制为企业，从转制注册之日起免征企业所得税；由财政部门拨付事业经费的文化单位转制为企业，从转制注册之日起自用房产免征房产税；党报、党刊将其发行、印刷业务和相应的经营性资产剥离组建的文化企业，从注册之日起取得的党报、党刊发行、印刷收入免征增值税；对经营性文化事业单位转制中资产评估增值涉及的企业所得税，资产划转、转让涉及的增值税、营业税和城市维护建设税等给予适当的优惠政策，具体优惠政策由财政部、国家税务总局根据转制方案确定。对转制后的文化企业继续给予税收支持，将有助于推动文化体制改革取得新进展，进一步增强文化企业竞争力，提高我国文化软实力。

4. 促进区域经济协调发展的税收政策措施

进一步明确了深入实施西部大开发战略有关税收政策：对设在西部地区

的鼓励类产业企业减按15%的税率征收企业所得税。企业从事国家重点扶持的公共基础设施项目投资经营所得，符合条件的环境保护、节能节水项目所得，可以依法3年免征企业所得税，3年减半征收企业所得税。西部地区内资鼓励类产业、外商投资鼓励类产业和优势产业的项目在投资总额以内进口的自用设备，可以按照规定免征关税。投资中西部地区国家鼓励类产业和外商投资优势产业的项目，在投资总额以内进口的自用设备，按照规定免征关税。制发了《新疆困难地区重点鼓励发展产业企业所得税优惠目录》，出台了支持喀什霍尔果斯经济开发区建设的税收措施。明确了上海建设国际金融和国际航运中心营业税政策。在青岛、武汉至上海洋山保税港区之间试行启运港退税政策。落实《国务院关于平潭综合实验区总体发展规划的批复》（国函〔2011〕142号）精神，对符合条件并注册在平潭的企业免征营业税；注册在平潭的符合条件的物流企业，按照现行试点物流企业营业税政策差额征收营业税。积极支持天津北方国际航运中心核心功能区建设，在天津东疆保税港区试行融资租赁货物出口退税政策。支持福建省加快建设海峡西岸经济区，在台商投资区和台资企业密集地区开展海关保税物流中心试点；台湾航空公司从事海峡两岸空中直航业务在大陆取得的运输收入免征营业税，来源于大陆的所得免征企业所得税。

（七）促进资源节约和节能减排的税收政策

节能减排是建设资源节约型、环境友好型社会的重要举措，运用税收杠杆促进形成节约能源资源、保护生态环境的产业结构、增长方式和消费模式，是实现经济社会长期协调可持续发展的必然要求。2009年以来，我国已出台了支持节能减排技术研发与转让，鼓励企业使用节能减排专用设备，倡导绿色消费和适度消费，抑制高耗能、高排放及产能过剩行业过快增长等一系列税收政策，建立健全税收促进节能减排的长效机制，充分发挥税收调控作用。对国内企业为生产大型环保和资源综合利用等设备而进口关键零部件和原材料免征关税和进口环节增值税，企业购置用于环境保护、节能节水等专用设备的投资额可抵免部分企业所得税。从2010年6月1日起，率先在新疆进行资源税改革试点，将原油、天然气资源税由从量计征改为从价计征，相应提高了原油、天然气的税负水平。从2010年12月1日起，将油气资源税改革扩大到整个西部地区实施。从2011年11月1日起，在全国范围全面实施原油、天然气资源税的从价计征改革。同时，统一内外资企业的油气资源税收制度，取消对中外合作油气田和海上自营油气田征收的矿区使用费，统一征收资源税。提高稀土矿原矿的资源税税额标准。对节约能源的车辆减半征收车船税，对使用新能源的车辆，免征车船税，促进节约能源和使用新能源。从 2009 年 5 月 1 日起，提高了卷烟生产环节的消费税税率，调整卷烟生产环节的消费税计税价格，在卷烟批发环节加征从价税，税率为 5%，并将雪茄烟生产环节的消费税税率提高到 36%。公布了《环保节能节水项目所得税优惠目录》，对公共污水处理、公共垃圾处理、沼气综合开发利用、节能减排技术改造和海水淡化共 5 大类 17 小类的环境保护、节能节水项目的具体条件进行了规定，企业从事符合条件的环境保护、节能节水项目的所得可以免征、减征企业所得税。加快推行合同能源管理的税收优惠政策，充分调动用能单位节能改造的积极性，利用市场机制促进节能减排、减缓温室气体排放。中国清洁发展机制基金取得的指定收入免征企业所得税。调整完善了农林剩余物资源综合利用产品增值税政策，增加部分适用增值税优惠政策的资源综合利用产品及劳务，对原有政策加以整合，并将近年来新出现的部分资源综合利用产品及劳务纳入政策适用的范围，同时取消了政策的执行期限。为了有效地缩减耐火粘土和萤石的开采量，合理引导市场需求，保护生态环境，提高耐火粘土和萤石的资源税税率。调整大型环保及资源综合利用设备等重大技术装备进口税收政策。有关生产企业为利用废弃的动植物油生产纯生物柴油缴纳的消费税可以按照规定退还。上述税收措施进一步深入贯彻节约资源和保护环境基本国策，大力发展循环经济，加快资源节约型、环境友好型社会建设。

（八）保障改善民生的税收政策

全力保障和改善民生是经济发展的根本目的，也是税收政策发挥调节作用的根本所在。为促进保障和改善民生，国家先后出台了促进就业再就业、调节收入分配、中小企业发展、支持保障性住房建设、推动教育、医疗事业发展等方面一系列税收政策，发挥税收政策的积极效应，为加快社会事业发展、提高人民生活水平作出了积极贡献。一是按照实施积极的就业政策的要求，国家相继延长促进就业再就业的税收优惠政策执行期限，并将大学生、农民工、退役士兵、城镇就业困难群体等作为扶持的重点，出台鼓励就业创业的税收扶持政策。二是在推进个人所得税制改革中不仅大幅度提高了工薪所得费用减除标准，还调整了工薪所得和个体工商户生产、经营所得税率，延长了申报纳税时间，使中低收入者受益，税收负担明显降低。三是为支持解决群众住房问题，2008 年以来先后对廉租房、经济适用房、公租房建设和运营实施房产税、土地增值税、契税、印花税等税收优惠政策。不仅如此，在地方房产税改革试点中为充分体现调节收入分配的政策目标，改革试点征收的收入将用于保障性住房特别是廉租房和公共租赁住房建设等，以解决低收入家庭住房困难等民生问题。四是出台了一系列对小微企业和个体工商户的税收优惠政策。2009 年，国家出台对小微企业减半征收企业所得税，金融企业对中小企业贷款损失专项准备金所得税前扣除等税收政策；2010 年，出台对符合条件的农村金融机构金融保险收入减按 3% 征收营业税等政策；自 2012 年至 2015 年对年应纳税所得额不超过 6 万元的小型微利企业，其所得减按 50% 计入应纳税所得额，按照 20% 的税率缴纳企业所得税；大幅度上调个体工商户增值税和营业税起征点，增值税由按销售货物月销售额 2000 元至 5000 元起征调整为 5000 元至 2 万元；营业税由按月营业额 1000 元至 5000 元起征调整为 5000 元至 2 万元。五是出台税收优惠政策，支持社会保障和社会捐赠。企业根据国家的规定为本企业全体员工支付的补充养老保险费、补充医疗保险费，分别不超过职工工资总额 5% 的部分，可以在计算企业所得税应纳税所得额的时候扣除。对工伤职工及其近亲属按照《工伤保险条例》（国务院令第 586 号）规定取得的工伤保险待遇，免征个人所得税。符合规定条件的生产和装配伤残人员专门用品的居民企业，自 2011 年至 2015 年免征企业所得税。中华全国总工会和中国红十字会总会具有 2011 年度公益性捐赠税前扣除资格，企业（包括企业、事业单位、社会团体以及其他取得收入的组织）或个人 2011 年度通过中华全国总工会和中国红十字会总会进行的公益性捐赠支出，可按规定予以税前扣除。社会力量通过公益性社会团体或者县级以上人民政府及其主管部门用于全民健身事业的公益性捐赠，符合税法有关规定的部分，可以在计算企业所得税和个人所得税时从其应纳税额中扣除。自 2011 年供暖期至 2015 年底，供热企业向居民个人供热取得的采暖费收入继续免征增值税；向居民供热收取采暖费的供热企业，为居民供热使用的厂房和土地继续免征房产税、城镇土地使用税。出台税收优惠政策，减轻玉树地震灾区和舟曲特大泥石流灾区企业和个人税收负担。

第二节　十年来我国推进税收政策创新的主要特点

税收调控是税收固有的职能，它通过法律调节利益分配关系，进而影响市场主体行为来实现政府调控目标，具有"自动稳定器"的作用。相比较于其他调控手段，更具有"作用直接、运用灵活、定点调控"的优势，因而为世界各国所普遍重视，并在促进经济社会发展中发挥着越来越重要的作用。十年来我国推进税收政策创新显示出不同以往的诸多特点。

一、被动应急与主动预警相结合

这十年我们所面临的国际环境正处于复杂多变的大调整时期，而且也是国内各种自然灾害等突发性灾难接踵发生的时期，税收政策创新既要以改革开放促发展稳定，也要积极做好各种突发性自然灾害的应急管理，特别是在应对"非典"、汶川特大地震、舟曲泥石流等自然灾害的过程中，如何精准把握税收政策的出台时机和调控力度，是税收政策创新的关键所在，也是税收调控目标实现的重要保证。税收政策措施出台过早，可能"反应过度"；而税收政策措施出台过晚，则可能丧失有利时机使局部问题扩大化；政策措施出台过多、过急，或过少、过慢都会削弱税收调控的功效，对经济社会发展产生不利影响。因此，十年来，中国政府因灾因地、适时适度，充分运用增值税、城市维护建设税、关税、房产税、资源税、印花税、企业所得税、个人所得税等大部分税收实体法中的"涉灾条款"，结合每次重大自然灾害的实际情况，专门制定并实施了"一揽子"税收优惠措施，为受灾地区的企业和居民提供直接、及时而且是行政成本较低的政策援助，不仅形成了我国应急财政管理的税收政策框架，而且在这个已经成熟的税收政策框架之下，不断推进税收政策创新，丰富税收政策内容和工具，更加主动地把握税收调控时机与力度，并采取超前预警、未雨绸缪的办法，主动提出政策调整方案，使我国应对灾害的税收优惠日益常态化、规范化和科学化，提高有效防止突发事件的发生和应对能力。

二、基本职能和派生职能相衔接

税收是国家财政收入的主要来源，税收强制性、无偿性和固定性的本质特点决定着其天生就是一种以国家为主体的筹资活动和分配形势。所以，马克思早就告诉我们："赋税是政府机器的经济基础，而不是其他任何东西。"英国著名的经济学家大卫·帕克一针见血地指出"税收的基本作用是为政府支出需要的资金提供收入"。[①] 著名学者威廉·伯恩斯坦在其《财富的历程》一书中提出"所有的国家都需要收入，政府如何收税关系到国家的生死"。税收首先要为政府取得一定的收入，保证政府的基本支出需要。筹集财政收入永远是税收最原始、最基本的职能，其他税收职能都从属或派生于这个基本职能，其他税收作用都要以这个作用为前提。2003 年以来税收政策创新坚持税收基本职能和派生职能的有机结合，既依照税收基本规律去寻求税收增长与经济增长的平衡点，以实现税收收入的科学增长，确保税收收入随着经济的发展平稳较快增长，更好为各级政府履行公共服务和社会管理职能提供可靠的财力保障，为人民的幸福安康、社会的繁荣稳定和国家的长治久安奠定坚强的物质后盾。据统计，2003 年至 2011 年取得 43.01 万亿元税收收入，是改革开放后自 1978 年至 2002 年共取得 12.12 万亿税收收入的 3.55 倍。改革开放 34 年来共取得的税收收入 55.13 万亿元，其中十六大以来的十年取得的收入占全部收入的 78.01%。税收收入占 GDP 的比重由 2003 年的 14.74% 提高到 18.98%。1994 年税制改革之后税收收入占 GDP 的比重由 1994 年的 10.64% 提高到 2002 年的 14.66%，九年提高了 4.02 个百分点。2003 年至 2011 年的九年提高了 4.24 个百分点。在确保实现税收基本职能的前提下，税收政策创新主要通过增税与减免税等手段来影响社会成员的经济利益，对不同纳税人确定不同的税负，有的重税，有的轻税，但现实中更多的情况往往是在整体税收负担既定的情况，对某些纳税人采取税收优惠政策引导企业、个人的经济行为，对资源配置和社会经济发展产生影响，来达到税收调节职能之目的。比如，通过税收优惠鼓励、引导资源节约和综合利用可能会减少

---

① 〔英〕约瑟·G. 内利斯、大卫·帕克：《宏观经济学原理》，张永美译，经济管理出版社 2011 年 7 月版。

财政收入，对高污染和高耗能企业和产品采取加成征收可能会增加财政收入，通过税收政策实现节能减排和环境保护目标，就要把确保国家财政收入与发挥税收调控作用结合起来，认真研究和周密测算政策调整可能对税收收入造成的影响，在多种税收政策方案中选择最好的方案，使税收产生的收入效应和替代效应达到政府所希望的效果。

三、税收收入和财政支出有机结合

财政无非是一收一支，税收收入与财政支出是一个硬币的两个方面，在财政宏观调控中税收政策与支出政策同等重要。中国现阶段税收政策与财政支出政策相比有异曲同工之妙。税收收入政策与预算支出政策都具有奖励、惩罚和中性功能，在国家财税制度之内要实现收入政策与支出政策的相互协调、相互匹配，建立税收政策与财政支出政策相互的协调平衡机制，尤其是税式支出与预算支出相互配合共同作用的政策协调机制。因此，在实际操作过程中需要根据宏观调控实际需要灵活运用税收收入和财政支出手段，建立起税收收入政策与预算支出政策相互替代、协同作用的财税政策协调机制，在国家财政制度的总体架构之内实现收入与支出的功能匹配，税式支出预算与财政支出预算的平衡协调。从十年来实施的两轮积极财政政策看，增支和减税政策都是扩张性的财政政策，但是这两种政策又有一定的区别：一是增支的扩张效应是直接的，而减税的扩张效应是间接的，需要通过市场的变量发挥扩张效应，而且在市场低迷的情况下，由于企业的投资欲望不强，即使减税，也不一定能发挥扩张效应。二是增支政策主动性主要掌握在政府手里，可以根据经济形势的发展变化随时调整政策方向和力度，特别是应对突发事件时这种作用就更为明显。因此，第一轮财政政策中我国并没有运用大规模减税的政策来刺激经济，主要通过发行国债筹集资金、扩大政府支出规模，加大基础设施投资力度来拉动经济增长。而在第二轮积极财政政策中，通过大量的结构性减税政策与财政支出政策的有机配合，不断提高税收政策的管理水平，最终建立起税收收入政策与预算支出政策相互替代、协同作用的财税政策协调机制，综合运用减免税费、增加支出等多种手段，增强企业活力，扩大国内需求，促进经济增长和结构调整。

四、短期目标与长期效应相平衡

从政策目标来看，税收政策创新既要立足当前，处理好当前经济生活中的突出矛盾和问题，既可以在较短的时间内起到迅速纠偏的作用，而不破坏市场正常运行规律，也要放眼长远，着眼于经济社会长期目标，治标又治本，避免"头痛医头、脚痛医脚"的不良做法，把短期调控政策和长期发展政策有机结合起来，坚持瞻前顾后、统筹兼顾、综合平衡的原则。为此，宏观调控目标的确定，表现远近结合，正确处理好投资和消费、内需和外需、经济增长和社会发展等一系列关系当前和长远的重要比例关系，立足于经济长期平稳较快发展。同时，必须着眼于发展方式转变和经济结构战略性调整。因为国际金融危机对我国经济的冲击表面上是对经济增长速度的冲击，实质上是对经济发展方式的冲击。经济结构不合理依然是我国经济发展方式存在诸多问题的症结。只有将宏观调控的短期政策和长期发展政策有机结合起来，才能解决发展方式中一些长期积累的深层次矛盾和问题。可以说，在解决好当前矛盾和问题的同时，立足于促进经济长期平稳较快发展和经济发展方式转变，是"十二五"时期加强和改善财政宏观调控的重要原则和基本目标。找准税收调控职能发挥的切入点和着力点，充分运用税收政策工具，调节并处理好各种具体的经济税收利益关系，做到既促进经济发展又推动结构调整，既拉动当前经济增长又增强经济长期发展后劲，既有效扩大内需又积极扩大外需，努力促进经济社会又好又快发展。

五、自动稳定与相机抉择有机结合

从理论上讲，税收宏观调控通常表现为相机抉择和自动稳定两种模式。自动稳定的税收政策是指税制本身就具有根据经济波动情况，自动保持稳定作用的政策，这些税收政策工具又被称为自动稳定器。是遵照法律规定的税收制度而自动执行，税收收入的升降自动地由经济周期的波动所决定。自动稳定的税收政策的作用主要表现在个人所得税方面，个人所得税采用的是超额累进税率，这就使得其税收的收入在经济上升时将以比个人收入更快的速度增长，从而抑制了私人消费和投资需求的增长速度，并且减缓价格和工资的螺旋式上升速度，自动地起着抑制经济发展速度的作用；反之，当经济衰退时，超额累进税率将使得这类税收产生自动更快减税的结果，从而增加私人消费和投资需求，起着自动促进经济回升的作用。相机抉择的税收政策是政府根据当时的经济形势，主动采用不同的税收手段以消除通货膨胀缺口或通货紧缩缺口，是政府利用国家税收手段有意识干预经济运行的行为。从现实看，中国实行的是以流转税和所得税为主体的税收制度，但直接税所占比重过低，流转税占税收总收入的比重较大，个人所得税占税收收入的比重还不足十分之一。在这种情况下，中国税收政策的自动稳定功能还难以全面有效地发挥作用。因此，必须密切关注经济运行态势，进行相机抉择，主动适度地运用税收政策手段予以调控。可以说，自动稳定与相机抉择有机结合是税收政策创新并实现科学调控的客观需要。近十多年来的税收政策创新实践也证明，正是税收政策的自动稳定与相机抉择有机结合，在财政政策由积极向稳健再向积极转型的过程中，在准确分析宏观经济走势的基础上，准确判断、合理把握、灵活掌握调控力度、节奏和重点，增强宏观调控的针对性、灵活性和有效性，科学地分析政府调控目标对税收手段的需求，恰当地选择税收调控的对象、范围、方式和调控的方向，科学设计各种税收调控方式、方法的组合，并随着作用环境与对象的变化而适时适度地调整税收政策，为促进经济持续稳定健康发展起到了非常重要的作用。

六、供给调节与需求管理有机结合

税收政策既是一种需求调节政策，同时也是一种供给管理政策，要根据社会总供求的特定状况，来相应确定采取哪类政策工具进行宏观调控，并合理搭配其他政策工具。"需求管理"强调的是从需求角度实施扩张或收缩的宏观调控，主张实施税收中性和减税等减少干预、使经济自身增加供给的原则。"供给管理"强调政府在有效供给形成和结构优化方面的能动作用，主张实行区别对待、有保有压的差异化税政策，把结构调整对策、供给管理掌握在符合市场经济配置资源的"政策理性"范围之内。十年来，我国发挥税收杠杆的作用，把税收政策看作是成为区域经济社会发展的新引擎，在全国经济版图上，东中西部并行，沿海地区依托产业、人力资源、市场转移升级，实现产业在区域间的梯度转移，帮助内地形成新的核心经济带，实现区域经济的均衡发展。为促进城乡一体化发展，不断加大税收惠农支持力度，多予少取，让各种物质基础设施和社会公共服务建设更加畅通地从城镇向农村延伸。实施一系列有针对性、体现产业政策和技术经济政策的税收或者支持补助的优惠措施，然后让企业在竞争中形成优化配置，通过市场优胜劣汰。充分利用资源税、消费税、环境税的区别对待措施，要达到淘汰落后产能，优化结构的目的，从而使各方面更加珍惜资源，节约使用初级产品，刺激各市场主体千方百计地开发节能降耗的工艺、产品和技术。

七、税收调控与市场机制有机结合

健全的市场机制，有效的税收调节，是社会主义市场经济体制不可或缺的重要组成部分，二者相辅相成、配合运用，既能弥补和解决市场失灵，又能释放和激发市场活力。在政府对市场经济运行进行税收调控的过程中，根据不同时期的环境条件和调控目标，准确地选择和运用税收手段与政策工具十分重要。十年来的税收政策创新科学判断形势、应对复杂局面、驾驭市场经济，科学而娴熟地运用税收调控和市场调节两种手段，通过全方位、多环节调整和优化税收政策，建立健全以间接引导为主、直接调控的税收信号体系，向市场主体明示政府的政策导向，既注重发挥好税收调节这只"看得见的手"的作用，又注重发挥好市场机制这只"看不见的手"的作用，广泛调动各方面的积极性、主动性和创造性，不断增强经济发展的活力和动力，最大限度地提高了全社会的资源配置效率，有力推动了经济社会又好又快发展。面对物价上涨，通过相机调整和完善相关税收政策，应对通货膨胀和通货紧缩的周期性波动，促进了国民经济总量的平衡；面对农业发展缓慢、农民增收困难、产业结构不合理、区域发展不平衡等问题，税收政策努力发挥政策调控的导向作用，通过出台相关税收优惠政策，促进了国民经济的结构调整，巩固了农业基础地位，支持了优势产业发展，促进了区域协调发展；面对不断深化的经济体制改革，税收政策努力发挥政策支持作用，通过出台优惠政策，支持了大批行业和企业的改革重组工作，推进了金融体制改革和金融秩序稳定；面对经济体制转型期间各种社会矛盾和不稳定因素，以及社会事业发展滞后的局面，税收通过出台各种扶持政策，促进了就业和再就业，维护了社会的稳定和全面协调可持续发展，基本实现了预期的经济社会政策目标。

八、总量调节与结构调整有机结合

实施积极的财政政策要以推动科学发展为主题，以促进加快转变经济发展方式为主线，把总量平衡与结构调整有机结合起来，将促进经济发展方式转变和结构调整作为保增长的主攻方向，增强发展后劲，提高经济增长的质量和水平，促进经济社会又好又快发展。税收作为经济杠杆，政府运用税收手段，既可以调节宏观经济总量，也可以调节经济结构。税收调控的实施是通过税收负担水平的界定和调整来进行的，具体表现为政府的税收总量政策和税收结构政策。总量政策主要解决宏观经济增长与稳定问题，结构政策通过调整不同利益主体之间的分配关系，主要解决社会经济运行中有关经济发展和收入分配的结构问题。总量政策在具体的应用上主要体现为增税与减税的选择，影响整个纳税人的行为选择，对经济运行起到紧缩与扩张的作用。结构政策在具体应用上主要体现为对不同纳税人的因人而异、区别对待，这种区别对待可以是针对不同地区、不同行业、不同产品或不同行为等等；税收的区别对待，是对不同纳税人确定不同的税负，有的重税，有的轻税，但现实中更多的情况往往是在整体税收负担既定的情况下，对某些纳税人采取税收优惠政策。

九、激励支持与约束限制有机结合

十年来的税收政策创新秉持激励支持与约束限制相结合的原则，通过税种、税目、税率以及税式支出调整的政策技术强化税收杠杆调节，既突出了"对坏东西征重税"的"寓禁于征"理念，又强调了对关系国计民生的生活必需品、高新技术产品、节能环保产品以及国家重要战略用品给予扶持优惠的思想，着力创建有奖有惩、奖惩并重的税收政策体系。一方面，通过激励性税收政策适当支持关系国计民生的生活必需品的生产和消费，鼓励市场主体对高新技术产品、节能环保产品以及国家重要战略用品的生产，节约能源资源和减少环境污染，刺激诱导社会主体研究开发、推广使用节能环保性的技术和产品；另一方面，通过约束性税收政策，对高耗能、高污染、资源利用率低的行业和企业（包括产品）实行惩罚性的税收措施，建立健全促进落后产能退出的税收政策体系，积极推进资源税费改革和环境税费改革，增强消费税、资源税等易于体现资源节约和环境保护调控效果的税种的作用，限制和禁止低效甚至无效使用能源资源、破坏污染生态环境的行为，进而建立健全有利于科学发展的激励支持和约束限制并重的税收机制。

十、理论创新与实践探索有机结合

理论是实践的指南、创新的先导。富有活力且充满变化的中国税收政策创新实践，决定了税收政策理念不可能一劳永逸。运用税收手段对社会主义市场经济经济体制进行宏观调控，同样是一项前无古人的事业，既没有现成的经验可以借鉴，也没有完美的学说可以照搬。推进税收政策创新，既是一个实践问题，也是一个理论问题，需要把理论创新与实践探索有机结合起来，从我国国情和社会主义初级阶段特征出发，既要广泛吸取当代西方税收理论研究的精华，正确借鉴其他国家税收政策创新的理论学说，及时总结我国运用税收政策进行宏观调控的成功实践，不断完善中国特色社会主义的税收理论，更好地推进税收政策创新，指导我国的税收调控实践。十年来税收政策创新实践证明，随着社会主义市场经济体制的完善，市场化程度不断提高，税制进一步改革、完善，对调控作用、功能的认识不断深化，税收调控的目标更加突出，方法更加规范，机制更加完善，朝着真正意义上的税收调控迈出了坚实的一步，不仅如此，每一次重要税收政策调整和创新，都以税收理论上的突破作为先导。没有正确的税收政策理论，就不可能有成功的税收政策创新。特别是随着我国经济市场化程度不断提高、利益主体多元化、国际格局多样化、思想认识复杂化的出现，必须坚持以科学发展观统领税收政策创新实践，立足国情，放眼世界，用马克思主义中国化最新成果武装我国的税收理论，不断赋予税收政策创新的理论养分和思想基因，切实转变不适应时代发展要求的思想观念，消除认识上的困惑和疑虑，对于那些由市场支配的经济行为，着重运用税率等经济杠杆来合理调整利益关系，更有效地发挥市场机制优化资源配置的作用，积极探索社会主义市场经济条件下的税收发展规律，用理论创新推动指导税收政策创新实践，健全完善有利于科学发展的税收体制机制，形成调控合力，增强调控效果。

十一、刺激经济与保障民生有机结合

十年来的税收政策创新秉持刺激经济与改善民生相结合的原则，着力把

保障和改善民生作为根本出发点和落脚点，注重在保持经济平稳较快发展中促进民生问题的解决，在推动社会民生改善中促进经济社会协调发展，认真贯彻落实党中央提出的"学有所教、劳有所得、病有所医、老有所养、住有所居"的目标，密集出台了一系列关于支持就业、教育、医疗卫生、社会保障、保障性住房建设的税收优惠政策，使国家税收优惠政策逐步向教育、医疗卫生、社会保障等事关人民群众切身利益的基本公共服务供给方面倾斜，这种优惠方向调整彰显的不仅是国家税收组成结构的调整和优化，更是政府治国施政理念的转变和提升，在短期做好经济领域调节、促进经济增长的同时，也加强和改善了社会事业管理，对促进我国经济社会全面协调可持续发展长期发挥了正面效应，为加快社会事业发展、提高人民生活水平作出了积极贡献，也使广大人民群众享有的公共服务水平明显提高，全体人民切实共享改革发展成果，人民群众享受到更多改革和发展的实惠。一是把税收优惠作为实施积极就业政策的重头戏，连续出台就业税收扶持政策，发挥税收政策的就业导向作用，扶持农民工、大学生、下岗失业人员、残疾人、城镇退役士兵、军转干部和随军家属等群体就业再就业，促进了就业规模不断扩大。2011 年末我国城乡就业人数达到 76420 万人，比 2002 年增加 3140 万人。城镇吸纳就业的能力不断增强，城镇就业人员占全国的比重从 2002 年末的34.3% 提高到 2011 年末的 47.0%。二是通过推进农村税费综合改革和为支持教育事业发展实施了一系列税收优惠政策，降低了教育成本，有效地缓解了教育经费的不足，促进了教育资源公平合理配置，鼓励社会力量创办教育机构，为我国教育事业的健康发展起到了积极的推动作用。国民平均受教育年限达到 9 年以上，基本保障了困难家庭的孩子不因贫困而失学，2011 年，全国普通高等教育本专科招生 682 万人，在校生 2309 万人，毕业生 608 万人，比 2002 年分别增加 361 万人、1405 万人和 475 万人。三是积极实行扶持医疗卫生事业发展的税收政策，通过税收优惠措施成功应对了突如其来的"非典"、高致病性禽流感、甲型 H1N1 流感等重大疫情，通过完善医疗机构分类管理政策和税收优惠政策，实施非营利性医院税收优惠政策鼓励和引导社会资本发展医疗卫生事业，有利于形成多元化的医疗服务供给体系，缓解医疗资源紧缺的现状，满足群众多样化的医疗服务需求，为我国医疗卫生事业发展起到了较好的促进作用。四是为加快完善社会保障体系，养老服务业的税收优惠政策，对生产和装配伤残人员专门用品企业免征企业所得税，进一步完善福利企业税收优惠政策，不断完善关于慈善事业的税收优惠政策，在增值税、营业税、企业所得税、个人所得税、城镇维护建设费、土地增值税、耕地占用税、车辆购置税、印花税、契税等方面相继推出一些税收优惠措施，支持建立和完善各项社会保障制度，促进加快建立覆盖城乡居民的社会保障体系。十年来初步形成了以社会保险为主体，包括社会救助、社会福利、优抚安置、住房保障和社会慈善事业在内的社会保障制度框架。2011 年末，全国城镇职工基本养老、城镇基本医疗、失业、工伤、生育保险参保人数分别达到 28391 万人、47343 万人、14317 万人、17696 万人、13892 万人。五是为了支持和促进保障性住房建设，对廉租房、经济适用房和公租房经营管理单位给予营业税、房产税、城镇土地使用税和印花税方面的系列税收优惠政策。

十二、优化政策与完善税制有机结合

政策是制度的源泉，制度是政策的升华，一定的税收政策只有与相适应的税制基础相配合才能发挥其政策效果。十年来我国税收政策创新采取完善税收政策措施与推动税制改革优化相结合，兼顾税收政策的短期调节目标和税收制度的长期改革方向，税收调控的制度性手段和政策性的手段相结合，通过政策性手段的不断创新推进制度性手段的健全完善，尽可能地在税制设计时全面考虑政府调控的要求，将调控措施体现在规范的税制中，使其形成一种对经济运行的制度化调控。当然，市场经济的运行有许多不确定性，很多情况下需要采取一些临时性的税收调控手段，但应尽可能少地采取临时性的税收调控手段，其只能作为一种拾遗补缺，不能对其形成长期依赖，更不能动辄采取临时性的优惠措施。既要对金融危机以来所实施的税收政策进行调整、充实和完善，巩固宏观调控成果，又要注重围绕制约我国经济发展的深层次问题，坚持税制改革的中长期方向，积极推进税收制度创新和税制结构优化，为促进我国经济长期健康发展，营造相对稳定和有利的税制环境。我国继续实施的结构性减税，应根据经济发展的长期趋势和经济社会健康和谐发展的要求形成长短结合，连续性、稳定性与灵活性结合的税收调控机制。更为重要的是，应从规范税制、优化税制的角度实施结构性减税，形成各种

税收工具和税收要素科学分布、协调配合、功能完善的税收制度。推进税收政策创新的最终目标是优化税制，建立功能完善的税收制度。在全国取消农业税，不仅减轻了农民负担，促进了农业、农村和农民发展，也使城乡税制二元分割的局面得到很大改善；在全国范围内推行增值税转型改革和增值税改征营业税，既支持企业固定资产投资和技术改造，也剔除重复征税因素，完善流转税制。实施调整完善消费税政策，抓住有利时机顺利实施成品油税费改革，逐步实行原油、天然气资源税改革，不仅有利于促进资源节约、节能减排和环境保护，而且为绿化我国税收制度迈出了关键步伐。适应经济全球化深入发展的趋势，合并内外资企业所得税，统一房产税、城镇土地使用税、耕地占用税、车船税、城市维护建设税和教育费附加等制度，实现了内外资企业和个人税制的基本统一，营造了有利于各类市场主体公平竞争的税收制度。两次提高个人所得税工薪所得费用减除标准，着眼于减轻纳税人税收负担、增加可支配收入，有利于公平分配。取消了筵席税和城市房地产税、停征固定资投资方向调节税，则是简化了税收制度。正确认识税收政策调整与税收制度优化的互动关系，把握运用税收政策调控经济的尺度和时机，逐步建立健全有利于科学发展的税收制度，发挥税收促进经济结构调整、加快转变经济发展方式的作用。不仅如此，税收政策创新既没有现成的经验可以借鉴，也没有规范的做法能够仿效。只能根据社会经济环境和条件的变化，灵活调整相关政策措施，并顺时应势把一些经过实践证明收效良好、比较成熟的税收措施，尽可能及时以规范的制度或法律的形式确定下来，以防止良好的税收措施变形走样，为完善有利于科学发展的税收制度提供坚实的基础。

第三节　以科学发展为主题推进税收政策创新的思路

十年来，随着社会主义市场经济体制的逐步建立和日臻完善，顺应我国经济运行态势和国际经济形势的不断变化，我国财政政策在宏观调控方面已有 3 次变换。第一次是 2003 年至 2004 年，为了克服国内需求不足并防止通货膨胀再起实施积极的财政政策；第二次是 2005 年至 2008 年上半年，为了防止经济在回升中的偏热趋向、防止价格由结构性上涨演变为明显通货膨胀，财政政策由"积极"转为"稳健"，并实施了 3 年半的稳健财政政策；第三次是 2008 年下半年开始，为了应对国际金融危机的冲击，财政政策由"稳健"转为"积极"，并根据国内外经济形势的新变化持续保持"积极"。在丰富的实践中我国的宏观调控水平不断提高、应对能力不断增强，为保持经济平稳较快发展提供了有力保障。"十二五"时期是我国经济社会发展的关键时期，推进税收政策创新要紧紧围绕保持经济平稳较快发展和加快转变经济发展方式的要求，根据社会经济形势发展变化的需要，配合国家宏观经济政策和社会发展目标，保持宏观调控政策的连续性和稳定性，增强针对性和灵活性，提高调控的科学性和预见性，充分发挥税收筹集收入、调节分配和调控经济的职能作用，处理好保持经济稳定较快增长、调整经济结构和管理通胀预期的关系，着力扩大内需，更加突出保障和改善民生，切实抓好自主创新和节能减排，提高经济发展质量和效益，切实增强经济财政发展的内在动力和活力，推动加快经济发展方式转变，促进经济平稳较快发展和社会和谐稳定。要在总结近年来税收调控实践经验的基础上，按照服务服从于国民经济宏观调控的总体要求，服从服务于改革发展大局和中央宏观调控大局，在确保税收筹集财政收入主渠道作用的前提下，积极探寻税收中性与发挥税收调控作用的平衡点，坚持市场经济取向的税负合理取向，强调积极稳妥地推进税制改革，为市场主体和经济发展创造一个相对宽松的税收环境，逐步建立健全税收宏观调控机制，充分发挥税收在优化资源配置、公平收入分配和促进社会和谐方面的调节机能。

一、着力推进税收政策的理论创新

政策创新理论认为，公共政策创新首先是一种理念上的突破，特别强调理念的先导作用。理念创新是一切创新的先导，政策主体进行政策创新，最首要的是推进理论创新。税收政策是发挥税收调节经济、调节分配职能作用的重要载体。税收政策创新既是一个实践问题，也是一个理论问题。多年来，面临着矛盾错综、复杂多变的经济社会环境，我国税收政策成功地应对了各种艰难险阻，取得了丰富而又宝贵的经验教训，初步建立起一个较为完善的税收政策体系。在需求不足、经济下行时，实行有利于积极财政政策发挥作用的税收政策创新，以扩大需求、拉动经济增长和增加就业；在总需求过于扩张引起通货膨胀率上升时，政府通过稳健财政政策的税收措施来抑制通货膨胀。但是，总体看，中国的税收政策创新基本上是摸着石头过河，从一开始就缺乏成熟的理论指导，反映了我们对税收政策规律性的东西认识不深，税收政策的理论体系还没有真正建立起来。所以，税收政策创新的每一步都伴随着税制改革实践的进程，同样带有明显的探索性质，因为并没有现成的经验可以借鉴。无论是从税收调控的目标、政策工具的运用上看，还是从税收政策实施的效果上看，中国的税收政策创新不同于西方国家的传统做法，在税收调节的目标、内涵、政策工具的运用、调控手段的选择以及调控体系的建立等方面取得了重要的创新，不仅具有自己的特色，而且经过实践反复证明是适合中国特殊国情和行之有效的，是一种重大的理论创新。一是以解放思想为先导推进理论创新。解放思想，是推进理论创新的法宝。进行富有活力且充满变化的税收政策创新，首先要抛弃那些僵化的保守思想、陈旧的思想观念、过时的思维定势，不断研究新情况，解决新问题，使税收政策的理论创新与实践探索相符合，科学认识工业化、城镇化、市场化、国际化深入发展形势下我国税收政策创新面临的新课题新矛盾，不断作出新的理论概括，形成新的科学判断。二是不断加深对税收政策创新的规律性认识。对税收客观规律把握的程度和运用的水准，决定着税收理论创新的层次和水平。只有在深入探索税收创新规律、获得正确的规律性认识基础上进行理论创新，才能科学地概括出新概念、新范畴、新表述。要站在中国特色社会主义事业发展的全局和民族复兴的战略高度，着力探索管方向、管全局、管长远的税收规律，同时也要积极探索运行于税收政策创新中各个领域、各个方面、各个环节的具体规律，并及时把规律性认识转化为税收政策创新的宝贵资源和构成元素。三是从中国国情出发，大胆进行学术理论探索。必须从我国国情和社会主义市场经济体质特征出发，及时总结我国税收政策创新的成功经验，正确借鉴其他国家税收政策的理论学说，广泛吸取当代财经理论研究的优秀成果，吸取西方税收理论研究的精华，不断完善中国特色社会主义的税收政策理论，推进马克思主义税收学的丰富和发展，更好地指导我国税收政策创新实践。四是认真总结我国税收政策创新的经验。驾驭社会主义市场经济这架庞大机器，必须正确处理市场机制和宏观调控的关系，处理好税收是市场发挥作用的边界，坚持按客观经济规律办事，充分发挥市场在资源配置中的基础性作用，同时要根据不断变化的经济运行情况推进税收政策创新，对创新中积累的丰富经验要认真总结，及时上升到规律的高度，自觉服从服务于经济社会发展大局。

二、着力推进税收政策的内容创新

坚强有力、灵敏有效而又务实有度的税收调节，是推动科学发展、建设和谐社会的重要手段。税收政策创新并不是为了创新而创新，而是要按照"十二五"规划对税收提出的要求，通过科学合理的税种、税率、税收优惠等政策设计，妥善处理局部与全局、当前与长远、财政与经济、中央与地方、实体与虚拟等方面关系，逐步形成有利于科学发展和加快转变经济发展方式的税收调节体系，促使甚至逼迫市场主体把行为重心切实转变到提高经济的质量和效益、节约资源和保护环境、促进经济社会协调发展的轨道上来，更好地发挥税收筹集收入和调控经济、调节分配的职能作用，为经济社会发展提供可靠的财力保障和有效的政策支持。税收政策创新应逐步减少流转税及进口环节税优惠政策，统一内外资企业税收优惠待遇；实行有条件、分层次的梯度优惠格局，减少优惠政策对竞争性领域及产品的支持，重点鼓励基础设施、高新技术、环境保护。完善税收优惠政策立法，充实税法、税收条例的减免税规定，减少各种专项性、社会性税收优惠政策规定。完善资源环境税费制度，健全节能减排税收法律法规，合理控制能源消费总量，提升可持续发展能力；落实和完善税收等优惠政策，减轻中小企业税收负担，促进中小企业发展；结合营业税改征增值税改革试点，完善生产性服务业税收政策；规范提升商务服务业的税收政策服务；加强税收等政策支持，大力发展循环经济；强化支持企业创新和科研成果产业化的税收政策，全面落实企业研发费用加计扣除等促进技术进步的税收激励政策；完善税费减免等政策，促进高校毕业生、农村转移劳动力、城镇就业困难人员就业；合理调整个人所得税税基和税率结构，在减轻中低收入者税收负担的同时，加大对高收入者的税收调节力度；落实并完善公益性捐赠的税收优惠政策；健全差别化税收政策，合理引导自住和改善性住房需求，有效遏制投机投资性购房；完善扶持政策，扩大税收优惠种类和范围，推动政府部门向社会组织开放更多的公共资源和领域；进一步落实和完善支持小型、微型企业发展的税收政策；研究支持加快经济社会信息化的税收扶持政策；完善促进西部大开发、中部崛起、东北等老工业基地振兴以及西藏、新疆等优化区域结构，增强区域发展协调性的税收政策。

三、着力推进税收政策的技术创新

税收不仅是一个经济问题，还是一个技术问题。科学、合理、规范地设计并形成税收政策体系是一个技术问题。税收政策最终是依托一定的技术手段、一系列的技术处理来引导税收资金运行的，通过一定的技术方法对纳税人收入、支出、资金、货物等状态予以准确的反映，并通过一定的技术方法体现其与纳税义务的关系，从而实现政府课税的法律意图。税收政策被国内外公认是一种技术性很强的政策，尽管我们这个社会的所有公民都会纳税并遇到税收问题，但却没有多少人敢说自己对税收政策了如指掌。推进税收政策的技术创新也主要体现在六个方面：一要看政策设计是否具有合法性，每一项税收政策的设计是否符合法律基本规范，税法名称、形式、级别的选择以及文体结构、语言表述是否准确规范；政策设计与各类法律规范之间是否相互协调，有无"打架"，特别是与上位法是否相抵触。二要看政策设计是否有具有可行性，政策设计务必要充分考虑现有征管技术和管理能力的范围，政策的选择与调整一旦超越这个限度，难免会导致政策执行困难，偷逃骗税现象此起彼伏，进而就难以达到政策的预期效果。三要看政策设计是否具有可操作性。税收政策的目标实现往往体现在具体纳税环节的税务处理上，不同业务、不同情形的税务处理是一个非常重要的技术问题，需要科学地规定各种情形下的税务处理方法，准确科学地体现税收政策和税法意图，这就要在税收政策创新时认真考虑简便、简洁、易于理解和操作的技术要求。四要看政策设计是否具有效性，税收的计算、申报、缴纳的方式和方法，既要保证财政收入，又要重视税收对纳税人行为及整个经济运行的影响状况和程度，符合经济发展趋势，体现政府政策目标。五要看政策设计是否具有科学性。税收政策创新包括全部税收法律、规章、条例、税收协定等以及每一税收法律法规具体规定的征税主体、纳税人、税率、纳税环节、期限和地点、减免税和法律责任等要素的创新，要按照市场经规律和税收发展规律，科学测算、精确界定各种要素，各种要素之间应相互衔接，避免要素模糊、缺失或相互矛盾的问题。六要看优化税式支出政策手段和政策效应统计、评估方法。目前世界许多国家都对税收优惠政策采取税式支出管理办法，即根据相关的预测方法，测算政府的税式支出数额与纳税人的受益情况及相应的社会经济效益，最终得出税收优惠效果评价，并据此确定一项税收优惠政策的去留。在我国目前社会经济条件下，在对税式支出政策效应评估时，应当着重于进行税收优惠的成本收益分析，主要是确定其直接的、内部的、有形的、实际的成本与收益。在管理上也应当建立一套科学的监测评价指标体系，对一定时期一个地区或某一纳税人税式支出政策执行情况进行评价分析，以监督税式支出政策的实施，减少不应有的税式支出损失，防止纳税人利用税式支出政策骗取国家税收收入，提高政策效益。

四、着力推进税收政策的目标创新

要把握好政策的目标导向，提高政策的统一性。税收优惠原则上重点要向产业或行业倾斜，逐步减少区域性优惠，控制并减少政策"洼地"，不断增强税制的统一性、严肃性和科学性，减少随意性、盲目性和模糊性。建立健全决策科学、管理简便、政策透明、调控有力、公信力高、操作性强的税收政策扶持体系，进一步保障财政收入能力，强化宏观调控能力，提升税制竞争力，提高税法遵从度，更好地推动科学发展、促进社会和谐。一是要坚持以人为本，推动科学发展。税收取之于民，用之于民，造福于民，为人民服务特别是为纳税人服务是税收政策创新的根本出发点，因此，要把以人为本、为人民服务看作是税政工作的宗旨，不断完善收入分配、社会保障、住房就业、医疗卫生、文化教育等领域的税制安排和政策设计，力求把最好的税收政策服务提供给人民，让税制改革的成果惠及到全体人民。同时，要从服务党和国家事业发展全局出发，坚持把推动科学发展看作是税收政策创新永恒的主题，不论是税制安排还是税收政策设计，都要突出科学发展主题和加快经济发展方式转变主线，积极营造有利于统筹城乡发展、统筹区域发展、统筹经济社会发展、统筹人与自然和谐发展、统筹国内发展和对外开放的税制环境，建立健全能够充分体现社会公平正义税收政策体系，更好地为科学发展服务。二是要坚持自主创新，建设创新型国家。创新是经济社会发展的最大活力，谁能在自主创新方面占据优势，谁就能掌握发展的主动权。目前在国际产业分工中我们还处于全球产业链的中低端，主要原因是国家创新能力不足，自有核心技术、关键技术少。必须走创新发展的道路，建设创新型国家，提高自主创新能力，这是推动科学发展的主要突破口。税收对创新特别是技术创新有着其他政策无法替代的激励作用，既是创新的动力源泉，也是创新的激励手段。为实现我国到 2020 年进入创新型国家行列的重大战略目标，必须营造有利于科技创新与应用的税收政策，综合运用税收减免、加计扣除、加速折旧等激励手段，激发全社会的创新活力，促进科技成果向生产力转化，推动经济发展向更多依靠科技创新驱动。三是要坚持结构调整，促进产业转型升级。同发达国家相比，我国三次产业发展不协调、农业基础薄弱、工业大而不强、服务业发展滞后，部分行业产能过剩。因此，推动产业结构优化升级，是关系国民经济全局紧迫而重大的战略任务。税收政策创新是产业结构调整和优化升级的重要手段，必须为结构调整、产业转型升级服务。要充分发挥税收政策定点调控的优势，正确运用有扶有控的税收手段，既做税制改革和税收政策调整的"加法"，也做税制改革和税收政策调整的"减法"，通过税收政策的导向作用，巩固加强农业、改造提升制造业、加快培育发展战略性新兴产业、大力发展服务业，推动形成以高新技术产业为先导、基础产业和制造业为支撑、服务业全面发展的现代产业体系。四是要坚持统筹兼顾，促进区域协调发展。区域协调发展问题，关系经济繁荣、社会和谐、民族团结和国家安全。税收作为缩小地区差距、推动区域协调发展的重要杠杆，通过采取特殊的税收措施在维护正常市场经济秩序的同时，可以改善投资环境，引导要素流向，实现各区域优势互补、良性互动、均衡发展，是引导地方政府行为的重要"指挥棒"。推动税收政策创新既要妥善处理中央与地方、地方与地方的税收利益关系，也要在遵循自然经济规律的基础上，实行分类管理、有针对性的差别化税收政策，引导地方政府发挥好区域特色和比较优势，调节地区间的平衡发展与合理分工，推进区域良性互动发展。五是要绿色发展，着力推动生态文明建设。我国能源资源不足的矛盾越来越尖锐，长期形成的高投入、高消耗、高污染、低产出、低效益的状况仍未根本改变，由此带来的环境污染问题非常严重。不解决好这些问题，资源支撑不住，环境容纳不下，社会承受不起，发展也不可持续。税收是发展生态文明的制度保障和激励机制，通过税收将资源和环境的成本纳入市场交换价格，把外在于企业和家庭的社会成本内在化，建立起反映市场供求关系、资源稀缺程度、环境损害成本的价格信号体系，引导市场主体和社会公众参与节能减排和环境保护。为此，税收政策创新要坚持节约资源和保护环境的基本国策，顺应世界税制绿化的时代潮流，完善有利于节约能源资源和保护生态环境的税收法律和政策，通过税收介入资源环境产品价格的形式，把外在的社会成本内在化，建立起反映市场供求关系、资源稀缺程度、环境损害成本的价税体制机制，形成有利于资源节约型和环境友好型社会建设的税收导向。

五、着力推进税收政策的工具创新

税收政策工具也称为"治理工具"是政府能够用以实现税收政策目标的一系列机制、手段、方法与技术，是政策目标与政策结果之间的纽带和桥梁，推进税收政策创新，需要有组织完善、设计精细、有的放矢的一整套税收政策工具作为保障框架。"工欲善其事，必先利其器"。税收职能作用的发挥很大程度上取决于税收政策工具的有效选择和不断创新。政府在征税时可以有多样化的选择，使用一切可供选择的政策工具。但是，政府在实际抉择时对这些工具使用的方式不同、依赖程度不一，这些差异反映税收政策变化的影响以及由此带来的政策效应。目前我国税收政策工具的选择和运用始终处于一种传统的、被动的拾遗补缺和修补调整中。一是在既定调控目标之下，因时因地进行税收政策工具的形式创新。税收政策工具是税收调控目标与实施结果之间的桥梁，要根据特定调控目标需要选择最适宜的税收政策工具，除了人们习以为常的减税、免税、出口退免税和优惠税率等税收政策工具之外，要根据国家宏观调控需要选择延期纳税、税额抵扣、税收抵免、税收饶让、加速折旧、税项扣除、投资抵免、亏损弥补、再投资退税、即征即退、税收豁免、保税优惠、以税还贷、汇总纳税优惠、起征点优惠、免征额优惠、税收停征等政策工具，力争选用实现经济社会目标的最适宜税收政策。在税收要素的运用上应当主要采用由税基和纳税时间构成的间接税收优惠的税式支出政策手段，尽可能少采用由税率和税额构成的直接税收优惠的税式支出政策手段。从具体方式来说，应当运用多种税式支出政策方式，发挥税式支出政策的综合效应。从直接减免税为主向间接减免税为主转变，从单一减免税为主向多种税收优惠为主转变，从单项优惠管理方式为主向综合规范管理方式转变，从区域税收优惠为主向产业税收优惠为主转变。二是合理搭配使用多种政策工具，发挥税收政策工具的组合效应。从理论上讲，一种具体的税收政策工具在技术上都是可替代的，每一种手段都有其优点和缺点，减税、免税和优惠税率操作简便易行、作用对象明确、能直接降低纳税人税负，但政策成本较大、极易被滥用；费用扣除、起征点和免征额能体现对特定纳税人的扶持，但却具有"逆向"调节的天然性，会带来起征点和免征额上下纳税人之间的税负不公；税收抵免、税收饶让、加速折旧、投资抵免、再投资退税等更能体现经济效率和公平竞争，但约束条件严格、技术含量高，往往难以驾驭。因此，在多元调控目标之下，要尽可能地优化使用各种税收政策工具，通过优化组合降低各种税收政策工具之间的摩擦和内耗，把税收政策工具的最大效应释放出来，以便促进政策间协同和政策体系的衔接力度，从而更有效地保障税收调控目标的顺利实现。三是税收政策工具创新既不是传统税收手段的简单重复，也不是新型税收手段的随便滥用，而要必须符合社会主义市场经济体制的基本原则和作用规则，以不妨碍市场发挥对资源配置的基础性作用为边界，不断加大税收抵免、税收饶让、加速折旧、投资抵免、再投资退税等间接优惠工具，尽量减少减税免税、降低税率等直接优惠工具的运用，坚决取消先征后返或财政奖励等变相减免税手段，不损害经济体制本身，不对经济产生负作用，既要重视激励性的税收政策政策工具的使用，也要更加注重约束性税收政策工具的运用；既要通过税率升降等市场参数的市场运作促进经济增长，也要通过税额减免等优惠服务的政府治理加强社会管理。四是推进税收政策工具的价值创新。税收政策的工具创新强调税收公共服务的顾客导向，每一项税收政策工具的提供都应有为纳税人服务的价值取向，每一项税收政策工具的创新应以纳税人需求为基本考虑，既要为全体纳税人多层次的共性需求提供第一流的税收政策服务，也要为不同类型纳税人的个性化需求创造第一流的税收政策服务，通过项税收政策工具创新在保障纳税人合法权益的同时，提高纳税人的税法遵从度。同时，要高度重视成本效益关系，改变过去只关心投入而不关心产出、只关心政策内容不关心政策绩效、只关心政策实施不关心政策结构的做法，要求以较少的投入或者合适的政策投入获取最大的政策效益。

六、着力推进税收政策的过程创新

税收政策管理既是一项技术性工作，又是一种决策艺术。形势判断和政策组合确定之后，必须有一个有效的决策机制和执行机制，不失时机地将政策组合付诸实施。任何一项税收政策的创新都要经历政策制定—实施—评价—调整的全过程，每一个环节都会有创新，而每一环节的过程创新对政策的全面创新起着至关重要的作用。所以，着力推进税收政策的过程创新不容轻视。一是在政策制定阶段，要强化分析预警机制，提高政策可行性。应通盘考虑国家战略目标、国际条约约束、商品供求弹性、财政承受能力、社会各界反映、征管技术条件等各类因素，广泛开展调研，多层次征求意见，对于问题比较突出的、准备工作比较充分以及方案论证比较成熟的政策措施，应优先考虑，试点推出，对试点证明比较成功的政策通过法律程序在全国推开，对试点过程中发现问题的政策应及时修订完善后再稳步推广。同时要提高对宏观经济运行的分析预测水平，进一步增强税收调控的预见性，通过定性和定量分析相结合，从而对宏观经济运行趋势作出科学分析与判断，提出税收政策预案，不断增强税收调控的预见性，实现从被动应对转向主动进行调节，强化税收调控的预警机制。二是在政策实施阶段，要强化执行机制。按照"依法征税，应收尽收，坚决不收过头税，坚决防止和制止越权减免税"的组织收入原则，不折不扣贯彻落实税收政策，牢固树立不落实优惠政策也是收过头税的理念，坚决防止税收优惠政策不落实或落实不到位及滥用优惠政策两种倾向，继续加强依法治税，严格税收政策管理，坚决制止越权减免税，严格税收入库级次，进一步加强依法治税工作，正确把握政策和严格执行政策，把每一条优惠政策都能落实到每个应享受的企业，为我国实施宏观经济调控，保持经济平稳较快发展创造良好的税收环境，自觉服从服务于科学发展大局。高度重视税收政策执行情况的信息传递、信息收集、信息分析和信息反馈工作，通过政策分析、政策评估、政策调查提高税收优惠政策的针对性和执行效率。三是在政策评价阶段，要健全跟踪问效机制。目前我国纳入税收优惠范围的政策措施很多，每年让渡了多少收入，企业和百姓获得了多少实惠，多大程度上有利于宏观经济和市场活力，建议设计科学合理的评价指标体系，跟踪分析考评政策实施效果，认真总结政策实施的成功经验，及时发现政策存在的疏漏，切实提高税收政策的有效性。不仅如此，现行税收调控体系缺少监督和检查机制，难以迅速发现并及时纠正政策执行中的问题，无形之中加大了税收调控的成本，影响了税收调控的效果，应建立税收政策实施情况评估制度和定期清理制度，制定有针对性的调整措施，追踪监督、随时了解政策执行中出现的新情况新问题，主动研究税收调控薄弱环节，及时加以修补完善。四是在政策调整阶段，要完善协调配合机制。应根据国家宏观调控的总体要求，把握好税收调控的时机、力度、节奏和重点，积极做好税收政策创新的预案准备，及时研究提出相关税收政策建议，并统筹做好税收和各项宏观调控政策的协调配合，首先，政策目标设计要以加快经济发展方式转变为主线，以科学发展统领各项具体调控目标，既总体设计、统筹兼顾各项宏观调控目标，又在不同时期不同阶段有所侧重，突出重点，避免相互"撞车"，以实现税收与各项宏观调控政策的内在统一和有机衔接。其次，应与其他宏观调控政策要注重政策工具的科学组合。为保证宏观调控目标的实现，需要综合运用税收、财政、货币、产业、环保、土地等方面政策，通过影响要素供给数量和价格，消费者需求，企业投资、生产、销售等行为，对生产者和消费者的行为直接或间接地进行调整。最后，税收政策与其他宏观调控政策要加强部门和地方的协调配合，政府各部门在宏观调控中承担不同的责任，履行不同的职能。但是，各个部门又必须是一个统一的整体，只有统一认识、步调一致、各司其职、各负其责，才能把中央确定的宏观调控目标落到实处。五是税收政策与其他宏观调控政策要坚持政府调控和市场机制的有机结合，税收不是万能的，不能指望运用税收政策去直接解决所有问题，更不能期望用一种政策工具来解决所有问题，加强和改善宏观调控不等于忽视市场机制作用，而是要将政府干预和市场调节有机结合起来，既要避免违背市场经济规律、滥用税收手段以主观臆想干预经济活动，也要避免税收调控不作为，对经济运行中出现的问题放任自流。

七、做好税收政策的顶层设计，确保税收政策创新的科学性

税收政策创新是一个宏大复杂的系统工程，是由众多因素、众多层次、众多结构构成的社会系统，各个因素、各个层次、各个结构之间相互联系、相互作用、相互制约，组成有机统一的整体，离开整体、脱离全局而孤立存在和发展的因素、层次和结构是没有的。必须从中国的实际出发，针对国内外经济发生的新情况，做好税收政策的顶层设计，更好地发挥其在促进经济社会发展中的重要作用。一要增强预见性。科学的税收政策创新必须建立在

预见性上，当前，经济形势错综复杂，国际市场瞬息万变，我们比以往任何时候都更加需要敏捷的思维、快速的反应，善于把尊重客观规律和发挥主观能动性结合起来，正确把握宏观经济的走势，必须密切跟踪和准确把握经济运行情况和供求关系变化，加强形势分析，及时发现苗头性和倾向性问题，作出有预见性的税收政策创新，积极做好税收政策创新的预案准备，防范各类现实和潜在风险，提高税收调控的前瞻性和预见性。提高驾驭经济局势的能力。二要把握规律性。必须符合市场经济的客观规律，既要避免违背市场经济规律、滥用税收手段以主观臆想干预经济活动，也要避免税收调控不作为，对经济运行中出现的问题放任自流；对于确实需要税收政策长期发挥导向作用的重点领域，要通过提升政策法律层次将政策意图体现在国家的税收制度之中，对于相机决策的税收政策，当宏观调控目标实现后必须及时"归位"，不能把特定时期内的税收政策固定化、常态化。三要注重针对性。针对性就是有什么问题解决什么问题。中国这样大，每个地方、每个部门都有自己的实际情况。开展宏观调控，不能千篇一律，要根据不同的情况，结合我国发展的阶段性特征和面临的新形势、新问题、新要求，针对一些地方和部门在发展方面存在的实际问题，有针对性地拿出税收政策创新的办法。四要把握灵活性。灵活性要求具体问题具体分析，及时作出正确有力的反映。根据国内外经济形势出现的新变化，把握好税收调控的时机、力度、节奏和重点，及时解决经济运行中出现的突出矛盾和问题，出手要快，出拳要重，措施要准，工作要实。税收政策创新坚持既有利于促进经济增长，又有利于推动结构调整；既有利于拉动当前经济增长，又有利于增强经济发展后劲；既有效扩大投资，又积极拉动消费。这些都具有很强的灵活性。五要把握好公平性。在全国范围内实行统一的政策待遇，取消或减少区域性优惠和企业专项税收优惠，创造统一公平的税收政策环境，鼓励企业和个人在同一起跑线上开展平等竞争；在市场配置资源为主的框架内，税收政策的设计不应干扰企业正常生产经营决策，减少企业额外非经营性成本；税收政策的制定要兼顾国际税制改革的最新内容，力求税收政策在国际上的适用性，保证政策的有效衔接和减少征纳双方的税收成本。六要把握好规范性。市场经济从本质上讲是一种法律治理的经济，作为处理国家与企业、个人分配关系的重要法律法规，税收政策设计要体现规范性，即政策范围、政策条件、政策措施、政策程序等要件规定要明确、可操作，切忌模糊不清，解释弹性大，避免造成执行中的政策偏差；同时应进一步明确并履行政策管理权限，避免政出多门，防止政策口径不一致而出现无可适从的现象，要尽量减少税收优惠专项审批，能够在统一政策规定中厘清的问题就不要再留政策缺口，避免人为因素干扰政策执行，也减少企业生产经营的额外费用。

第四节 结构性减税——中国的理论创新和实践探索

2011 年 12 月的中央经济工作会议强调继续完善结构性减税政策之后，结构性减税政策再次引起国内外的高度关注和期盼。实际上，自 2008 年底的中央经济工作会议首次提出实行结构性减税政策以来，结构性减税就已成为积极财政政策的重头戏，在巩固和扩大应对国际金融危机冲击成果，促进国民经济平稳较快发展方面书写了浓墨重彩的辉煌篇章。与此同时，社会各界对于结构性减税做了大量的分析解读和理论研究，在很多方面达成了共识，但依然存在实践中有牌出、理论上说不清的现象，概念上的模糊和认识上的分歧已经成为制约结构性减税政策有效实施的瓶颈。

一、正确理解结构性减税政策的基本内涵

"理不清则事不明，名不正则言不顺。"评价结构性减税政策，首先应弄清基本理念。长期以来，人们对结构性减税政策之所以会有误解和分歧，一个重要的原因是概念不清。于是，不同的人们从不同的研究视角出发得出了不同的结论：有人认为，结构性减税不是包含全部税种或所有纳税人的全面的减税，而是为了达到特定目的而针对特定群体、特定税种来削减税负水平；也有人认为，结构性减税不单单是税收数量的减少，而应是通过税制结构的优化来达到减税的效果；还有人认为，结构性减税的着眼点在于促进经济结构的调整，而不在于促进经济的增长，促进经济增长的任务主要由财政支出来承担。上述观点仁者见仁，智者见智，值得肯定，但对结构性减税概念的阐述和本质的透析不足。

笔者认为，所谓结构性减税是政府在实施积极财政政策中通过调整优化税种及其构成要素减轻居民和企业税负，激发市场活力，增强发展动力，推

动国民经济又好又快发展的宏观调控手段。从这一基本概念出发，理解结构性减税的内涵应当包括以下内容：

（一）结构性减税作为积极财政政策的重要组成部分，本质上是政府的一种宏观调控手段

它通过调整税种、税目、税率和税式支出等可控变量，不断释放减轻税收负担的政策信号并通过价格机制传递给市场主体，引导其在追求自身利益最大化的同时按照宏观调控的预期目标进行生产经营活动，从而更好地发挥市场在社会资源配置中的基础性作用，促进经济长期平稳较快发展，因此，是一种市场导向并运用税收参数发挥杠杆作用的间接调控手段。

（二）结构性减税通过各种政策工具的优化组合建立科学有效的内在机制，发挥组合拳的最佳效应

结构性减税是一个多元税收政策工具的组合体，税种的调整、税目的增减、税率的调整以及税式支出皆为工具，都有使用之必要。而且在现实中，各种政策工具的作用、特点、对象和范围既相互关联，又各有不同，因此，任何一种政策工具都不是孤立地起作用的，也不能期望用一种工具来解决所有问题，必须根据宏观调控目标的需要通盘考虑、统筹使用，把解决现实问题与建立长效机制紧密结合起来，建立起优势互补、有机衔接、协调联动的内在机制，把各种政策工具杠杆科学组合为有机的整体，力争用最小的政策资源和代价取得最佳的综合调控效应。

（三）结构性减税通过减轻企业和居民税收负担的传导机制和作用机理，实现总量上的扩张效应和结构上的激励调节

结构性减税重在减轻企业和居民的税收负担，但减轻企业和居民的税收负担仅仅是结构性减税政策的中间环节和传递媒介，调整税种、税目税率和税式支出一方面相应地增加了企业和居民的经济收入，为市场主体创造良好的税收境，增强微观经济主体的活力；另一方面通过税收政策的导向功能，从而引导投资和消费行为，调整经济结构，有效调配资源。

（四）衡结构性减税政策的利弊得失，激发市场活力，增强发展动力，推动国民经济又好又快发展是其根本目的

无论是过去、现在和将来，结构性减税政策能不能收到预期的效果都可以从五个方面衡量：一要看是否有利于刺激需求特别是扩大内需，进而拉动

经济自主有序平稳增长；二要看是否有利于改善供给结构，加快转变经济发展方式，提高经济发展质量和效益；三要看是否有利于发挥市场在资源配置中的基础性作用，增强市场主体的动力和活力；四要看是否有利于改善民生，企业和居民真正从中受益；五要看是否有利于财政可持续性，有效防范财政风险。

二、深刻认识结构性减税政策的源头活水

有人认为减税就减税，加税就加税，大可不必提出一个结构性减税的概念，而且现有的教科书中没有结构性减税的诠释标准，岂不是无源之水无本之木吗？其实不然，结构性减税政策根深叶茂，源远流长，既有肥沃的理论土壤和丰富的实践基础，也有优秀的思想养分和先进的文化血脉。

（一）科学发展观在财税领域的理论果实

从理论渊源看，结构性减税的理论内核是尊重规律、造福人民的科学发展观。结构性减税政策以减轻企业和居民税收负担为主基调，把公共财政的阳光和温暖送到每一位市场主体，让他们实实在在地得到"真金白银"，真正做到人民财政为人民，彰显了以人为本的核心理念，显然是科学发展观在财税领域盛开的理论之花，是用马克思主义中国化最新成果武装推进财税调控理论创新的典范之作。从此之后，我国的财税调控思想因结构性减税政策而变得丰富多彩，结构性减税政策也将在我国财税调控的舞台上大显身手。

（二）中国财税体制改革探索的实践结晶

从实践探索看，结构性减税政策是多年来党中央、国务院治国理政实践的探索结晶。事实上，在党的十六届三中全会提出"简税制、宽税基、低税率、严征管"的税制改革原则中，本身就体现出减税的战略思想，只是当时没有明确使用"结构性减税"的概念而已，但自2003年以来有增有减的税制改革和政策措施走的就是结构性减税的路子。2008年以来为应对特大自然灾害和全球金融危机的冲击，党中央、国务院高瞻远瞩，实施大规模结构性减税政策，顺应民心民意，符合经济规律，有效调节经济，收到事倍功半之效。

（三）世界各国税收理论政策的有益借鉴

从国际视野看，减税政策既是凯恩斯主义的重要内容，也是供给学派的

核心思想，历来被各国奉为促进经济平稳增长的良药。结构性减税既没有简单模仿凯恩斯主义运用扩张性税收政策进行需求管理的主张，也没有照抄照搬供应学派通过减税刺激供给和结构调整的思想，而是在借鉴吸收主流财政经济理论范式的基础上，认真研究世界主要经济体运用减税政策的实践，综合考量利弊得失，合理吸收有益成分，提炼形成了独具中国特色和国情实际的结构性减税，使中国的积极财政政策在全球财税政策协调的舞台上独树一帜。

（四）中国传统税收文化基因的最好提炼

从历史经验看，结构性减税是对中国传统税收文化中优秀思想的传承和创新。孔子首倡"养民以惠"；孟子主张"薄税敛"；隋代苏威提出"轻赋役"；唐代魏征"安民政治，轻徭薄赋"；汉代贾谊"轻赋少事，以佐百姓之急"；明代丘浚提出"上之取于下，固不可太过，亦不可不及"；清代魏源认为"善赋民者，譬如植柳，薪其枝叶而培其本根；不善赋民者，譬如剪韭，日剪一畦，不罄不止"。所有这些都贯彻着"善政在于养民，养民在于宽赋"。不仅如此，在中国历史上的"文景之治"、"贞观之治"、"开元之治"、"洪武之治"和"康乾之治"等盛世的出现，与朝廷休养生息的减税政策也密切相关。结构性减税正是在总结历史经验的基础上对传统税收文化中优秀基因的秉承和创新。

三、彻底走出结构性减税政策的认识误区

在怎样看待结构性减税政策问题上存在着三个认识误区，即结构性减税就是让财政减收、给企业减负、为百姓加薪。必须足够重视，并尽快矫正这种认识偏差。

（一）结构性减税不等于财政减收

结构性减税的直接效应就是减轻企业和居民的税收负担，但并不能说明政府财政收入就一定会减少。"拉弗曲线"理论告诉人们，减税也并不必然导致财政减收，特别是从长期来看，减税将增加企业赢利，提高个人可支配收入，进而扩大税基，为财政持续增收大开方便之门。这也就是尽管长期以来工业化国家减税浪潮此起彼伏，减税措施层出不穷，但政府收入占 GDP 比重远远高于我国的秘诀。但迄今为止还没有哪个国家因为减税政策而使财政

收入越来越少的，更没有哪个国家由于减税政策而导致经济增长速度每况愈下的。因此，不能把每年税收的增长与企业税负的增加相等同，不能简单地认为税收增收就是对企业不利，就是对积极财政政策扩张效应的一种抵消。

（二）结构性减税不等于企业减负

企业是市场的基石，它所制造的产品和提供的服务构成市场交易的基础。一般而言，结构性减税就是要减轻企业的税收负担，所以，将结构性减税等同于企业减负的观点看似正确。但事实上，现阶段我国企业所承受的负担既有税收负担也有非税负担，既有显性负担也有隐性负担，既有合理负担也有不合理负担，结构性减税只能减少企业看得见摸得着的税收负担，对企业的非税负担、隐性负担以及不合理负担，结构性减税显然力所不及。加之我国企业各种非税负担严重挤占了税收，侵蚀了税基，是真正对企业负担和经济增长产生实质性影响的因素，从这个意义上讲，减税是手段，减负是目的，减税不是通向减负目标的唯一路径。因此，结构性减税不等于企业减负，减税未必就能减负。

（三）结构性减税不等于全民加薪

有人提出，政府因结构性减税政策所放弃的税收收入应该全部转化为居民个人可支配收入，这就把结构性减税与个人加薪等同起来。确实，改革开放 30 多年来，中国经济在一路高歌猛进的同时，居民劳动报酬占 GDP 的比重却在不断下降。因此，希望加薪，人之常情，无可厚非。但是，结构性减税与个人加薪并没有必然联系。税是全体纳税人为获得政府提供的公共产品和服务而支付的价格，是公民应尽的义务，薪则是公民的劳动报酬，是企事业单位的成本。结构性减税不是普惠性的，受惠对象是区域性的、行业性的和分类性的，用结构性减税所放弃的收入来为全民加薪，实质上是用部分税款给人人发红包、搞福利，这种撒胡椒面式的做法不仅做不到，而且只能扭曲结构性减税政策的调控意图。

四、科学谋划结构性减税政策的未来之路

在当前和今后一段时期，结构性减税政策不仅是积极财政政策的重头戏，也是我国经济结构转型的重要推手，在宏观调控舞台上必将发挥越来越重要的作用。2011 年我国税收收入已达 89720 亿元，增长 22.6%，表面看来，收

入规模和增长速度为实施结构性减税创造了很大空间，但是，我国税收收入占 GDP 的比重为 19.03%，人均税收收入只有 1057 美元，如果考虑 5190 亿元的财政赤字和 10.7 万亿的地方政府债务最终要国家税收来兜底，那么，我国未来实施结构性减税的道路未必平坦。再者，现有结构减税中诸如增值税转型措施已经固化到长期税收制度性安排之中，但还有很多措施仍属于临时性措施，虽有拾遗补缺之功效，却有悖于税法的严肃性和完整性，终不是长久之计。因此，要根据"十二五"规划的战略要求和国家宏观调控的决策部署，科学谋划结构性减税政策的未来之路。

（一）加强顶层设计，进一步提高结构性减税的科学性

结构性减税是一个新鲜事物，既没有放之四海而皆准的成熟理论作支撑，也没有完美无缺的成功模式和操作版本可照搬。尽管 4 年来结构性减税政策的成功实施创新了积极财政政策的理论，丰富了我国宏观调控的实践，但这些政策确实带有对策性、临时性和碎片化的烙印。因此，要站在全局高度，紧扣主题主线，把结构性减税与稳增长、控物价、调结构、惠民生、抓改革、促和谐更好地结合起来，按照"远近结合、标本兼治、有扶有控"的原则，遵循市场规律，顺应客观变化，权衡利弊得失，做好战略谋划，提出应对预案，实施相机抉择，防范各类风险，以杜绝目标上偏离国家调控意图、政策上可行性论证不足、技术上量化分析缺乏、事后不作绩效考评行为的发生，不断增强结构性减税的科学性、预见性和系统性。

（二）突出政策导向，进一步提高结构性减税的针对性

今后实施结构性减税政策要在保证全国税政统一的前提下注重从区域优惠向产业优惠倾斜，由虚拟经济向实体经济转向，由粗放型生产向集约型生产倾斜，由总量扩张向结构转型倾斜，由"两高一资"向绿色文明倾斜。在产业优惠中要重点突出战略性新兴产业，在区域优惠中要根据主体功能区规划突出重点开发区和优先开发区，减少对限制开发区和禁止开发区优惠，不断增强税制的统一性、严肃性和针对性，减少随意性、盲目性和模糊性，消除形式和效果上的不公平待遇。为此，除了贯彻落实好已经出台的措施之外，还要适应经济形势的新变化，不断丰富结构性减税政策的内容，通过有增有减的结构性减税政策与长期税制改革结合起来，把投资引导到有利于节能减排且附加价值较高的产业中，引导到有利于形成新的消费增长点的服务业领

域，引导到有利于满足新的消费需求的战略性新兴产业，建设低投入、高产出、低消耗、少排放、能循环、可持续的国民经济体系。

（三）实施差别税收，进一步提高结构性减税的灵活性

要采取有差别的优惠措施和激励政策，通过调整不同所有制经济、不同产业、不同地区的税收负担水平，可以体现有保有压、区别对待的原则。降低服务业的营业税税负水平，加快部分服务业的增值税扩大范围试点，对服务企业的设备更新换代、技术转让加大税收抵扣力度，对劳动密集型服务企业加大税收优惠力度，研究出台推进服务业综合配套改革的税收支持政策；调整完善鼓励企业研发投入的税收优惠措施，并制定支持新能源、节能环保、电动汽车、新材料、医药、生物育种和信息通信等战略性新兴产业的税收减免优惠措施，对政策重点支持的行业或领域实施优惠税率和扩大税前扣除范围。降低奢侈品进口关税和国内售价，让高收入群体的高端消费需求留在国内，释放高端消费需求；适时降低已成为日常生活不可或缺的商品的消费税，引导商品价格合理回归，刺激普通群体的消费潜能。调整能源、资源、农产品等大宗商品的进口关税，制定引导技术改造的优惠政策，鼓励低碳技术、高新技术和高附加值产业急需的先进技术、关键设备和稀缺资源性产品进口，缓解国内所面临的资源约束瓶颈；全面取消"两高一资"产品出口退税率，调整出口关税，坚决抑制相关行业产能过快扩张的势头，推动相关产品出口，推动贸易结构平衡。

（四）突出组合配套，进一步提高结构性减税的协调性

国外减税主要是削减个人所得税和企业所得税，我国 2011 年个人所得税占税收收入比重为 6.8%，企业所得税占比仅为 18.7%，而增值税、消费税和营业税占比为 54.9%，可见，靠削减所得税来刺激经济的空间小，刺激效应辐射范围有限。此外，我国企业所得税税率为 25%，与世界上 105 个国家 24.99% 的平均税率持平，欧盟 33 国企业所得税税率有 20 个国家高于我国，其中美国和日本税率分别高于我国 14.2 和 14.5 个百分点；不仅如此，欧盟 33 国中有 24 个国家增值税标准税率高于我国，且从 2001—2012 年有 18 个国家提高了增值税税率。如此看来，不管所得税还是流转税，通过单纯降低边际税率实现调控目标的办法也不一定可行。只有综合运用税种减税免税、出口退税、延期纳税、投资抵免和加速折旧等多种政策工具，把握好各种政策

工具的平衡点，对各项政策进行优化组合，通过协同发力谋求组合效应。在此基础上，减税政策还应与产业、价格、货币和财政政策相协调并建立联动机制，通过"组合拳"推动产业向内地转移延缓传统要素禀赋优势的弱化，推动沿海企业转型升级、培育新的竞争优势，推动数量扩张性增长方式向质量效益型发展模式转变，用最小的政策资源和代价取得最好的调控效果。

（五）加强预算控制，进一步提高结构性减税的有效性

迄今为止，我国纳入结构性减税范围的政策措施很多，但实施这些措施国家每年到底让渡了多少税收收入，企业和老百姓因此真正享受到多少实惠，并在多大程度上有利于宏观经济和市场活力，目前还没有一个科学精准的跟踪考评机制，这不仅是我国加强结构性减税政策管理所面临的掣肘，也对社会各界正确把握结构性政策意图增加了难度。所以，要尽快改变这种总量说不明、效果道不清的现象，最好的办法是对其进行预算控制，可在全面测算规模和科学分析政策效果的基础上，将正在实施或计划实施的结构性减税政策纳入政府预算，编制结构性减税政策年度预算表，提高对政策实施效果的精确度和可靠度，通过量化考核和科学管理，定期公布条文规定、总体规模、资金分布和政策效应，切实提高结构性减税的有效性。

第五节　推动商业健康保险发展的税收政策创新

商业健康保险是为广大人民群众提供健康风险保障的商务服务业，是现代服务业中具有后发优势的朝阳产业，同时也是我国多层次医疗保障体系的重要支柱，能够更好地发挥保险在经济补偿、资金融通和社会管理方面的职能作用。税收政策是商业健康保险发展的重要推动力，国外很多国家都对健康保险给予相应的税收扶持政策。我国在实施全国统一税制的基础上同样制定并出台了一系列支持保险业发展的政策措施，具体涉及企业所得税、营业税、城市维护建设税、教育费附加、印花税、车船税、房产税、增值税、土地增值税、耕地占用税等税种，目前已形成了一个结构比较完备、功能基本齐全，以营业税、企业所得税为主，印花税等税种为辅的保险业税收政策体系。这些政策措施在一定程度上体现了支持商业健康保险发展的政策导向，对于我国商业健康保险发展起到了积极的鼓励作用。但是，近年来，我国保

险体制改革此起彼伏、保险产品创新日新月异，现有大多数优惠规定主要面向整个保险行业，专门针对购买商业健康保险的优惠政策支持力度不够，特别是对个人购买的税收优惠还没有涉及，对商业保险公司的激励程度仍有许多欠缺，不同政策之间的配套设计明显不足，从而使税收优惠政策的组合效应没有完全释放出来。因此，有必要厘清税收推动商业健康保险发展面临的难题，进一步完善相关税收政策，推动商业健康保险加快发展。

一、税收推动商业健康保险发展面临的难题

自 2002 年中国保险监督管理委员会关于《加快健康保险发展的指导意见的通知》（保监发〔2002〕130 号）颁布以来，我国的商业健康保险取得了较快发展，但目前我国商业健康保险发展仍处在初级阶段，与财险和寿险相比，无论是规模、速度还是功能、作用都不尽如人意，各保险公司能够提供的健康保险产品和服务还远远不能满足广大人民群众的需求。究其原因，主要是五个不到位：一是舆论理论准备不到位；二是业务服务创新不到位；三是法律制度规范不到位；四是专业监管体制不到位；五是政策支持力度不到位。税收作为国家扶持产业发展的重要政策手段，是商业健康保险发展的影响因素，但不是唯一的决定性因素。这并不是说，发展商业健康保险就不需要国家税收政策的支持，而运用税收杠杆推动商业健康保险发展面临四个难题，需要认真研究解决。

（一）国家征税权与公民健康权之间税收应如何协调

商业健康保险税收既涉及国家的税收保障，又涉及公民的健康保障，面临的第一个难题是国家征税权与公民健康权之间税收应如何协调的问题。众所周知，在现代社会，人民是国家的主体，是一切权力的来源，国家征税权来源于人民主权，任何国家都有权对其管辖权范围内的单位和个人行使征税权力。《中华人民共和国宪法》第五十六条规定："中华人民共和国公民有依照法律纳税的义务。"可见，凡中国公民必须履行向国家缴纳一定税款的义务，依法纳税是我国公民的一项基本义务，这是国家根本大法对国家课税权正当性和合法性的规范，在国家宪法的基础上，我国的税收实体法也都对纳税人的权益和义务做了明确规定，按照这些法律规定，凡商业健康保险服务的提供者和消费者都应当依法纳税，否则，就是对国家征税权的不尊重。但

是，国家繁荣富强和永续发展的根本就在于健康的公民。曾任英国首相的丘吉尔说过："健康的公民是国家最大的财富。"作为人所享有和应当享有的保持其躯体生理机能正常和精神状态完满的权利，公民健康权是人类社会公平正义的基本诉求，已经受到国际社会和各国政府的公认和保护，各国法律都把保持身体健康的权利作为宪法权利予以保护。我国已经签署并批准了《经济、社会和文化权利国际公约》，保障公民享有健康权是不可推卸的国家义务。我国宪法多次提出公民健康不受侵犯，公民在患病时有权从国家和社会获得医疗照护、物质给付和其他服务，国家保护和促进公民健康。我国民法第九十八条规定"公民享有生命健康权"。站在国家战略层面考虑，大力发展商业健康保险是实现公民健康权的一个重要途径，客观需要国家政策包括税收对商业健康服务予以优惠支持，有税收优惠就意味着放弃了部分的国家征税权。由此可见，从某种意义上说，国家征税权与公民健康权，鱼与熊掌不可兼得。既要保证国家征税权完好无缺，又要确保公民健康权全面实现的做法是不现实的，因此，协调国家征税权与公民健康权的理想方法，就是从确保公民健康权全面实现的角度出发，可以让渡部分的国家征税权，通过积极有效的税收优惠措施，扶持商业健康保险可持续发展，进而提升全体公民健康水平。

（二）基本医疗需求与高端健康需求税收应如何对待

随着经济社会的快速发展，人民群众通过购买健康保险转移医疗保健费用支出的意识和需求日益高涨，我国健康保险市场潜力巨大，发展前景十分广阔。在此背景之下，进一步完善税收政策应当怎样把握好基本医疗需求与高端健康需求的待遇问题呢？事实上，基本医疗需求关涉公民生存权益，是一种纯粹的公共产品，重点体现社会公平，主要依靠社会保险解决，并由政府通过一般性的税收筹资来保障，旨在使各类人群享受相同程度的基本医疗保障。而在基本医疗保障以外的高端健康需求属于私人消费产品，应当充分发挥市场机制作用，政府的责任是通过包括税收优惠在内的政策积极引导和规范商业健康保险予以解决，以促进竞争，体现效率。按理说，商业健康保险主要解决的是高端健康需求的问题，无论是其保险公司还是投资人都是自主经营、自负盈亏的市场主体，同其纳税人一样在市场经济的大潮中都要依法照章纳税。但是《中共中央国务院关于深化医药卫生体制改革的意见》提出要加快建立和完善以基本医疗保障为主体，其他多种形式补充医疗保险和商业健康保险为补充，覆盖城乡居民的多层次医疗保障体系，不仅赋予商业健康保险在医疗保障体系中的特殊地位，而且还提出要"积极发展商业健康保险，鼓励商业保险机构开发适应不同需要的健康保险产品，简化理赔手续，方便群众，满足多样化的健康需求；鼓励企业和个人通过参加商业保险及多种形式的补充保险解决基本医疗保障之外的需求"。这实际上是明确了商业健康保险在满足基本医疗保障需求之上层面的主导作用，并进一步提出在确保基金安全和有效监管的前提下积极提倡以政府购买医疗保障服务的方式，探索委托具有资质的商业保险机构经办各类医疗保障管理服务，从而最终给我国的商业健康保险赋予了准公共产品的角色，使我国商业保险公司经营的健康保险不仅是为高端医疗以高收入、高医疗保障、高服务需求群体提供高层次、精细化、量体式的优质医疗服务，也要面向占人口总数 80% 以上的中、低收入人群，这明显需要国家创造有利于健康保险发展的包括税收在内的政策环境，通过税收优惠政策激励商业保险机构经办各类医疗保障管理服务，以满足消费者多样化和高程度的保障需求，更好地发挥商业健康保险在完善社会医疗保障体系中的重要作用。

（三）健康保险业与现代服务业之间税收应如何衔接

现代服务业是衡量各国社会进步、经济发展和产业文明的重要标志，是我国加快经济发展方式转变和经济结构调整的重要内容。商业健康保险涉及世界贸易组织的《服务贸易总协定》12 大类服务贸易中的金融服务和健康与社会服务，是一个横跨健康服务和金融服务的金融子产业，无疑是发展现代服务业的重中之重。为加快健康保险业的发展，中国保险业监督管理委员会于 2002 年 12 月和 2006 年 9 月分别印发了《加快健康保险发展的指导意见的通知》（保监发〔2002〕130 号）和《健康保险管理办法》（保监发〔2006〕8 号），随后，国务院颁发《关于保险业改革发展的若干意见》（国发〔2006〕23 号）。但是这些法规中并没有涉及具体的税收政策。继 2007 年下发《关于加快发展服务业的若干意见》后，国务院又于 2008 年出台了《关于加快发展服务业若干政策措施的实施意见》，明确提出要依据国家产业政策完善和细化服务业发展指导目录，从财税等方面进一步完善促进服务业发展政策体系，在服务业领域开展实行综合与分类相结合的个人所得税制度试点。为贯彻落实国务院关于加快发展服务业的有关精神，中国人民银行、中国银监会、中国证监会、中国保监会联合下发了《关于金融支持服务业加快发展的若干意见》，要求推进保险业综合经营试点，支持保险机构投资医疗机构，探索保险机构参与新型农村合作医疗管理的有效方式，加快发展健康保险，完善商业养老保险税收政策，发挥商业保险在完善多层次社会保障体系中的作用。此后，《中华人民共和国国民经济和社会发展第十二个五年规划》提出要营造有利于服务业发展的政策和体制环境，结合增值税改革，完善生产性服务业税收制度。这才构架了税收政策在发展健康保险业和现代服务业之间的桥梁和纽带。但是，迄今为止，与《国务院办公厅关于促进物流业健康发展政策措施的意见》（国办发［2011］38号）中明确提出了促进物流业健康发展的税收政策措施相比，国家还没有出台专门针对促进健康保险业发展的税收政策。由此可见，为优化健康保险服务业发展环境，建立适应中国国情的健康保险发展模式，有必要像支持物流业发展那样，进一步完善促进同为现代服务业的健康保险服务业发展的税收政策措施。

（四）中国模式与国际经验之间税收应怎么取舍

从国际经验看，不少国家都把税收优惠看作是促进健康保险发展的重要手段，并针对不同类型健康险供方实施不同的激励措施，对鼓励发展的健康险业务免征营业税和所得税，对购买商业健康保险的单位在一定限额内允许税前列入成本，对个人则免缴其购买健康险部分的个人所得税，这在一定程度上提高了健康保险的覆盖面，吸引了更多的人参加健康保险，从而促进了健康保险的繁荣发展。但是，世界各国的国情及其所处的发展阶段不尽相同，各国政府所选择并实施的税收措施也有差别。不仅如此，一些税收优惠政策也带来了不少负面效应，不仅影响了劳动力的配置，也加速了医疗支出的攀升，扭曲了保险市场结构，因而，不少国家在理论上对税收优惠产生了一些质疑，在实践中弱化了购买商业健康险的税收减免政策。由此可见，税收优惠是促进商业健康保险发展的必要条件，但并不存在各国都适用的税收优惠政策。一个国家促进商业健康保险发展的税收政策取决于其政治、经济、社会以及各国的历史文化传统和特殊国情等多种因素，没有统一而又绝对的模式和标准，也不宜以国外经验作为我国现阶段促进商业健康保险发展的税收选择，因为国外经验数据未必是该国当时历史条件下的最优选择，照搬过来也不一定符合我国实际,只能作为制定政策的参考,而不能作为决策依据。应当看到,目前我国已经给予了商业健康保险一定的税收优惠政策,比如健康保险业务经保险公司申请可以免征营业税,企业购买补充医疗保险费在工资总额 4% 以内的部分可直接列入成本,不再经同级财政核准等,这些带有中国模式的税收优惠措施在很大程度上促进了健康保险业的发展。但是中国健康保险正处于一个大发展的历史机遇时期,仍然需要进一步得到税收政策支持。所以,应在充分吸收和借鉴国外经验的基础上,尽快探索适合我国国情的商业健康保险税收优惠模式和政策框架,不断加强税收政策支持力度,为商业健康保险服务业大发展提供理想的税制环境。

二、进一步推动商业健康保险发展的税收政策建议

"十二五"时期,是我国推进保险业结构优化升级、商业健康保险加快发展的关键时期。作为全球最重要的新兴保险大国,我国商业健康保险将进入一个较快发展与矛盾凸显并存的新阶段,预计到 2015 年全国保险保费收入争取达到 3 万亿元,商业健康保费收入预计将会达到 4500 亿元左右,届时商业健康保险必将成为国家金融体系和社会保障体系的重要组成部分,必将成为现代保险服务业的重要支柱,在服务我国经济社会发展和保障改善民生中发挥的作用越来越重要。

为积极推进商业健康保险由外延式发展向内涵式发展的战略转型,当务之急是要紧密结合我国社会经济与保险业的发展情况,研究完善商业健康保险发展的税收政策。研究完善商业健康保险发展的税收政策,首先要立足于国家税收制度的严肃性和完整性,在现行税收法律法规框架内保持税收制度总体稳定的基础上作必要的修改和补充,而不宜对现行税法和规定造成冲击。可考虑将保险税制改革纳入国家税制改革总体框架中进行统一规划,把保险业作为税制改革的创新行业和试点行业,提出相关税收政策的框架、类型、方式和力度。其次,要考虑商业健康保险自身的特性和发展需要,科学借鉴国外商业健康保险业税收政策支持的成功经验,兼顾总体税收政策取向和商业健康保险发展的客观要求,对于现行税收政策体系没有覆盖到的商业健康保险,应探讨适合国情实际和行业特点选择最理想的税收支持办法,逐步建立和完善适合国情的商业健康保险税收政策支持体系,充分发挥税收对商业

健康保险发展的宏观调控和政策导向功能。最后，要参照国际惯例与中国国情，按照公平与效率兼顾原则，不断优化税负结构，全面规范税收优惠，实施有差别的税收措施，营造一个有利于公平竞争的税制环境，以实现健康保险与国内其保险乃至其他金融服务之间的税负公平，以促进健康保险市场的差异化竞争，优化健康保险发展的市场结构、产品结构、业务结构和区域结构，进而使健康保险在保险业乃至整个金融服务业中形成具有特色的比较优势。

基于上述考虑，在落实好现行各项税收政策措施的基础上，可结合我国"十二五"税制改革和商业健康保险的具体特点，根据"实行有利于科学发展的税收制度"的总体部署，在积极稳妥推进国家整体税制改革的同时，按照"细化税目，差别税率，优化税基，协调税种，公平税负，规范优惠"的原则，细化税制设计，优化税收手段，充实政策内容，建立健全商业健康保险税收政策激励机制，营造一个有利于各类保险企业公平竞争的税制环境，充分发挥税收功能与保险功能良性互动的协同效应，引导人们将储蓄转化为商业健康保险，激励保险消费者、保险企业和保险投资者提高服务效率和水平，着力推进商业健康保险发展、提升商业健康保险服务水平，以期达到既促进保险企业机制创新、健康保险市场发展壮大，又能拉动健康保险需求、增强保险市场信心的目的。为此，笔者提出以下建议：

（一）可以考虑在健康保险方面争取进行相关税收改革试点，积极探索有利于保险服务科学发展的税收制度和政策体系

应抓住国家关于营业税改征增值税试点和开展服务业综合改革试点的大好机遇，对符合满足人民群众健康需要、符合宏观调控总体方向、符合国家税收政策框架体系的税收政策，可考虑在健康保险业争取先行试点，最大程度发挥税收政策促进商业健康保险发展的职能作用。一是可考虑将商业健康保险纳入国家服务业综合改革试点规划之内，通过试验区先行先试的优惠政策释放商业健康保险服务业发展潜力。《国家发展改革委关于开展服务业综合改革试点工作的通知》（发改产业〔2010〕116号）完善服务业政策措施。按照7号文和11号文中政策措施支持取向，鼓励试点区域积极探索，先行先试。建议保监会会同国家发展改革委等有关部门和地区，按照市场化、产业化、社会化、国际化方向，适应人民群众消费升级需要，在试点地区打造专

业化水平高、服务功能强、辐射范围广的国家或区域商业健康保险服务业中心，积极探索发展商业健康保险服务业的税收政策措施，发挥试验区示范带动效应，释放商业健康保险服务业发展潜力，培育新的经济增长点。二是可考虑将将商业健康保险服务业纳入营业税改征增值税试点范围之内。我国现行增值税和营业税并存的税制安排，使得货物和不同的服务分别适用增值税和营业税，适用不同的税收政策，割裂了增值税的链条机制，产生了比较严重的重复征税问题，主要表现在三个方面：一是保险公司从增值税纳税人购入的货物，其所含的增值税不能得到抵扣；二是增值税纳税人从保险公司购入的各种服务，其所含的营业税不能得到抵扣；三是保险公司和营业税纳税人之间相互提供各种服务，不能得到营业税的抵扣。要解决重复征税问题，就要将增值税的征税范围覆盖所有货物和服务。目前国家已经颁布了《营业税改征增值税试点方案》（财税〔2011〕110号）和《关于在上海市开展交通运输业和部分现代服务业营业税改征增值税试点的通知》（财税〔2011〕111号），金融保险业和生活性服务业，原则上适用增值税简易计税方法，增值税征收率为3%。因此，有必要抓住国家推进增值税扩范围改革的有利时机，将商业健康保险服务业纳入营业税改征增值税行业试点改革范围之内。这样，保险行业营业税5%的税率就降为2%的增值税率。

（二）比照促进物流业健康发展的税收政策，研究提出促进健康保险服务业发展的税收优惠措施

比照《国务院办公厅关于促进物流业健康发展政策措施的意见》（国办发〔2011〕38号）研究提出促进健康保险服务业发展的有关政策措施，根据保险业的产业特点和商业健康保险发展要求，应尽快组织力量研究有利于健康保险服务业发展的税收政策措施。对照《中国保险业发展"十二五"规划纲要》的通知（保监发〔2011〕47号），当前及今后一个时期亟须研究的有关涉及健康保险发展的税收政策措施主要包括：研究提出鼓励发展健康专业保险公司特别是鼓励区域性保险公司健康发展的税收支持政策，研究关于规范发展相互保险组织和鼓励试点设立自保公司的税收措施，研究开展农民健康保险病为农民生产生活提供风险保障的税收优惠措施，研究专业保险公司运用股权投资、战略合作等多种方式参与公立医院改制和设立医疗机构的税收政策，研究推动研究保险资金参与医药卫生体制改革等税收支持政策，研

究涉及开发各类补充医疗、疾病保险和失能收入损失保险等产品以及适应老年人需要的护理保险的税收政策，研究提出推进健康保险与健康管理相结合为人民提供丰富多样的健康保障服务的税收措施，研究提出鼓励具备条件的专业保险公司"走出去"开拓国际市场的税收政策，研究完善支持国有保险公司重组改制上市的相关税收政策，进一步研究完善保险营销员的相关税收政策，研究探索设立专业化保险资产管理机构满足创新业务和另类投资需要的税收政策，研究完善涉及保险企业薪酬体制和经营管理人员特别是高管人员收入的税收政策，探究有利于高层次人才、行业领军人才和专家型监管人才流动与成长的税收政策。

（三）研究根据不同险种细化税目设置，实施保险业差别税率的政策措施

保险服务业涉及领域、行业较广，不宜笼统地规定对保险服务业税收优惠。而且不同的险种有着不同的风险成本和利润空间。一般来说，我国目前财险的收益率要高于寿险，寿险和人身意外伤害险在生命表和丰富的经验数据的支持下收益率要高于健康保险，而且较商业健康保险更稳定。相比而言，商业健康保险不仅保费收入不稳定，而且理赔管理的操作频次和成本比较高，利润空间相对较小，因此，健康保险在短期内不会成为经营人身险的保险公司的主要业务。但是，随着人们健康保障需求的不断丰富，差异化、多元化的健康保险产品将不断推出，包括商业医疗保险、健康基金计划、牙科保险、重大疾病保险、收入损失保险等健康保险产品体系将逐步完善。这就需要根据不同险种的性质，按照区别对待的原则，对不同保险产品细化税目并实施差异化的税收政策，对一些政策性强、非营利性的险种应减免税，对利润水平低或者对社会稳定有重要作用的险种规定较低的税率，对赔付率低、利润相对较高的险种适用较高的税率，对商业健康保险实施更加优惠的税收措施，在商业健康保险中对限制植入的险种应采用较高的税率，对需要扶持发展和国内承保能力不足、对市场需求大的险种则适当降低税率，既充分体现了国家的产业政策导向，也平衡财产险、人寿险与健康险之间的税收负担。因此，根据不同类型保险公司的竞争能力，综合考虑不同保险产品的属性、不同地区的保险需求制定合法合理的差别税率和税收优惠、在逐步规范保险行业税收制度的基础上，通过税收激励和引导人民群众和企业积极参加商业健康保险，大力推动保险市场主体结构、区域布局、业务结构优化升级，促进市场

竞争从同质化向差异化转变，积极推进保险业由外延式发展向内涵式发展战略转型。

（四）优化商业健康保险的税基，研究完善营业税、企业所得税和个人所得税政策

一是优化营业税税基。我国的营业税是以总保费收入计税，而保费收入中有一部分并不是保险公司的收入，而是对投保人的负债，过宽的营业税税基加重了保险企业的税负。要根据保险市场的竞争状况、市场结构的变化以及保费的市场化程度，按差额来征收营业税及其附加，可考虑在现有免税规定之外，以保险机构取得的全部保费收入扣除已决定赔款部分作为营业税应税保费，当发生储金返还和退费时，则由保险公司作为扣缴义务人扣缴有关税款。调整优化营业税税基要严格按照《保险企业会计制度》中规定的三个条件确认保费收入，即：保险合同成立并承担相应保险责任；与保险合同相关的经济利益能够流入公司；与保险合同相关的收入能够可靠地计量。追偿款收入也不应作为税基，因为它在保险公司已付赔款限度内，实质上是保险公司赔款额的抵减额，并非保险公司的收入，故也不构成保险公司应税额。保险公司给予客户的无赔款优待应抵减营业额，因为保险公司给予客户的无赔款优待实质上相当于少收了保费，仍以原保费为基础计征营业税有违公平。此外，还要根据税法要求进一步完善商业健康保险营销员营业税及其附加的税收措施。二是优化企业所得税税基，调整准备金计提标准和优化所得税扣除项目。包括：提高呆账准备金税前扣除比例，简化纳税调整方法。从长远来看，建议参考国际惯例，允许商业银行按照预计损失在税前足额计提准备；同时应简化呆账准备纳税调整方式，允许呆账损失直接在税前扣除，收回已核销的呆账直接增加当期应纳税所得额，不再增加呆账准备；修订呆账损失税前扣除办法。允许应纳税年度的合同项下的赔款支出（符合规定条件的留存保险准备金、营业损失、其他赔偿责任人支付的赔偿金等项目据实予以扣除），尤其是对保险保障基金、健康保险准备金的提取进行严格的规定。在各种准备金合理提取的基础上，对应纳税年度的赔款支出（包括已决未付款项）、符合规定条件的留存保险准备金、营业损失，针对其他赔偿责任人支付的赔偿金等项目据实予以扣除，有目的性地培育税源，让保险业可持续发展。对于大病医疗统筹的保费以及企业补充养老保险的保费，允许企业作为

费用在所得税前扣除，并适当放宽扣除的比例和限额，从而刺激企业的保险需求。三是优化个人所得税税基。研究完善个人使用基本医疗保险个人账户余额支付购买商业健康保险的个人所得税优惠政策，使个人账户资金在医疗保障的范围内得到最大程度的利用；研究完善居民个人购买商业健康保险的保费支出从个人所得税应纳税所得额中扣除的政策；研究完善商业健康保险营销员的展业成本及其佣金收入的个人所得税优惠政策。

第七章　以科学发展为主题推进税收管理创新

税收是强调可行性的学问。一种不可管理的税制是没有多少价值的。理论上最完美的税制如果所表示的意图在实践中被歪曲，就可能变成蹩脚的税制。

——维托·坦齐（国际货币基金组织的财政事务部主任）

税收制度是税收管理的行为准则和规范。税制改革和税收管理变革密不可分，即使是设计再完美的税收制度，如果没有强有力的税收管理做后盾，那也不过是一纸空文而已。从实践看，每次重大的税制改革和税收调整都伴随着税收管理的变革和创新。构建有利于科学发展的税收制度需要的不仅仅是对税制改革的顶层设计，也不仅仅是税收政策的不断创新，更需要的是税收管理的创新。税收管理创新，主要是指通过不断转变管理职能、改进工作方式、优化运行机制和改善技术手段而提高税收管理的效率、效益、效果的创造性活动。税收管理创新涵盖了税收管理理论、税收管理体制、税收管理组织、税收征收管理和税收管理手段等不同层次的创新。

第一节　积极推进税收管理理论创新

理论创新是社会发展和变革的先导。税收管理理论创新是加强税收管理的前提。改革开放以来，相对此起彼伏的税制改革和蓬勃发展的税收管理实践来说，我国对税收管理理论研究不够重视，税收管理理论创新远远落后于税改革与发展的实践。迄今为止，对税收管理、税政管理和税收征管的理解和表述非常多，绝大多数教科书和一些税收专家的理论往往把税收管理等同于税收征管，具体来说就是税款的征收管理。至于税政管理是个什么概念，经查阅文献实在看不到一个完整的描述。正是由于缺乏对税收管理的基本规范，使得我国税收管理的理论自信不足，难以为进一步加强税收管理提供必要的智力支撑，也很难为有利于科学发展的税收制度提供管理保障。所以，积极推进税收管理理论创新势在必行。

一、重新界定税收管理的基本规范

（一）税收制度

税收制度是国家以法律或法令形式确定的各种课税办法的总和，是国家财政制度的重要内容，也是国家经济制度的重要组成部分。国家税收制度的确立要根据本国具体的政治经济社会条件而定，由于具体的政治经济社会条件不同，世界各国的税收制度也不尽相同，具体征税办法也千差万别。税收制度一经确立就应在一定的时期内保持相对稳定，但绝非是一成不变，因为一国的税收制度总是随着社会经济的发展而变化的。这不仅因为税收制度的发展变化必须与社会经济环境相适应，而且这种变化同时必须驱使税收制度更加完善。

（二）税收政策

税收政策是国家为实现特定时期的宏观调控目标，在基本税收制度缺乏相应规定或规定不明确时，为充分发挥税收职能作用而制定的税收工作的指导方针及相应的税收措施。在市场经济条件下，税收政策是政府对宏观经济进行管理和调控的重要手段，其政策目标主要包括平衡总供给与总需求、调整经济结构、稳定经济增长和调节收入分配四个方面。与其他任何一种经济调控手段一样，税收政策也是通过市场价格和竞争机制的传导来发挥其作用的，税收政策的有效实施要求有完善的制度环境做基础。

（三）税收管理

税收管理是指国家及其税收管理部门依据税收分配活动的特点及其客观经济规律，依据国家法律法规，对税收参与国民收入分配的全过程进行决策、组织、协调和监督，以保证税收职能作用得以发挥实现的一种管理活动，是整个国民经济管理活动的重要组成部分。一定时期、一定条件下的税收管理，是由一国的财政体制属性和税收制度及税收政策导向所决定的。税收管理分宏观的税收管理与微观的税收管理，宏观的税收管理是税收政策的管理，也称税政管理，微观的税收管理是指税款的征收管理，也称税收征管。

（四）正确认识税收管理与税收制度、税收政策的关系

税收制度从法律上和程序上对税收政策的内容加以规范，是税收政策发挥作用的载体。而税收政策则是在税收制度的框架内着力解决税收具体问题的指导准则，是确保税收制度有效运行的表现形式。税收制度侧重国家税收的制度建设，是税收政策的总体规范，对税收政策起统领和支架作用。而税收政策是税收制度的具体表现，对税收制度起诠释和补充作用。税收制度和税收政策也不是绝对不变的，经过实践检验、比较成熟和稳定、对全局具有重大影响以及能够在长时间内发挥作用的税收政策可以通过法律的形式上升为税收制度。

税收制度是国家制度的重要内容，是进行税收管理的基本规范和行为准则，是国家制度建立、完善的重要支柱，在税收管理中具有十分重要的地位。税收制度是在高度总结税收管理实践的基础上以法律的形式规定的一系列行为准则。而税收管理是国家对财政分配过程进行组织、指挥、协调、控制等一系列活动的总称。由基本含义可以看出，税收管理是政府的一种活动，而税收制度是对税收活动的制约和规范。因此，税收制度是税收管理的行为准则和规范，建立和完善税收制度成为税收管理的一个经常性工作和重要内容。

税收政策是国家进行宏观调控的工具，税收管理是确保政策落实并发挥效应的重要条件。税收管理的主要目标也是国家宏观调控的主要目标，加强税收管理势必会提高税收政策执行的效率，减少成本，增强税收政策的积极效应。不难设想，在税收管理十分混乱的情况下，国家的税收职能不能得以正常、有效的履行，税收政策的效应也不能得以积极、有效的发挥。税收管理是税收如何最佳地配置资源的问题。而税收政策则是税收对于宏观经济的作用问题。

二、积极推进税政管理理论创新

所谓税政管理，顾名思义就是税收政策的管理，是指税收法律、法规和政策从制定到实施全过程的控制、监督和调整，实现相互制约、相互协调的税收管理方式。税政管理是国家财政管理的重要组成部分，也是财政工作的

重要职能。这些年来，我国的税政管理基本上都是在理论准备不足的情况下进行的，未能从理论上对税政管理改革目标体系进行深入系统的研究，有必要在科学把握税政管理的本质等基本理论问题的基础上，形成税政管理的理论框架，并对今后的税政管理给予理论指导。

（一）税政管理是公共财政的第一支柱

如果说财政是庶政之母，那么税政则是财政之根，在服务国家改革、发展和稳定全局中发挥着支柱性的作用。从公共财政活动的全过程看，先有财政收入，后有财政支出，税收是国家财政收入的重要来源，以税收为主要内容的税政管理则是公共财政运行全过程的开始阶段，也是具有决定性意义的阶段。没有科学有效的税政管理作保证，公共财政支出也就成了无源之水、无本之木，国家的职能更是无从谈起。从这个意义上说，税政管理是公共财政的第一支柱，是整个财政工作的重要组成部分。正如马克思所说："废除捐税的背后就是废除国家。"

（二）税政管理是市场经济的调控手段

健全的市场机制和有效的宏观调控都是社会主义市场经济体制不可或缺的重要组成部分。税收政策是财政政策的间接调控的重要手段，而且，税收本身的特点及税收调控的特点与方式表明，无论是维护市场的高效运转还是解决深层次的经济问题都有较大的作用空间。税政管理是税收政策的管理，在处理各级政府之间、政府与纳税人之间的税收关系时，通过建立科学合理的税收制度，实行规范有效的税收政策，正确有效地调节国民收入再分配，促进生产要素的流动，引导资源的优化配置，扩大社会就业，推动经济持续健康的增长，从制度上保障了市场在资源配置中基础性作用的更好发挥。

（三）税政管理是和谐社会的制度基石

社会和谐是中国特色社会主义的本质属性，与国家富强、民族振兴、人民幸福息息相关。构建民主法治、公平正义、诚信友爱、充满活力、安定有序、人与自然和谐相处的社会，税政管理极其重要，不仅需要通过税政管理提供物质支撑力量，更加需要从全局和整体层面来设计一套好的税收制度安排，既要立足当前优化税收政策、调节社会利益均衡和经济稳定发展、着力解决影响社会和谐的税收矛盾和问题，又要着眼长远根据建设和谐社会的内在要求积极地推进税制改革，加紧建设对保障社会公平正义具有重大作用的税收制度，通过制度的基础性作用来调节矛盾和冲突，减低社会运行的交易成本，最大限度地激发社会创造活力，最大限度地增加和谐因素，减少不和谐因素。

（四）税政管理是依法治国的有力武器

《管子》曰："法者，天下之程式也，万世之表也。"依法治国是党领导人民群众治理国家、管理社会的基本方略，应在国家治理的各个环节不折不扣地贯彻落实，税政管理概莫能外。正如拿破仑一世所说："如果没有法律依据，一分钱都不能筹集。"为了使国家税政管理的各项工作逐步走上法制化和规范化，无论是提出税种增减、税目税率调整以及减免税等建议，还是起草税收法律、行政法规草案及实施细则和税收政策调整方案，都要坚持依法行政、依法治税，通过科学严密的税收立法，严格规范的税收执法和公正高效的税收司法，完善中国特色社会主义税收法律体系，维护社会主义税法的统一、尊严、权威，使税政管理工作逐步转向法治导向型的全面转轨。

（五）税政管理是国家权益的坚实保障

强大而稳固的税收收入不仅是国家财政的物质基础，也是国家安全的坚实保障。由于税收管辖权是国家主权的组成部分，是国家权益的重要体现，所以在对外开放和交往中，税收还具有维护国家权益的重要作用。当今世界，国际金融危机负面效应正在加速从经济向社会政治领域蔓延，各国内部长期积聚的矛盾骤然"被激活"，致使全球社会政治风潮此起彼伏、乱象丛生。发达资本主义国家陷入制度性困境，企图向中国及新兴国家转嫁危机。我国海外利益和国家权益在大幅拓展的同时，外部环境充满不确定性，化解风险挑战，税政管理显得更为重要。无论与各国进行税收谈判、签订避免双重征税协定，还是对进口商品征收进口关税、对出口产品征收出口关税和实行出口退税制度，都是维护国家权益的重要保障。

税政管理历来是国家兴衰存亡的一个带有根本性的问题。十一届全国人大审议通过的《国务院机构改革方案》提出"财政部要改革完善预算和税政管理"，将税政管理纳入财政职责，体现了税收政策制定与税收征管相分离的决策精神。从世界各国来看，税政管理在国家治理中发挥了不可替代的作用，是国家治理这个大系统中一个具有生财功能的"造血系统"，既是国家治理的重要机制，也是实现良好治理的可靠保证。要始终以科学发展观为衡量税政管理的试金石，把税政管理放到与税收征管同样重要的地位，将科学发展观贯穿到每一个税政管理的制度建设和政策调整之中，用面向世界的眼光来认识税政管理，用服务全局的眼光来谋划税政管理，用历史进步的眼光来研究税政管理，用创新发展的眼光来推进税政管理，要准确把握税政管理的科学定位，认真研究解决当前税政管理的突出矛盾和问题，不断更新税政管理理念，全面创新税政管理制度，稳步完善税政管理机制，努力做到依法理财、科学管理、规范行政、提升效能、社会满意。

三、积极推进税收征管理论创新

所谓税收征管，顾名思义就是税收征收管理，是税务机关、财政机关和海关代表国家行使征税权，指导纳税人正确履行纳税义务，对日常税收活动进行有计划地组织、管理、监督、检查的一项制度。主要内容有：税法宣传、税源管理、税务登记、纳税申报、纳税服务、证照管理、税款征收、税款入库和税务检查等。要圆满地实现税收筹集资金、调节经济的职能作用，必须建立科学的税收征管制度并有效实施。税收征管的对象是国家与纳税人之间税收征纳关系的形成过程，也就是税款及时足额纳入国库的过程。如果从法律的角度将税收管理活动分为立法、执法和司法三个环节的话，税收征管一般只涉及执法这一环节。但这也是整个税收管理活动的中心环节。税收征管的核心功能包括："为纳税人的注册提供服务，纳税申报或者估税，税收收入的计算，税款拖欠的管理，税务稽查，税法的强制执行，对纳税人申诉或抗议的处理。这些税收征管的核心功能'至少从圣经年代起，基本上就没有改变过'。尽管税收征管的具体技术一直都在不断变化，但是，这只是从政府制定税法到为公共财政筹集资金的过程中所必需的标准步骤。"①

税收征管理论创新是税收征管工作中创新实践的概括描述，也是创新理论在税收征管理论和实践中的运用。推进税收征管的理论创新，要转换传统的理论视野和研究方法，研究借鉴当代税收征管领域的先进思想和优秀文化，总结提炼我国税收征管实践的成功经验，并进行系统化、理论化的创新。

① 约翰·L. 米克塞尔：《公共财政管理：分析与应用》，中国人民大学出版社2005年版。

（一）将税收契约理念引入税收征管实践

市场经济条件下政府与纳税人之间有一种天生的"契约"关系，纳税人与政府之间税收契约的签署而形成税法，纳税人依法支付公共产品的价格，在税收征纳双方之间存在着的契约平等关系。纳税人是在为自己纳税，作为税收契约关系中一方的纳税人，税收是公共产品的价格，缴纳税收是为了换取政府提供的公共产品，而税务机关向纳税人提供纳税服务，给予纳税人激励以及保护纳税人权利也是一种公共产品，纳税人有权予以索取。① 因此，要以契约精神为支点和核心，反思和修正我国传统的税收征纳关系，建立起公平、秩序、民主、和谐的新型税收征纳关系。纳税人基于对国家税法价值的认同以及对成本和收益的权衡而表现出的主动遵守服从税法，自觉履行纳税义务。

（二）将风险管理理念引入税收征管实践

现代管理学认为，风险是对组织目标实现产生消极影响的不确定性。税收风险管理是近年来世界各国税收征管理论创新的结晶，其目的是将现代风险管理理论引入税收征管工作，最大限度地防止税款流失并降低征税成本。借鉴风险管理理论，积极探索在税收征管中引入风险管理理念，寻找和识别管理风险点，对有限的征管资源进行重新整合，并将其优先用于风险大的纳税人，对不同类型纳税人的不同风险采取不同的风险应对策略，建立健全科学、严密、有效的税收风险管理体系，对潜在的税收风险进行确认并实施有效的控制，变事后处理为事前、事中的预警控制，科学地监测和有效地防范、化解税收风险，可以实现税收管理效能的最大化，不断提高税收管理的水平和质量。

（三）将公共服务理念引入税收征管实践

20 世纪 90 年代以来，在以美国著名公共行政学家罗伯特·B. 登哈特为代表的公共管理学者提出的"新公共服务"理论的引导下，西方各国政府由传统的"管理主义"公共行政模式向"以公民为中心"的治理系统进行转变，各国的税收征管实践也向服务主导型转变。② 纳税服务作为近年来世界

---

① 张文煜：《浅谈现代税收管理理念》，《商场现代化》2012 年 7 月（下旬刊）。
② 陈意琛、刘济勇：《我国税收征管现状及"大征管体系"的构建》，《地方财政研究》2012 年第 8 期。

各国现代税收征管发展的新战略，已成为衡量一个国家税收征管水平的重要指标。充分发挥纳税服务在税收管理中基础性作用就是以纳税人为中心，坚持从了解纳税人需求入手，综合分析权益性需求和义务性需求、大众化需求和个性化需求，给每一位纳税人提供全方位、高水平、低成本的服务，最大限度地保护纳税人的合法权益。

第二节 加快推进税收管理体制创新

税收管理体制是以合理划分中央与地方税收立法权、税收政策管理权、税收收入支配权等为主要内容的管理制度，以及这些税收管理权限在中央与地方政府间的划分规范。我国是一个统一、多民族、发展中的社会主义市场经济国家，1994 年建立以分税制为基础的税收管理体制，带有显著的制度创新性质，基本适应了市场经济体制基本框架的要求，在实践运行中发挥了较明显的积极效应，但是仍然存在着一些需要解决的问题，有些问题表现得还较为突出。不仅如此，实行营业税改征增值税试点改革、房地产税改革、开征环境税及社会保障税不可避免地也会触及税收管理体制问题。因此，从经济社会发展的战略高度进一步推进税收管理体制创新，并使之向着规范化、制度化和科学化的道路前进，真正建成符合社会主义市场经济的规范的分税制财政管理体制，进而巩固党的执政基础和实现国家的长治久安。

推进税收管理体制创新，核心就是政府间税权配置的问题，其中重点包括税收立法权、税收征管权、税收归属权三个方面。从我国的政治体制和经济管理体制来看，应当实行集权为主、适当分权的税收管理体制。之所以集权为主是因为：没有财政税政的统一就没有国家政权的统一，必须在维护中央政令畅通、保证国家政策的统一性和整体性；中央要有足够的管理权限控制税收分配秩序，协调税收分配关系，实现社会的稳定发展；要集中大部分或绝大部分财力，保证全国经济的平衡、稳定发展。之所以适当分权，是因为我国各地情况差别悬殊，受多种因素制约，非常复杂；提供公共产品需要相应的财力，而国家可适当下放税收权限，由地方决定一部分公共产品所需财力的筹集；利用部分税权，调整地区间发展的不平衡。

一、在划分各级政府事权的基础上将税收管理体制正式立法

事权的合理划分是税收管理体制创新的前提。应按照成本效率、受益范围等原则，明确划分中央、省和市县各级政府的事权和支出范围。全国性公共产品、与国家经济社会发展关系重大的事务由中央政府负责，区域性和地方性较强的公共产品主要由各级地方政府负责，跨区域的公共产品由中央和地方各级政府共同承担。对一些责任应由中央政府或全部层级政府负担，但从效率来考虑要求下级政府具体承担的事权，需要上级政府将资金划拨到承担具体事务的下级政府。与此同时，应将税收管理体制正式立法，使之具有较高的法律形式，以体现其严肃性、统一性。税收管理体制建立并正式立法后，中央和地方税收管理权限因政治、经济、区划、自然等因素发生变化时，需要调整权限的范围，或因临时性原因需要进行体制的调整时，也应通过严格的法定程序进行。不能因时间紧或者其他的借口，以行政法规或其他的形式来代替法律，杜绝地方非法税收竞争，消除地区间税收壁垒。

二、优化税收立法权，在确保中央高度集中的前提下赋予省级政府适度的立法权

中央税的税收立法权完全集中在中央，包括税种开征、停征权，税目、税率调整权，税收减免权等，地方不得干预违背，以保障全国统一大市场的建设和资源的自由流动，维护税收法制统一、税权和政令统一；共享税以及在全国范围内普遍开征并对生产要素的自由流动有较大影响的地方税种，其税收立法权基本集中在中央，但对于中央设定幅度税率的，地方可以在规定的幅度内，自行选择适用税率。对全国范围内普遍开征但对生产要素的自由流动影响较小的地方主要税种，可由中央制定基本的税收法律或暂行条例，就征收范围、税率幅度、计税依据、减免税原则作出统一规定，地方可在法律、法规规定的框架下，制定具体的实施细则，自行选择适用税率、明确减免税范围和标准等。对各地税源差异较大而不宜在全国普遍征收的税种（或税目），可在保证国家宏观经济社会政策政令畅通，不挤占中央税、共享税税源，不影响周边地区经济利益的前提下，允许地方通过立法程序开征，并报中央批准，立法开征地区性税种，或可由中央立法，地方自行决定是否开

征，或在中央已有税种的基础上，地方经合法程序增设新的税目，从而在一定范围内体现地方税收立法的相对灵活性，更好地适应地方因地制宜配置财政资源的要求。地方税收立法权仅下放至省、自治区、直辖市和省、自治区政府所在地的市及国务院批准的较大城市，不能层层下放。同时，中央对地方税收立法具有"课税否决权"，从而有效实施对地方行使税收立法权限的约束。

三、完善税收政策管理权，赋予地方适当的税政管理权

全国人大及其常委会统一负责税收法律规定的解释权、税种开征停征权、税目税率调整权、减免税权等税收政策管理权，国务院负责制定税收法律的实施条例、政策解释和相关税收政策的调整完善。对尚未制定法律的中央税、中央地方共享税，以及在全国范围内开征并需要统一政策的地方税，由国务院及其财税主管部门负责制定税收行政法规、实施细则以及有关税种的开征停征权、税目税率调整权、减免税等税收政策管理权。对全国统一开征，但税基不易流动，且对宏观经济影响较少以及涉及维护地方基础设施建设的税种，由省、自治区、直辖市人民政府依据相关税种的基本法规，负责制订实施办法、政策解释、税目税率调整、税收减免等税收管理权。对不需要全国统一开征、税源零散、纳税环节不易掌握以及具有明显地域特征的地方税，在保证国家宏观经济政策政令畅通，不挤占中央税、中央地方共享税税源，不影响周边地区经济利益的前提下，由省、自治区、直辖市负责制定税收基本法规，并统一负责相关税种的政策管理权，报国家立法机关或国务院备案。

四、规范税收收入支配权，重构中央税、地方税以及中央地方共享税体系

按照中央与地方事权与支出范围划分税收收入，直接关系到各级政府的财政利益，也是确保税收管理体制有效运行的核心内容。它既要充分兼顾中央与地方的既得利益，满足各级政府提供公共产品的需要，还有赖于税收制度完善以及政府非税收入的规范，因此，确定各级地方政府的主体税种，重新构建中央税、地方税以及中央地方共享税体系，是一项十分复杂的系统工程。中央税应包括关税、消费税、船舶吨税、证券交易税等涉及有利于加强宏观经济以及建立统一市场的税种。房地产税、车船税等税基不易流动，且

对宏观经济影响较少以及涉及维护地方基础设施建设的税种，理应作为地方税；与此同时，城乡维护建设税、文化教育税、环境保护税因与地方经济发展关系密切，其收入基本归地方，以培育地方支柱财源，从而尽可能增加地方本级收入。中央地方共享税应包括增值税、所得税、资源税等收入能力较强、有助于改变区域间生产要素分布不均和推动区域经济协调发展的税种。社会保障税和遗产税与赠与税尽管收入规模不大，但政策、政治、社会功效十分明显，不宜作为地方税，而应作为中央税。为兼顾中央与地方利益，确保中央和地方财权与事权的相对统一，中央税收与地方税收的比重以55∶45左右为宜，并将中央税收的10%作为转移支付资金。这种量的关系一旦确定，原则上不应变动，以规范中央与地方的收入支配权。

第三节　稳步推进税收管理组织创新

对于一个国家而言，税收管理的主体并不是单一的个体，它是由承担不同职能以及不同层次的机构、组织所形成的一个网络体系。从横向角度来看，既有税收立法、执法、司法管理部门之间的职能分工，又有税收立法、执法、司法管理各个部门内部的职能分工。从纵向的角度来看，还涉及税收立法、执法、司法管理权限在中央和地方之间的划分和配置，由此形成了横向、纵向相结合，多部门、多层次的税收管理组织体系。首先，我国相关法律法规赋予并明确了全国人大及其常务委员会、国务院、最高人民法院、最高人民检察院等在税收管理中应当承担的职责，形成了税收立法、行政、司法管理体系。其次，在国务院内部财政部、国家税务总局、海关总署等部门具体承担了税收行政执法管理的相应职责，财政部和国家税务总局共同承担着研究制定税收政策、税法草案等职责，国家税务总局为国务院主管税收工作的直属机构承担国家税收征收管理的重要职责，海关部门承担着关税、进口代征增值税的征收管理职责。再次，根据实施分税制的要求，我国形成了国家税务局和地方税务局两套税务系统，分别负责相关税种的征收管理，国家税务局和地方税务局基本按照行政区域来设置，国家税务总局对全国国税系统实行垂直管理，协同省级人民政府对省级地方税务局实行双重领导。上述税收管理组织体系对国家税收制度和税收政策的贯彻落实、税收职能和作用的有效发挥起到了举足轻重的作用。

目前我国的税收管理组织体系总体上是好的，但在组织体系中税收决策职能与执行职能和监督职能不分的现象比较突出，职能不清、机构交叉、横向扯皮和纵向不顺的问题依然存在，运行成本比较高、组织结构效率低的问题也很突出。一是财税部门之间的立法权划分不够明确和合理。按照2008年的"三定"方案，财政部负责研究提出税种增减，税目、税率调整，减免税等建议，组织起草税收法律、行政法规草案及其实施细则，研究提出税收政策调整方案等。国家税务总局负责具体起草税收法律、法规草案及其实施细则，并与财政部共同上报和下发，制定贯彻落实的措施；负责解释税收法律、法规执行中的征管和一般性税政问题，事后向财政部备案；参与研究宏观经济政策、中央与地方的税权划分，并提出完善分税制的建议等。可以看出，税收立法权应主要归属于财政部门，但税政解释权似在税务部门，但何谓一般性的税政问题有一定的争议，且有的征管规定也是属于重大政策、对纳税人产生重大影响。这种不明确的现状容易产生扯皮推诿现象。二是国税和地税部门之间，征管权限存在交叉现象，各税各征的原则没有充分体现出来。如企业所得税由国税、地税部门分别征管，如何确定征税机关在实际工作中存在不少争议，尤其是在落后地区国、地税部门时常发生争夺税源、纳税人无所适从的现象；城市维护建设税的大部分税基为国税部门征管，地税部门难以有效掌握其税源，容易导致税款流失。三是存在征税权与其他执法权相脱节现象。如国税部门管理增值税发票，地税部门管理营业税发票，但发票的使用在各自管辖税种中却是相互交叉的，难以真正实现"以票控税"。

要从根本上解决这些问题，必须大力推进税收管理组织创新。要按照党的十八大提出"稳步推进大部门制改革，健全部门职责体系"，"创新行政管理方式，提高政府公信力和执行力，推进政府绩效管理"的精神，在国务院财税机构设置和中央与地方政府的对应权利关系中，实行决策权、执行权和监督权既分离又制约的税政管理机制，建设职能科学、结构优化、廉洁高效、人民满意的税收管理组织体系，构建科学、民主、依法决策的税收决策体系，优质、高效、公正执行的税收征管体系，以及公开、透明、有力的税收监督体系，有效解决税政管理决策不科学、执行不到位、监督不得力的问题。具体对策有：

一、建议成立国家税收政策委员会，统揽税政大局，服务改革发展

众所周知，货币政策和财政政策是宏观调控的两大工具，共同构成了宏观经济理论的核心。二者虽各有分工，却相辅相成，只有协调配合，才能形成"组合拳"的威力。自 1997 年《中国人民银行货币政策委员会条例》颁布以来，货币政策委员会就已成为宏观调控中重要的决策咨询议事机构，而财政政策委员会却始终"千呼万唤出不来"，难免有跛足之嫌。目前，我国采用的是人民代表大会制的财政决策机制。全国人民代表大会作为国家最高决策机关，对我国国家的财政预算、税收制度等拥有最终决策权。但人民代表大会每年也只召开一次，很难适应财政政策的灵活性。我国财政政策的制定和执行，具体由财政部来统领，但财政部难以做到综合协调，决策的科学性和民主性也大打折扣。由于缺乏一个核心的权威机构，我国整体财政得不到有效调控，财政效率损失时有发生。应该在国务院下设国家财政政策委员会，即组建一个议事机构，由国务院总理或主管副总理任主席，财政部部长任副主席，中央人民银行行长、国家发改委主任、国家税务总局局长等部委领导和相关财政经济专家等任委员。显然，这种高级别的委员会，不但有利于决策过程中的部门协调，也有利于财政政策的贯彻和执行。在成立国家财政政策委员会的基础上建议组建"国家税收政策委员会"，以加强税收政策决策的科学化民主化。组建中国税收政策委员会有三种方案可供选择：咨询机构、议事机构和协调机构。所谓咨询机构是指选聘出若干方面的专家来组成税收政策咨询委员会，作为财政部的专家咨询机构，主要由财政专家和著名经济学家组成；所谓议事机构就是要在国务院下设（国家）税收政策委员会；所谓协调机构是在已有的货币政策委员会的基础上，与其合并，成立财政货币政策委员会。建议组建一个议事机构——在国务院下设（国家）税收政策委员会，是比较适当的，这样组建的税收政策委员会的级别较高，有利于加强政策决策过程中的部门间协调，能够统揽税政大局，服务改革发展，推进税收决策科学化民主化进程。

二、顺应大部门制改革，完善有利于决策、执行和监督分离的税收管理组织体系

推进税收管理组织创新不能仅仅停留在机构撤并上，而是要在职能整合、流程简化、责任清晰和效率提升上下工夫，通过相关职能及其机构的整合，合理配置和运用决策权、执行权、监督权，形成有利于形成科学合理的税务组织结构和权力运行机制。纵观世界各国税收管理组织的设置与建设，绝大部分国家的税收管理组织设置在财政部内，只有极少数国家的税收管理组织设置在财政部之外。不仅如此，各国财政部门的税收组织机构也有很大的差别，有的内设于财政部司局系列之内，有的是财政部的直属副部级单位，还有的设置在财政部内设相关司或办公室之内。因此，没有一个固定的模式可以照搬，我们只有结合实际国情，顺应大部门制改革，完善有利于决策、执行和监督分离的税收管理组织体系。

自 2008 年第十一届全国人大会一次会议批准的国务院机构改革方案和《国务院关于机构设置的通知》（国发〔2008〕11 号）实施以来，我国税务机关和海关的独立性比较大，除了税收具体征收和管理外，还在制定税收政策，拟定和解释税法以及税收减免、先征后退业务方面发挥着作用，由于种种原因财政部门在税收决策权的作用还是发挥得不够，人大和司法对税收具体征收的监督检查职能也有待加强。今后，要围绕构建有利于科学发展的税收制度的现实需要，积极探索建立税收决策、执行、监督既相互协调又适度分离的组织运行机制，实现税收决策科学、执行顺畅、监督有力。既要在国家的整体层面上构建决策、执行、监督相分离的税收管理组织架构，也要在税务部门内部建立决策与执行相分离的机制，将税收征收、管理、稽查和服务等方面的执行职能分离出来，避免集决策、执行、监督于一身的弊端。具体有两种思路：一是将税务、海关纳入财政部门统一管理，作为一个下属机构，税务、海关部门有提出政策建议的权利，但由财政部门统一作出决策或者由全国人大、国务院审议，但是要在对将财政部门税政监督职能和税务、海关部门的稽查职能优化组合的基础上，并入审计署的税务审计之中；二是继续保留税务、海关部门的独立地位，包括政策调整权等在内的税收立法权仍由财政部门行使，但要明确三个部门之间的职责划分；并将税务、海关部

门的审计职能并入到财政部门的专员办之中，由财政监察部门实行对具体税收征管的监督职能。

表7.1　世界各国税收管理组织简介①

国家	税收管理组织介绍
突尼斯	财政部下设负责税收的国务秘书、税务总局、税收财政优惠司。财政部在地方还设有负责海关、税收分支机构。
南非	财政部运用公平的税收政策和其他手段以增加财政收入，加强对政府税收的管理，提高财政管理水平。
墨西哥	国家信用和商务部计算联邦、各联邦部门和各州的收入，制定并修改税率；根据法律征收联邦的赋税和遗产税，执行并保证这些任务的完成。
秘鲁	制定和执行税收的发展战略、方针政策、中长期规划、改革方案及其他有关政策；提出运用财税政策实施调节国家经济情况的建议；提出税收立法计划，根据国家预算安排，确定财政税收收入计划；提出税种增减、税目和税率调整、减免税和对联邦政府财政影响较大的临时特案减免税的建议；监督有关税收的方针政策和法律法规的执行情况。
美国	财政部征税，为国家税收政策提供建议，执行联邦税收法规，调查和揭发逃税者。下设税收政策办公室、酒类烟草税收贸易局、税收管理监察局和美国国税局。
加拿大	财政部下设税收政策局，负责涉及联邦税收的所有事务，其中最重要的任务是为政府制定税收政策；下设财政政策和经济分析局，研究与政策相关的经常性和中期性的税收问题；下设国际贸易和金融局，负责关税政策和相关法律；下设联邦省关系和社会政策局，负责制定联邦同省的税收协议。财政部不承担直接组织收入的责任，征税和与此有关的法律诉讼问题，由国家税收部负责，但联邦税收政策则归财政部制定。
斐济	财政和国家计划部管理与收入税法案，增值税法案相关的事务；促进政府的关税和消费税的收集。下设斐济群岛税收与关税管理局，负责收税。
埃及	财政部拟定和执行税收的发展战略、方针政策、中长期规划、改革方案及其他有关政策，提出税收立法计划，根据国家预算安排确定财政税收收入计划，提出税种增减、税目税率调整、减免税和对中央财政影响较大的临时特案减免税的建议，参加涉外税收和国家关税谈判，签订涉外税收协议、协定草案，制定国际税收协议和协定范本，承办关税税则委员会的日常工作。下设税务总署、海关总署。

① 中央编办事业发展中心：《世界百国政府机构概览》，北京出版社2007年版。

国家	税收管理组织介绍
西班牙	经济、财政部下设税收管理国家办公室、税收领导办公室和中央管理经济赋税办公室。在财政预算办公室下设税收国家管理署，包括办公室、司法服务部、内部听证服务部、关税管理部、关税和财政监察部、征税部、特殊税收部、关税信息部和人力资源和经济管理部等。
瑞士	财政部征收联邦税收；管理海关事务，制定海关税率。下设税务局，主要负责征收联邦的大部分收入，促进州和地方政府对联邦税务法的统一施行、税务政策策略的发展和关于双重课税条约的商谈和谈判；下设海关总署，主要负责检查进出口和通过的货物，并且对它们进行抽查；负责征收关税和公路交通费；下设酒类管理局，对境内所消费的酒类征税。
挪威	财政部负责起草、解释收入税和财产税的规章制度；负责确保税收和海关管理当局有效地进行税收工作，评估税收系统对公共收入和收入分配的经济影响，分析特殊税收对劳动力市场的激励效果；负责监督国家征税代理机构的活动。
捷克	财政部副部长分管税收和关税司、中央金融和税收机构组（增值税司，财产税司，税收系统自动化和信息技术司，地方金融机构管理司，国际税收关系和税收管理现代化司，税收管理司，自然人收入税和公路税司，法人收入税司，独立的税务登记、转移、分析方法处，信息融合独立处）、关税总局。
荷兰	财政部下设税收和关税政策法规理事会，负责国内外税收、关税监管与协商事务，并制定相应的政策法规；下设税收和海关管理理事会，负责税收和关税政策、协议、决策的执行和实施，负责海关的管理工作。财政部管理和保持联系的机构有海关总署、荷兰税收协会。
芬兰	财政部负责为政府提供财税政策框架，就税收政策提供咨询。财政部内部职位最高的是国务秘书，另外有两个副国务秘书协助其工作，负责各自相关的经济事务和行政管理事务，下设税务司等6个主要的司局。
法国	经济、财政和工业部拟订和执行国家的税收发展战略，提出运用财税政策实施宏观调控的建议，确定财政税收收入计划，参加涉外税收和国际关税谈判，签订涉外税收协议、协定草案。下设税收总署和海关总署。

国家	税收管理组织介绍
俄罗斯	财政部负责协调及监督其所属联邦税务局，制定交税申报单和报表的样式及填写的规定；制定共同校对海关关税缴纳者向银行账户支付钱款的法令；制定确定可以由保险合同支付海关关税的情形的法令；在为支付海关关税而由海关机构进行银行担保方面，确定由一个银行或组织提供的单宗担保的最大数额和所有同时生效的银行担保的最大数额，以及为了确保支付海关关税而由海关机构进行银行担保的法律规定；制定保险合同可以作为海关关税支付保障的保险组织进入保险组织目录的规定及相关条件的规定；制定关税支付过程中统一格式要求的样本；制定从缴纳者银行账户追缴海关关税的决定书的形式；制定和联邦经济发展及贸易部共同监督货物和运输手段海关税费的规定；组织、确定联邦税收收入和税费。下设联邦税务局。
德国	财政部在部长之下有 2 名议会国务秘书协助其工作，分别分管联邦预算事务和税收政策。下设关税与消费税司以及所得税、财产税和交易税司。
波兰	财政部下设税务信息办公室、关税监察司、消费税务司、直接税务司、地方税务及土地税司、间接税司、税务制度司。
奥地利	财政部设 2 名国务秘书、7 个司。其中二司（预算），就中央和地方在征收捐税、分配税金和分摊国家财政负担的事务起草法律，并主管同地方政府的谈判；三司（关税和消费税）是海关机构的最高领导机关，主管起草《关税法》；制定关税和贸易政策，主管多边和双边关税及贸易事务的谈判，对国家垄断经营的烟草、烧酒和食盐产品征税；四司（税收）制定税收政策、《联邦征税条例》和《税收执行条例》，征收联邦捐税，并代地方政府征收地方捐税，负责对税务人员的组织、监督、培训和进修事务；主管对外双边税收协定的谈判。
爱尔兰	财政部下设预算和经济事务司，主要负责税收政策、收入政策等相关政策及经济预测和分析；下设税务委员办公室，税务委员办公室主席同时也是税收计算局官员。主要职责是履行管理税收和征收关税的职责，具体包括：估定、征收和管理税收和关税；提供有关税收政策的议案。税务委员办公室以服务对象为基础进行机构设置。地区性税收管理办公室负责其地理范围内的税收事务。税务委员办公室下设 14 个局级机构，具体设置为：4 个地区事务局、重大项目负责局、调查和检举局、4 个税收立法事务局、人事局、税务法律顾问办公室、信息通讯及电子商务局、税务人员总管办公室。
印度	财政部下设税务局，内设消费税与关税中央委员会、直接税中央委员会、所得税与财产税清算委员会、关税与中央消费税清算委员会、关税、消费税与黄金管制上诉法庭；下设海关税则委员会，是一个独立的专家委员会，在考虑到印度宏观经济利益的前提下建议适当的关税水平，就货物和服务贸易为国家制定关税结构及合理的关税规则。

国家	税收管理组织介绍
以色列	财政部负责管理国家收入，征收直接和间接税。所得税和财产税司负责执行国家关于所得税和财产税的法规；海关税和增值税司负责征收间接税。国家收入管理局负责管理国家的所得税、海关税、增值税等各项收入。所得税和财产税司负责征收直接税，处理与之相关的各项事务。海关税和增值税司负责对进口产品、本国产品和服务征收间接税。税务博物馆作为以色列财政部经济研究和国家收入司的一部分，税务博物馆负责搜集和保存从古到今有关税务的学术资料和实物资料。
新加坡	财政部主管岁入政策、税收，下设经济规划司负责确定税收在各个经济部门间的配置；政府投资司主要负责确定税收在投资部门和中央政府部门之间的配置；海关是促进贸易增长、强制收取税收的机关。下设法定机构国内税务局，是管理税收的政府机构，为政府提供咨询，在国际上代表新加坡处理税收事务。
泰国	财政部负责全国税务，下设税收厅和制酒业税收管理办公室。行政区划层级分为府、县、区、村，以及自治市镇。府是泰国目前最大的地方行政区划。府有税务局。村是隶属于区的最小行政单位。村长及村长助理都不是全职，每月领取一定报酬，享受教育等方面一定数额的优惠，村长还可以提取本村税收5%的分成。
日本	总务省在地方政府的税收和支出问题上，除财政状况严重失衡的以外，基本上尊重地方政府的自主性；对地方税制问题，尊重地方政府的课税自主性。下设地方税务局，致力于确保公正合理的地方税收负担额，从推进地方分权的角度来增加地方税务资源的稳定性和灵活性。该局负责制定地方税收制度，主要职责有：在推进地方分权的同时增进和提高地方税收资源；确保收入、消费和资产的地方税收均衡；在地方税收中引入电子自动估价报告；设计理想的土地税收制度；保证地方政府的税收自治权等等。 　　财务省由原来的大藏省更名而来，是日本主管国家财政、金融、税收的中央最高行政机构，主管国家一切财政、税收、关税。涉税职责主要有：关于国家和地方的一元化征税工作，今后将对国税和地税体制以及地方自治问题开展更彻底的讨论；为确保征税工作的中立性和公正性，将进一步简化税制，在继续减少通知的同时，必不可少的通知也必须以通俗易懂的形式发布；有关关税的问题，进一步加强与海关的密切合作。下设国税厅是负责征收国税的行政机关。国税厅除了本厅之外，在全国还设有11个国税局、冲绳国税事务所和524个税务署。国税厅本厅负责税务行政的企划、立案等事务的执行，并对国税局、冲绳国税事务所和税务署的工作进行监督指导。国税局是在国税厅的指导监督下，负责所辖区域内的税务征收事务，并对下属税务署的工作进行指导监督。税务署是最基层的赋税征收执行机关，接受国税厅和国税局的指导监督，与纳税者密切接触。除此之外，还有税务职员的教育机关、特别机关以及负责对纳税者的不服申诉进行审查的国税不服审判所等。

国家	税收管理组织介绍
马来西亚	财政部下设税务分析局，分析规划税务政策；监督、分析、预测年度联邦政府收入；估算并规划税收的增加，以促进经济增长；就取消双边关税事宜与外国磋商，并签订相关税收协定；评估和处理税收增加、豁免。还设有所得税特派员局，专门倾听税收呼吁。
科威特	财政部执行税收政策；监督国家关税事宜。下设财务和税务司，内设财务和税收事务助理办公室、所得税和规划管理处、税务申请和检查管理处。
韩国	企划财政部主要职责是管理税收和制定财政政策，下设税务办公室，主要职责是制定税收和关税政策，为国家税务和关税起草法案，国际税务条约谈判，双边和多边关税谈判以及国际关税条约谈判。还设有国家税务法庭，主要职责是调解税务争端。另设有副部级的国家税务服务署，执行税收征收管理职能。
菲律宾	财政部制定健全的财政政策，提高税收效率。财政部下设国内财政收入司、进口税管理司和国家税收研究中心。
巴基斯坦	全国财政委员会是负责中央和省财务工作的独立职责部门。主要职责是：对有关税收的分派（包括所得税、销售税、出口税）和补助金的分配提出建议。
阿联酋	财政和工业部负责国家总体经济发展的财政政策，下设税收与预算等五个部门。税收与预算部门的职责是：为投资者提供机会、法律和税务问题的建议；发展并提出双重税制和投资保护的协定；管理并监督税收。
新西兰	财政部设有税收和调整处，税务局单列。

三、理顺国税、地税关系，健全国税与地税的协调配合机制

在处理好财政、税务和海关部门之间职责关系的基础上，要着眼于理顺国税与地税职责关系、健全两家税务机关的协调配合机制，这也是大部制背景下税收管理体制改革的一个重要问题。1994 年在实行分税制财税管理体制的背景下，除极少数省份之外全国大部分地区都分别设置了国税、地税两套税收征管机构。在目前大部制改革背景下，整合国税、地税机构的必要性与可行性已具备，但由于地方税制改革滞后等原因，机构整合的难度其实仍然比较大。从总体上看，应循序渐进、适当过渡、适时调整。为适应大部制改革的推进，目前国税、地税机关定期召开联席会议、加强工作联系协调是最基本的要求。有条件的地区，可以先行试点国税、地税合署办公。各地国税和地税机关应充分进行信息交流，对政策有不同理解或有争议时，双方应共

同探讨、共同学习，着力解决问题，实现国税与地税的有效协调与配合。

从国税和地税部门之间关系来说，国税部门和地税部门之间的税收征管权需要进行一定调整，如改变目前国地税分管企业所得税的现状，将企业所得税交由一家税务机关征管，这样有利于征管统一，减少涉税争端。关于国地税部门的关系问题，也有两种解决思路：一种思路是国、地税部门合并成一个税务机关，这样自然就不涉及如何在国、地税之间划分税政管理权限的问题了。另一种思路是继续保留国税、地税两个部门，只是对管理权限进行一定的调整。笔者认为，国、地税合并牵涉面较大，直接合并有很大难度，甚至带来负面影响，建议暂时保留国、地税机构，先通过规范国税、地税部门之间的税政管理权限，为今后时机成熟时进行合并打下基础。比如企业所得税应交由国税部门管理，主要有以下考虑：国税部门信息化程度相对较高，而且管理税种较大但数量较少，增值税管理已经比较规范，有能力加强企业所得税管理。在税款征收方面，国税、地税的征收界限应严格划分。中央固定税收收入由国税局征收，地方固定收入由地税局征收。对中央地方共享税，可以由国税局统一征收分别入库。条件成熟的省市，本省市的地税局人员的整体素质、征管手段和征管水平达到征收共享税水平的，可以由地方政府向国家税务总局提出申请，由国税局和地税局分别分率征收。随着条件的不断成熟，全国税务人员的整体素质不断提高，征管手段的不断现代化，在对共享税的征管上，应实行国税、地税分税分征，逐渐取消由国税局代征地方税的办法，凡地方税种以及共享税中地方分享的部分应全部由地税系统自行征收管理。从税务机关内部来说，除了按税种分设相关部门（但应适当精简）外，有必要借鉴国外经验，同大企业管理部门一样，成立中小企业管理（服务）部门，促进中小企业发展。对于大企业、中小企业管理部门，应当充分发挥其作用，明确界定职责，为其配备精干力量，改变目前在税务机关受多方制约、作用不大的现状。

第四节　继续推进税收征收管理创新

1994年，适应新税制的需要我国以合理划分税收征纳双方职责为主实施收征管制度改革，普遍建立纳税申报制度，加速税收征管信息化进程，探索建立严格的税务稽查制度，积极推行税务代理。1997 年，为继续探索建立符合中国国情的税收征管体系，确保税收职能作用的充分发挥，进一步明确提出建立以申报纳税和优化服务为基础，以计算机网络为依托，集中征收，重点稽查的税收征管模式。进入 21 世纪后，伴随全球信息化浪潮的涌现，我国税收征管迈入新的发展阶段，实施科技加管理，积极利用现代信息技术手段促进税收征管，实施科学化、精细化管理，切实提高税收征管水平。党的十七大以来，面对我国经济社会发展的新形势和税收征管工作的新要求，大力推行专业化、信息化管理，最大限度地提高征管资源的利用效率，通过持续改进纳税服务和税收征管以提高纳税人满意度和税法遵从度，依托现代信息技术努力实现税收征管工作专业化，积极探索对大企业实施专业化税收管理与服务，大力推进国际税收管理和反避税工作，切实维护我国税收主权和跨境纳税人合法权益。这些管理思路实现了税收征管的改革与创新，有力地促进了税收收入持续较快增长。

但随着社会的快速发展及形势的日益复杂，当前的税收征管模式如果不能及时作出相应的调整和创新，就不能适应现代税收征管的要求，造成各地执行标准的不一致和征管水平的倒退。特别是随着经济发展和投资主体的多元化，公有制企业的改革、重组、联营等行为可能减少国有、集体企业类型或使原企业组成复杂化，涉外、私营、各类有限责任公司和股份有限责任公司的管理架构、行政隶属的模糊界定会相应导致税收管理权属的确定，因此，要继续推进税收征收管理创新。

一、推进税收征收管理创新要坚持"属地管理"

"属地管理"作为税收管理的核心，保证了税收源泉和归属的统一，利于明确税务机关涉税事宜，责任主体、执法范围、服务对象及服务标准，完善"征、管、查"三位一体的层次分离的税收管理组织，既简化了管理流程，又降低了管理成本。同时，企业作为管理对象，可能发生主体变更、合并、撤销、改制、改建等其他活动，由此，直属管理机构长期存在的必要性值得商榷。总之，条块分割、机构庞杂既有碍于地方行政部门之间的沟通，也不利于跨区税收征管信息的共享，难以提高征管质效。而且，随着税收征管信息处理权的高度集中，征收场所必将进一步集中，上下级之间的中间层次必将减少，管理宽度必将加大。因此，对税源地域性差异较大的税种、税基的变化与地理位置关联度较高的税收，宜作为税源地收入，以利于因地制宜配置税收征管资源，提升征管效率。在坚持属地化管理原则基础上，按行政层级合理设置专业化管理机构，最大限度地延伸税务管理"触角"，为纳税人提供"贴近式"的规范服务，这样，才能体现"精细化、科学化"管理思路，防止漏征漏管；才能降低征纳双方的管理成本。

二、推进税收征收管理创新要做好税源分类管理

目前我国的税收征管主要是属地化管理，忽略了税源的分类管理，而要想解决税收应收尽收的问题，就必须对税源进行合理分类。我国可以参考发达国家的做法，结合我国实际，对纳税人按不同类型、行业进行专业化管理。在坚持属地管理的基础上，加强税源的分级分类管理，抓住重点，建立和完善重点税源监控机制，以做到应收尽收。实行分类分级管理就是根据税收风险发生的规律和类型，依据纳税人行业地位、规模、跨域经营、税收贡献等，对税源进行科学分类，实施专业化管理。例如，对企业的税源管理，可以根据企业的大小、类型将企业分为大企业、中小企业及个体工商户等零散税源。大企业具有税源大、管理内容多、适用政策复杂以及对税务人员管理水平和管理技能要求高等特点，对大企业的管理应当体现出专业化。因此，大企业或跨国企业多、税收规模大的省、市，可以设立大企业税收管理局或者各市直属分局，专司大企业的税收管理，大企业局应承担 60% 以上的税源管理。对于中小企业，应当由区（县）级税务部门承担税收管理工作。在城市市区、县城区设立重点税源税收管理局（分局）对中小企业的税源实行管理。对于个体工商户等零散税源，由于其规模较小、税收贡献少，由基层税务所征收更为方便。总之，对企业的税源管理要做到"抓大、控中、管小"，将税源管理职责在不同层级、部门和岗位间进行科学分解、合理分工，实行分级管理。

三、推进税收征收管理创新要强化纳税评估

发达国家在获取了纳税人全面、可靠信息的基础上，依托计算机系统，评估纳税人的纳税情况，分析税收流失的可能性，由此增强了税务机关的税源控管能力。针对我国纳税申报制度存在的各种问题，借鉴先进国家的做法，

我国税务机关应进一步完善纳税评估制度：第一，明确分工。中央和省级税务机关应主要侧重税源总量和税负变化的宏观分析与监控，分析宏观税负、地区税负、行业税负，定期发布税负情况，为基层税负机关纳税评估提供依据。基层税务机关及其税源管理部门则是纳税评估工作的主要承担者，负责对税负异常的纳税人进行纳税评估。第二，组建专业纳税评估队伍，编写行业纳税评估指引，认真测算行业预警值，科学设置评估指标，建立评估模型，拓展评估方法。第三，根据企业规模和税源的大小，对各类企业采取不同的评估方法。对于评估后的同类企业进行比较并进行信用等级评定，其后借鉴日本的蓝色申报制度，引导纳税人自觉自愿地履行纳税义务。

四、推进税收征收管理创新要更加突出税务稽查

发达国家 95% 以上的纳税人都能自觉申报纳税，再加之现代化征管技术手段的普遍应用，致使诸如美国税务机关将 50% 的征管力量放在了税务审计上，加拿大税务审计人员占到了税务人员总数的 30%，日本也具有高效而严密的税务稽查系统。[①] 从我国目前的实际情况看，纳税人纳税意识普遍不强，税收违法案件时有发生，因此在现行征管模式中更需要突出并加强税务稽查，以形成稽查的震慑效应。首先，应明确税务稽查部门的职责，充实税务稽查队伍，提高稽核人员业务素质；其次，在总结经验、研究新的稽查方法的基础上，突出税务审计重点，将稽查力量主要投放在一些大企业和偷漏税较多的行业上；再次，严格处罚措施，改变浅查、轻处的一贯做法，让纳税人感到申报纳税是一种法律义务，草率和侥幸往往会遭受法律的严惩，以保证现行税收征管模式的运行；最后，加强税务机关内部审计监督，促使税务人员执法守法，使税务稽查健康发展。

五、推进税收征收管理创新要优化纳税服务

国外发达国家均十分重视征纳双方的关系，重视对纳税人的服务态度和服务质量。我国现行的税收征管模式虽然将纳税服务作为基础，但纳税服务

---

① 戴芳：《论我国现行税收征管模式的风险防范》，《河北经贸大学学报（双月刊）》2012年第 4 期。

意识相比国外还很淡薄。为了提高纳税人的纳税遵从度，降低税收流失的风险，必须强化纳税服务。第一，树立服务理念。对于促使征纳双方法律关系平等的理念已经不能完全体现服务意识，要想提高服务意识，就必须树立"纳税人至尊"的理念，学习加拿大将纳税人作为"顾客"、称为"客户"的做法，努力打造"服务型税务"，并借鉴加拿大的做法确立一套以客户满意为核心的服务指标体系，以打造税务人员的服务意识。第二，创新服务方式，改进服务手段。一是精简办税程序，实行限时办理，采取方便纳税人的"一站式"服务办税方式；二是推进国税、地税联合办税服务制度化，最大限度地方便各类纳税人；三是建立健全上门办税、网上办税等多元化办税服务方式，最大限度地满足纳税人多样化的办税需求。第三，加强宣传咨询。一方面依托现代信息网络拓展税法宣传渠道，按照不同的受众群体，明确不同的宣传重点和宣传策略，通过在线访谈、留言回访、编制手机报等形式提高宣传时效；另一方面可以借鉴日本的经验，在税务机关设立专门的税务咨询室，由专人负责纳税人的咨询并处理纳税人反映的意见，以形成良好的互动关系，建立纳税人与税务人员的信赖关系。

六、推进税收征收管理创新要加强国际合作

近年来，各国纷纷由国际税收竞争走向国际税收合作。大量跨国的税收征管问题的产生，超出了一国的能力范围，急需要双边、多边甚至全球范围的合作，特别是世界金融危机以来，凸显税收征管国际合作更加重要。我国现行的税收征管制度对于确保国家财政收入，正确贯彻落实税收政策起到了积极作用。但总体而言，征管质量、纳税服务水平仍然不高，参与国际经济和国际税收活动的能力仍然不强。[①] 因此，必须按照国际惯例并参照发达国家、地区的经验和做法，一方面通过优质、高效服务降低纳税人的遵从成本，促进自愿遵从；另一方面通过公正、严格、规范的执法来提高不遵从的损失，从而实现在自愿遵从和依法征税双方共同努力下的应收尽收。建议在现有涉外税收管理的基础上，组建国际税收管理队伍。结合体制改革，将现有涉外

---

① 靳东升、陈玥：《税收征管国际合作的发展趋势研究》，《税收经济研究》2012年第2期。

税收管理的职能转变为国际税收管理，选拔一批熟悉国际税收业务、熟悉各国税法、精通财务、税收、会计、金融、法律等专业知识，又有熟练的外语基础，具有国际税收管理热点问题操作经验的高级专门人才。与此同时，应加大国际税收协定签约和运用的力度，总结已有协定实施的成功经验，把相关内容和条款扩大推广到多边，尽可能拓展与更多的国家签约，加强协定应用的管理监控，发挥应有作用，避免"滥用"或者"不用"的情况产生，以维护我国作为发展中国家的利益，并以此原则关注电子商务涉及税法的协调。

第五节　全力推进税收管理手段创新

一、以信息化为支撑，建立税收收入筹划智能决策支持系统

在"十二五"规划纲要明确提出要"完善税收等基础信息资源体系，强化信息资源的整合，规范采集和发布，加强社会化综合开发利用"的基础上，党的十八大把"信息化水平大幅提升"作为到 2020 年实现全面建成小康社会的宏伟目标之一，并进一步明确要加快经济社会信息化，坚持走中国特色信息化道路。不仅为我国税收管理手段的创新提出了更新更高的要求，也创造了大好的机遇。目前我国税收征管的信息化水平还是比较高的，但在依托信息技术对税收政策管理方面还有很大差距，也就是说，我国微观税收管理比宏观税收管理的信息化水平要高，管理手段更先进。这样一来，在微观税收管理方面推进税收管理手段创新，主要是根据新的机构设置和征管体制的要求，对现有信息资源进行整合，设计开发一套以通用性为基础，兼顾各地特殊情况的税收征管软件，实现软件在税收管理、征收、稽查的统一，真正体现计算机网络在新征管运行体制中的依托作用。相反，在宏观税收管理方面推进税收管理手段创新需要有全新的思路和战略，充分发挥计算机及网络技术实现对宏观税收管理的支撑和优化作用，为此，有必要建设税收收入筹划智能决策支持系统。

所谓税收收入筹划是政府及利益相关者按照政府能力与政府角色相匹配的理财原则，运用科学的所谓理论方法和技术手段，对一定时期内现实或潜在的财源价值进行估算、预测和规划，以谋求税收收入形式最佳、规模最适、结构最优、效率最高和风险最小的一种公共治理工具。税收收入筹划智能决

策支持系统是一个供各级税收收入筹划部门领导和决策研究机构进行决策分析、开展税收收入发展战略研究、制订中长期规划和进行政策研究的工具。由于它所服务的对象是税收收入筹划部门的领导同志，其所处的决策环境复杂多变，涉及经济、政治、社会、环境诸多因素，能够获取的信息有的是精确的、定量的，有的却带有不确定性因素或只能定性描述，价值观和评价准则也各不相同。在这种情况下，按照例行的方式、传统的组织和决策方法很难得到满意的结果。为了建立一个实用的智能决策支持工具，就必须把系统分析思想同计算机信息处理技术以及知识工程、专家系统工具结合起来，构成集成化的智能决策支持系统，从而向决策参考和决策分析人员提供极其灵活、自然、方便的辅助智能决策支持。

建设税收收入筹划智能决策支持系统的目标是收集和整理与建设税收收入筹划智能决策支持系统相关的税收收入筹划运行历史数据、其他经济部门提供的综合财经信息、各种税收收入筹划执行计划及相关文件，建立税收收入筹划智能决策支持数据仓库；收集和整理税收收入筹划理论专家和实践工作者积累的税收收入筹划运行分析经验，并经过验证分析，建立专家知识库，设计和整理建设适用于决策分析的各种算法，构造税收收入筹划决策模型库。建立能够根据决策数据仓库，自动生成税收收入筹划运行状况分析，可人机交互实时生成决策方案，进行方案模拟，并具有收入预测增长趋势预测、支出增长趋势预测、支出效益分析、税收收入筹划风险预警、系统管理等辅助分析功能的软件系统，辅助决策分析人员及时制订决策方案，进行必要的模拟分析和评价，并可以用图表或文字方式显示决策模拟结果。

税收收入筹划智能决策支持系统将大量的项目、指标通过定量分析和层次分析逐级加权汇总，确定出税收收入筹划运行的整体效果，并通过网络化管理，形成一整套测算、控制、评价、管理的工作流程，实现对当前税收收入筹划运行状况或税收收入筹划运行趋势进行分析，对评价税收收入筹划政策、税收收入筹划管理和税收收入筹划监督起到基础性作用，为进一步完善税收收入筹划政策、改善税收收入筹划管理提供决策辅助参考。为保证智能决策支持系统的运行有足够的决策数据支持，要求具有与决策主题相关的业务数据，要求具有内部和外部的数据支持。内部要求税收收入筹划部门与决策主题相关的业务应已纳入计算机管理，有相应的税收收入筹划业务处理系统支持（如预算编审支持系统、指标管理系统、集中支付系统、固定资产管理系统、政府债务管理系统、税收征收管理系统等）；外部要求相关部门的相关业务也已纳入计算机管理，并能及时提供必要的数据支持。

二、税收收入筹划智能决策支持系统的结构和功能

（一）税收收入筹划智能决策支持系统总体结构

税收收入筹划智能决策支持系统是以数据仓库（Data Warehouse，DW）为基础，以联机分析和数据挖掘工具为手段实施的一整套可操作、可实施的解决方案。利用先进的计算机技术对大量的税收收入筹划业务数据进行抽取、清理和转换后，可按决策主题对数据进行重新组织，以丰富多彩的形式（如直方图、饼图、立体图等）向高层领导提供多方位、多层次、多视角的信息服务，以及时掌握真实动态，作出科学决策，防范和化解风险。税收收入筹划智能决策支持系统总体结构如图7.1所示。系统由决策者、硬件实体（包括计算机主机、数字化仪、扫描仪、打印机、绘图仪等）、软件实体和用户界面组成。其中，软件实体由3个层次组成：第一层是基础信息层，包括基础数据库，该层是利用已有的公共基础数据库的共享机制来取得数据；第二层是4个专用库及库管理系统，包括模型库及其管理系统（MBMS）、方法库及其管理系统（ABMS）、专用数据库及其管理系统（DBMS）、知识库及其管理系统（KBMS）；第三层由各专项任务子系统组成，是系统的关键，它在各库及库管理系统的基础上完成各专项任务。具有网络构架和图形界面的人机交互系统是沟通系统与决策者和系统分析人员的桥梁，它的技术支撑除了计算机技术外，还包括3S技术和网络技术。

1. 模型库及其管理系统：模型库用来提供各政府理财分析用的模型和计算方法，主要有可计算的一般均衡模型即CGE模型、动态投入产出模型、税收收入系统动力模型、神经网络元网络模型等预测类模型和税收收入能力估算类模型等。模型库管理系统用来管理模型库中的各模型，同时负责完成模型之间和决策者与模型之间的信息交流。负责管理税收收入筹划模型，包括构建模型、更新模型和删除模型等功能。模型库系统中用模型字典描述所有模型的功能和接口，模型库中用组件的方式存储模型。每个组件包装的模型，需要调用的分析软件或组件都从方法库中调用，需要获得的外部数据从数据库系统中获得，模型的内部数

据则从内部数据库获取，模型的生成结果可以存到模型的内部数据库中，也可以存储到分析者的私有数据库中。模型库系统能够将系统模型库中的模型下载到私有模型库，也能够上载私有模型库模型，并为该模型提供运行平台。

2. 方法库及其管理系统：方法库用来存放各种通用的标准计算方法的子程序库。方法库管理系统用来管理和使用包括定义、建立、存储、查询、编辑等功能。包括一系列支撑工具软件的调用接口，这些外部分析方法软件用组件接口的方式存在于方法库中，成为模型库系统模型运行和分析的支撑软件平台。方法库系统中也可以是方法建造者构造的专门组件。

3. 专用数据库及其管理系统：专用数据库是联系基础数据库与专题应用、模型的桥梁，用以存储专题评价、模型所必需的输入输出数据，其功能是根据模型的需要从基础数据库中提取数据，以备查询、检索和调用。包括数据库、数据仓库及其管理系统，有两个组成部分：一是核心数据仓库，围绕各类分析主题存放税收收入筹划所需的数据，这些数据来源于各种税收收入业务系统和外部经济、社会统计数据；二是外部数据的存取接口，用于存取税收收入筹划需要的、存放在核心数据仓库以外的数据。

4. 知识库及其管理系统：用于存储知识信息及其使用管理。知识库的内容包括各专业项目的指标体系、评价规则与标准、专家知识经验；政府财经法规及行业规范的有关条款等。知识库的知识来源有两个：一个来自数据仓库，数据仓库是通过基础数据库和专用数据库而建立的，通过对数据仓库的数据在一定规则下进行挖掘，提取有用的信息给知识库；另一个来源是专家的知识和经验，由专家提供处理问题的实例，通过神经网络训练，实现知识库中信息的自动获取和表示。

5. 会话管理系统。包括三个部分的功能：一是人机接口功能，是分析者使用税收收入筹划系统的接口，负责提供各种税收收入筹划业务功能的使用界面，接受和检验分析者的分析请求，用多种方式直观地显示分析的结果；二是分析业务预处理功能，对分析者的分析请求进行校验和检查，然后调用模型库中的相应模型进行分析，或者生成数据库/数据仓库系统的查询分析请求，负责接受模型库或数据库返回的结果；三是私有数据库和私有模型库的管理功能，每个分析者都可以建立自用的独特的数据库和模型库。私有数据库中的数据可以从系统公共数据库中根据分析者的权限下载获得，也可以存储分析者的分析请求和分析的结果。私有模型库中的模型可以从模型库系统获取，或者根据模型构造的规则建立分析者自用的模型。分析者进行分析时，将私有模型上传到模型库系统，在模型库系统环境中运行分析，然后将分析结果传到会话管理系统。

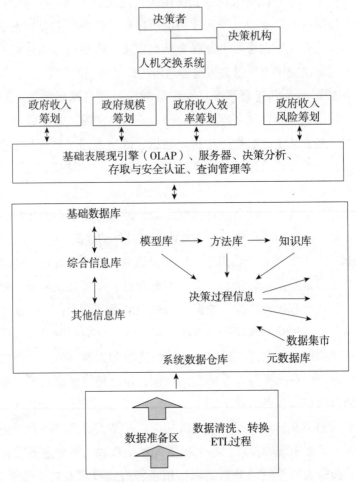

图7.1　税收收入筹划智能决策支持系统总体结构

（二）税收收入筹划智能决策支持系统的功能概述

税收收入筹划智能决策支持系统的软件功能主要表现在：一是税收收入信息利用。本部分的功能是对数据库/数据仓库进行查询分析，包括税收收入查询分析、多维分析和税收收入报表生成等。二是税收收入分析模型库应用。本部分的功能是列出模型库中所有模型的使用界面，分析者能够从中选取所需的分析模型。包括税收收入宏观经济计量模型类、税收收入 CGE 模型类、税收收入微观模拟模型类、税收收入投入产出模型类、税收收入微观模拟模型类和其他模型类等。三是税收收入分析业务应用。按照税收收入分析业务应用列出相关的分析模型，使分析者能够在分析某一类税收收入经济问题时选择多种分析模型、从多个角度进行分析。四是税收收入经济自动分析。设定数据挖掘规则，启动数据挖掘，自动搜索、分析并发现各种税收收入经济要素之间的关系。此外，还包括模型库管理、数据库管理及其系统权限管理等功能。

1. 从智能决策支持系统软件构成角度划分

（1）综合信息支持功能。可以根据决策分析的要求，从建立的综合财经数据仓库生成相应的数据集市，以报表或图形图表的形式，为决策分析人员提供各类经过加工的综合信息支持，帮助分析人员了解相关决策的基本情况。

（2）决策模拟功能。可以对决策问题进行静态模拟，用来分析拟出台政策或政策调整方案与现行政策在逻辑上相关关系，是对政策进行可行性分析的重要工具。也可以对决策实施效果的动态模拟，可以分析不同决策强度、不同决策结构的实施效果，从而可以分析出相同政策条件对不同实施对象的作用效果，是对政策进行行为分析的有效工具。

（3）人机交互功能。人机交互功能包括：用户输入功能、信息及结果输出功能、结果的存储及比较功能和人机交互行为的控制功能。

用户输入功能：包括键盘和鼠标两种输入方式，并有全屏幕编辑功能。用户可以通过上述各种输入方式进行功能选择和参数调整，以便生成政策分析所需要的条件和情景。

信息及结果的输出功能：所有输出均以多窗口的方式提供，并具有图形、图表、文字等多种方式。

结果的存储和比较功能：根据决策模拟的要求，提供对模拟结果的现场存储功能，以便于用户对不同模拟结果进行比较分析。

人机交互行为的控制功能：决策模拟过程中人机交互的行为比较复杂，不同的情景下对交互行为有不同的约束和限制。系统应能提供比较完善的人机交互控制功能，在各种情景下自动设置决策分析人员允许的行为集合，确保交互过程的顺利进行。这个功能对于实现用户友好的人机界面是十分重要的。

2. 从税收收入筹划决策领域划分

根据目前税收收入筹划工作研究的难点、热点问题，现阶段的税收收入筹划决策问题可能会集中在税收收入筹划收入监测、税收收入筹划支出效益与评价、税收收入筹划风险预警、税收收入筹划运行评价等领域。当然，随着税收收入筹划改革的不断深入，一些新的问题会不断浮现出来，届时，税收收入筹划智能决策支持系统的应用领域将会随之作出相应调整。

（1）税收收入预测。以税收收入筹划收支数据库的数据为基础，综合国内外宏观经济数据，综合考虑经济因素、自然因素、税制因素、体制因素、政策因素以及征管因素，确定、筛选税收收入筹划收入与经济相关因素，建立税收收入筹划收入分析预测模型（如时间序列模型、一元回归模型、多元回归模型、灰色系统模型、神经网络模型等），构建数据库等工作，实现税收收入筹划收入预测流程，建立专家咨询系统，形成税收收入筹划收入预测机制，为合理确定收入规模、制定税收收入筹划中长期发展规划提供辅助智能决策支持。

（2）税收收入效益分析与评价。通过分析税收收入筹划支出项目的特点和影响项目投入产出的各种因素，建立以反映项目投入产出效益为主体的评价指标体系，采用定量和定性分析相结合的方法，综合判断税收收入筹划资金运营状况、风险程度和资金使用效益，为合理分析税收收入筹划资金、优化税收收入筹划支出结构提供依据。为建立结构优化、管理科学、公开透明、注重效率的税收收入筹划支出管理新体制，提供必要的智能决策支持。

（3）税收收入风险预警。建立以债务为核心、以流动性和清偿能力为监控对象、以项目为基础、以网络为依托、以层次分析和趋势分析为主要方法、以防范和化解税收收入筹划风险为主要目的的软件系统，通过各级政府债务（直接显性负债、直接隐性负债、显性负债、隐性负债等）的债务规模、债务结构、偿债能力等因素分析，建立税收收入筹划风险预警机制，对税收收入筹划运行过程进行跟踪、监控，从而及早地发现税收收入筹划风险信号，预测面临的税收收入筹划风险，及时为政府提供建议，以尽早采取有效措施，避免或推迟危机的出现。

（4）税收收入筹划运行评价。针对税收收入筹划和经济运行的状态与特点，建立税收收入筹划运行监测评价指标体系（包括收入指标和支出指标），利用税收收入筹划运行评价项目及指标权重判断模型测算出各项目、各指标在运行评价过程中的相对权重。

（三）税收收入筹划智能决策支持系统的功能模块

税收收入筹划智能决策支持系统主要由税收收入筹划智能决策支持系统任务管理、税收收入筹划智能决策支持系统模型管理、税收收入筹划智能决策支持系统指标管理和税收收入筹划智能决策支持系统数据管理四大模块组成。

税收收入筹划智能决策支持系统任务管理模块主要包括税收收入总量筹划、税收收入结构筹划、税收收入效率筹划和税收收入风险筹划四个子模块。

税收收入筹划智能决策支持系统模型管理主要包括神经网络模型、可计算的一般均衡模型（CGE 模型）、动态投入产出优化模型、时间序列模型、系统动力学模型、线性规划模型等六个子模块。

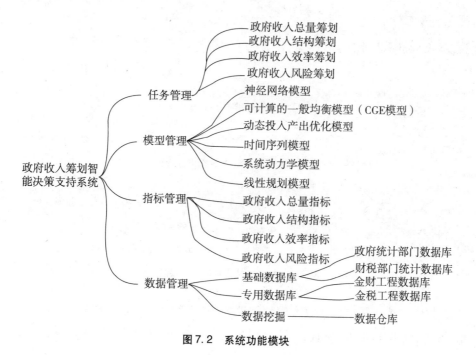

图 7.2　系统功能模块

　　税收收入筹划智能决策支持系统指标管理主要包括税收收入总量指标、税收收入结构指标、税收收入效率指标、税收收入风险指标等四个子模块。

　　税收收入筹划智能决策支持系统数据管理主要包括基础数据库和专用数据库两个子模块。其中：基础数据库模块又被细分为政府统计部门数据库和财税部门统计数据库两个二级子模块；而专用数据库被细分为金财工程数据库和金税工程数据库两个二级子模。

　　（四）税收收入筹划智能决策支持系统的建设系统功能用例模型

　　税收收入筹划智能决策支持系统的建设和使用主要包括技术支持人员、助理决策人员和决策人员。

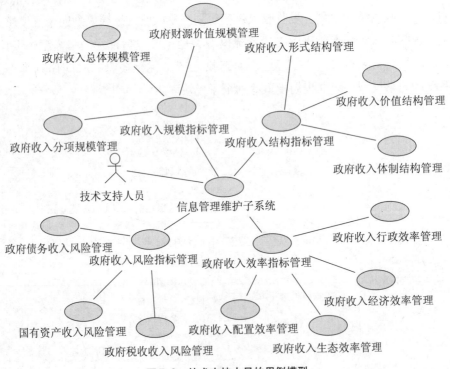

图 7.3　技术支持人员的用例模型

　　技术支持人员：税收收入筹划智能决策支持系统中的技术支持人员应该由信息中心的技术人员担任。这类用户需要有较好的计算机知识背景，熟悉各种税收收入筹划业务应用软件和相应的系统软件知识，同时必须具备一定的税收收入筹划业务知识。这样，才有能力从各种应用系统提取决策所需的数据，如有必要，可通过编程或采用复杂的分析工具对决策问题进行分析，以达到决策的目的。技术支持人员可能会花费大量的精力用于数据提取、清理、转换工作，根据决策主题的需要对数据进行重新组织。

　　助理决策人员：助理决策人员一般是业务主管或业务骨干，具有扎实的专业知识和丰富的分析经验，具有一定的计算机操作能力，通过学习能够掌握较复杂的分析工具，同时需要拥有较多的时间用于设计方案和比较方案，可以修改和增加决策模型。

　　决策人员：税收收入筹划决策人员是指各级税收收入筹划部门的负责同志。他们一般具有踏实的业务知识和丰富的分析经验。但是，他们常常没有充足的时间用于决策数据的收集、决策模型的构造和方案设计等前期准备工作，他们需要智能决策支持系统能以非常便捷的方式提供有效的、常规的、模型化的智能决策支持，给出简明扼要的智能决策支持信息。

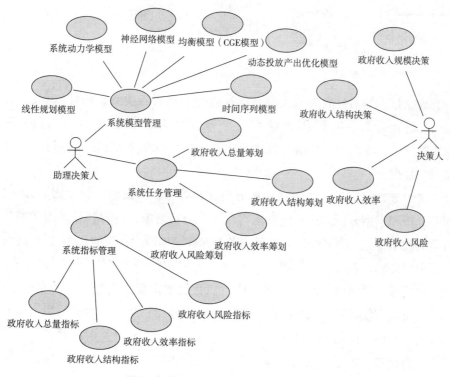

图7.4　助理决策人和决策人的用例模型

（五）税收收入筹划智能决策流程

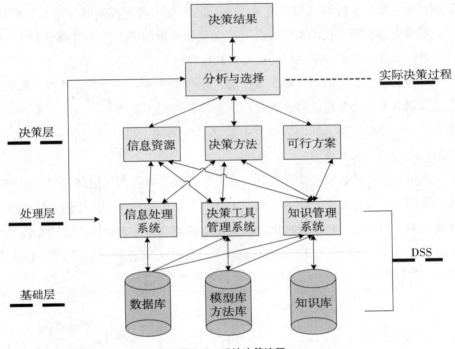

图 7.5　系统决策流程

　　税收收入筹划智能决策支持系统通过对基础层各类数据的抽取和加工，由信息处理系统、决策工具管理系统和知识管理等系统对这些数据分类处理和决策分析，根据相关数据模型进行计算，并且按照决策层的指令返回决策需要的数据。

　　决策分析的实现方法包括比率分析、趋势分析、图形分析、相关分析、回归分析和模型分析。比率分析是对于各个分析对象，计算其反映内在本质特点的比率参数，对各个对象之间，各个对象不同时间范围的比率进行分析；图形分析能够以直方图、饼图、折线图、散点图等图形表达各个指标之间在同一时间或不同时间的相互关系，让人们直观地掌握数据之间的内在关系；相关分析应用统计学中的相关系数方法计算两个指标之间的相关系数，从而得知两个指标之间的关联度；回归分析和模型分析通过计算时间序列的回归系数，得出某一指标变化的规律，建立起数学模型，描述其预测方法，为决策者的决策提供支持。

三、税收收入筹划智能决策支持系统的云计算

（一）政府部门私有云

欧洲网络与信息安全局（ENISA）年初最新发布的《政府云的安全性与恢复能力报告》称，虽然公有云（Public Cloud）计算环境可以提供更好的服务和更高的性价比，但是私有云（Private Cloud）计算环境却更适合政府机构的需要。

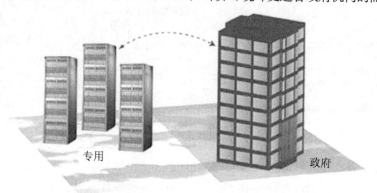

专用　　　政府

图7.6　系统决策流程

私有云（Private Cloud）是指在组织专用的内部或外部资源上实施云服务的一种方式，因而提供对数据、安全性和服务质量的最有效控制。政府机构拥有基础设施，并可以控制在此基础设施上部署应用程序的方式。私有云可部署在政府机构数据中心的防火墙内。通过使用私有云，可以获得公共云计算环境所能提供的大部分收益——包括自助服务、扩展性，以及弹性，还可获得额外的控制和定制的专用资源。

（二）税收收入筹划智能决策支持系统的私有云架构

税收收入筹划智能决策支持系统的私有云架构主要分为以下几层：

第一层：私有云的架构的最底层就是一个数据中心，数据中心是构建政府私有云的基础，它包括服务器、存储和网络设施等。

第二层：虚拟化。数据中心之上就是虚拟化软件了，通过对物理基础设施的虚拟化，可以获得一个相对灵活的环境。

第三层：操作系统。现在很多虚拟化的厂商都在提供云计算操作系统。

第四层：数据库和运行环境。

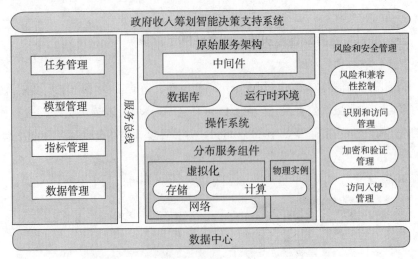

图7.7 系统决策流程

第五层：中间件和面向服务的架构。

第六层：自助服务管理软件。这六层包括硬件和软件，共同构成了一个私有云环境，为政府机构提供专用的计算环境，政府机构可以将自身的应用程序运行在自由云上，这样政府机构便能完全拥有数据和程序的控制权。

为提升税收收入筹划的实践价值，提高各级税收收入决策的科学性、前瞻性和有效性，有必要建立税收收入筹划智能决策支持系统。税收收入筹划智能决策支持系统是一个供各级税收收入筹划部门领导和决策研究机构进行决策分析，开展税收收入发展战略研究、制订中长期规划和进行政策研究的工具。建设税收收入筹划智能决策支持系统的目标是：收集和整理与建设税收收入筹划智能决策支持系统相关的税收收入运行历史数据、其他经济部门提供的综合财经信息、各种税收收入执行计划及相关文件，建立税收收入筹划智能决策支持数据仓库；收集和整理税收收入筹划理论专家和实践工作者积累的税收收入筹划运行分析经验，并经过验证分析，建立专家知识库；设计和整理建设适用于决策分析的各种算法，构造税收收入筹划决策模型库。税收收入筹划智能决策支持系统是以监测政府可用财力的基本数据为基础，应用决策科学、运筹学和信息经济学等学科的有关理论和方法，为研究者提供各种决策信息。

参考文献

一、中文参考文献

［1］［美］约翰·L. 米克塞尔：《公共财政管理：分析与应用》，中国人民大学出版社 2005 年版。

［2］［印度］阿维纳什·J. 迪克西特：《经济政策的制定：交易成本政治学的视角》，中国人民大学出版社 2004 年版。

［3］［印度］拉本德拉·贾：《现代公共经济学》，中国青年出版社 2004 年版。

［4］［英］加雷斯·D. 迈尔斯：《公共经济学》，中国人民大学出版社 2001 年版。

［5］［美］荷雷·H. 阿尔布里奇：《财政学——理论与实践》，经济科学出版社 2005 年版。

［6］［英］亚当·斯密：《国民财富的性质和原因的研究》，陕西人民出版社 2004 年版。

［7］［美］罗伊·T. 梅耶斯：《公共预算经典——面向绩效的新发展》，上海财经大学出版社 2005 年版。

［8］［美］大卫·N. 海曼： 《财政学理论在政策中的当代应用（第 8 版）》，北京大学出版社 2006 年版。

［9］［美］爱伦·鲁宾：《公共预算中的政治：收入与支出，借贷与平衡》，中国人民大学出版社 2001 年版。

［10］［美］哈维·S. 罗森：《财政学（第六版）》，中国人民大学出版社 2003 年版。

［11］［美］约瑟夫·E. 斯蒂格利茨：《公共部门经济学》，中国人民大

学出版社 2005 年版。

[12] [美] 詹姆斯·M. 布坎南、理查德·A. 马斯格雷夫：《公共财政与公共选择：两种截然不同的国家观》，中国财政经济出版社 2000 年版。

[13] [法] 伯纳德·萨拉尼：《税收经济学》，中国人民大学出版社 2005 年版。

[14] [美] 理查德·A. 马斯格雷夫：《财政理论与实践》，中国财政经济出版社 2003 年版。

[15] [美] B. 盖伊·彼得斯：《税收政治学》，江苏人民出版社 2003 年版。

[16] [美] 保罗·霍肯：《商业生态学：可持续发展的宣言》，上海译文出版社 2007 年版。

[17] 世界银行：《2003 年世界银行报告：变革世界中的可持续发展》，中国财政经济出版社 2003 年版。

[18] 联合国、国际货币组织、世界银行等：《国民核算手册：环境经济综合核算 2003 》，中国经济出版社 2005 年版。

[19] [美] 莱斯特·R. 布朗：《生态经济：有利于地球的经济构想》，东方出版社 2002 年版。

[20] 世界银行：《1988 年世界银行报告》，中国财政经济出版社 1988 年版。

[21] 世界银行：《2002 年世界银行报告：建立市场体制》，中国财政经济出版社 2002 年版。

[22] 世界银行：《1992 年世界银行报告：发展与环境》，中国财政经济出版社 1992 年版。

[23] [美] 大卫·纽伯里、尼古拉斯·斯特恩编：《发展中国家的税收理论》，中国财政经济出版社 1992 年版。

[24] [美] 理查德·A. 马斯格雷夫：《比较财政分析》，上海人民出版社 1996 年版。

[25] 世界银行：《1997 年世界银行报告：变革世界中的政府》，中国财政经济出版社 1997 年版。

[26] [美] 理查德·M. 伯德、米尔·卡萨内格拉·德·寒舍尔：《发展

中国家税制改革》，中国金融出版社 1994 年版。

［27］经济合作与发展组织：《税收与环境：互补性政策》，中国环境出版社 1996 年版。

［28］李克强：《发挥好财税政策促进发展改善民生的作用》，《人民日报》2009 年 10 月 26 日。

［29］王沪宁：《政治的逻辑》，上海人民出版社 2004 年版。

［30］王沪宁：《比较政治分析》，上海人民出版社 1987 年版。

［31］谢旭人：《"十二五"时期财政发展改革》，经济科学出版社 2011 年版。

［32］谢旭人：《中国财政管理》，中国财政经济出版社 2011 年版。

［33］谢旭人：《中国财政 60 年》，经济科学出版社 2009 年版。

［34］谢旭人：《中国财政改革 30 年》，中国财政经济出版社 2008 年版。

［35］谢旭人：《加快完善有利于科学发展的财税体制》，《求是》2012 年第 24 期。

［36］谢旭人：《发挥税收职能作用促进和谐社会建设》，《求是》2007 年第 8 期。

［37］谢旭人：《深化收入分配制度改革努力形成合理有序的收入分配格局》，《中国财政》2008 年第 5 期。

［38］肖捷：《改革和完善税收制》，《行政管理改革》2010 年第 11 期。

［39］肖捷：《走出宏观税负的误区》，《中国改革》2010 年第 10 期。

［40］肖捷：《继续推进增值税制度改革——完善有利于结构调整的税收制度》，《中国中小企业》2012 年第 5 期。

［41］肖捷：《继续实施结构性减税促进经济可持续发展》，《求是》2012 年第 6 期。

［42］杨晓：《壮哉，税改！——五年来税制改革的回顾与展望》，《中国财经报》2012 年 8 月 10 日。

［43］王保安：《科学发展理论研究：指标构建与体制保障》，人民出版社 2011 年版。

［44］中央编办事业发展中心：《世界百国政府机构概览》，北京出版社 2007 年版。

［45］贾康：《收入分配与政策优化、制度变革》，经济科学出版社 2012 年版。

［46］贾康：《税制改革的若干问题》，《中国市场》2004 年第 1 期。

［47］贾康：《解放思想推动财政理论创新》，《中国流通经济》2008 年第 9 期。

［48］贾康：《中国财税改革 30 年：简要回顾与评述》，《财政研究》2008 年第 10 期。

［49］贾康：《关于财政理论发展源流的概要回顾及我的公共财政观》，《经济学动态》2008 年第 4 期。

［50］贾康：《落实科学发展观的公共收入制度与政策研究》，《财贸经济》2007 年第 1 期。

［51］贾康：《新形势下的税制建设问题》，《和讯》2012 年 11 月 6 日。

［52］贾康：《"十六大"以来财政工作坚持以人为本》，《中国社会科学报》2012 年 8 月 27 日。

［53］贾康：《中国税制改革展望》，《和讯》2011 年 12 月 27 日。

［54］贾康：《降低间接税比重已迫在眉睫》，中国税务网 2011 年 1 月 13 日。

［55］贾康：《中国地方税体系仍未成型》，《中国社会科学报》2010 年 11 月 17 日。

［56］贾康：《中国应尽快推进资源税改革》，《中国经济时报》2010 年 7 月 14 日。

［57］高培勇：《西方税收：理论与政策》，中国财政经济出版社 1993 年版。

［58］高培勇：《中国财税体制改革 30 年研究：奔向公共化的中国财税改革》，经济管理出版社 2008 年版。

［59］高培勇：《世界主要国家财税体制：比较与借鉴》，中国财政经济出版社 2010 年版。

［60］高培勇：《"十二五"时期的中国财税改革》，中国财政经济出版社 2010 年版。

［61］高培勇、崔军：《公共部门经济学》（第三版），中国人民大学出版

社 2011 年版。

　　［62］高培勇、杨之刚、马珺主编：《中国财政经济理论前沿（6）》，社会科学文献出版社 2011 年版。

　　［63］汤贡亮：《关于完善我国税法立法监督制度的探讨》，《财政监督》2009 年第 3 期。

　　［64］汤贡亮：《借鉴国际经验完善我国地方税制》，《中国税务》2008 年第 2 期。

　　［65］汤贡亮：《正确认识税收调节职能与作用全面推进税制改革与法治建设》，《财政监督》2011 年第 30 期。

　　［66］汤贡亮：《把握经济转型的时代定位推进税收体制的全面改革》，《涉外税务》2010 年第 12 期。

　　［67］汤贡亮：《完善我国地方税收法律制度的建议》，《涉外税务》2007 年第 10 期。

　　［68］汤贡亮：《中国税制改革 30 年：迈向国际化与法治化的趋势》，《中央财经大学学报》2008 年第 5 期。

　　［69］汤贡亮：《税收基本法研究回顾与展望》，《税务研究》2008 年第 1 期。

　　［70］吴俊培：《我国省际间税收竞争的实证研究》，《当代财经》2012 年第 4 期。

　　［71］吴俊培：《财政经济理论需要创新——以科学发展观为视角》，《当代财经》2010 年第 12 期。

　　［72］吴俊培：《财政管理能力问题研究——对财政科学理性的反思》，《上海财经大学学报》2008 年第 1 期。

　　［73］吴俊培：《对现代主流税收理论的反思》，《涉外税务》2006 年第 8 期。

　　［74］吴俊培：《国际视角下中国环境税研究》，《涉外税务》2010 年第 8 期。

　　［75］许建国：《个人所得税费用扣除标准的研究》，《中国财政》2009 年第 10 期。

　　［76］许建国：《企业所得税"两法合并"改革的目标和原则》，《中国

财政》2006 年第 10 期。

[77] 许建国：《改革开放 30 年来税收理论发展的历程》，《税务研究》2008 年第 10 期。

[78] 许建国：《区域间税收分配与财政转移支付探析》，《涉外税务》2010 年第 10 期。

[79] 杨灿明：《财政职能辨析》，《财政研究》2006 年第 10 期。

[80] 杨灿明：《"收入分配理论与政策"国际学术研讨会综述》，《中南财经政法大学学报》2012 年第 1 期。

[81] 杨灿明：《规范收入分配秩序若干问题的思考》，《财政监督》2011 年第 36 期。

[82] 陈志勇：《中国国际贸易均衡与财税制度转型》，《中南财经政法大学学报》2012 年第 1 期。

[83] 陈志勇：《税收法定主义与我国课税权法治化建设》，《财政研究》2007 年第 5 期。

[84] 陈志勇：《公共财政的宪政分析》，《财贸经济》2007 年第 10 期。

[85] 陈志勇：《财产税理论创新与制度构建——"财产税理论与制度国际研讨会"观点综述》，《中南财经政法大学学报》2006 年第 6 期。

[86] 李大明：《城乡税制一体化的理论分析及改革思路》，《学习与实践》2007 年第 9 期。

[87] 李大明：《纳税遵从影响因素及其对策分析》，《山东财政学院学报》2011 年第 1 期。

[88] 庞凤喜：《国际金融危机、国内经济环境与我国税收政策选择》，《中南财经政法大学学报》2009 年第 3 期。

[89] 庞凤喜：《论我国现代税源管理的风险来源、效应及其化解》，《扬州大学税务学院学报》2009 年第 6 期。

[90] 庞凤喜：《我国中长期税制改革战略目标及其实施方案研究》，《铜陵学院学报》2010 年第 5 期。

[91] 庞凤喜：《尽快壮大全国社保基金是化解养老保险兑现危机的基本途径——兼论社会保险费改税的紧迫性》，《铜陵学院学报》2008 年第 5 期。

[92] 庞凤喜：《论社会保障缴款征收机构的选择》，《涉外税务》2007

年第 8 期。

［93］庞凤喜：《社会保障缴款"税"、"费"形式选择中若干问题辨析——兼与郑秉文研究员商榷》，《财政研究》2011 年第 11 期。

［94］庞凤喜：《也谈城乡税制的一体化问题择》，《财政研究》2007 年第 6 期。

［95］庞凤喜：《税制改革应整体推进》，《涉外税务》2008 年第 5 期。

［96］庞凤喜：《论社会保障税开征必须考虑的因素》，《税务研究》2006 年第 12 期。

［97］庞凤喜：《开征社会保障税需要继续推进工资制度的货币化改革》，《税务与经济》2007 年第 2 期。

［98］庞凤喜：《论当前我国社会结构的形成与个人所得税的地位》，《税务研究》2010 年第 10 期。

［99］庞凤喜：《论社会保险税的征收与深化社会保障制度改革的关系》，《税务研究》2007 年第 10 期。

［100］庞凤喜：《论社会保险税的征收与深化社会保障制度改革的关系》，《税务研究》2007 年第 10 期。

［101］艾华：《对我国增值税转型的效应分析》，《财政监督》2008 年第 22 期。

［102］艾华：《进一步完善增值税的改革设想》，《税务研究》2006 年第 10 期。

［103］曾月红：《对我国开征社会保障税可行性的思考》，《时代经贸》2012 年第 17 期。

［104］胡玉玮：《税延型养老保险的国际经验》，《中国金融》2012 年第 19 期。

［105］彭志华：《正视和应对公众的"税感焦虑"》，《中国财经信息资料》2012 年第 17 期。

［106］李建勋：《中国环境税法律制度：路径依赖与制度选择》，《理论月刊》2012 年第 9 期。

［107］娄洪、刘跃峰、柳建光：《增值税由生产型转为消费型会减少税收收入吗？——增值税转型改革的税收入效应回顾与理论分析》，《财政研

究》2012 年第 6 期。

[108] 曲卫东：《中国房地产税评估的改革历程与政策建议》，《中国市场》2012 年第 24 期。

[109] 王明茹：《不宜盲目将消费税由价内税改为价外税》，《中国财政》2012 年第 4 期。

[110] 刘建徽、周志波：《环境税研究的效应发凡及其选择性引申》，《改革》2012 年第 3 期。

[111] 涂京骞、涂龙力：《论科学配置省级政府税政管理权的紧迫性——基于深化财税改革的视角》，《税收经济研究》2012 年第 2 期。

[112] 沈萌：《开征个人住房房地产税的政策效应分析——从土地节约集约使用的角度》，《中国房地产》2012 年第 4 期。

[113] 李俊飞：《德国个税递延型养老保险改革及评述——以里斯特改革为例》，《武汉金融》2012 年第 3 期。

[114] 财政部税政司：《中国税收制度（2011 版）》，经济科学出版社 2012 年版。

[115] 马衍伟：《政府收入筹划问题研究》，中央财经大学博士论文，2007 年 6 月。

[116] 马衍伟：《中国资源税制改革的理论与政策研究》，人民出版社 2009 年版。

[117] 马衍伟、费媛：《统一内外资企业所得税的战略思考》，中国时代出版社 2007 年版。

[118] 马衍伟：《中国税收热点问题的宏观视野》，甘肃人民出版社 2004 年版。

[119] 杨继元、马衍伟等：《中国石油安全与产业发展的税收政策研究》，中国税务出版社 2006 年版。

[120] 付广军、马衍伟：《新会计制度下的纳税检查》，中国市场出版社 2004 年版。

[121] 杨继元、马衍伟等：《新一轮税制改革的理论设计与政策选择》，甘肃人民出版社 2004 年版。

[122] 马衍伟：《结构性减税：中国的理论创新和实践》，《人民日报》

2012 年 3 月 19 日。

　　［123］马衍伟：《税收促进文化产业发展的理论分析与政策建议》，《财政研究》2012 年第 4 期。

　　［124］马衍伟：《商业健康保险税收政策探讨》，《中国金融》2012 年第 3 期。

　　［125］马衍伟：《统筹发展陆域经济、海洋经济和空天经济的战略思考》，《财政研究》2011 年第 9 期。

　　［126］马衍伟：《采取更加积极有效财税政策发展海洋经济》，《中国财政》2011 年第 12 期。

　　［127］马衍伟：《深化资源性产品价格改革的几个问题》，《财政研究》2010 年第 9 期。

　　［128］马衍伟：《推进社会主义新农村水利基础设施建设的税收政策》，《经济研究参考》2008 年第 40 期。

　　［129］马衍伟：《我国促进天然气管道业发展的税收政策研究》，《税务研究》2008 年第 9 期。

　　［130］马衍伟：《税收促进文化产业发展的国际比较与启示》，《涉外税务》2008 年第 9 期。

　　［131］马衍伟：《企业所得税还需进一步完善》，《中国税务报》2008 年 9 月 16 日。

　　［132］马衍伟：《促进我国资源有效利用的税收政策选择》，中国税务出版社 2008 年版。

　　［133］马衍伟：《中国税制改革 30 年：回顾、评价与展望》，《中国改革开放 30 年暨博士后科学论坛入选交流论文集》，2008 年 5 月。

　　［134］马衍伟：《近年来世界各国运用税收政策稳定物价的主要做法》，《财政与税务》2008 年第 8 期。

　　［135］马衍伟：《国外运用税收促进农村水利基础设施建设的成功经验》，《水利发展研究》2008 年第 1 期。

　　［136］马衍伟：《政府角色定位与政府收入筹划的理论界定》，《财政与税务》2008 年第 1 期。

　　［137］马衍伟：《鼓励对外投资的税收政策建议》，《涉外税务》2007 年

第 6 期。

[138] 马衍伟：《石油企业所得税：主要问题及政策取向》，《广西财经学院学报》2007 年第 4 期。

[139] 马衍伟：《重新厘定政府能力的概念模型》，《上海行政学院学报》2007 年第 5 期。

[140] 王国华、马衍伟：《关于修订增值税〈农业产品征税范围注释〉的建议》，《税务研究》2007 年第 2 期。

[141] 马衍伟：《支持农村经济合作组织发展的税收政策选择》，《兰州商学院学报》2007 年第 1 期。

[142] 王国华、马衍伟：《中国：发展循环经济的税收政策选择》，载邓楠主编：《可持续发展：经济与环境》，同济大学出版社 2005 年版。

[143] 王国华、马衍伟：《中国开征证券交易税的政策效应与政策取向》，载《中国税务年鉴——2005 年》，中国税务出版社 2006 年版。

[144] 王国华、马衍伟：《金融税制功能的重新定位》，《税务研究》2005 年第 1 期。

[145] 孙宝文、马衍伟：《促进我国旅游业发展的税收对策研究》，《中央财经大学学报》2005 年第 2 期。

[146] 付广军、马衍伟：《退耕还林（草）与防沙治沙的税收政策研究》，《税务研究》2005 年第 6 期。

[147] 马衍伟、商庆军：《世界各国旅游税收的理论分析与成功经验》，《财政与税务》2005 年第 11 期。

[148] 王国华、马衍伟：《财产税应当成为我国地方税的主体税种》，《福建论坛（人文社会科学版)》2005 年第 3 期。

[149] 孙宝文、马衍伟、朱军：《双向治理：实体经济与虚拟经济的治本之策》，《中央财经大学学报》2005 年第 12 期。

[150] 马衍伟：《推进社会主义新农村建设的税收政策建议》，《税务研究》2006 年第 7 期。

[151] 马衍伟：《宪政思维下的税收理念创新》，《兰州商学院学报》2006 年第 4 期。

[152] 马衍伟：《尽快建立促进农村资金回流的税收机制》，《涉外税务》

2006 年第 6 期。

　　［153］马衍伟、吴小海、周蕙：《印度烟草业重税政策的负面影响与启示》，《涉外税务》2006 年第 12 期。

　　［154］马衍伟：《对农业产业化经营重点龙头企业相关税收政策的探讨》，《税务研究》2003 年第 11 期。

　　［155］李万甫、马衍伟：《中国近期不宜实施全面减税的税收政策》，《税务研究》2001 年第 4 期。

　　［156］马衍伟：《对我国燃油税实施方案的几点建议》，《税务研究》2001 年第 3 期。

　　［157］吴小海、马衍伟：《电子商务税收征管问题研究》，《税收与企业》2001 年第 9 期。

　　［158］马衍伟：《费税体制改革要解决好三个认识问题》，《甘肃税务》1999 年第 3 期。

　　［159］马衍伟：《对居民储蓄存款利息所得课税势在必行》，《甘肃经济日报》1997 年 12 月 24 日。

　　［160］马衍伟：《减免税负效应的经济分析及改革构想》，《甘肃税务》1992 年第 9 期。

　　［161］马衍伟：《科学而严密的税收征管体系的目标模式及实现步骤》，《甘肃税务》1992 年第 3 期。

　　［162］马衍伟：《关于我国开征社会保险税的可行性研究》，《税务研究》1993 年第 5 期。

　　［163］马衍伟：《关于我国开征遗产税的可行性研究》，《湖北税务研究》1991 年第 8 期。

　　［164］李大明、马衍伟：《深化税收征管模式改革的整体设想》，《税务研究》1991 年第 6 期。

　　［165］许建国、马衍伟：《加强预算控制建立税收运行新秩序——对"税收支出质疑论"的质疑》，《税务研究》1991 年第 2 期。

　　［166］马衍伟：《税收与产业政策协同运行的理论探讨》，《税务研究》1990 年第 3 期。

　　［167］李万甫、马衍伟：《加入 WTO：我国税制改革面临的机遇与挑

战》，《税务研究》2000 年第 7 期。

　　［168］李万甫、马衍伟：《提高出口退税率的政策效应分析》，《涉外税务》2000 年第 12 期。

　　［169］马衍伟：《关于假发票的经济学思考》，《甘肃税务》1999 年第 7 期。

　　［170］马衍伟：《我国增值税改革的理论界定与现实优化》，载国家税务总局科研所：《深化税制改革的思路》课题交流论文，1999 年 9 月。

　　［171］马衍伟：《税收制度优化与税收政策设计规范化展望》，《财金论丛》1991 年第 1 期。

　　［172］马衍伟：《我国开征环境保护税的可行性研究》，《甘肃税校》1993 年第 4 期。

　　［173］马衍伟：《我国开征证券交易税的可行性研究》，《甘肃税校》1993 年第 2 期。

　　［174］马衍伟：《科学严密税收征管体系的目标模式及实践步骤》，《甘肃税务》1992 年第 3 期。

　　［175］马衍伟：《公共商品价格论：税收制度创新的理论基石》，甘肃省税收理论研讨会交流论文，1995 年 9 月。

　　［176］马衍伟：《税式支出在我国实行的理论依据及实践的可行性》，《甘肃税务》1992 年第 12 期。

　　［177］马衍伟：《关于进一步深化税收征管改革有关问题的建议》，全国16 省市税收征管理论课题组向国家税务总局和中国税务学会的报告，1992 年9 月。

　　［178］马衍伟：《正确研究欠税原因正确选择清欠方略》，《铜川财政》1999 年第 1 期。

　　［179］马衍伟：《运用税收杠杆推动科技进步势在必行》，《甘肃税校》1992 年第 3 期。

　　［180］马衍伟：《立足省情科学论证重构甘肃地方税收新体系》，《甘肃税务》1995 年第 4 期。

　　［181］马衍伟：《"九五"及 2010 年甘肃农业税改革的政策思路》，《甘肃税务》1997 年第 4 期。

［182］马衍伟：《中国小城镇财源建设可供选择的十大思路》，《河南财税高等专科学校学报》1999 年第 5 期。

［183］贾康、马衍伟：《世界各国文化产业税收政策面面观》，《中国文化报》2012 年 4 月 14 日。

［184］马衍伟：《关于我国农村土地流转涉税问题研究》，农业部课题结题报告，2009 年。

［185］马衍伟：《推动我国电影产业发展的税收政策研究》，国家广电总局部级社科基金重点项目结题报告，2008 年。

［186］马衍伟：《空间层次上的效率与公平》，《人民论坛》2008 年第 3 期。

［187］贾康、马衍伟：《促进我国风电产业发展的税收政策选择》，财政部科研所《研究报告》2007 年第 119 期。

［188］马衍伟：《非营利组织企业所得税问题研究》，载《2005 年北京市国际税收优秀调研成果选集》，中国劳动社会保障出版社 2007 年版。

［189］马衍伟：《完善农产品加工增值税政策的调查与建议》，国家税务总局科研所《研究报告》2005 年第 3 期。

［190］马衍伟：《正确理解税收精细化管理的科学内涵》，国家税务总局科研所《税收研究资料》2006 年第 1 期。

［191］马衍伟：《贫困地区税务代理存在的八个问题及治理对策》，《甘肃经济日报》1999 年 8 月 23 日。

［192］马衍伟：《运用税收杠杆促进西部地区旅游资源开发问题研究》，国家税务总局科研所《研究报告》2002 年第 39 期。

［193］马衍伟：《构建甘肃和谐社会视野下政府角色的合理定位》，载《"深化行政体制改革与构建甘肃和谐社会"理论研讨会论文集》，甘肃人民出版社 2007 年版。

［194］贾康、马衍伟：《促进我国天然气产业发展的税收政策研究》，财政部科研所《研究报告》2008 年第 40 期。

［195］马衍伟：《促进我国资源有效利用的税收政策选择》，载《促进资源有效利用的税收政策国际比较》，中国税务出版社 2008 年版。

二、英文参考文献

［1］Richard Kneller, Michael F. Bleaney, Norman Gemmel, "Fiscal Policy and Growth: Evidence from OECD Countries", *Journal of Public Economics*, 74, 1999.

［2］Frida Widmalm, "Tax Structure and Growth: Are Some Taxes Better Than Others?", *Public Choice*, Vol. 107, No. 3/4, 2001.

［3］Jens Arnold, "Do Tax Structures Affect Aggregate Economic Growth? Empirical Evidence from a Panel of OECD Countries", *Economics Department Working Papers*, No. 643, 2008.

［4］Lars-Erik Borge, J. rn Ratts, "Income Distrubution and Tax Structure: Emipirical Test of the Meltzer-Richard Hypothesis", *European Economic Review*, 48, 2004.

［5］Ke-yong Chu, Hamid Davoodi, and Sanjeev Gupta, "Income Distribution and Tax and Government Social Spending Policies in Developing Countries", *IMF Working Paper*, 2000.

［6］John Ashworth & Bruno Heyndels, "Tax Structure Turbulence in OECD Countries", *Public Choice*, Vol. 111, No. 3/4, Jun. , 2002.

［7］Roger Gordon and We Li, "Tax Structure in Developing Countries: Many Puzzles and a Possible Explanation", *NBER Working Paper*, 11267, 2005.

［8］Martin Zagler, and Georg Diirnecker, "Fiscal Policy and Economic Growth", *Journal of Economic Surveys*, Vol. 17, No. 3, 2003.

［9］Walter Hettich and Stanley L. Winer, "Economic and Political Foundations of Tax Structure", *The American Economic Review*, Vol. 4, Sep. , 1988.

［10］Hettich, Walter and Stanley L. Winer, Democratic Choice and Taxation: *A Theoretical and Empirical Analysis*, Cambridge University Press, 1999.

［11］Lucinda, C. , Arvate, P. , "Ideological Changes and Tax Structure: Latin American Countries during the Nineties", So Paulo School of Economics, 2007.

［12］Mehmet Serkan Tosun, " Explaining the Variation in Tax Structures in the MENA Region", *UNR Economics Working Paper Series Working Paper*, No. 06-0018, 2006.

[13] W. Oates, "Fiscal Decentralization and Economic Development", *National Tax Journal*, XLVI, 1993.

[14] Ved P. Gandhi, "Tax Reform: Some Considerations and Limits (Lessons from Experiences of Developing Countries)", Karl Theodore, Reform in the Caribbean, 1992.

[15] Vito Tanzi and Hamid R. Davoodi, "Corruption, Growth, and Public Finances", *IMF Working Paper*, WP/00/182, 2000.

[16] Seligman, Edwin Robert Anderson, *Essays in Taxation*, The Macmillan Company, 1921.

[17] Robert Hall & Alvin Rahushka, *The Flat Tax* (2nd *edition*), Hoover Institution Press, 1995.

[18] Pechman J., "Tax Reforms", *NBER Working Paper*, Washington, 1990.

[19] Ramsey, F. P., "A Contribution to the Theory of Taxation", *Economic Journal*, 37, 1927.

[20] Mirrlees, J. A., "An Exploration in the Theory of Optimum Income Taxation", *Review of Economic Studies*, 1971.

[21] Ken Messere (Edited), *The Tax System in Industrialized Courtries*, Oxford University Press, 1998.

[22] Charlesl. Vehorn, Tohn Brondolo, "Organization Options for Tax Administration", Bulletin for International Fiscal Document, Nov., 1999.

[23] Burgess, R., and N. Stern, "Taxation and Development", *Journal of Economic Literature*, 31, 6, 1993.

[24] Anderson Philip, "The Pure Theory of Taxation", *Economic Journal*, 1987.

[25] James, S. and C. Nobes, "The Economics of Taxation: Principle", *Policy and Practice*, 1914.

[26] Messere J. C., *The Tax System in Industrialized Countries*, Oxford U-

niversity Press, 1998.

[27] Sandford, C., *More Key Issues in Tax Reform*, Fiscal Publications, 1995.

[28] Carolyn Webber and Aaron Wildavisky, *A History of Taxation and Expenditure in the Western World*, SIMON and SCHUSTER, New York, 1986.

[29] Dr. Willern Vermeend and Jacob der Vaart, "Greening Taxes, The Dutch Model", *KLUWER LAW*, 1998.

[30] Richard M. Bird and Eric M. Zolt, "Introduction to Tax Policy Design and Development", WORLD BANK, 2003.

责任编辑:吴焰东

封面设计:肖　辉

图书在版编目(CIP)数据

构建有利于科学发展的税收制度研究/马衍伟 著.

　-北京:人民出版社,2013.2

ISBN 978-7-01-011751-5

Ⅰ.①构… Ⅱ.①马… Ⅲ.①税收制度-研究-中国 Ⅳ.①F812.422

中国版本图书馆 CIP 数据核字(2013)第 032791 号

构建有利于科学发展的税收制度研究

GOUJIAN YOULIYU KEXUE FAZHAN DE SHUISHOU ZHIDU YANJIU

马衍伟　著

人民出版社 出版发行

(100706　北京市东城区隆福寺街 99 号)

涿州市星河印刷有限公司印刷　新华书店经销

2013 年 2 月第 1 版　2013 年 2 月第 1 次印刷

开本:710 毫米×1000 毫米 1/16　印张:20.5

字数:320 千字　印数:0,001-2,000 册

ISBN 978-7-01-011751-5　定价:50.00 元

邮购地址 100706　北京市东城区隆福寺街 99 号

人民东方图书销售中心　电话 (010)65250042　65289539